John White

The Ancient History of the Maori, His Mythology and Traditions

Volume I.

.

John White

The Ancient History of the Maori, His Mythology and Traditions
Volume I.

ISBN/EAN: 9783337180690

Printed in Europe, USA, Canada, Australia, Japan

Cover: Foto ©ninafisch / pixelio.de

More available books at **www.hansebooks.com**

THE

ANCIENT HISTORY OF THE MAORI.

HIS

MYTHOLOGY AND TRADITIONS.

HORO-UTA OR TAKI-TUMU MIGRATION.

BY

JOHN WHITE.

VOLUME I.

WELLINGTON:
BY AUTHORITY: GEORGE DIDSBURY, GOVERNMENT PRINTER.

1887.

I thought, my child, I had severed the hold of night over us
When at thy birth the fruitful winds of years of plenty blow,
And met in crowds, and heralded the coming Pleiades,
And banished famine, hunger, want, and need from man.
Then man was guided to the island Wai-ro-ta;
The star Pu-anga led him to Raro-tonga,
Where he built the house Maru-ao-nui,
And, guided by Te Whaka-ha, he went to Hawa-i-ki,
And built the house called Rangi-aio,
And placed the twins of Tai-nga-hue [sun and moon]
Far in the sky, as signs for ever in the heavens.

Ancient Maori lament of Tu-rau-kawa for his murdered child.

PREFACE.

Some explanation of the disjointed nature of the contents of this work is, no doubt, due to the reader.

The histories of other peoples are based upon monuments, inscriptions in wood or stone, or upon other records : the Maori had not reached this state of advancement, and, though he valued knowledge in the very highest degree, it was entirely preserved in memory and transmitted orally.

He had for ages held tenaciously to the mode of life imposed upon him by the laws and customs of his mythology, and he held his sacred knowledge in such awe that to divulge it to those not of his own race, or even to the junior branches of his own people, was to incur the penalty of death. So thoroughly was he imbued with the principles of his early teaching that, even after he had been taught and had adopted the tenets of the Christian faith, his priests would not dare to disclose some of their secrets.

When reciting the history of the Taki-tumu, a priest gave certain portions, and left other parts untold ; and when asked to fill up the omission he replied, " The parts I have not related are so sacred that I withhold them in dread of sudden death." Nor could any logic or persuasion rid him of that fear, or prompt him to give the information.

In the history of Te-Arawa, the priest acted in a similar manner, and excused himself by saying, " I cannot give some of our sacred history, as not an old priest now remains alive who has the power to perform the ceremonies to save me from the penalty of divulging the sacred words of the gods."

When the young chief who wrote the history of Tai-nui from the dictation of an old priest asked that the whole of it should be related to him, he was answered, " Since the Whare-kura, in which our learned priests taught our history, have been neglected, no house is sacred enough for the whole of our history to be recited therein, and I am not able to defend myself from the consequences which would most certainly follow if I were to teach you the whole of our sacred history."

The Mamari priests refused to give all their sacred history for the same reason, and added, " Our gods are not annihilated—they are only silenced by the superior influence of the European God. We are still in the power of our Maori gods, and if we divulge the sacred lore of our ancestors the gods will punish us with death."

Therefore, to give the most perfect history of the Maori people possible under such circumstances, it was deemed best to compile it as herein given, and, further, as the priests of different families of the same migration give different readings of the same parts of their history, to give all these, so that they may explain each other.

Such chiefs as Matiaha-Tira-morehu, of the South Island ; Reihana-Waha-nui, of Wai-kato ; Wiremu Maihi-Te-Rangi-ka-heke, of Roto-rua ; and Aperahama-Tao-nui, of Nga-puhi ; men of supreme

rank, who under the old *régime* would have held
first rank in Whare-kura, whose minds have been
thoroughly transformed by the truths of Christi-
anity, would have given the whole Maori history
consecutively from the creation, with the myth-
ology, migrations, wars, customs, superstitions,
rites, and ceremonies; but, unfortunately for us,
these men were born too late—that is, their edu-
cation began after the Whare-kura and its rites had
been neglected.

The poem, song, or chant placed at the head
of each chapter (translation of which is given in
the English part) is the expression of the feelings
of joy or sorrow of its composer; who also set the
tune or chant to which it should be sung *(d)*. The
Maori poet never sang of an imaginary joy or
sorrow.

Over each fragment in this volume is placed the
name of the tribe *(hapu)* from which it was ob-
tained; and it will be observed that these are the
names of the principal tribes *(iwi)* representing the
various migrations at the present day.

The Maori version is given as written by, or
from the dictation of, the priests. In a few places
their language is more forcible than elegant: the
Maori scholar will observe that the translation of
such passages, if not quite literal, includes the
sentiments of the composers; and where a sacer-
dotal or obsolete word or idiom occurs, a synonym
follows in a parenthesis.

The priests speak of the gods as moved by
human passions, and as acting and speaking like
men. Their accounts of creation, of the gods,
and of the chronological order of parts of their

mythology, and of the creation of the world, and of man and woman, vary considerably; so also do the names of several of the gods, and of priests, and of battles; in many instances even the sexes of the gods, and priests, and heroes do not agree; neither do the navigators always agree as to the canoes, or the localities of some of the ancient battles, or the heroes who took part in them.

When a name differs in form or orthography, or where it bears more than one meaning, these are respectively given, with explanations of various other matters on which the priests differ, in the dictionary to be appended to the complete work, as indicated by the letter *(d)* in the several volumes: these explanations, it is hoped, will aid, not only the young Maori scholar, but also the ethnological investigator in his researches respecting the various tribes who occupy the islands of the South Pacific.

Genealogical charts of the various migrations will be given in a separate volume, and it will be seen that the work has been compiled in the order in which it now stands in accordance with them.

I would record my obligations and thanks for matter received from the late Rev. C. Creed, the late Rev. R. Taylor, and the late Rev. J. F. H. Wohlers.

With great pleasure and gratitude I also record here the names of those priests who have given the histories of the respective migrations, namely:—

Nepia-Po-huhu, Wairua, Paratene-oka-whare, Apiata, Rihari Tohi, Karauria-Nga-whare, Waka-

Tahu-ahi, Paora-Te-kiri, Ihaka-Nga-hiwi, Harawira-
Ta-tere, and John Jury-Te-whata-horo, of the
Taki-tumu;

Wi Maihi-Te-rangi-ka-heke, Tohi-te-uru-rangi,
Haupapa, Wiremu-Hika-iro, and Te-ao-o-te-rangi,
of the Arawa;

Kiwi-hua-tahi, Wiremu Nero-Te-awa-i-taia,
Tikapa, Ruihana-Te-whakaheke, Wata-Kuku-tai,
Wiremu-Te-wheoro, Hoterene-Tai-pari, Hoani
Nahe, Hohepa-Tama-i-hengia, and Te-ao (of
Kawhia), of the Tai-nui;

Te Otene-Kikokiko, Te Keene-Tanga-roa, Wi
Tipene, Paikea, Matitikuha, Tipene (of Whanga-
rei), Paora-Tu-haere, Waka-Nene, and Te-Ngau,
of the Mahuhu;

Mohi-Tawhai, Taka-horea, Taku-rua, Hakiaha
(of Omanaia), Pereha-Te-kune, Te Mangumangu,
Papahia, Aperahama-Tao-nui, Moe-tara, Te-Atua-
wera, and Whare-papa, of the Mamari;

Hori Kingi-Te-anaua, Te-mawae, Hoani Wire-
mu Hi-pango, Kawana-Paepae, Pehi-tu-roa, Apera-
hama-Tama-i-parea, Mahau, Ihaia-Kiri-kumara,
and Piri-Kawau, of the Ao-tea.

The recital of these names recalls the delight-
ful hours, spread over the last half-century, when
their possessors, most of whom are no longer in
the flesh, sitting under a shady tree, on the out-
skirts of a forest, and remote from the abodes of
men, rehearsed the sacred lore of their race, and
in solemn dread slowly repeated the sacred incan-
tations of their mythology, or performed the cere-
monies of the Niu, Tohi-taua, Awa-moana, Ki-tao,
Pihe, and other rites, as they were taught by those
of past generations. In them I recognize men of

noble and heroic spirit, who, while they acknow-
ledged and dreaded the malignant power of the
gods of their fathers, yet dared to disclose some
of their sacred lore to one of an alien race.

JOHN WHITE.

Wellington, 3rd January, 1887.

NOTE. –The alphabet of the Maori language consists of fourteen
letters, which are hereunder given in the order in which they were ar-
ranged by those who first compiled the alphabet, namely :—

A is pronounced as *a* in *Father*
E   „   *a* „ *Fate*
I   „   *e* „ *Eat*
O   „   *o* „ *No*
U   „   *oo* „ *Boot*
H is called ha, the *a* pronounced as *a* in *Father*
K   „   ka,   „   „
M   „   ma,   „   „
N   „   na,   „   „
P   „   pa,   „   „
R   „   ra,   „   „
T   „   ta,   „   „
W   „   wa,   „   „
Ng is a nasal sound, and rather difficult to obtain ; but if the
English word " sting " is written thus, " stinga," and the added *a*
sounded as *a* in " Father," the sound of the Maori Ng will be
obtained.

CONTENTS.

Chapter.   Page.
   Introduction.
      The gods, how represented   1
      Notes and words   4
  I. Whare-kura   7
      School of Agriculture   13
      Astronomical School   15
 II. Mythology of Creation   17
      Origin of various gods   19
      Origin of Tane   21
      Gods of the winds   23
      Gods of the upper worlds   25
      Seasons of the year   27
      Cold and heat   29
      Gods of misfortune and disease   31
      Produce of the earth eaten   33
      Gods of food   35
III. Tane and Rebellion of Spirits   36
      Fire first known   37
      Battle in the heavens   39
      First murder in the world   41
      Origin of cannibalism   43
      Origin of death   45
 IV. Division of Heaven and Earth   46
      Origin of stars and clouds   49
      Origin of sun and moon   51
      Stars and their names   53
      Ta-whaki worshipped   55
      Offerings to gods, how presented   57
      Origin of fish   59
      Ta-whaki in quest of his father   61
      Ta-whaki ascends on a spider's thread   63
      Ta-whaki kills his enemies   65
      Birth of Wahie-roa and Rata   67
  V. Death of Wahie-roa   68
      Rata's voyage   69
      The attack   71
      The stone axes   73
      Matuku killed   75
      Prisoners taken   77
      Warriors embark   79

X CONTENTS.

Chapter.	Page.
VI. DEATH OF WAHIE-ROA	81
Rehua and Rupe	83
Death of Kai-tangata	85
Awa-nui-a-rangi	87
Death of Karihi	89
Rata and the fairies	91
Attack on Matuku	93
VII. ATTEMPT TO MURDER TA-WHAKI	95
Whai-tiri and her children	97
Attempt to murder Ta-whaki	99
Ta-whaki ascends to Heaven	101
War on the fairies	103
Death of Maru	105
Offerings to gods	107
Revenge of Rongo-mai	109
Whai-tiri the blind	111
Hine-nui-te-po	113
VIII. TA-WHAKI ASCENDS TO HEAVEN	115
Hapai and Ta-whaki	117
Ta-whaki baptizes his child	119
Whai-tiri and Kai-tangata	121
Ta-whaki and Karihi	123
Ta-whaki and Tama-i-waho	125
Whati-tiri mistaken	127
Tawhaki and Hapai-a-maui	129
Tane and Hine-hau-one	131
IX. CREATION OF WOMAN	133
Tane in search of Rehua	135
Tane in search of Hine-hau-one	137
Ocean made	139
Tane separates Raki and Papa	141
The living water of Tane	143
X. THE GOD TANE	144
Trees produced by Tane	145
Tane in search of his wife	147
Stars obtained by Tane	149
XI. CREATION OF MAN AND WOMAN	151
Creation of man	153
Creation of woman	155
Rangi and Papa separated	161
Woman made	163
XII. THE DELUGE	165
Chiefs and high priests	167
The flood	173
The raft on the waters	175
Flood subsides	177
Offerings made for delivery	179
The earth convulsed	181

NGA UPOKO KORERO.

Upoko.		Wharaugi.
I. NGA WHARE-KURA		4
Whare-kura, ako ki te ngaki kai		10
Whare-kura, tatai		13
II. TE AO		16
Nga atua		17
Ko Tane		19
Ko Tanga-roa		21
Nga wahine a Rangi		23
Nga uri a Rangi		25
Te kahui anu		27
III. REHUA		29
Nga atua tupehu		31
Rehua raua ko Kahu-kura		33
Hotu-a raua ko Rau-riki		35
Pare-kura i te rangi		37
IV. RAKI KA WEHEA I A PAPA		39
Raki raua ko Paia		41
Rangi raua ko Paia		43
Ko Puaka raua ko Tama-rereti		45
Whai-tiri me Kai-tangata		47
Ruruhi kere-po		49
Ta-whaki me Mai-waho		51
Te patunga a Ta-whaki		53
Karihi raua ko Ta-whaki		55
Tama-i-waho ko Ta-whaki		57
V. WAHIE-ROA		59
Ko Rata		61
Ko Rata, ko Matuku		63
Ko Rata, ko Tama-uri-uri		65
Pu-nui, te waka a Rata		67
Ko Whiti, ko Matuku		69
VI. WHAI-TIRI RAUA KO RUPE		71
Tane raua ko Rehua		73
Ko Rehua		75
Ko Whai-tiri		77
VII. TA-WHAKI		84
Ko Maru		93
Ko Rongo-mai		95
Ko Ta-whaki		97

UPOKO.   Wharangi.
VIII. TA-WHAKI RAUA KO HAPAI   100
      Ko Wai-tiri 105
      Ta-whaki raua ko Wai-tiri   107
      Ta-whaki raua ko Karihi   109
      Ta-whaki raua ko Tama-i-waho   111
      Kai-tangata raua ko Whai-tiri 113
      Whai-tiri raua ko Ta-whaki   115
      Tane raua ko Hine-hau-one   117
IX. TANE 119
      Tane raua ko Rehua 121
      Tane   123
      Tane me te moana   125
      Te-wai-ora-tane   127
X. TANE 129
      Hine-a-te-po 131
      Hine-ata-uira   133
      Tiki-au-aha 135
XI. RANGI RAUA KO PAPA   136
      Renau-matua   137
      Tiki-au-aha 139
      Io-wahine   141
      Wahine i hanga   143
      Rangi raua ko Kewa 145
      Tangata i hanga   147
XII. NGA ARIKI O NEHE   148
      Te-waipuke 157
      Nga atua wahine   159
      Nga Tu-ahu 161
      Ka puta a Kahu-kura 163

ERRATA.

ENGLISH.

Page 8, line 4, *for* dea *read* death.
Page 8, line 7, *for* wa *read* was.
Page 8, line 13, *for* ris *read* rise.
Page 25, line 33, *for* Tane-mini-whare *read* Tane-mimi-whare.
Page 72, line 6, *for* Matuku-uri-uti *read* Matuku.
Page 79, after line 32 add " My food is man."
Page 81, line 3, *for* rembling *read* trembling.
Page 81, line 24, *for* Mac-waho *read* Mac-wa-hua.
Page 94, line 7, *for* Pou-ma-tango-tango *read* Pou-ma-tanga-tanga.
Page 121, line 7, *for* Pu-o-te-toi *read* Pu-o-te-toe.
Page 131, line 29, *for* Hine-*i*-tauira *read* Hine-*ata*-uira.
Page 142, line 33, *for* Huru *read* Hurunga.
Page 150, line 19, *for* Io *read* Ia.
Page 158, line 20, *for* To-wheta-mai *read* Io-wheta-mai.
Page 171, line 13, *for* Kumi-kumi-maro (stiff beard) *read* Kumi-kumi-maroro (strong beard).
Page 176, line 9, *for* Te Kapunga *read* Te Kaponga.
Page 176, line 12, *for* Pou-hoatu (the staff given) *read* Pou-hoata (spear stuck upright).
Page 176, line 14, *for* Moana-*nui* (great sea) *read* Moana-*uri* (black sea).

MAORI.

Maori title-page, *for* 1886 *read* 1887.
Page 1, line 10, *for* Werengitane *read* Werengitana.
Page 7, line 38, *for* akono *read* akona.
Page 10, line 18, *for* kia e kore *read* kai e kore.
Page 10, line 20, *for* mokia *read* mokai.
Page 11, line 8, *for* e marama a *read* e marama ai.
Page 39, line 4, *for* ka eki *read* ka eke.
Page 40, line 7, *for* tika na *read* tika ana.
Page 50, line 10, *for* tuakina *read* tuakana.
Page 61, read line 32 without the full stop at the end.
Page 65, line 33, *for* ano *read* ana.
Page 69, line 25, *for* kahota *read* kahore.
Page 72, line 17, *for* Te mane *read* Te mare.
Page 72, line 18, *for* Te mano *read* Te mare.
Page 73, line 4, *for* Tane *read* Rupe.
Page 77, line 38, *for* Wo-hai-tiri *read* o Whai-tiri.
Page 84, line 25, *for* Puanga *read* Punga.
Page 115, line 4, *for* Mate *read* Mata.
Page 115, line 7, *for* Mate *read* Mata.
Page 119, line 25, *for* Tota *read* Toto.
Page 144, line 27, *for* Riwa *read* Kewa.

INTRODUCTION.

THE New Zealander shall speak for himself. Unacquainted with letters, and living in the Stone Age of the world, he shall relate the history of a people isolated for ages from the civilized nations of the world, and shall tell how his race for ages lived, loved, worshipped, worked, and warred.

His traditions, preserved with the most austere religious care, and rehearsed from age to age in the presence of the most select circles of youths by high priests of most ascetic life, who had received their knowledge from the gods, have preserved for him a history reliable as the histories of tribes sharpened by continual contact, and ripened by emulation in the art of literature.

His *atuas*, or divinities—

Tu, god of war;
Ta-whiri-ma-tea, god of the sky;
Rongo, god of the *kumara* ;
Tanga-roa, god of the sea;
Uau-mia, god of the fern-root—

had each his course of priests, through whom he communicated with the people in benevolence and love, or in dreadful majesty, and by whom only he was invoked, in solemn and awe-inspiring ceremonies—commanded the reverence of all classes of the people in every action of their lives.

No undertaking of any kind was commenced without propitiating and invoking the aid of the particular divinity within whose province it lay. Thus the services of the priests were in continual

1

demand, and their influence was unbounded in their respective tribes.

The office of the priesthood was hereditary; but birth and intellect alone would not qualify—the evidence of undaunted courage and unlimited hospitality was essential also. The priests were the educators of the people. Their schools of astronomy, mythology, pharmacy, and history were open to the eldest sons of the high priests only. Sometimes the second sons were admitted if they exhibited remarkable promise of excellence.

To the schools of agriculture, manufacture, fishing, and hunting, all classes were admitted. A symbol of its presiding god was kept in each school. These symbols were sticks of equal length, with a knob at one end of each; but there the resemblance ceased. That of Tu-mata-uenga was perfectly straight, and stood erect, as Tu did at the deluge. That of Ta-whiri-ma-tea was in form not unlike a corkscrew, to represent the whirling of the winds and clouds when Rangi attacked Tu at the time of the deluge. That of Tane had a semicircular bend at half its length, on either side of which it was straight. This bend represented the swelling and growth of bulbs, shrubs, and trees. The *toko* of Tanga-roa was of a zigzag form, not unlike the teeth of a saw, to represent the waves of the sea. That of Rongo was in rounded wave-lines along its whole length, to represent the growth of the tuberous *kumara* as it raised the earth in little mounds. The *toko* of Hau-mia had three half-circles bending in one direction, equi-distant from each other. These were to represent the irregular and twisted form of the fern-root when newly dug up.

Besides these divinities there were malignant spirits who became agents for evil for those who possessed the power for exorcising them. This art of witchcraft was known to a few only of the high priests. Its ceremonies and incantations were of the most awe-inspiring character, and those supposed to possess a knowledge of it were looked upon with the utmost dread. This knowledge came direct from the spirits themselves.

The task our Maori has undertaken is no less than to give the traditions of his race as they relate to the creation of the world, the origin of its animal and vegetable life, the ancient wars in the home of his progenitors, the migrations and perils and arrivals of the several canoes in New Zealand, the people they found here, and the territory they respectively occupied ; the names given to the mountains, rivers, headlands, and their meaning ; the tales of folk-lore, of fairies, ghosts, and spirits, of monsters of the earth and sky; his traditions relating to the art of tattooing, and the ceremonies connected with births, marriages, deaths, and tapu ; and the songs and proverbs of his people.

As this will be all told in the language of the historian, the translator has resolved to add to his part of the work a glossary and appendix, which will elucidate and explain ambiguities, and give illustrations of the affinity of the Maori language with the languages of several of the islands of the Pacific Ocean.

He acknowledges with thanks the valuable contributions he has already received from enthusiastic friends, whose names will be published hereafter.

NOTES.

Wherever the letter *(d)* occurs, further information respecting the word immediately preceding it will be found in the appendix.

The names in brackets at the heads of chapters, &c. (*i.e.*, Nga-i-tahu), are the names of tribes or sub-tribes whence the tradition was obtained.

A : Was the name given to the Author of the Universe, and signifies "Am the unlimited in power," "The conception," "Am the leader," and "The beyond all."

Ao : Dawn, preceding day.

The following are four versions of names for the star Canopus :—

    Ao-tahi : *Ao*, cloud, dawn, day; *tahi*, one.

    Au-tahi : *Au*, stream, current, ripple; *tahi*, one.

    A-tu-tahi : *A*, is; *tu*, stand; *tahi*, one.

    Tu-tahi : *Tu*, stand; *tahi*, one.

A-niwa-niwa : Rainbow. *A*, am; *niwa*, great.

Atua, a term now used to signify "god," is a compound word, consisting of *A, Tu, A*.

Atua-toro : Inquisitive, reconnoitring god. *A-tua—a*, drive, compel; *tua*, to repeat incantations, ceremonies of worship, to invoke; *toro*, to follow after as a spy, to creep as the vine of a plant on the ground, to blaze up as a fire.

Au : Compelling power, current, stability, king.

Hika : To procure fire by friction. Two pieces of wood, called *kau-rima-rima* or *kai-kohure*, and *kau-ati*, were used. The *kau-rima* was about ten inches long, sharpened at one end in form of a boat's bow. This was rubbed perpendicularly lengthwise on the *kau-ati*. The friction of the *kau-rima* on the *kau-ati* made a groove in which a dark dust collected in a ball at the end of the *kau-ati* furthest from the operator, which eventually emitted smoke; this was taken and placed in a wisp of dry *kie-kie* leaves, and waved round and round till it broke out into a flame. Fire was thus procured for every occasion of life when that element was required. *Hika (d).*

Ika-whenua : Lizard, fish of the land. When Rangi came to punish the five gods who separated him and Papa, the sons of Tanga-roa consulted whither they should flee. One went into the sea, and became a shark; the other remained on land, and became a lizard. Lizards and all the reptile family, when offered to the gods, are called *ika-whenua*, fish of the land.

Io : Power, soul, muscle, life.

Kahu-kura : Red garment, god of travellers, war, life, disease, and death, now represented by the rainbow.

Kai-waka (kai, to eat; *waka*, medium through which a god acts): Consumer or destroyer of mediums. This star is the harbinger of the new year.

Kahui-rua-mahu: Flock of the warm pit, time of year about our April in New Zealand.

Kai: Food. Birds, *kumara*, fern-root, and fish are the four coward gods, Tane, Rongo, Hau-mia, and Tanga-roa, who, to escape the wrath of Rangi, transformed themselves into these respectively, and, though now degraded, are still partially gods nevertheless. Man, being of lower rank than these, may not, when offering gifts, or propitiating the other gods, go near to cooked food.

Kaka-ho: *Arundo conspicua*, reed-grass.

Kore: Divided, rent, cracked, nothingness.

Maku: Watery, moist, damp.

Mata-ariki (mata, face; *ariki,* lord): The Pleiades. This constellation appears in the first month of the Maori new year, and presides over winter. These stars form the prow of the canoe Tai-nui.

Mauri: Soul, seat of life. To hiccup is called *toko-mauri (toko,* to start, to leap up; *mauri,* life within).

Mua: Medium, mediator, representative; first, commencement, origin; an altar, a spot where offerings are presented, indicated by a *mau-ku* (tree-fern) or flax-bush.

Pa: To hinder, to block, to obstruct; a fortified settlement, a citadel, a fenced village.

Pi-tau: The young centre fronds of the *korau—Cyathea medullaris,* tree-fern—was a considerable article of diet in olden times.

Poi: To toss up and down, to dandle; a game for females, played with balls about the size of a fist. *Poi (d).*

Pu-anga (pu, centre; *anga,* affix): Highest, extreme point, climax, zenith; star of midwinter, Rigel, which ended the Maori year. The new year commenced with the first new moon afterwards.

Po: Gloom, nothingness, night.

Pu: Sanctity, origin, centre of knowledge, king.

Rangi: Heaven. *Ra,* sun, certainty; *ngi,* laugh, shrivelled, unfinished, unattractive.

Rehu-a (rehu, to chip off by blows, to procure fire by friction; *a,* nominal affix): The broken, the splintered. Rehua was a god whose attribute was to cure the blind, resuscitate the dead, and cure all diseases. Is now represented in the star Sirius.

Rimu: Sea-weed, the *rehia* which is used in modern times as funeral chaplets, and offerings to the manes of the dead.

Roi: Dwarf, shake, entangled, fern-root. This was one of the five gods who divided Rangi, Heaven, and Papa, Earth; who, when Rangi came to punish them, turned himself into *roi* to escape destruction. *Roi (d).*

Taha-raro: North side. South is called *runga,* up; and north, *raro,* down. All ancient temples and dwellings were built to face the east. The seats of honour in each were on the north side; the first on entering was the most sacred, and the others descended relatively from it.

Take: Foundation, origin, cause, king.

Ta-ne: To slap in sport, to deride, to defy disaster.

Taku-rua (taku, deliberate, slow, according to custom, guided by necessity; *rua,* pit, storehouse): Winter, time of slow action, inactivity, cautious use of food stored for winter; star Sirius, or dog-star.

Tiki: First man created, a figure carved of wood, or other representation of man.

Tapairu: Queen, supreme head of the female sex, high priestess, receiver of sacrifices and offerings made to the goddesses.

Ta-pu: Ta, mark or paint; *pu,* root, origin. The sacerdotal colour was red, and all prohibited things were painted with *koko-wai. Ilonu, Tarcha (d).*

Toe-toe-whatu-manu: Split in shreds. *Whatu,* to weave, plait; *manu,* bird, kite; *toe-toe,* used in making kites.

To-haere-roa: Drag on a long distance. Another name of Kahu-kura, Also means, to follow, to reconnoitre, to spy, a scout.

Tu: To stand erect, the equal, the same, the character, the manner.

Tua: A word limitless in meaning—namely, "Beyond that which is most distant," "Behind all matter," and "Behind every action." It also means the essence of worship, and is employed in the invocations to the elements and the heavens, and the ceremonies of baptism of male children. Of similar meaning, but of less extent, and of more local significance, are the names Io, Pu, Take, Tumu, Mua, Tapairu, and Au; yet these were at times used as synonyms for Atua, in regard to authority or leadership.

Tumu: That which projects beyond all other objects, headland; a rest, or perch, or prop; king.

Tu-tahi: See *Ao-tahi.*

Wahine: Woman. Man was created by the gods; woman was an emanation from *ra,* sun, and *riko-riko,* quivering heat. Man, coming from the gods, is sacred; and woman, being of lower origin, is not; nor is she honoured at baptism by the rites of Tu, the god of war.

Wero-i-te-ninihi, Wero-i-te-kokoto, Wero-i-te-ao-marie (wero, to call attention; *ninihi,* to sneak out of sight; *kokoto,* changed, decayed; *marie,* quiet, peaceable): These were the names of ceremonies performed to *Mango-roa (d)* (Magellan Clouds).

Whare-matoro (whare, house; *matoro,* to incite, to woo): A house in which the youth of both sexes passed their winter nights — a resort of all who could relate tales of folk-lore.

Whai : To follow, to search after, to scout; a game not unlike that of cats'-cradle.

Wi-wi: Dread, trouble, wonder; the common rush, *juncus.*

TATTOOING PRACTISED BY MATA-ORA.

ANCIENT HISTORY OF THE MAORI.

CHAPTER I.

For thee, O Whai, my love is over great.
From germ of life sprang thought,
And god's own medium came:
Then bud and bloom ; and life in space
Produced the worlds of night—
The worlds where bowing knee
And form in abject crouching lost
Are lost—for ever lost.
And never now return ye
From those worlds of gloom.
  'Twas Nothing that begat
The Nothing unpossessed,
And Nothing without charm.
  Let the priests attention give,
And all I state dispute.
I may be wrong : I but rehearse
What was in *whare-kura* taught.
  'Twas Rangi who, with Atu-tahi,
Brought forth the moon.
  And Rangi Wero-wero took,
And, yet unseen, the sun produced.
He, silent, skimmed the space above,
And then burst forth the glowing eye of heaven
To give thee light, O man !
To wage thy war on fellow-man.
  Turn and look this way.
On Tara-rua's distant peak now
Shines the light of coming day—
The dawn of eating man and feats of war.
  Would'st thou the deeds of ancient battles now repeat,
When Nga-toro-i-rangi
The "Blood nose " battle fought,
And then the " Deep blue sea "
And next the " Earth-red plain "
And " Mist on sea " were fought and gained.
  Sleep, O Father, in Matangi-rei,
Where Tane landed first and lived,
And where the dead of all
The tribes now rest, for ever rest.
   *   *   *   *

O Kahu-te-raki, come now,

Bid a welcome to thy nephew
And put him in the
Scented bag of Rau-kata-uri,
In which old Kao was led to dea
Hide him in the Ha-ruru-roa,
In the net of Pae-kawa,
Where noted Huna-kiko spear wa
With far-famed Ma-na-wa.
Why not singe thee
With a flame of fire,
That thou mayst see
The skin of Manu-mea,
And taste of food, that thoughts may ri
And urge to acts thy hands,
And feet, and eyes.
    O deaf son, who wouldst not hearken,
I spread before thee life and death,
But thou wouldst bind around thee
The old used mat of death.
    I alone was left a solitary one
A cast-off plank of the
House of the god Tane.

Ancient Lament of Tu-roa for Te-ko-tuku.

WHARE-KURA.

SCHOOL OF MYTHOLOGY AND HISTORY.   (NGA-I-TAHU.)

WHARE-KURA, the sacred school in which the sons of high priests were taught our mythology and history, stood facing the East, in the precincts of the sacred place of Mua.

Mua was a sacred locality. It was known by *mauku* (tree-fern) or flax-bush. One of these indicated the sacred spot where an image of man, without feet *(d)*, in length from the elbow to the point of the middle finger, made of totara wood, to represent Kahu-kura, the *atua-toro* (attendant spying god), was placed. This was where offerings, and sacrifices, and all other attendant ceremonies were performed to the gods.

The people procured the materials for this edifice, but the priests erected it ; and whilst so engaged abstained from food till the close of each day. The high priest performed sacred ceremonies over the *pou-toko-manawa*, the centre-post, on which rested the ridge-pole, and at the foot of which was carved a *tiki*, the resemblance of one of their progenitors, to consecrate the house and make it sacred. When the *kaka-ho* reeds forming the various patterns which variegated the interior of the house were being laced up, incantations were repeated ; and when finally completed, the ceremony of *ta-te-kawa*, the dedication of the building, was performed.

A sacred sacrifice was killed at the dedication, which was witnessed by all the people. A dog, man, woman, child, or slave was killed, and the blood presented to Mua, with the same ceremonies and incantations as those performed by an army in presenting food to the gods.

The living sacrifice was led up to the front of the building and then killed ; the blood only was the sacred offering given to Mua. The body was buried in the sacred place *(d)*.

A sacred fire and an *umu* (oven) were lighted in the house. These were kept burning whilst the victim was being killed. At the close of day another fire was lighted in the *marae* (courtyard), in which *kumara* or eel was cooked and partaken of by the priests and sacred men. The fire in each instance was procured by friction *(hika) (d)*.

When the priests assembled on the first night they selected twenty or thirty youths of highest rank, and proceeded with them to a stream, river, lake, or other water, where the youths went into the water. The priests stood on the brink, and dipped a *wiwi*, or *toe-toe* stalk, or piece of grass, into the water, and dropped some from it into the left ear of each youth. The priests then went into the water and two or three times baled some on to the youths, repeating at the same time incantations to open their ears, to insure to them a correct and perfect knowledge of all they were to be taught. The priests then took *rimu* (raw sea-weed), and performed over it the same ceremonies and incantations as were performed by those who survived the flood. The youths and priests came out of the water, and went directly to Mua and to the image representing Kahukura. The priests, repeating incantations, threw some dry sea-weed. The *tapu (d)* was then supreme, and all animate or inanimate matter was sacred. The sole right to punish for transgression was left with the gods. All returned to the school, and, having again procured fire by friction, a piece of *roi* *(d)* (fern-root) was roasted and given to an aged *wahine* (female), who put it under her thigh *(d)*. It was then presented to the youths one by one as they stood in a line in the middle, from end to end of the house, each of whom partook of a portion to insure a continuous application to their lessons. They then sat down, and the priests repeated the mythology and history until midnight. Only one female (and she must be a sacred woman) was admitted into this school. Her duty was, by ceremonies and incantations, to protect the lives *(mauri)* *(d)* of the pupils from every evil. None but the priests and pupils might eat in the school; nor must any one sleep there. If drowsiness were felt by any one of them, it was deemed an omen that such an one would not live long. He was at once expelled, and not again admitted.

The father of each pupil must attend to take charge of his child, to prevent crying, restlessness, whispering, or any other act by which the attention of others would be distracted.

The school was opened by the priests *(d)* in the season of *kahui-rua-mahu* (autumn), and continued from sunset to midnight every night for four or five months in succession. From midnight to dawn all slept. Daily exercise in games and bathing was allowed, but they were not on any account to go near where food was being, or had been, cooked; nor could they associate with any of the people. Any youth not entitled to a seat in the school who came near a pupil of *whare-kura*, for his temerity, became a water-carrier to the institution.

Food was cooked daily by females at a place apart from the settlement, and by them brought to a spot a little distance from the school; then it was taken by a water-carrier or some of the pupils into *whare-kura*.

The priests whilst teaching, and pupils whilst being taught, occupied the order already stated. The chief priest sat next to the door. It was his duty to commence the proceedings by repeating a portion of history; the other priests followed in succession according to rank. On the south side sat the older and most accomplished priests, whose duty it was to insist on a critical and verbatim rehearsal of all the ancient lore. During the time occupied in teaching, none spake save the rehearser or the criticising priest.

The first lesson taught was the incantation to open the ears of the pupils; the next that indicating the path each spirit must take to obtain energy and zest to acquire the sacred lore; then the ceremonies and incantations of Po, Ao, Te-kore, Maku, and the ceremonies and sacred lore of Rangi. These were rehearsed each night for one month, to stamp them indelibly on the memory of each pupil. Then followed the most ancient incantation-songs (d) to imbue their souls with enthusiasm to emulate the mighty deeds of the gods and men.

Afterwards were taught the origin, attributes, and powers of Po, Ao, and Tane; and after these the incantations and ceremonies of witchcraft; then those to give bravery and vigour in war, and to bedim the eyes of their enemies; then those over food given to procure death; then those to cure the wounded and invalids: with these the term would close, and all would that night sleep in *whare-kura*. At dawn of day they proceeded to Mua, to the front of which was thrown some raw and cooked *pitau*, or fern root, or grass, which had been prepared by the priests with ceremonies and incantations to take the *tapu* from it, so that the gods might at once partake of it.

All then went to the water, where the pupils took their places in it, and the priests standing on the brink, as before repeated incantations and performed the ceremonies of *huri-i-te-takapau*, with each incantation laving water over the pupils, while the assembled tribes stood within an easy distance and repeated an incantation for themselves.

The high priest then asked, "Which of you has perfectly learnt the ceremonies and incantations?" Being answered by one, "I have," the people were ordered by the high

priest to lead a captive up to where he and the pupils were.
The pupil who answered the high priest, to exhibit his
learning and power, bewitched him, and death at once
ensued. The blood from the nose of the victim was taken
on a piece of wood, or stick, or grass, and tied to an
ancient and sacred *toko (d)* in front of Mua, and offered to
the gods.

If, when being led to his doom, the captive was asked,
" Where are you going?" he would answer, " To be
bewitched by one of the pupils of the priests ;" and before
the time taken to cook food in a *hangi (d)* could elapse he
would be dead. The ceremonies connected with the death
of the victim were a sacrifice to the gods of war, witchcraft,
and fate. It was optional with the priests to cause the body
to be at once buried in the sacred place of Mua, or to order
it to be cut up and cooked and eaten, to add virtue and
power to the incantations and ceremonies of future divina-
tion, and to counteract the power of secret witchcraft *(d)*,
when food was the medium.

The priests and pupils then returned to the home of the
people, dancing, making grimaces, and singing songs till
they arrived there ; then a fire was kindled by friction for
the ceremony of *huri-takapau,* and an *umu* lighted, and
food cooked, and incantations repeated over it. A portion
was taken by a priest to touch each pupil with before he
offered it to Mua; the remainder was eaten by the old men.
Thus concluded the annual term of *whare-kura.* The doors
were closed, and the house was left quite untouched until
the opening of the following year.

On the first night of the school being closed the priests
and pupils must sleep out in the open air. On the follow-
ing day they might go to their usual places of abode, but
were not allowed to join in any labour connected with
cultivating or cooking food. Having passed three days at
home, they all met again and proceeded in a body to the
front *(d)* of Mua, where a mound of earth was made,
about a foot long, to resemble a lizard *(ika-whenua) (d).* On
either side of this the high priest placed one foot, and

pressed the mound while he repeated the incantation of Tane.

During the time the priests and pupils were engaged in *whare-kura* they must not cohabit with their wives, nor must they procure firewood, save for the sacred fires in *whare-kura* only. Teachers, being men of rank, were not remunerated for their services. Ample exercise might be taken, in games, or other amusements; but cultivating or cooking food was strictly prohibited. Pupils must attend at *whare-kura* three, four, or even five years before they could become priests, or doctors, or teachers. When teaching was resumed in each following year, only the new pupils were required to submit to the preparatory ceremonies.

School of Agriculture.

The school in which the youths of highest rank were taught was distinct from the School of Agriculture. In this school all other grades of society met and consulted with the priests in regard to all their daily avocations. It was of considerable size—namely, from sixty to ninety feet long, and from eighteen to thirty feet broad—and would accommodate a hundred inquirers, and was lighted by fires kept in pits in a line up the middle of the house. Being a resort for all, females were not debarred from entering and asking any questions relating to their daily labour; only those who were pupils in *whare-kura* were prohibited. Lessons were given and questions answered only at night. The ceremonies and incantations performed and repeated in it caused it to be sacred. It was not occupied as a school every night in succession. Each *pa* had one or more, according to the number of its inhabitants.

As soon as all the lessons had been given on the first night of the term they all rose and went to Mua, where the priest, whilst repeating incantations and performing ceremonies, presented the fronds of *pitau* to the gods.

At this time Kahu-kura was naked, as the ceremonies and incantations in this school were not very sacred.

When ceremonies of importance preparatory to war were performed all the people assembled and in a body proceeded with sacred offerings to Mua. There the priests clothed the god, first with two old garments, which were covered with valuable fringed mats called *kai-taka*, presented by the people, incantations being repeated the while. This ceremony having been performed, Mua was unrobed by the high priest, and the body of the people returned to their various occupations. The high priest then took the god from his place, with the mats and the last offerings presented, and, surrounded by those who were to proceed to war, he elevated the god, with the mats and offerings, in their midst, and offered, first raw, and then cooked or singed *pitau* to him. This ceremony must not be interrupted by any circumstances whatever, but be continued till dawn of day, when they returned to the school, and by friction lighted a fire, and cooked a portion of fern-root as a *tau-maha*, or thank-offering. In the meantime the warriors had taken their seats in a line; then the priest took the thank-offering and held it to the nose of each to smell; it was then given to an old man to eat, to take the *tapu* off the people.

On the following morning a fire was lighted by friction, and food cooked and offered to Mua to propitiate the gods. This food was eaten by the most aged of the priests. All the people were then assembled, and ceremonies and incantations were performed and repeated to finally rid the people of all *tapu*.

Only in winter the people were taught in these schools, so that, when the seasons for cultivating the *kumara*, *taro*, and *hue*, for snaring and spearing birds, for fishing, and for digging fern- and convolvulus-roots came round, these might not be neglected. Fern-root was the only food partaken of in this school. At this season all lived and slept there, and no one was allowed to visit his house or cultivation. When the building was not occupied as a school visitors were received and entertained there. It was also the home of the aged men and women, and the place where the people amused themselves with *whai, poi*, and the other games played in the *whare-matoro (d)*.

ASTRONOMICAL SCHOOL.

This school was opened in the season of *pou-tu (d)* (midwinter). It was a building from thirty to sixty feet long, and eighteen or twenty feet broad. It was erected outside of the *pa*, and was frequented by priests and chiefs of highest rank, who discussed subjects of vital importance to the people. In each year this assembly directed the days on which crops should be planted and reaped, the localities where birds and fish should be taken, and all the details in regard to travelling, visiting, and giving feasts.

They also compared their observations of the heavenly bodies, and discussed the indications of the omens to the several undertakings of the year. The stars Pu-anga, Taku-rua, Ao-tahi, Rehua, Kai-waka, Mata-riki (or Mata-ariki), Wero-i-te-ninihi, Wero-i-te-kokoto, Wero-i-te-ao-marie, were those which principally guided them in their discussions; and to impress the knowledge of these indelibly on their minds, they rehearsed the lessons taught to them in their youth.

One or more such schools was attached to each *pa*, according to the number of its inhabitants. This school was not entered from sunrise to sunset, nor was any one allowed to sleep in it. From dusk of evening till dawn of day it was occupied by those who discussed the subjects before stated; and these were only allowed to leave the house to answer a call of nature.

Those whose duty it was to supply food for the occupants of this school were not allowed to go near to it: when at a short distance they must call to those within; the youngest man would come and take it. A female of high rank might carry food to the door, and rap, and hand the food in; but if a female of a junior family took food, she must stay at a short distance and call till the door was

opened; a female of high rank would then take the food
from her, and, whilst carrying it to the house, repeat an
incantation; at the same time he who opened the door
would also repeat an incantation : this they did on account
of the door having been opened.

If an ordinary man—one of the people—carried food, he
would not call, but, when arrived at a convenient distance,
he would throw a stone on the house, and when the door
was opened he would leave what he had taken and return.
He durst not speak to the person who came for the food,
nor would such an one speak to him.

Ample provisions and firewood were daily provided by
the people for the occupants of this school, but only the
junior in age of those who were engaged therein would
carry them inside.

One, two, or three females took part in each session,
whose duty it was to perform all the sacred rites and
ceremonies of the *mauri (d)*.

Each session occupied three, four, or five months. No
one in that time visited his home, or in any way held
intercourse with the people. They slept in the day-time,
and held their discussions at night. And not till the cere-
mony of *iku-whenua* was performed were they allowed to
go to their homes. When this house was not occupied by
the priests, the aged and decrepit of the people made it
their home.

At the close of the session similar ceremonies and
incantations were performed and repeated as were per-
formed by the priests at the concluding ceremonies of
whare-kura.

CHAPTER II.

Depart! farewell, ye autumn moons.
The gods give signs by lightnings in the sky.
The active hosts of Ta-whaki, with myriad hands,
Resort with sea-birds on the ocean coast.
Each feathered tribe, and those who skim the wind-tossed sea
Their parentage from him derive.
He climbed and gained the highest peak of heaven :
From first sky to tenth did he ascend,
And found the offspring of the Lizard-shark,
Residing in the home of Tane's-sacred-root,
Where Hiue-a-te-kawa lived.
Still on ascended he, and on,
And came to Tama-i-waho's sky.
And thence the evening star he brought,
And flashes now its rays
On Pu-ki-hikurangi's highest peak.
   He led the morning star below,
And threw the Lizard-shark into the sea.
   Follow on, ye dead, the autumn moon :
There is that one, that distant land.
The gods come only from above,
And pain engulfs us all.
   The flood subsided ; land—an island—then stood forth.
That island was Hawaiki then,
And resting on its mountain-peak
The bark of Para-whenua-mea.

Ancient lament chanted by the collected tribes for illustrious dea ?

MYTHOLOGY OF CREATION.
(NGA-I-TAHU.)

WHEN the truth (Christianity) came we forsook all those things which had been taught by our ancestors. There are many matters which cannot now be collected. We uphold the truth of our history (*korero*). Our priests do not agree in all points. There are several versions of parts of our mythology, but our belief was treasured in our hearts. Very much truly has been lost through the death of our most learned priests, and through our indifference to their

2

rehearsals of our history. The new pursuits presented to
us caused us to look on these as (*hara*) matters of less im-
portance. Much has therefore now been lost for ever.

This is the belief (*karakia*)· rehearsed by the people of
Te-wai-pounamu (South Island), which has only of late been
abandoned by us.

The Atua (god) began his chant of creation at Te Po
(darkness), and sang : Po begat Te-ao (light), who begat
Ao-marama (daylight), who begat Ao-tu-roa (long-standing
light), who begat Kore-te-whiwhia (did not possess), who
begat Kore-te-rawea (was not pleased with), who begat
Kore-te-tamaua (was not held), who begat Kore-te-matua
(without parent), who begat Maku (damp). Maku took to
wife Mahora-nui-a-tea (great spreading-out of light) *(d)*,
and begat Raki (Rangi) (*raki*, dry; *rangi*, to dry by
evaporation, to hold before a fire to dry). Raki took
Poko-harua-te-po as his wife *(poko*, extinguished ; *harua*
or *wharua*, valley; *te-po*, the darkness), and begat
Ha-nui-o-raki (*ha*, breath; *nui*, great; *o-raki*, of Raki).
He begat Tawhiri-ma-tea (*tawhiri*, wave to, beckon;
ma-tea, to light), who begat Tiu (*tiu*, to swoop as a
bird in flight), who begat Hine-i-te-papa-uta (*hine*, young
woman; *i-te-papa*, at the side ; *uta*, on dry land), who
begat Hine-i-te-tu-whenua (young woman of the earth)
and Hakoua-te-pu (*hakoua* or *hakua*, to find fault, to
murmur; *te-pu*, the root, the foundation). Hakoua begat
Te-pua-i-taha (*te-pua*, the boisterous ; *i-taha*, eluded), who
begat Tu-mai-roko(rongo) (*tu-mai*, stand ; *rongo*, to hear),
who begat Te-ope-rua-riki (*te-ope*, the troop ; *rua*, pit ; *riki*,
diminutive), who begat Raro-toka(tonga) (*raro*, north,
below ; *toka* or *tonga*, south), who begat Te-kohu (the fog),
who begat Karua (Ngarue) (tremble, dread), who begat Te-
mau-po (caught in the night), who begat Te Pu-nui-o-tonga
(the great origin of Tonga), who begat Raka(Ranga)-maomao
(*ranga*, shoal; *maomao*, a kind of fish—the mackerel), who
begat Awhiowhio (whirlwind), who begat Te-pu-mara-kai
(pu, the great, the climax ; *mara-kai*, plot of cultivated
kumara), who begat Te-oko-oko-rau (*oko-oko*, nursed ; *rau*,

many—the many nursed with care), who begat Te-wawahi-
whare (the housebreaker), who rushed out to Rara-tau-
karere (crying or calling messenger), of Mati-te-raki (*mati*,
dry; *raki*, heaven), to the Uhi-a-kama (*uhi*, a covering; *kama*,
quick—the covering of Kama), and to Hukahuka-te-raki
(*hukahuka*, fringe—the shreds of Rangi), where Makaka-i-
waho (*makaka* or *manganya*, twisted, crooked; *i-waho*, out-
side) was residing. Te-wawahi-whare took Makaka-i-waho
to wife, and begat Apa-ara-ki-ihi-ra (*apa*, body of workmen ;
ara, rise, to commence ; *ki-ihi-ra*, with the sun's rays), who
begat Te-apa-raki-rarapa (*te-apa*, the body of workmen ;
raki-rarapa, glistening, or flashing, heaven), who begat
Tapu-tapu-atea (*tapu-tapu*, feet ; *atea*, unhindered), and
Ma-here-tu-ki-te-raki (propitiation standing in the heaven).
Tapu-tapu-atea and Ma-here-tu-ki-te-raki are the offspring
of Raki's first wife Poko-harua-te-po, and they came into
this world, and are the lords of Raki's offspring.

Other offspring of Raki are his *kahui-tahu* (*kahui*, as-
sembly ; *tahu*, helper)—namely, Ka-tu (*ka*, will ; *tu*, stand),
Werohia (pierce), Whakairia (suspend, hang up), Tao-
kai-maiki (*tao*, cook ; *kai*, food ; *maiki*, migrate), Taoitia-
pae-kohu (*taoitia*, to cover with mist ; *pae*, range of hills ;
kohu, fog), Tahua-tu (*tahua*, heap of food or property),
Tahua-roa, Te Karanga-tu-hea (*te karanga*, the call ; *tuhea*,
scrub), Te-aka-rimu (*te aka*, the roots ; *rimu*, moss or sea-
weed), Te-whakatu-koroua (*te whakatu*, make to stand up ;
koroua, old man), Tahu (set on fire), Kokiri (dart out), Te-
kopu-nui (*te-kopu*, stomach). These are the only children of
Raki, who dragged mankind down to death, and are the
first of the offspring of Raki who persisted in evil. They
brought confusion into the world of Hine-a-te-uira (*hine*,
maiden ; *a-te-uira*, of the lightning).

By another wife, called Hekeheke-i-papa (*hekeheke*,
descend ; *i-papa*, at the world), Raki had Tama-i-waho (the
son outside), Tama-rau-tu (*tama*, son ; *rau*, girdle of the
apron of a female ; *tu*, to stand, be substantial), Tama-i-a-
raki (son who was with heaven), Tama-nui-a-raki (great
son of heaven), Tama-he-raki (mistaken son of heaven), Te-

rangi-whaka-ipuipu (the sky of pools and hollows), Raki-whangaka(wananga) (sky of the holy altar). These of the issue of Raki and Hekeheke-i-papa remained up above. There are other five lines of Raki's offspring; but of those Tama-i-waho and his younger brothers were spirits, and remained up in the fourteen heavens, and the descendants of Tama-nui-a-raki came into this world, in this wise: Tama-nui-a-raki begat Haumia (the god of the fern-root), Manu-ika (*manu*, bird; *ika*, fish), Manu-nui-a-ka-(nga)-hoe (power or shelter of the rowers), Hua-waiwai (pulpy fruit), Tahito-kuru (ancient blow), Kohu-rere (flying mist), Te-ao-hiawe (gloom-day), Haere (go, proceed), Ue-nuku-pokaia (*ue*, trembling; *nuku*, earth; *pokaia*, go all round, to encircle), Ue-nuku-horea (*ue*, trembling; *nuku*, earth; *horea*, bald), Raki-whitikina (the heaven encircled with a belt), Te Pu-ki-tonga (the fountain or origin at the south), and so on to the generation of men now living.

By another wife, called Hotu-papa (*hotu*, to sob; *papa*, earth), Raki had Tu (to stand, the god of war), Roko (or Rongo) (to hear, god of *kumara*), Kanapu (glare, flash), Haere-mai-tua (come from the back or behind), Haere-mai-whano (come from a distance), Haere-aroaro-uri (go with a youthful face), Haere-i-te-ao-pouri (go in the dark world), Haere-i-te-ao-potako(potango) (go in the very dark world), Te Kitea (not seen), Te Whaia (not followed), Te Ao-mataki (the world gazed at), Turu-meha (waning moon), Kai-hi (the fisherman), Te U-ki-mate-hoata (arrived at the spear wound), Rei (dash forward), Pou (post), Pou-a-takataka (shaking post), Pou-raka(ranga)-hua (post to act as lever), Tu-huku-tira (allow the company of travellers to pass), Tama-taku-ariki (son to follow slowly his lord), Wai-tu-raki(rangi) (water standing in the heavens), Tu-kau-moana (Tu swimming the ocean), Kiri-rua (two skins), Hotu-ma-moe (sob in sleep), Tu-mai-o-nuku (standing on the earth), Tu-mai-o-raki(rangi) (standing on the heavens), Hika-ara-roa (long in making a fire), Ue-nuku-pokai-whenua (Ue-nuku who travelled all around the land), Ue-nuku-horea (Ue-nuku the bald head). These are the children of

Raki, and are the progenitors of the race now living on the earth.

By another wife, called Ma-uku-uku (white clay), Raki had Taku-u-nuku (ceremony performed over the earth), who begat Te-mata-i (the beggar).

By another wife, called Tau-hare(whare)-kiokio (leaning over in the shade), Raki had Taku-aka(waka)-hara (ceremony to avert evil), who begat Taku-raki (ceremony to heaven), who begat Kahika (the ancient).

These also are the offspring of Raki by another of his wives, named Papa-tu-a-nuku (*papa*, flat; *tu*, stand; *a*, of; *nuku*, earth) : Rehua and his sister Ha-kina. Rehua begat Tama-i-te-oko-tahi (*tama*, son; *i-te*, of the; *oko-tahi*, being carried in the arms — or, *oko* bowl, *tahi* one), who begat Te-whai-tu-tahi-a-iwa (*te-whai*, the following, or a game; *tu-tahi*, standing together; *a iwa*, of *iwa*—nine), who begat Te-tihika(tihinga) (the pinnacle), who begat Te Rakeka (Rakenga) (the bald), who begat Raki-ma-kawe-kawe (heaven of the locks of hair), who begat Raki-whaka-upoko (heaven the supreme head). These offspring of Raki were spirits, and stayed in all the heavens. This is what our ancestors stated, and what we believe.

Raki and Papa-tu-a-nuku begat Tane (male), who was born next after Rehua; and next after Tane were Paia (closed up), Wehi-nui-a-mamao (*wehi-nui*, great fear; *a-mamao*, of the distant), Tu-taka-hinahina (Tu of the grey hairs), Te-aki (to dash), Whati-ua (run from the rain), Tu (stand), Roko (Rongo) (to hear), Ru (earthquake), U-ako (*u*, steadfast; *ako*, teach), Hua (fruit), Puna (fountain-head), Whe-rei (*whe*, dwarf; *rei*, flee), Uru (red, or west), Kakaua (Ngangana) (glow of red), Wai-o-nuku (water of earth), Wai-o-raki (water of heaven), Ai(Wai)-o-hou-taketake (*ai* (*wai*), water; *o*, of; *kou*, go down; *taketake*, foundation), Ka-mau-ki-waho (be taken outside), Ka-mau-ki-tahito(tawhito)-o-te-raki (*ka*, will; *mau*, hold; *ki*, to; *tahito* or *tawhito*, ancient; *o*, of; *te*, the; *raki* or *rangi*, heaven),

Kai (Ngai) (menace), Kai-roa (Ngairoa) (long menace),
Kai-pehu (*kai*, menace; *pehu*, bluster, arrogant), Kai-aki-
akina (menace and dash, or slap again and again),
Tapatapa-i-waho (*tapatapa*, call a name as a curse; *i-waho*,
outside), Manu-aero(waero)-rua (*manu*, bird; *aero*,
dwindle, become less and less; or, bird with two tails),
Toi (summit, peak, pinnacle), Rauru (hair of the
head, god of the head), Kitenga (seen), Wha-tonga
(*wha*, revealed, disclosed; *tonga*, south; *whatonga*,
cherish revenge, but not show it), Apa (body of work-
men), Roko(Rongo)-mai (*rongo*, to hear; *mai*, towards,
this way; god of the whale), Taha-titi (*taha*, side; *titi*, to
whisper, to make a noise like a rat or young birds),
Rua-tapu (*rua*, pit; *tapu*, sacred), Pipi (to ooze, to bathe
with liquid), Te-ara-tu-ma-heni(hengi) (the road or path of
the gentle breeze), Raki-roa (long heaven), Roko(Rongo)-mai
(god of whales; *rongo*, to hear; *mai*, towards), Pou-pa (*pou*,
a stake, a post; *pa*, to obstruct), Te-ra-ki-whakamaru (the
sun of the calm), Hou-nuku (*hou*, to dig down, to descend
as a worm in the earth, a plume, a feather; *nuku*, the
earth, the world), Hou-raki (descend in the heavens, plume
of the sky), Hou-a-tea (the plume of Tea, or the plume not
reserved), Tu-nuku (trembling earth), Ka-hutia-te-raki (the
heaven pulled up), Rua-tapu (*rua*, pit; *tapu*, sacred),
Pa-ikea (god of sea-monsters; *pa*, to obstruct; *ikea*,
a blow, to strike); and from Pa-ikea only came those of us
(Maori people) now here (in New Zealand); but there are
other and great ancestors *(putake) (d)*, from whom came
those now in other parts of the world.

Now, Raki had no right to Papa-tu-a-nuku—she was
the wife of Taka(Tanga)-roa. She went to live with Raki
when Taka-roa had gone away with the placenta of his
child. On his return, he found she had been living
with Raki for some time, and had given birth to Rehua,
and Tane, and the other children we have mentioned.
Raki and Taka-roa proceeded to the sea-beach, where
they fought with spears. Raki was pierced by Taka-roa
with a *huata* (a barbed spear) through both thighs,

but he was not killed. The offspring he had by Papa-tu-a-nuku after this were a weak or sickly family. The names of these were Whanau-tu-oi (born lean), Wha-nau-takoto (born lying down), Tane-kupapa-eo (Tane who lies flat on the flat rocks), Tane-tuturi (Tane who kneels), Tane-pepeke (Tane who draws his legs up), Te-oi (the shaker, or trembler), Upoko-nui (big head), Upoko-roa (long head), Upoko-whaka-ahu (the large head), Tane-i-te-wai-ora (Tane at the living water, or water of life).

ANOTHER READING—RANGI, PAPA, AND TANGA-ROA. (NGA-TI-HAU.)

Taka-roa took Papa-tu-a-nuku to wife, and then he took a journey far out to the distant Kahui-pu-aki-aki (the flock of the sea-gull), to obtain some of the property of Whaki-tau (abundant year). On his return from that journey his wife had become the wife of Rangi. Taka-roa went for his barbed spear; Rangi also went for his barbed spear, and Rangi thrust his spear at Taka-roa, but did not pierce him. Taka-roa thrust his spear at his nephew Rangi, and pierced him through both thighs. Having wounded him, he allowed him to keep Papa-tu-a-nuku as his wife.

ANOTHER READING OF TANGA-ROA. (NGA-TI-HAU.)

Taka-roa had come from a distance, even from Kara (flint-stone); but he gave his wife to Raki, and left his home, and went far away. The name of his son was Tini-rau (many hundreds); and the sisters of Tini-rau were called Rua-te-pupuke (cave on the hill), Rua-te-hihiko (cave of random strides), Rua-te-mahara (cave of medita-tion), Rua-te(ta)-mahina (cave of the dim light), Rua-te-korero (cave of the council), and Rua-te-waihanga(whai-hanga) (cave of the builders). Tini-rau had nine sisters in all.

Taka-roa was of the Kahui (tribe) of Ihu-poro (chub-nose), and of Ihu-ku (nipped in nose), and of Ihu-take (substantial nose), and of Ure-kohatu (stone axe).

Taka-roa was also of the following tribes, whose names he added to his : namely, Taka-roa-te-ihu-pu (Taka-roa of the exact nose), Taka-roa-o-te-ihu-toka (Taka-roa of the perfect nose), Taka-roa-te-ihu-mouta (Taka-roa of the non-snoring nose), and Taka-roa-hau-papa (Taka-roa the cold). He was also progenitor of Tama-nui-a-raki (great son of heaven); and Tama-nui-a-raki was descended from all these tribes. From Taka-roa-te-ihu-pu came the Maori people, and from Taka-roa-hau-papa came the Europeans. This is what our ancient men said when they saw the first Europeans.

TANGA-ROA (TAKA-ROA). (ANOTHER READING— NGA-TI-HAU.)

Te-more-tu (erect bald head) was father of Taka-roa, the elder brother of Poko-harua-te-po, who was first wife of Raki. Then Te-more-tu took Wawau-nuku-hua-tahi (stupid from a distance; hua tahi, only child) to wife, and begat Te-po, Te-ao, Te-ao-tu-roa, Te-ao-marama, Ha-nui-o-raki, Tawhiri-ma-tea, Tiu, and Ma-uru (the west), who were males; also Hine-i-tapapa-uta and Hine-i-tu-whenua, who were females. All these offspring of More-tu and Wawau-nuku-hua-tahi were gods who controlled the winds and the sea—that is, lulled the winds and calmed the sea; but Tawhiri-ma-tea and Tiu governed Te-pua-i-taha—that is, the violent south-west gales—and the Ha-koua-tipu-(tupu) (the breath which has grown into a gale), so that they should sweep with fury or be lulled to silence.

The first family begotten by Raki, by his first wife, were all winds.

ANOTHER READING OF CREATION. (NGA-I-TAHU.)

Papa was the wife of Taka-roa (Tanga-roa). When he was absent, occupied in his work, she went to live with Raki (Rangi). Raki was attacked by Taka-roa with a spear, wounded, and laid prostrate.

Tane and his friends came to see Raki. They made an attempt to lift him up, but they did not know how to elevate him ; but by the power and knowledge of Tane Raki was lifted up as high as the mountains. At the same time Tane and his companions continued their ascent with Raki, carrying the trees and other things by which Papa had been covered : thus she was left naked. Tane then descended with Paia, and went to the east, where the trees had been, and again covered Papa over with trees. Tane then saw that his father Raki was naked. He took *kura* (red) and spread it to cover him, but it did not suit. He then went to Te Wehi-nui-a-mamau (the fear of wrestling) for the stars, to make Raki look beautiful. Te Wehi-nui-a-mamau said, " Let the stars which you take be the largest : the lesser stars can be placed on the less sacred parts of Raki." Tane now swept the *kura* off Raki that he might place the stars there ; but he kept the *kura* and the clouds to cover him with afterwards. When Tane had placed the stars he was delighted with the grand appearance of Raki.

Though Raki and Papa had been separated they still loved each other. The mist and dew are the tears of Papa for Raki, and are the messengers, in the form of clouds, to carry the damp air and steam up to Raki; and when the west wind blows it is Raki tickling the ears of Papa.

Another Reading of Creation. (Nga-i-tahu.)

Tane-nui-a-raki (great procreation of Raki) was of the senior family, but younger brother of Rehua. They were the offspring of Raki and his wife Whatu-papa ; but Raki went and took Papa-tu-a-nuku to be his wife. She was the wife of Taka-roa, but because she lived with Raki her husband fought with Raki, speared him, and so severely wounded him that he lay flat. Then Tane-ko-peru (Tane of the swollen eyes), and Tane-mini-whare (Tane wet in the house), and Tane-tuturi (the kneeling Tane), and Tane-tuoi (lean Tane), and Tahu-kumea (the company who drag away), and Paia (the closed-up) said, "Our father Raki should be lifted up." Having taken him up as far as the lower clouds, they thoughtlessly rested him on the pinnacles of . the mountains. Tane joined them, and, by his authority, power, and knowledge, Raki was lifted still higher. It was Paia and his companions who separated Raki and Papa, and when they took him up also carried the trees, herbage, and edible roots with them, leaving Papa to lie naked. On looking down and seeing how bare Papa was, Tane and Paia descended, and Tane went out towards the sun (east-ward), to other settlements, to bring herbage and trees and other vegetation. He obtained some of each and every variety that grows, and from every district on the earth, and distributed them over every part of Papa, even to Ao-tea-roa (long light day), and Ta-ranga (repeating incanta-tion), and Wai-roa-maire-he (long cadence of the evil song). He classified the trees : some he ordained for the *maipi* (a wooden weapon, synonymous with *hani* or *tai-aha*—see plate 1), some for the *pa-neke-neke* (a stone axe with a handle—see plate 2), and some for the *paoi-aruhe* (fern-root pestles—see plate 3); some for the *tao* (spear) and *timata* (see plate 4), and some for the *waha-ika* or *waha-ngohi* (fish-mouth) (see plate 5).

Tane went far out, and brought the cod-fish *(hapuku)* from Te-ao-o-wai-raki-a-ira (the clear calm water of Ira; *ira*, spot on the skin, pimple, wart) as food to be in constant supply ; and from the same place Raki and Taka-roa brought the baracouta *(mangaa)*—it came in summer and went back in winter. All fish of the sea came from the same place.

Tane also obtained the *tio* (oyster), the *pipi* (cockle), the *paua (haliotis)*, the *kakahi* (*unio*), the *pupu* (periwinkle), the *karuru*, the *kareko* (edible sea-weed that grows on the stones in water in the third Maori month), the *kapiti*, the *kauru* (*tii*-root).

When Tane had done this, and clothed Papa, he disap-peared by going up to heaven.

Te-Rara-tau-karere-o-mati-te-raki is the name of the place whence Tane brought trees, and took them to Huka-

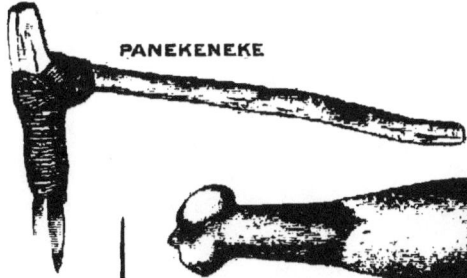

PANEKENEKE

PAOI-ARUHE

HANI
OR
TAIAHA

TAO

WAHA-IKA

huka-te-raki (fringe of heaven), to Hu-matao (rather cold), to Tu-kou-a-hao-a-iki (nakedly standing, the gatherer-together and consumer), and to Ao-tea-mua (sacred light cloud).

When Tane planted trees at Ao-tea-mua, he set the feet and legs in the earth—trees at first were like men—and retired a little distance to survey them; but they did not please him. He then planted the head downwards and the legs upwards, which he pronounced good: thus the hair of the head became the roots. Raki had little to do with them, though they were his children.

Te-ku-whaka-hara (the great coo of the bird) was the mother of the *totara* tree, and Te Kui-u-uku (old woman of the wiped breasts) of the *matai* tree, Ku-raki (coo of the bird to the north) of the *kahika* (*koroi*, or white pine), Huri-mai-te-ata (the dawn turning back) the *kahika-toa* (*manuka*, or tea-tree). The following trees are used by the warriors to make weapons of war, namely: the Ake to make Tiki-kura (red image); Ake-rau-tangi (ever-weeping leaf), to make Takahia-pu-poka (how many cuts made); and of the Ko-whai (to follow) were made Mahutu (quite healed), Mahu-raki (clear sky), Mahu-taki-taki (revenge stayed), and Timu (peak).

Mae-awha (wander) placed the Kai-kawa-kae and Ku-raki trees, both of which are good for a Kau-ati (sticks which would procure fire by means of friction), on the mountains.

ANOTHER READING OF CREATION. (NGA-I-TAHU.)

Rangi was a great progenitor of gods. His progeny are numerous. Many live in the heavens, and some in the lower worlds: these, for their disobedience, were thrown down there.

These are the wives of Rangi: The first in order is Poko-ha-rua-te-po (pit of the breath of night), the second is Papa-tu-a-nuku (flat resembling the earth), the third is Heke-heke-i-papa (come down to the earth), the fourth is Hotu-papa (sobbing earth), the fifth is Ma-uku-uku (white clay), the sixth is Tau-karere-kiokio (the messenger of the twenty-fifth night of the moon).

The first of the offspring of Poko-ha-rua-te-po was Ha-nui-o-rangi (great breath of heaven), from whom sprang all the winds of the heavens and earth. The second was Ta-whiri-matea (beckoned to, and desired), the strong north-west wind. From Ta-whiri-matea sprang Tiu (skim as a bird flies without flapping its wings), the north-west wind, who begat Hine-i-tapapa-uta (daughter lying flat inland), from whom sprang Hine-i-tu-whenua (daughter of the inland). These two last are females—west winds, which blow softly, and subdue the boisterous winds and quell the rough sea. The off-spring of Hine-i-tu-whenua was Ha-koua(kua)-tipu(tupu) (the breath that has increased), from whom sprang Pua-i-taha (the foaming wave that passed on one side), the strong south and south-west gales. His offspring was Tu-mai-rongo (fame made known), from whom sprang Te-ope-rua-rangi (the company of the pit of heaven), from whom came Raro-tonga (lower south), who produced the Kohu (mist) and Karue (Ngarue) (shaking), who was father of Mao-po (rain cleared at night), whose offspring, Pu-nui-o-tonga (great origin of the south), produced Raka(Ranga)-mao-mao (shoal of mackerel), the father of Awhiowhio (whirlwind), who begat Pu-maara-kai (great plantation of food), who begat Oko-oko-rau (fondling the multitude), who begat Wawahi-whare (housebreaker), who made his appearance at the Rara-tau-karere-o-mati-te-rangi (screaming messen-gers of the dry branch from heaven), at Te Uhi-a-kama (the quick covering), and at Huka-huka-te-rangi (thrums or shreds of heaven), where Maka-kai(kei)-waho (cast out-side) and Apa-ara-ki-ihi-ra (company rising to the rays of the sun) were living. Apa-ara-ki-ihi-ra was father of Tapu-tapu-atea (unencumbered feet) and Mahere-tu-ki-te-rangi (conciliating offspring standing in heaven). These last two are great lords of the heavens. Ta-whiri-ma-tea and Tiu also are great in authority over the winds of the heavens and the earth.

The second family of Rangi by Poko-harua-te-po were the multitude of the Tahu (rites and incantations of offerings and propitiations), and were Ka-tu (stood up), Werohia (the piercing), Whakairia (hung up), Tao-kai-maiki (cooked food and departed), Tao-iti-a-pae-kohu (cooked on the misty hill-top), Tahua-tu (sacred rites performed), Tahua-roa (long sacred rites), Karanga-a-tuhea (call in the scrub), Ika-rimu (fish of the sea-weed), Whakatu-koroua (set the aged up), Tahu-ka-kokiri (sacred rites performed and power resulting), and Kopu-nui (large stomach). Immediately connected with these are the multitude of the Anu (space) and Tao (descend-ing mist) : Rangi begat Ka-mau-ki-waho (caught outside), who begat Pari-nui (great cliff), who begat Pari-mate (cliff of death), who was father of Moe-waho (sleep outside), who begat Anu-matao (cold space), who begat Anu-whakarere (space of extreme cold), who begat Anu-whaka-toro (cold space creeping on), who begat Anu-mate (space of cold death), who was the source of death. To these must be added also many of the deformed generation, the offspring of Tane and Hine-ti-tama (daughter of the evil son). These were disobedient to Rangi, and would not obey his commands, but persisted in evil, and were swept by Rangi down to the Po; and by them mankind are drawn into the lower worlds. They are constantly employed in tempting mankind to do evil, and combine with Hine-a-te-uira (daughter of lightning), the Ti-tama (evil child) of Tane, to corrupt and destroy the race of man.

Rangi and Papa-tu-a-nuku begat another family, of whom Rehua was first-born. His coming was as the flash-ing of light, and from him sprang Tama-i-te-oko-tahi (son of the one bowl), who begat Te-whai-tu-tahi-a-iwa (the joint-following of the nine), from whom descended the Tihinga (pinnacle of the hill), who was father of Rakeka (Rakeuga) (bare), who was father of Rangi-ma-kawe-kawe (locks of hair of heaven), who begat Rangi-whaka-upoko (head of heaven). The sister of Rehua was called Ha-kina (breath of the sea-urchin). These were all spirits, and, with the innumerable hosts of Rehua, inhabited the upper heavens : they did not appear in this world.

The next offspring of Rangi and Papa, and intimately associated with Rehua, was Tane the great artificer. Then followed Paia (shut), Wehi-nui-a-mamao (great fear of the distance), Tu-taka-hinahina (Tu of the grey hairs), Te-aki (the one who gives blows), Whati-ua (run from the rain), Tu (stand), Rongo (fame), Ru (earthquake), U-ako (taught at the breast), Hua (fruit), Puna (spring of water), Whe-rei (extruded), Uru (enter), Kakana (Ngangana) (red), Wai-o-nuku (water of the earth), Wai-o-rangi (water of the heaven), Aio-hou-take-take (long-continued calm), Ka-mau-ki-waho (caught outside), Ka-mau-ki-tahito(tawhito)-o-te-raki(rangi) (caught with the ancient of heaven), Kai (Ngai) (heel), Kai-roa (long heel), Kai-pehu (angry heel), Kai-aki-akina (heel beaten again and again), Tapa-tapa-i-waho (curse by calling names outside), Te Manu-aero-(waero)-rua (bird with two tails), Toi (summit), Rauru (hair of the head), Ritenga (policy), Wha-tonga (south-ward), Apa (body of workmen), Rongo-mai (whale), Taha-titi (nailed side), Rua-tapu (sacred pit), Pipi (ooze out), Ara-tu-ma-heni(hengi) (path of the gentle breeze), Rangi-roa (long day), Rongo-mai (whale), Pou-pa (post of the fortification), Rangi-whaka-maru (day of shade), Hou-nuku (delving into the earth), Hou-rangi (ascend to heaven), Hou-a-tea (ascending into open space), Ue-nuku (trembling earth), Ka-hutia-te-rangi (the heaven drawn up), Ru-tapu (sacred trembling), and Paikea (sea-god).

After Rangi recovered from the severe wounds he had received in his conflict with Taka-roa (long in taking action), he begat by Papa the generations of the deformed. Their names imply inferiority to the former offspring he had with this wife. These deformed were called the Whanau-tuoi (lean offspring), and were named Whanau-takoto (off-spring lying down), Tane-kupapa-eo (Tane lying on the rocks), Tane-tuturi (kneeling Tane), Tane-pepeke (Tane with his legs drawn up), Te-oi (the shudderer), Upoko-nui

(great head), Upoko-whaka-ahu (head that grows), and
Tane-i-te-wai-ora (Tane at the living water).

Rangi's union with Heke-heke-i-papa (coming down
flat) *(d)* produced some of the great lords of the heavens :
Tama-i-waho (the son outside), the first-born, who occu-
pied the highest heaven; then followed Tama-rau-tu (son
that gathers as he stands), Tama-nui-a-rangi (great son of
heaven), Tama-he-rangi (son of the heaven), Rangi-whaka-
ipuipu (bowl of the heavens), and Rangi-whaka-ka (kindled
heaven).

The offspring of Tama-nui-a-rangi were Hau-mia (add
to), Manu-i-aka(anga) (the bird that went forward), Maru-
nui-a-ka(nga)-hoe (great shade whilst voyaging), Hua-
wai-wai (returning health), Tahito-kura(kuru) (ancient
red; *kuru*, blow), Kohu-rere (flying fog), Te-ao-hi-awe (dawn
of day with dark streaks), Haere (proceeding), Ue-nuku-
pokaia (trembling of the earth doubled up), Ue-nuku-
horea (trembling bald earth), Rangi-whitiki-ora (day of life
putting the belt on), and Pu-ki-tonga (stability at the
south). Some of these inhabited this earth.

Another family of Rangi was by Hotu-papa : these were
Tu (stand erect), Rongo (fame), · Kanapu (brightness),
Haere-mai-tua (come from beyond), Haere-mai-whano
(come on and proceed onwards), Haere-aro-aro-uri (go with
a black front), Haere-i-te-ao-pouri (go on in the dark
world), Haere-i-te-ao-potako(potango) (go in the black
world), Te-kitea (cannot be seen), Te-whaia (cannot
be followed), Ao-mataki (world gazed at), Turu-meha
(pleasant fifteenth day of the moon), Ko-ka(nga)-ihi (the
rays of the sun), U-ki-mate-ho-ata (landing on the third day
of the moon's age), Rei (sailing), Pou (all consumed), Pou-a-
taka-taka (consumed and staggering), Pou-raka(ranga)-
hua (consumed, but fruit bursting forth), Tuhuku(Tu-
hunga)-tira (birds caught on their perch), Tama-taka-ariki
(son slowly following the supreme chief), Wai-tu-rangi
(water standing in heaven), Tu-kau-moana (Tu who swam
the sea), Kiri-rua (two skins), Hotu-ma-moe (sob in the
sleep), Tu-mai-o-nuku (rainbow standing), Tu-mai-o-rangi

(heaven stood forth), Tu-te-pewa (new moon seen), Tu-ma-koha (expanded), Utu-poraki(porangi) (payment for the insane), Ilika-ara-roa (long in obtaining fire), Ue-nuku-pokai-whenua (rainbow spanning the land), Ue-nuku-horea (dim rainbow). Some of these also visited this earth.

ANOTHER READING OF CREATION. (NGA-I-TAHU.)

Io (power, god) begat Io-nuku (god of the world), who begat Io-rangi (god of the heavens), who begat Tahito-te-raki (ancient of the heavens), who begat Tahito-te-rea (ancient abundant one), who begat Wai-o (water sufficient), who begat Wai-o-whaka-tangata (sufficient water for man), who begat Te-anu-mahana (the world become warm), who begat Te-anu-mato (budding world), and Wero (pierce), and Wero-kohua (pierce the mist), and Te-anu-ka-wewero (the nipping cold). Te-anu-mahana (the warm earth) begat Tura (in open day); Te-anuku-ka-wewera (warm breath of the world) begat Heke-heke-u-nuku (descend on the breast of the world), Heke-heke-i-raki (descend from heaven), Heke-heke-i-papa (descend from the earth), and Whatu-rewa (the sacred stone) ; (d). These four were all females; Whatu-rewa was also granddaughter of Taka-roa.

Anu-ka-wewera also begat Rau-mati (summer) ; and Rau-mati, who was also descended from Anu-mahana, begat Tura-te-waru-tu-aha (clear day of the eighth moon). Tura-te-waru-tu-aha took to wife Rau-kura-matua (parent with the red plume), and begat Ira-tu-roto (marked deeply on the skin). Ira-tu-roto took Waha-mata-reka (beautiful face and sweet voice) to wife. She was daughter of Ahu-kuma-wiria (inclined to tend fondly), and begat Iwi (bone), a daughter, and Ui-roa (long inquiry), a son, and Poraka-(Poranga)-hau (invoke the winds at night), a daughter.

Ui-roa went on a journey. He arrived at the settlement of Te Tue (yelping), or Te-We (yelp). He took Te-We as his wife. Now, Pakura-tauranga (unsettled red one) was the elder brother of Te-We. He led Ui-roa to the grounds where they cultivated the *kumara*, where Ui-roa observed that Te-We ate the *kumara* raw, which made him think she would soon be a mother.

Pakura-tauranga made thirty *ko* (*d*) (wooden staves to cultivate with), and stuck them up on the ridges which divided the cultivations into beds or plots, and left them there, and then he performed ceremonies and chanted incantations, that his deified ancestors might come and use these staves, and turn up the soil of the beds preparatory to the planting of the *kumara* crop. Those ancestors came, and in two days they had set a large space of ground with the *kumara*.

Ui-roa, his wife, and her brother left their home and went to Te-aka-matua (the parent climbing-plant), the settlement of Ira-tu-roto. As they approached it the father of Ui-roa dreamt his son had come back to his home, and in his sleep the father called out. Ui-roa answered the call of his father. The reply awoke the old man. Ui-roa began to work in the land cultivated by his father; but, not having sufficient *kumara* bulbs to set the whole field, he planted the *karaka*, *tawa*, *whinau (hinau)*, *pokaka*, *poporo*, and *karamu* trees. Also he planted the *kauru (tii)* root (*d*), and *toitoi (toetoe)* grass, *harakeke (korari)* (flax, or *Phormium tenax*), and the *ngaio*, *matai*, and *kahika-tea* trees. At harvest-time he gathered in the *kumara* crop; but the trees, and roots, and grass became permanent. The fruit only of the trees was eaten, and the root of the *kauru* or *tii* was cooked for the saccharine matter it contained. The wife of Ui-roa brought forth a son, who was called Tahito-ta-rero (Tahi-to-ta-rere) (ancient flying one). The people of Te-we presented warm water to her : hence this is provided by the relatives of a mother in all similar cases. Another child, a son, was born to them, who was called Ra-kai-nui (great consuming sun), who took a wife and begat Te-ao-mata-rahi (cloud not dense), who, when he had become a man, followed a party which was proceeding to war. He was taken prisoner by a marauding party of the enemy, and killed. On the return home of the party

3

with whom he was connected, he was missed. Those who
had killed him cut his head off and buried his body. The
head was taken by them to the settlements of Ra-kai-paka
(day of eating scraps), Ra-kai-waka-iri (day on which food
was hung up), Ra-kai-mako (day on which shark was
eaten), and Ra-kai-kou-nuku (day on which the good
things of the earth were eaten). Tahi-to-ta-rere then
became chief leader of the many tribes.

Now, from Te Anu-i-waho (cold outside) came Te-
pounamu (greenstone) ; and from Te-anu-matao (dense
cold), Wiro (Whiro) (second day of the moon) and Hua
(bloom) ; and from Te-anu-mahana came Tura; and from
Te-anu-ka-wewera the four women called Heke-heke-u-
nuku, Heke-heke-i-raki, Heke-heke-i-papa, and Whatu-
rewa. Thus the origin of Te-Anu (cold) and of Te-
Kahui (flocks or tribes) is one with that of the offspring
of Taka-roa.

Now, the work on the left side of the Kahui-anu,
and the omens observed there, relate to death, evil, and the
lower worlds ; but the work on the right side, and the
omens observed there, relate to good, life, and prosperity
in this world.

The Kahui (company) of Rehua, Te Waka-ha (cause
breath), Naku-roa (long scratch), Te-matea (the longed-
for), Wati-hua (Whati-hua) (pluck the fruit), Hou-nuku
(descend in the earth), Hou-raki (enter the heaven), [and
Hou-tea (enter the light), were originally below, but they
fled above.

Te-Rangi-popoki (the sky with the concave side down-
wards) was father of Tane and of Hine-mata-ora (daughter
of the healthy face), who begat Hine-kai-taki(tangi) (weep-
ing daughter), who was the supreme of the Nga-i-tahu
people.

These are the leaders of the senior family tribe : Rongo-
u-matu (fame of the corpulent), Kahu-kura (red garment),
Maui (on the left hand), Te Haerenga-taha (going on the
side), Rongo-i-tua (news from outside), and Ra-kai-ora
(day of plenty).

And these are the divisions of the Tahu (opulent in all that sustains life; adequate to the necessities of all creatures) : Tahu the food-seeker, Tahu the cultivator of food, Tahu the gatherer-together of food, Tahu the fructifier of food, and Tahu of peace and plenty.

CHAPTER III.

The evil one has fallen—altogether fallen.
Tane was before, the younger brother behind;
And Tane would not deign to turn or answer him.
Then dried up streams, the dreaded lizard died,
Thou beaten, broken, and forsaken vessel.
   One prop is above, and one below.
One night, the nights of the gods;
One night, the nights of the ancients.
   Abhorrent brightness gleams on night,
And wails of woe fill all its gloom.
   Give soul and greater power,
And give thy living spirit now.
Thy spirit now is overcome,
Thy spirit is subdued,
And in the wicker basket closed;
And, though subdued, life now can live.
Thine is the breath, but mine the soul,
And mine enjoyment, mine delight.
   Bow on thy knee, be cautious still;
Submit to thy defeat: now thy dejected mien
Cannot again provoke fierce ire.
                        An ancient incantation, chanted together by contracting parties
                        at the ratification of terms of peace.

TANE AND REBELLION OF SPIRITS.
(NGA-I-TAHU.)

WHEN Tane had gone up to heaven, Tu-mata-u-enga (Tu of the inciting face) and Roko(Rongo)-ma-rae-roa (Rongo of the long forehead) said, " Now that Tane has gone, let us kill some of the creatures he has made, that we two may see if they are palatable." They killed one of the offspring of Tiki-kapa-kapa (Tiki the flapping one— birds), and offered it as a sacred sacrifice to Rehua, to whom they said, " O aged ! to what do you liken that food of man ? " Rehua answered, " Is it not palatable ? Perhaps you think it is sweet." Now, Rehua did not know what the food he had eaten was. Tu-mata-u-enga and Roko then killed another of Tane's creatures, which they again took and offered to Rehua, saying, "O friend! how sweet is that food!" Rehua answered, "O you! you two agreed to kill those offerings. Now hearken: these creatures were made by Tane to live in the world, for the use of man." Tu-mata-u-enga and Rongo captured and plucked of the offspring of the many different families of Tiki. Hence the offspring of Tiki-kapa-kapa (flapping Tiki) and Tiki-to-hua (Tiki fruit-bearer) have been captured and plucked.

Then there was another killing of sacred offerings by Tu and Roko: these were of the offspring of Puku-puku-te-rangi (the mounds of heaven). The lungs of these offerings were taken and offered to their lord Rehua.

Fire was first kindled by Rehua, on which was roasted the *korari* (*Phormium tenax*), the fruit of trees, and fish. Then commenced the art of cooking by fire.

The Tau-mata (temple, or holy peak of a hill) of Rehua was called Te-taki-taki (the recitation of song), and was in the fourth and fifth heavens.

Then Tu and Roko determined to go up into heaven and there make war, and kill the occupants of that region. They went to Tau-mata (the peak), and to Kahu-raki (the blue sky), and to Puke-nui-o-hotu (the big hill of sobbing), and to Puke-nui-papa (large flat hill), and to Puke-nui-tauranga (hill of battle), and slaughtered the tribes as they went. After this the battle of Taku-tai-o-te-raki (the border of heaven) took place. And after this another battle took place called Awa-rua (the two rivers), where Tu-mata-u-enga was mortally wounded. Now, before the battle Rongo had counselled the slaughter of all the enemy; therefore, as Tu lay dying he said, "You remember my advice, when you replied, 'Let us allow part to escape by making faint blows at them.' Now you will die, and it will be left for me to obtain revenge for your death in this world."

Then Roko rose to revenge the death of Tu; and this was the war that was waged even up to the high peaks of the hills of heaven. The name of that battle was Te-uru-rangi

(the head of Heaven). A great many beings fell —
namely, Puku-nui (great stomach), Puku-roa (long stomach),
Puke-i-ahua (stomach that was caused to swell), Puku-i-
kakia(ngakia) (fostered stomach), Te-whaka-whenua-i-cre-
no-tu (the exhausted land of Tu), and Hua-take (fruit
of the root), and Koe-erea (joy exhausted), and Kura-
waka (red plumes of the medium), and Kura-tahia (plume
that was cleaned), and Tipia (skim lightly), and Pito-
rei (point of the chest), and Hutihuti-maukuku (the
ti-root drawn up). And also Tahi-uri (black side) was
killed there; and Taha-tea (light side), and Taha-ma (white
side), and Taha-poko (dark side), and Taha-whero (red
side). But two men escaped and fled into the forest:
one was called Tama-he-raki(rangi) (child bewildered in
heaven), the other was Raki-whakaka (heated heaven).
From this time were known and practised the incantations
used by the Maori people.

Tu-mata-u-enga and Rongo-ma-rae-roa were the origi-
nators of evil in ancient times. They caused disobedience and
war in the heavens; they were powerful for war and battle,
and also caused confusion among their adversaries. But this
was the cause of sorrow to Tane, and made him say to those
disorderly companies, "I will not allow you to live here.
Go ye below." He then threw all that company—that tribe
and their chief Roko—tumbling down to the worlds below;
and this party, which had gone up in confidence, returned in
confusion, and came to the place Kai-hewa (eat in doubt),
where they lived in dismay and dread.

REBELLION IN HEAVEN. (ANOTHER READING— NGA-I-TAHU.)

It will be remembered that Tane, and Raugi his father,
dwelt in the upper worlds with their spirit-hosts. Of
these the Kahui-anu (flock of cold) persisted in their efforts
to draw the Kahui-tahu (flock of plenty) and the Kahui-tao
(flock of blessings) to evil and rebellion. Raki therefore
gave the order to expel them, and to Tane the power to
cast them out and throw them down from the first heaven,

that they might all fall down to the various Pos. Because those flocks continually persisted in doing evil, Raki said, " Chase them away, as they will not hearken to teaching, and will not live peaceably."

On their arrival in the Pos they did not cause very great evil, but they taught Tama-tau-weka (son of persistent battle) and Rongo-ma-rae-roa (fame of the long forehead) to kill the creatures Tane had made on earth, and thus be revenged for having been thrown down from the heavens.

(Hine-)Ti-tama (the absconding wife of Tane) joined those flocks, to assist in taking revenge on the creatures made by Tane.

Then was killed one of the offspring of Tiki-kapakapa (image of the flapping—fish). This first one killed was offered to Rehua. There was also killed one of the offspring of Tiki-to-hua (image pregnant with egg), which was also offered to Rehua. Then first men began to eat fish and birds.

Another and second rebellion was caused by Ru (tremble) and Ro (inherent), who gave battle in the heaven, called Puku-puku-te-rangi (swellings in heaven). They were spirits who were fostered by Tane, and fled down into this world, and from them sprang the *aruhe* (fern-root) and many other sorts of food which have been lost to man. This is why the fern-root was used by man as a sacred offering to be given to the gods.

Another and third rebellion was fought on the back of Raki. This battle was called Awa-rua (the double river), also Taku-tai-o-te-raki (sea-coast of the heaven). From Awa-rua arose the angry feelings of Tane to those rebels Tu-(mata-u-enga) and Roko-(ma-rae-roa). Tu was killed by the beings of Tane, and his spirit allowed to go to the Po. Thousands of the rebels were killed—that is, as far as spirits could be killed—in that battle.

Tane and Raki consulted. Tane persisted in his determination to kill all, but Raki referred to a proposal he had made some time previously—that the world should be divided and the heavens separated from the earth, so that

these spirits could become human by assuming bodies—but
Tane would not agree. Through this misunderstanding
these spirits were doomed to stay in darkness. This was the
result of this second rebellion. These rebels were driven
from the upper heavens, and their unalterable fate was, to
live in doubt in this world and in the worlds of darkness.

It is from the Kahui-anu (flock of the cold space) that
all the evils which now afflict the Maori race came. Our
seers say, when a sudden death occurs, that the Atua-
kikokiko (the god of flesh) is killing the people ; and when
two or, may be, three deaths occur on one day, incantations
are repeated and ceremonies performed to avert death
from the tribes. These incantations and ceremonies were
repeated and performed to Mihi-mihi-tea (acknowledge the
obligation, and lament for the fair one) and also to Tapa-
tapa (the one called for).

It was Rehua who dispersed sadness and gloom from
the minds of the weak as well as the strong. He was
lord of kindness. His innumerable host reside in the
heavens. It was Tu-mata-uenga and Rongo-ma-rae-roa
who caused war and its attendant evils. Rehua (host of
kindness), Kahu-kura (red garment), and Tane were great
leaders ; and besides, there were Rongo-nui-a-tau (the great
news heard) and Weka(Wheka)-i-te-ati-nuku (garments of
those driven into cold space). The latter was guardian
and sustaining god, who, with the aid of Tu-hina-po (Tu
of the twilight), conducted our race over the vast ocean.
They are gods of the ocean, and therefore sea-weed is the
offering presented and laid before them.

After the battle at Tai-o-rua-tapu (the tide of the sacred
pit) Ue-nuku (trembling earth) and his son Rua-tapu (sacred
pit) were, and continue to this day to be, the protecting
gods of their descendants. If any of their offspring are
inclined to evil they correct them, and they are the
guardians of those who lead good and untainted lives.

Kahu-kura and Rongo-nui-a-tau are the arbiters of life
and death in war or peace, and are the gods who care for
invalids, and are also the guardian gods of travellers.

Prayer must be offered to Kahu-kura when the body is afflicted by disease, so that the disease may be sent elsewhere. Kahui-tahu-o-rangi (flock of warm ones of Rangi) cannot cure those who are sick; but, though they are unable to heal, submissive prayers must be made to them, and offerings of sea-weed and grass presented to them, so that they be not enraged, but that they may be pleased and act kindly towards man, over whom their power is such that nothing can in any case remove it.

Incantations and ceremonies repeated and performed for life and health are performed and repeated to Rangi; so also are those that are repeated and performed to guide the spirits of men to the lower worlds, or to conduct them to the heavens of brightness, where they may ramble and live (d). Rangi is also the god of battle, and to him are incantations repeated and ceremonies performed to obtain bravery and power for an army, that it may overcome its enemies. Raki is a good god.

Some of our high priests state it was Tu-(mata-uenga) and Rongo-(ma-rae-roa) who first made war and killed men; but the beings killed were not like man as he now is—they were gods. The men of Tiki were those who first killed each other.

Rau-riki (gather the small ones) was the first to kill man in this world. He killed Hotu-a (eagerly desire for god). Rau-riki was envious of Hotu-a because the females loved Hotu-a, and because he was a noble-looking and beautiful man. When the news of his death reached his relatives and tribes they sought for satisfaction: they repeated their incantations to Tu-(mata-uenga) and Rongo- (ma-rae-roa), and went and dipped the first finger of their left hands in the blood of Hotu-a and held their hands up to heaven ; then they pointed with their fingers to the thousands below ; then they took some of the clotted blood of Hotu-a in their left hands, and with them pointed to the sky, and then again pointed below, with each movement repeating their incantations, and naming each god of the heavens and all those below, also the names of all the heroes above and

below ; then they repeated the incantation of " Life," and of
the " Origin of all Things;" then they repeated the incanta-
tion " Incense of Gum," and went in a body and attacked
the settlement of Rau-riki, and killed him, and cooked and ate
his body; then they repeated the grand incantations of the
Ika-nui-a-tahua (the slain offering) and Te-umu-titia (the
burnt offering adorned with feathers). These last two were
repeated in the sacred place. Retiring thence they presented
the heart of the slain to the high priest, and not until he
had eaten it could the army partake of ordinary food.

When war is proclaimed, and men have fallen, the
heart of the first one slain is taken out and presented as
an offering to the gods.

The most delicate part of man is the thigh, which is
placed in a bowl made of sea-kelp, and cooked in an
umu (d).   The chiefs alone partake of this.

When a party is about to set out on a war expedition, they
catch and kill a bird called a *ma-tata* (swamp wren), carefully
saving all the blood, and with incantations and ceremonies
offer the body to the gods and then deposit it in the sacred
place. The blood alone of the bird is used in the ceremonies
when the offering is made.   This being done the army
return home dancing and singing and chanting incanta-
tions to Tu-(mata-uenga), and then remain for one or two
months, devoting a great portion of their time in throwing
the *niu (d)*. Then a war-party is selected, and the army leaves
the settlement, and when some distance on the road they all
join in chanting incantations to Tu (the god of war), so
that the power of the enemy may not be able to repel
their attack.

This was all done when the army to revenge the death
of Hotu-a attacked and took the *pa* of Rau-riki. He him-
self escaped, but all the people were either slain or taken
prisoners.   When the fight was over, they assembled the
prisoners, and, after killing the first one captured, they took
his heart and presented it to the high priest; this he
cooked, and when he had eaten it they killed all the other
prisoners, carefully saving all the blood, which they offered

with great ceremony as a sacrifice to the gods; and then the bodies of all those slain were cut up and cooked and eaten by the army. This was the commencement of cannibalism in this world, and the practice has been continued down to the present time.

Rau-riki fled and took shelter with Kura-tahca (sacred red ochre obtained). The army pursued, and, in the attack which followed, Rau-riki was slain, and his blood was drunk by the high priest whilst it was warm. His head was cured: the brains were first taken out and a piece of wood placed in each nostril; the skin of the neck sewn round a hoop of *kare-ao (Rhipogonum scandens)*, so that it might not shrink; the lips were sewn together to prevent the teeth appearing; it was then carefully covered up with grass and placed on the top of an *umu* and cured *(d)*. His bones were made into needles to sew the garments then used by the people, some into hooks to catch fish, and some into barbs for birds and eel-spears. The hands were dried with the fingers bent in towards the palm, and the wrists were tied to a pole which was stuck into the ground, and baskets containing the remains of a meal were hung up on these fingers.

At this time Kahu-kura (the god of the rainbow) was personified by a figure carved in wood. To this incantations were chanted, and the effigy was held up in the hands of the priests and shaken about to delight the people.

The practice of curing the heads of distinguished enemies has continued down to the present time, so that the trophies of war and the power of the people might be seen. These were set on the tops of the posts surrounding the enclosure of the *marae* (courtyard), so that visitors might see them.

Rebellion in Heaven. (Another Reading— Nga-i-tahu.)

The family of Rangi by his second wife, Poko-harua-te-po, was the multitude of the Tahu. Amongst them were:

Ka-tu, Werohia, Whaka-iria, Tao-kai-maiki, Tao-iti-a-pac-kohu, Tahua-tu, Tahua-roa, Karanga-a-tuhea, Ika-rimu, Whakatu-koroua, Kokiri, and Kopu-nui.

Immediately connected with these are the hosts of Te Anu and Tao. Rangi begat Ka-mau-ki-waho, who begat Pari-nui, who begat Pari-matc, who begat Moe-waho, who begat Anu-matao, who begat Te-anu-whaka-rere, who begat Te-anu-whaka-toro, who begat Anu-mate. These are the source of death.

To these also must be added many of the deformed off-spring of Rangi, as Tane-tuturi, Tane-pepeke, Tane-ku-nawhea, Tane-tuoi, Tane-te-wai-ora, together with some of the offspring of Tane and Hine-tauira, as Tahu-kumea and Tahu-whaka-cro. These were not willing to obey the commands of Rangi; they persisted in disobedience and wrong-doing, and were swept by his orders down to the lower worlds. Rangi commissioned Tane to drive these rebels from the worlds above to the worlds below. By these mankind is drawn down to the dark worlds. They are ever employed to tempt and draw man to great evil and death.

REBELLION IN HEAVEN.   (ANOTHER READING— NGA-I-TAHU.)

After Tane had arranged the stars, and had made his father Rangi beautiful, and had formulated the laws of *tapu*, he visited the earth, and again went up to the heavens. After his departure, the spirits who occupied the lower worlds (they who had been driven from the heavens for their dis-obedience to Rangi) sought to be revenged on Tane for the part he had taken in driving them thence. They first caused evil amongst the fish of the sea, and multitudes of them were destroyed. Then they caused evil amongst the birds of the air, and flocks of them perished. And when men were made and had multiplied, they also caused evil amongst them. Tu-mata-u-enga and Rongo-ma-rae-roa were the leaders of the hosts of the war spirits which slew mankind. Thus was evil introduced into this world, and man, birds, and fish became antagonistic. Man killed man, birds destroyed birds, and fish devoured fish; and thus death was first known in this world.

CHAPTER IV.

Stay, omens, stay. The One Supreme has come,
And signs now tell of his disciples near.
They come, and, peering forth, gaze
Into space of beauty and of good.
   I, the scholar, hold the sacred stone of power *(whatu) (d)*
Soul of power, soul of earth and heaven,
   Accept delight and ecstasy unlimited.
Hold all beauty; let it spread around.
   The soul now climbs, and high ascends—
The soul of the Supreme and his disciples.
   O Heaven! the soul is far above—
Above, in all creation's space,
In light supreme, in blaze of day.

Ancient incantation chanted over invalids.

DIVISION OF HEAVEN AND EARTH.
(NGA-I-TAHU.)

Raki, though speared by Takaroa, still adhered to the top of Papa; and Raki said to Tane and his younger brothers, "Come and kill me, that men may live."

Tane said, "O old man! how shall we kill you?"

Raki said, "O young man! lift me up above, that I may stand separate; that your mother may lie apart from me, that light may grow on you all."

Then Tane said to Raki, "O old man! Rehua shall carry you."

Raki answered Tane and his younger brothers, "O young men! do not let me be carried by your elder brothers only, lest my eyes become dim. Rather all of you carry me above, that I may be elevated, that light may dawn on you."

Tane said to him, "Yes, O old man! Your plan is right—that light may grow into day."

Raki said to Tane, " It is right, O Tane ! that I be taken
and killed (separated from my wife), that I may become a
teacher to you and your younger brothers, and show you
how to kill. If I die, then will light and day be in the
world."

Tane was pleased with the reasons why his father wished
them to kill him ; and hence Tane said to another branch
of the offspring of Raki—to Te Kore-tua-tahi (the first
broken), and even to the Kore-tua-a-ngahuru (the tenth
broken), and to Te Kore-au-iho (the broken tending down-
wards), and to Te Kore-au-ake (broken tending up-
wards), and to the Makore-kore-te-po (broken of night),
and to the Makore-te-ao (broken of the light), and Kore-
a-te-ao-tu-roa (broken of the long-standing world), and to
the Makore-a-te-ao-marama (broken of the world of light)—
" Tread on Papa, tread her down ; and prop up Rangi,
lift him up above—to Tu-moremore (the bald, or open
space), to Tu-haha (stand breathing)—that the eyes of
Raki, who is standing here, may be satisfied. Behold Te-
Huinga (the assembly), Pu-tahi (the first, or origin), Take-
take (the root, or foundation), and Rehua." Now, this was
the origin of the heaven. It was made by Tane and
admired by him, and he uttered the words of his
prayer to aid Rehua to carry their father above. It
was at this time that Tane hid some of Te-Kore (the
broken or imperfect beings) in the Maunga-nui-o-te-whenua
(great mountain of the earth), in which they remained for
ever.

Tane now took Raki on to his back ; but he could put
Raki no higher.

Raki said to Tane, " You two, you and your younger
brother (Paia) carry me."

Then Paia prayed his prayer, and said,—

Carry Raki on the back.
Carry Papa.
Strengthen, O big back of Paia,
Sprained with the leap at Hua-rau (the many hundreds).

Now, Raki was raised with the aid of this prayer, and spoke words of *poroporoaki* (farewell) to Papa, and said, "O Papa ! O ! You remain here. This will be the (token) of my love to you : in the eighth month I will weep for you." Hence the origin of the dew, this being the tears of Raki weeping for Papa. Raki again said to Papa, "O old woman ! live where you are. In winter I will sigh for you." This is the origin of ice. Then Papa spoke words of farewell to Raki, and said, "O old man ! go, O Raki ! and in summer I also will lament for you." Hence the origin of mist, or the love of Papa for Raki.

When the two had ended their words of farewell, Paia uplifted Raki, and Tane placed his *toko* (pole), called Toko-maunga (prop of the mountain), between Papa and Raki. Paia did likewise with his *toko*. The name of the *toko* of Paia was Rua-tipua(tupua) (pit of the god) ; and whilst in the act of propping up Raki, Paia repeated this prayer :—

> The prop of whom ?
> The prop of Rua-tipua (god's pit).
> The prop of whom ?
> The prop of Rua-tahito(tawhito) (ancient pit),
> To prop the gentle slope,
> To ward off the
> Blast of the south.
> The prop ascended up—
> The prop of this heaven.

Again Paia prayed, and said,—

> Prop the big cloud,
> The long cloud,
> The thick cloud,
> The door of Raki(Rangi)-riri (fountain of fish),
> The gathering of Raki(Rangi)-ora (heaven of life).
> O Rongo ! come forth.

Then Raki floated upwards, and a shout of approval was uttered by those above, who said,—

> O Tu of the long face,
> Lift up the mountain.

Such were the words shouted by the innumerable men (beings) from above in approval of the acts of Tane and Paia; but that burst of applause was mostly in recognition of Tane's having disconnected the heaven, and propped up its sides, and made them stable. He had stuffed up the cracks and chinks, so that when Raki was complete and furnished, light arose and day began.

Tane saw that Raki had no covering by which he could appear seemly. He went to fetch, and obtained, the *rahui-kura* of Ao-kehu (sacred red), and fastened it on Raki; but it did not suit him, as at night it was not seen— only in the light of day was it seen; so that he swept it off, and Raki again became naked. Then he went to the Kores he had hidden in Maunga-nui-o-te-whenua (great mountain of the land), and drew forth Riaki (lift up), and Hapai (carry), and Te Tihi (the pinnacle), and Te Amo (carry in a litter), and Katari (Nga-teri) (vibrate), and Te Mania (the slide), and Paheke (the slippery), and Tu-horo (stood on the slip), and Ta-wharu-wharu (sag down), and Tapokopoko (sink in), and Awa (river), and Tipu-nui-a-uta (great growth on shore), and Para-whenua-mea (scum of the flood), and from these obtained suitable covering for Raki.

ANOTHER READING OF RANGI. (NGA-TI-RUA-NUI.)

This is the genealogy of the offspring of Papa-tu-a-nuku, and the tribes of Rangi which became stars :—

Rangi begat Tupua (goblin), who begat Tawhiti (the snare), who begat Tu (stand erect), who begat Te-ku (the silent) and Wawau (stupid). Wawau begat Te-para-ku-wai (the scum of the water), who begat Para-koka (dry scum of water), who begat Te-pora-pora (the flat top). These were taken and lifted up to become eyes for heaven, to adorn Rangi, and from them came the first glimmer of light.

Before them was long and dense darkness, and all was void, but with them came the first germ of life; for Rangi took Te-ata-tuhi (glimmer of light), and begat the

4

moon ; he then took Wero-wero (inciting, probing, picreing), and begat the sun. These two were also taken and placed for eyes in the sky.

ANOTHER READING OF RANGI.   (NGA-RAURU.)

Rangi was floating on the earth. Then he took Te-ata-tuhi to wife, and begat the moon. He took Wero-wero, and begat the sun. These two were taken and thrown up into the sky as eyes for heaven ; and light stood in heaven, and dim light stood on the mountain Hiku-rangi (end of heaven).

ANOTHER READING OF PAIA AND RANGI.   (NGA-TI-HAU.)

When Paia carried Rangi up on his back, Rangi wept and said,—

> Straighten out, big back of Paia,
> Pain is at the altar at Hua-rau.

This was the incantation repeated at the time Rangi and Papa were separated :—

> Separate Rangi and Papa,
> That they may be parted.
> Sing the resounding song, sing the resounding song,
> We two are being separated.
> Sing the resounding song, sing the resounding song,
> Separate the damp part.
> Sing the resounding song,
> That parting may take place.
> Sing the resounding song,
> Separate Ari (eleventh day of the moon's age), and Hua (full
>   moon) be separated.
> The resounding song.
> Separate Rehua, and Tama-rau-tu
> (Son of the erect leaf) be separated.
> Sing the resounding song.
> Separate Uru (the glow), and Kakana (Ngangana)
> (Brightness) be separated.
> Sing the resounding song.
> Separate Te-aki (dash), and Wha-tuia (the sewn-up)
> Be separated.   Sing the resounding song.
> Separate Tu, and Roko (Rongo)
> Be separate.   Sing the resounding song.

ANOTHER READING OF RANGI. (NGA-TI-HAU.)

Rangi took Te-ata-tuhi (first streak of dawn) to wife, and begat Te-marama (the moon).

Rangi took Wero-wero to wife, and begat Te-ra (the sun), Te-ata-rapa (first glow of dawn), Te-ata-i-mahina (twilight). Then the light of day shone dimly on Hiku-rangi (the end of heaven).

Rangi took Papa-tu-a-nuku to wife. At the time they were separated Whai-tiri, an old female goddess of the first generation of the Po (lower worlds), composed and chanted this incantation, which caused the division between Rangi and Papa :—

> Rough be their skin—so altered by dread
> As bramble and nettle, repugnant to feel.
> So change, for each other, their love into hate.
> With dire enchantments, oh, sever them, gods,
> And fill with disgust to each other their days.
> Engulf them in floods, in ocean, and sea.
> With dire enchantments, oh, sever them, gods.
> Let love and regret for each other be hate ;
> Nor affection nor love of the past live again.

ANOTHER READING OF RANGI. (NGA-I-TAHU.)

Te Kore (incomplete) begat Te Maku (damp). Maku took Mahora-nui-a-tea (great expanse of light) and begat Raki (Rangi). Raki took Hotu-papa (sobbing earth), and begat Te Hunga (assembly), Pu-tahi (the origin), Rehua (multitude), and Tane. Rehua came forth as a flash of lightning, but when he went up to the heavens he assumed the form of man. Tane became restless, and went to see him.

Raki left his wife Hotu-papa, and took Takaroa's wife in her husband's absence, and begat Tu-mata-waka (face of the medium), Rongo-ma-rae-roa (fame of the long fore-head), Tane-nui-a-raki (great male power of Raki), and Paia-nui-a-raki (great closed one of Raki). When Taka-roa (long in taking action) returned and found his wife living with Raki, he took his *huata* (barbed spear) and

fought with Raki, and wounded him, and laid him pro-
strate. The people came for him. Some who were above
pulled him up, whilst Paia, Tane, and their followers
carried him. These were the props which they used to
elevate and keep him up : Ma-tu-pua (stand elevated), Rua-
tahito (old pit), Pi-naki (gentle slope), Kai-he (wrong eat-
ing), Nga-mau-ki-tua (the taken behind), Ko-nga-mau-ki-
waho (the taken outside), and Ko-nga-mau-ki-tahito-o-te-
rangi (taken to the ancient heaven). When Raki was
steadfastly secured and perfectly separated from Papa it
was found he had taken away with him the root of *kakaho*
(arundo conspicua), the *kura-tawhiti (kumara)*, the *hara-*
keke-taunga-wiri (flax), and the *aruhe* (fern-root).

Tane saw that his father Raki was naked; so he went
and obtained *kura* (red) to make his father look comely ;
but this did not suffice. He then went to bring the
stars from the Pae-taku-o-roko, and from Te-tupini-o-
wahi-mua-mamau (the mat of dread and of the sacred
holding). The names of these *tupini* (mats) were : Hi-ra-
uta (fish by the land), Hi-ra-tai (fish by the sea), Pari-
nuku (cliff of the earth), Pari-raki (cliff of the sky).
Stars were the fastenings of these mats.

Tupu-ranga-o-te-po (growing of the night) and Tau-arai-
o-te-ao (partition dividing the day) were two names for
him who advised Tane to take the fastenings of the mats
(the stars). Tane returned to his own home by another
way from that by which he had gone, and Tupu-ranga-o-te-po
took the stars and brought them for Tane. He brought—

    O Manako-tea (white Magellan Cloud),

    ● Manako-uri (black Magellan Cloud), and also

    ———————— Te-ika-o-te-raki, called Mango-

        roa (big Magellan Cloud).

He also brought Ao-tahi (first light), the sacred star, and
Ariki (queen of all the stars of the year). Pu-aka (in
a heap) was her father, and Taku-rua (double rim) was
her mother. She will not associate with the others. When
she appears in the east the people repeat incantations,
weep, and welcome her.

When Pu-aka twinkles and flashes its rays towards the north, it is an omen of a fine year; when it twinkles and flashes its rays towards the south, it is an omen of a bad year of rain and wind. These seasons are called after the stars which influence those periods of the year for good or evil.

These are the positions of these stars :—

* Ao-tahi.
* * Pu-aka and Taku-rua.
* Tama-re-reti (swift-flying son).
* Te-waka-o-tama-rereti (his canoe).
● Puanga (dark cloud, called the anchor of the canoe of Tama-re-reti).

Tane placed the stars on Raki in the daytime, but they were not beautiful; but at night his father Raki looked grand.

The dew, the frost, the snow, and the rain are the pro- creating power from Raki to Papa, and make all shrubs and trees grow in the summer.

ANOTHER READING OF RAKI (RANGI). (NGA-TI-HAU.)

Raki was also father of Ka-mau-ki-waho (will be caught outside), who begat Pari-nui (big cliff), who begat Pari-mate (the cliff of death), who begat Moe-waho (slept outside), who begat Anu-matao (cold wind), who begat Anu-whakarere (exceedingly cold), who begat Anu-whakatoro (cold creeping on), who begat Anu-mate (death cold). These are they who draw man to death.

Also, Anu-whakatoro (cold creeping on) begat Anu-wai (cold water), who begat Taka(Tanga)-roa (long assembly), who begat Te Pounamu (the greenstone).

Raki and his wife Ha-kina (breath of the sea-egg) begat Te Rupe (the pigeon), who was driven inland. Rupe begat Te Kau-nunui (the great swimmers), who begat Te Kau-roroa (the long swimmers), who begat Te Kau-wheki (move on the fern), who begat Tu-pari (stand on the cliff), who begat Tu-mata (stand on the peak), who begat Te Moa (jump forward) and Peke-i-tua (jumped behind). Peke-i-tua begat Peke-aro (jump before), who begat Peke-hawani (mirage), who begat Po-haha (bewildered), who begat Kai-tangata (man-eater).

Raki was also father of Rehua. Rehua begat Tama-i-te-oko-tahi and Ao-nui. Ao-nui begat Ao-roa, who begat Ao-pouri (dark world), who begat Ao-potako(potango) (intensely dark world), who begat Ao-toto (world of blood), who begat Ao-whero (red world), who begat Tu-korokio (stand in the shade), who begat Mo-uri-uri (the black darkness), who begat Mo-rearea (the disgusted), who begat Mo-haki-tua (past words of the divination), who begat Mo-haki-aro (first words of divination), who begat Kupa (hiccup), who begat Wai-hemo (exhausted water), who begat Ika-tau-i-raki.(the fish sign in heaven), who begat Maroro-ki-tu-a-raki (strong at the back of heaven), who begat Te-uira (lightning), who begat Te Kanapu (the flash), who begat Turi-whaia (obstinate pursued), who begat Whai-tiri (the following crashing noise).

Whai-tiri took as her husband Kai-tangata, who begat Hema (procreating power). Hema took as her husband Hu-aro-tu (standing silently), who begat Karihi (the stones to sink the net), a son, and Pupu-mai-nono (bind up the intestines), a daughter, and after these was born another son, called Ta-whaki (rush about). Ta-whaki was nourished by his parents and his elder brother and sister until maturity. He became quite enamoured of Hine-nui-a-te-kawa (the great daughter of baptism), who had been betrothed by her seniors to one of their several relatives; but Hine-nui-a-te-kawa did not like any of those for whom she was intended—she loved Ta-whaki. Her elder relatives saw that she was constantly in the company of Ta-whaki, and they secretly conspired to kill Ta-whaki. He, knowing this, remembered the words of his grandmother, Whai-tiri, who had, when she was leaving Kai-tangata to go to heaven, said, "You stay here, and call our child Hema, in remembrance of my living with you as your wife; and do you carefully attend to her, and rear her up tenderly. O old man! hearken to my word addressed to you : If our child fret after me do not let her follow me, lest she should not be able to climb to the heaven of sacred ceremonies and incantations ; and when we have a grandchild, call his name Ta-whaki, in remembrance of my rushing down from the heavens to you. . He shall be the man to climb to the heaven of sacred ceremonies." So ended the farewell words of Whai-tiri to her husband, and she was taken by the clouds to heaven.

Now, Hema had acted in a thoughtless manner: she did not reverence the words of her mother, but followed and climbed after her to Te Tini-o-waiwai (the many followers), who beat her back. For this reason great was the desire of Ta-whaki to go and find his parent; and the discovery of the conspiracy to murder him greatly increased that desire.

TA-WHAKI. (NGA-TI-HAU.)

Ta-whaki at one period lived on earth, and was in appearance like a man. His garments were like those of a poor man. He went up to the top of a mountain and sat down, where he put off his earthly garments and clothed himself in lightning. Now, there was a man on that mountain, who, when he saw Ta-whaki coming, secreted himself, and from his hiding-place he saw Ta-whaki thus transform himself. He informed the people of the fact, and thence the people looked on Ta-whaki as a god, and all the tribes chanted incantations and offered sacrifices to him.

Ta-whaki caused the deluge by stamping on the floor of the heaven until it cracked, and a flood of water flowed down and covered the earth.

Ta-whaki was killed by his brother-in-law ; but he was innocent of the deed for which he was killed. At his death the *kaka* (*Nestor productus*) and *kaka-riki* (small green parrot) took some of his blood and stained their feathers with it. Hence the red on the feathers of those birds to this day. Ta-whaki by his own inherent power came to life again.

Whati-tiri (sound of crashing), his father, wished Ta-whaki
to go and live with him; but, as the mother of Ta-whaki
had been taken prisoner by some foreign people, he wished
to rescue her before he complied with his father's request.
The people who had his mother in custody—Patu-pae-a-rehe
(beat on the ridge till weary)—lived on an island difficult
of access. They were not men, but a sort of demons of the
woods. The duty assigned to his mother in her captivity
was to sleep on the verandah (*whaka-mahau*—shady, cool),
and warn the people in the house of the first appearance of
day. As soon as she warned them of the dawn they rose
and went to the woods.

Ta-whaki found her whilst the people were away in the
forests. They consulted together, and agreed that he
should hide himself in the thatch of the side of the house.
They closed every aperture by which light might enter,
leaving the door only open.

When the people returned in the evening, the first to
arrive had some suspicion that a visitor had been there.
They inquired of her; but she answered evasively, and lulled
their fears. The people slept in the house that night, and
when it began to dawn one of them called to her and asked,
"Is it dawn?" She answered, "No," and described the
situation of the stars in the heaven to show that it would
be some time ere dawn. They slept, and awoke again and
asked the same question as before, and received an answer
slightly altering the position of the stars in the west.
The same question was asked and evasively answered
many times, till the sun was high up in the heaven. They
became impatient and drew the door back *(d)*, which let
in such a flood of light that they were dazzled and stupefied
by it. At this moment Ta-whaki rose from his hiding and
entered the door of the house and killed them all. Taking
his mother, he set out on his journey to join his ancestor
Rangi. On the peak of a mountain he met his female
ancestor who was blind. She was sitting there with ten
kumara, counting them, and as she did so she put each from
one side to the other. As she thus counted them from

one to nine Tawhaki went up to her and snatched the tenth away. Again and again she counted, and each time he took the last one, till he had taken all but one. She was grieved at her loss. Then he made himself known to her by speaking.

He took clay, and kneaded it with his spittle and rubbed it on her eyes, which restored her sight. He now climbed into a ti-tree (*Cordyline*), from the top of which a spider's web reached up to heaven. Up this he ascended, but, having gone some distance, his female ancestor chanted her incantations to herself. The web broke, and he fell back to the earth. He made a second attempt, but failed. On the third he gained the sky.

Ta-whaki is a god, and now, from the manner of counting practised by this blind woman, when offerings or sacrifices are made to him they are divided into ten portions, his name is called aloud, and these ten portions are each, one by one, lifted up as they are counted from one to ten, and the tenth is put on the left side of the ministering priest. The nine are again dealt with in the same way, and the ninth put on one side. This is repeated till all have been put on one side. And hence, in the sacred mode of counting the tenth is not called Te-kau (ten), but Nga-huru (collection, compact).

TA-WHAKI. (ANOTHER P ...)   —NGA-TI-HAU.)

This is what Tawhaki said to his elder brothers some time before they killed him :—

> Spring up, faint light ... on.
> Give my comb to me—
> My comb—
> That I may go to the water
> To the water Rangi-tahi (and I heaven),
> The water now breathing.

And when Ta-whaki was apparently killed by them his eldest brother called to Ta-whaki and said,—

> O Ta-whaki! where are you?
> The *pukeko* (or *pakura*) (*Porpi , rio melanotus*) answered
> " Ke " [the natural cry of the *pukeko*].

The second brother then asked,
" Ta-whaki, where are you ?"
The *moho* (the rail) answered, " Hu-u."
The third brother asked,
" Ta-whaki, where are you ?"
Ta-whaki answered by saying,
" It will grow on your head ;
On your forehead
The blood will glow—
The blood—the blood of Ta-whaki—
Of the sun,
Of the moon—
The blood of the red sky—
The sky now standing."

When Ta-whaki rose from the water he saw a peak (or road), and he climbed on it to heaven. On the way he met Wai-tiri (water of offering to the gods), who was quite blind. She said to him, " Perform the ceremonies and cure my eyes." He at once complied, and chanted an incantation.

When he had restored her sight she said, " Climb very cautiously, for fear you are killed, and beware that you may escape, and not be sucked in by the lips of Hine-nui-te-po (great daughter of night)." Ta-whaki answered,—

Who cares for the woman
Of stomach of leeches ?
She will retreat from
The winds of Ta-whaki.

Ta-whaki ascended, and climbed to the next heaven, and there met Rehua and Wa-koko-rau (space of hundred parson-birds) [Ako-ako-rau (teach the hundred) or Oko-oko-rau (fondle the hundred)]. There he saw Maru (shelter) also, at sight of whom he opened his mouth and chanted the incantations to give power to fly—namely,—

Prepare, prepare for the
Head-dress of the ancient.
Blow it on the neck.
Cut the hair short.
There is one long
War-party by Ta-whaki.

ANOTHER READING OF TA-WHAKI. (NGA-I-TAHU.)

Hine-whai-tiri was grandmother and Kai-tangata was grandfather of Ta-whaki, who was the son of Hema. Ta-whaki went to heaven with his parent Hine-pupu-mai-naua (come, daughter of the shell), and Karihi. Karihi attempted to climb up to the sky; but the wind beat him back, because he had not chanted an incantation for himself. He was therefore unable to get up.

Ta-whaki went by means of a spider's web, and climbed up, chanting incantations as he went. He climbed to the various heavens, and through them to the heaven of Mai-waho (come forth). There he learnt all the incantations Mai-waho could teach him *(d)*, and then returned and taught them to the people of this world, and then went to heaven again and stayed there. From Ta-whaki comes thunder and lightning.

While he was on earth he killed some of the offspring of Te-ha-puku (breath of the stomach—cod-fish) with hail-stones obtained from Mai-waho, and which he had brought from heaven with him. Some of the offspring of Ha-puku fled to the sea, and some to the forest. Those which fled to the sea became whales and other great fish. They were Kewa (extinguish), Ihu-puku (knob on the nose), Paikea (sea-monster), Paraoa (whale), To-riki (the little one), Popoia-kore (not patted with the hand), Kekeno (seal), Tore-hu (swim in silence), Whaka-hao (collect), Ra-poka (diverge in the day), Te-kaki(ngaki) (avenger), Ta-wai-ti-roki (put aside), and Upoko-hua (head to act as a lever). These were the fish of the sea; and the Mama-ku (*Cyathea medullaris*), Te-poka(ponga) (*Cyathea dealbata*), Ka-to-te (the unsteadfast)—these were called the fish of the forest. All these fish and trees were cursed in revenge for the death of the father of Ta-whaki.

Now, a sore disease visited the earth, and caused the death of so many that the people dispersed every way for fear. Then Ta-whaki taught to each incantations, and to the Priests he taught the ceremonies and incantations of the Mere-uha (the voice of joy of the females), and to the

priests of the females he taught the incantation of Whaka-
tau-maha (thanks for food) ; but all this teaching had been
given before the time he had beaten the tribes of Te-
ha-puku, and had thrown hailstones into the fire.   Up to
this time Ta-whaki assumed the form of god or of man at his
discretion.

Ta-whaki took Hine-tu-a-tai (daughter of the sea-coast)
to wife, and begat Te-koura (crayfish) and Ra-waru
(summer's day—a little black fish) ;

And To-ria (weak eyes), who took Tohe (persistent), and
begat Te-kohi-kohi (collection) ;

And IIa (breath), who took Whaka-rua-moko (earth-
quake), and begat Tara-kihi (trumpeter), Pu-wai-naka-rua
(a red fish), Pu-wai-o(au) (gurnet), Pu-noho-noho (stay
at home), Hune-hune (down of plants), Takaka (common
fern, also a little fish), Pu-remu-ao-rua (a short fish) ;

And Pa-raki (land wind), who took Hine-hau (daughter
of the wind), and begat Te-akau (sea-coast), Te-karoro (sea-
gull), Papa-huri-tikea (flat turned high up), To-rea (red
bill).

Mui-nako(ngako) (swarm in fat) begat Te-kuru-patu (an
inland bird), and Tuku-roa-hara (long-delayed punish-
ment), and Te-kana-kana (a kind of eel), and Hine-hau,
who took Kana-kana and begat Inaka(Inanga)-mate-kuku
(whitebait), Taca-hake (sort of eel), Rere-waka (carried in
a canoe), Wai-puta (water gushed out—a bird), Ngana-
ngana (much ado about nothing), and Raki and Tu-ere
(suspended).

TA-WHAKI. (ANOTHER READING—NGA-TI-HAU.)

It was from the second heaven that Ta-whaki chased and
beat the fish Kewa, Paraoa, Kekeno, Ihu-puku, Toro-ki,
and Paikea, and the trees Mama-ku, Popoia-kore, and
Poka.

TUNA AND TA-WHAKI. (NGA-TI-HAU.)

Manga-wai-roa was parent of Tuna, who came from
above.   While coming down he met Ta-whaki and Karihi,

who were going up to the heavens. Ta-whaki asked Tuna, "Why have you come from above?" Tuna answered, "The soil is so dry up there, and I am allowed to go down to the bubbling water in Puta-waro-nuku (deep cave of the earth)." They three worshipped where they met, and Tuna came down and the others ascended.

PAKURA (PU-KEKO) AND TA-WHAKI. (NGA-TI-HAU.)

Pani was father of Ma-kai-ere, the parent of Pu-keko. Ta-whaki nipped the nose of Pu-keko, whom he and Karihi met when they were ascending to Heaven; and hence the nose of Pu-keko is red to this day.

TA-WHAKI AND KARIHI. (NGA-I-TAHU.)

Ta-whaki meditated how he could alarm the elder relations of Hine-nui-a-te-kawa. He went and procured a large piece of firewood timber, which he carried on his shoulder to the *marae* (open space in the midst of the settlement), where he threw it down with a great crash. Hearing the noise, they were greatly startled in their settlement, called Pa-pe-a-ea (the squeezed-out). Then, deeming the time indicated by Whai-tiri had come, he and his elder brother Karihi started, and arrived at Te-puke-ki-tauranga (the hill of resting), the home of their sister Pupu-mai-nono. She inquired, "Whither are you going?" They replied, "We have come." Then they went on and came to the brink of the water. They went thoughtlessly and without the needful incantations to enable them to walk on the ocean, and so sank deeper and deeper at each step, till they had to return to land and to the house of their sister, who asked, "Where have you been?" Ta-whaki replied, "We went in search of our father." She said, "Stay here to-night, and I will go with you and tend you on your journey." Having risen up in the morning they set out for the sea, when Pupu-mai-nono said, "How did the sea-weed appear when you were

here?" Ta-whaki replied, "When we came yesterday it
appeared as it does now." She replied, "Truly this is why
you could not proceed. Let the time be propitious; then
you may go on to your destination." Having arrived at
the water's edge, Ta-whaki uttered the words of his prayer,
and Pupu-mai-nono said to them, "Go, but do not let your
feet tread in the hollows, but . rather on the tops of the
waves of the ocean, that you may be able to cross to the
other side."

Karihi and Ta-whaki went forward on the top of the
sea, and Pupu-mai-nono repeated her incantation to pre-
serve them from evil influence, and to assist them on the
road they were to travel. This was her prayer :—

> My travellers stood on Raro-hara (inviolably *tapu*) (*tapu*, sacred),
> Skipping on Raro-hara.

Ta-whaki and Karihi crossed safely to the other side,
where Ta-whaki took to wife Hine-tua-tai (daughter of the
sea-side) and begat Ika-nui (great fish). The two brothers
still went on, and Ta-whaki took to wife many women,
for he had many wives as they went on their voyage on
the sea. Ta-whaki and Karihi landed at Te-pu-o-toi (the
foundation of the peak), as this was dry land. Te-ru-wahine-
mata-moari (the old woman of blind eyes) was eating when
they arrived, and counting the food as she ate it, and also
fanning herself with a fan. As she ate she counted,
" One, two, three, four, five, six, seven, eight, nine,"
and as the goblin came to the tenth they snatched it away.
Karihi then slapped the eyes of the goblin, and said,—

> Put a spark of the sky
> Into my eyes,
> O Karihi!

Then the eyes of Te-ru-wahine-mata-moari were
opened, and she saw. They stayed there, but the goblin
did not sleep, and, fearing her, lest they should be killed,
they put white cockle-shells before their eyes, that the
goblin might imagine their eyes were not closed, and then
they slept. On the following morning Ta-whaki said,

" Where is the road to heaven ? " The goblin answered,
" I do not know where it is. Perhaps it is on the road to
where filth is put; perhaps it is on the road to where water
is obtained ; perhaps it is on the road to where, and to
where." Ta-whaki said, " You must show us the direc-
tion of the road." The goblin asked, " Where are you
going ? " They answered, " We came in search of our
father." She then let down a spider's thread, and stretched
it. They asked, " What is that for ? " She answered,
" Who knows that it is the straight road for you to ascend
to heaven." Then Karihi climbed up, and when he had
got some distance the winds of Te-uru-rangi (head of
heaven) beat on him, so that he could get no farther.
Ta-whaki, the younger brother, said, "The evil is with
you, O supplanter ! You did not recognize the import of
the words of Whai-tiri, who said it was for me, Ta-whaki,
to ascend to the heaven of the sacred baptism." Ta-whaki
ascended on the thread of the spider, and as he went he
prayed—

> Ta-whaki climbs to the first heaven ;
> Climbs up Ta-whaki to the second heaven.
> Ta-whaki goes on to the tenth heaven,
> And arrives at the pleasant heaven,
> Where man is nourished.

When he had ended his prayer, and was midway between
heaven and earth, he was beaten upon by the winds of Te-
uru-rangi, which he evaded by going sideways and still
climbing upwards. Again he was assailed by those winds,
but at last he arrived in heaven, and his heart was glad.
Proceeding on his journey he met Pakura (red- or water-
hen, the *Porphyrio melanotus*), to whom he said, " Where
are you going ? " Pakura replied, " I am going down to
Te-muri-wai (sea-beach)—it is so dry up here." Ta-whaki
said, " Go." As Ta-whaki went on he saw a woman who
was named Maikuku-makaka (crooked finger-nails), who
was bathing in the water of Wai-puna-ariki-a-te-pata (the
chief water-spring of Te-pata—rain-drops), and forming
her hair in knobs on the top of her head. Another female

also was doing the same in Wai-puna-tea (spring of clear water), with whom he conversed. He saw Tuna (eel) lying there near to Puna-kau-ariki (spring where lords bathe), to whom he felt great affection, and uttered his incantations for Tuna. He repeated many. These were the names of some : Te Eahau (Ehu) (the mist), Ko Toetoe (the split into shreds), Te-mata (the face), Ko-wahia-mai (break part off), Ko Enga(Nga)-po (the nights), Ko Te-rangi-paia (the shut-up heaven) (this last-named incantation is the one used when peace has been made between two tribes, and the contract thus made is intended to be broken), E-nga-ranga-raka (He-karangaranga) (the calling), and Tauira-a-roko(rongo) (the first-slain of Rongo), and Rangi-te-pikitia-te-hiku (the heavens ascended to the end), and Te-kawa (the baptism), and Marae-nui (great courtyard), and Te Ruruku (the diving), and Toi (the pinnacle), and Te-apiti (add something to it), and Te-apa-rangi-hira (the great assembly of heaven). Having repeated these he went on upwards and met Paki-hinga-nui (great waist-garment dropped-off), and Paki-hinga-roa (long dropped-off girdle) ; but he climbed up the ascent to Tipangia (the chipped-off), when he met Korero-ure (talk of procreating), and Korero-tara (talk of procreating power). He spoke to these women, but they did not answer a word. Going on, he went near to the settlement, where he met Pu-a-te-aro-mea (root of all things), to whom he said, " Friend, what are those things which stand yonder ? " Pu-a-te-aro-mea answered, " Understand, O young man ! these are the houses of Te-engahui(kahui)-whatu (the assembly of the hail-stones). Rangi-ka-tata (the heaven near) is the name of one house, and Te-anga-aka(anga-anga)-tapu-o-tane (sacred head of Tane) the name of the other. The bones of Hema are hung up in the one called Te-anga-aka(anga-anga`-tapu-o-tane." Grief filled the heart of Ta-whaki when he heard of the bones of his father, and he said to Pu-a-te-aro-mea, " O aged ! where are these bones hanging ? " He answered, " They are hanging up at the Pu-a-rongo " (back of Rongo—back part of the house). Ta-whaki went straight away to that house,

and when he had come near to the door of the fence en-
closing it, he began to repeat his incantations. The first he
repeated was Whaka-taha (ward off), then Engahau (Nga-
hau) (brisk action), and Manawa-tane (life-power of man),
and Te-iri-pungapunga (pumice-stone hung up), and Hua-
koko (power of the shoulder-blade), and Te Rou (move and
roll things about with a pole), and Kumea-mai (drag
towards); but first he went into the house Engahui-
(Kahui)-whatu (assembly of hail-stones), where he saw the
multitude of them who were sitting within the fences, so
that the place as well as the house was blocked up with
people; here, again, he repeated other of his incantations—
namely, Tu-te-raki-haruru (erect heaven of booming sound),
and Teatea-a-nuku (dread of the earth), and Tipuna-ngai-
(kai)-matua (ancestor the parent eaten), and Ka-ihi
(trembling with dread), and Tuhi (marked), and Te-kohara-
i-waho (the laws of tapu disregarded outside), and Te-whatu-
i-ki-mai (the "whatu"—sacred (o-kaka) stone in the high
priest's chest, which did speak), and Te-whatu-i-korero-mai
(the stone which has spoken), and Te Raki(Rangi)-i-paku (the
booming sky), and Te Raki-pake (the sound of cracking in the
sky), and Te Raki-i-papa (the crashing sky), and Te-whatu-
keke (persistent hail), and Tipua(Tupua)-te-ki (goblin not
speaking), and Tipua-te-rea (goblin expanding), and Tipua-
whakarongo-te-po (goblin listening at night). By these in-
cantations he dispersed all the people of Pa-pe-a-ea and
Te-pu-tete-nui-no-raki (the substantially-fixed of Raki), of
the Engaka(Nganga)-tu-a-maro (the steadfast core), and
Te-puke-ki-tauranga (the hill of constant abode), because
of their contemptuous conduct and their plots to murder
him. Now, Ta-whaki saw that all these people had fallen
down from heaven, and his delight was great. Then he
went and made openings in the fourteen heavens, so that
he might accomplish the object of his journey, which was
to acquire a knowledge of the incantations known to
Tama-i-waho, and also to obtain a sight of him who
was hanging in space in the heaven. Tama-i-waho welcomed
Ta-whaki, who returned the compliment, and uttered these

5

words, "Friend, state the object and power of the many
incantations which you are known to possess." Tama-i-
waho answered, "It is true, I have all things." Ta-whaki
called up to him, "O man! will you consent to teach those
incantations to me?" He answered, "Yes, I will teach
you." He began at once, and taught the following to
Ta-whaki: Whe-kite (the seen), and Ka-tu (doth stand),
and Whaka-iria (hung up), and Tao-ka-i-mai (fog pene-
trating), and Tao-iti-a-pae-kohu (little fog settled on the
peak), and Werohia (pierced), and Te-huri (the turned), and
Nga-puke (the hills), and Kapo-taka(tanga) (the snatch-
ing), and Ho-pukapuka (breathing lungs,) and Te-matau
(the hook), and Hi-nuku (earth fished up), and Te-ika-taki-
ora (captive led alive), and Whaka-kau (made to swim),
and Karue (Ngarue) (trembling), and Kahi (wedge), and Te-
ara-mata-ora (road of life), and Taku-ara-i-waerea (my road
opened through), and Tu-tapa-ninihi (stealthily-going Tu),
and Te-hiku (the tail), and Te-ra-to-wanawana (dread sun
setting), and Te-taupa (the obstruction), and Nga-tohi (the
nipped-off), and Te-hiwa (the watchful), and Nga-wete-
wete (the unblessed), and Te-whaka-hopu (the caught), and
Te-mata (the face), and Waru-waru-tu (peeled standing),
and Tu-ake (stood up), and Nga-whaka-i (the boastful),
and Ahi-para-rakau (fire of wood-gum), and Nga-mauri (the
spirits), and Te-ika-mai-o-tahua (the fish of the offering),
and Te-umu-o-tu-maroa (the oven of the unbending), and
Te-horoi (the washed), and Tai-hua-rewarewa (the floating
tide). These were the incantations taught by Tama-i-waho
to Ta-whaki.

Ta-whaki asked, "O man! are these the only incanta-
tions you have?" Tama-i-waho called down to him and
said, "So ends them; but I have ten more." Ta-whaki
called and said, "Give them to me." Tama then rehearsed
to him Te-pohe-i-mau (the blind caught), and Mahu (healed
sore), and Taia (the thrashed), and Ra-kopa (darkened
sun), and Ta-putu (the heaps), and Kopu-nui (big stomach),
and Tai-kotia (severed tide), and Tu-te-rangi-paoa (the
smoky heaven), and Ka(Nga)-paki-tua (the patches put on).

And Ta-whaki retired to the heaven of Rehua, where he took up his abode.

A wife was then selected for Ta-whaki, who was called Hapai-nui-a-maunga (great lifter of mountain), who, when she was soon to become a mother, acted indiscreetly with her husband. Their actions were observed by the hosts of heaven, who put a bait on a hook and threw it down. It fell in front of them. The woman, having seen the hook, wondered at it. Ta-whaki said, "Give it to me that I may look at it." She gave it to him. He put it into his mouth. The hosts of heaven, seeing him do this, jerked the line to which the hook was attached, and it caught in his mouth, and he was afflicted with a disease which peeled the skin off his body. However, a son was born to them, whom they called Wahie-roa (long piece of firewood). When he attained manhood he took to wife Matoka-rau-tawhiri (vigorous-growing leaf of the *tawhiri*-tree), and begat Rata (familiar), who came down into the world. But, before Rata had been born, his father, Wahie-roa, had been killed by Matuku (bittern).

CHAPTER V.

O, thou my house! how standest thou?
I must depart and leave thee.
Built by the little kneeling gods—
Constructed by the fairies bowing low.
    The Haku-turi gods
Loud shouted o'er thee
Their voice of triumph
When first I made thee
Mine own abode.
    O my house! each part of thee
Was brought—beams, posts, and chips—and then,
Arranged in parts, each took its place,
And all was then complete.
    Light the fire, O Tane!
Burn up the land,
And warm its every cave,
And sweep off man
To the pit of death;
Pierce him with the spear
Of Tanga-roa, and let blood flow.
*   *   *   *   *
I feel my wrath enkindled now.
Grant me power, O Tane of the forest gloom!
To cut the sinews of this earth,
And sever the lashings of Kupe
And the fastenings of Ue-nuku's house,
That man may enter, rob, and spoil.

            Lament of Ua-mai-rangi for his house.

DEATH OF WAHIE-ROA.

(Nga-i-tahu.)

Matoka (Matonga)-rau-tawhiri (vigorous-growing leaf of the *tawhiri*-tree) took as her husband Wahie-roa (long piece of firewood), and when she expected to become a mother she had a desire for some birds which were only obtainable at a great distance. Wahie-roa went for them, and got some *koko* (*tui*, or parson-bird) from the preserve of Matuku. On the morrow after his return he again

went, but this time Matuku caught and killed him. His
wife lived a solitary life, and a son was born, whom she
called Rata. She reared him with care. When he had
become a man he asked his mother, "Where is my father?"
She answered, "He was killed." "Who," he asked,
"killed him?" "Matuku killed him," said his mother.
"He went to obtain food for which I asked before you were
born : he went into the land of Matuku, and was killed."
Rata asked, "Where is the land of Matuku?" His mother
said, "Look to where the sun comes up : it is there, far out
in the ocean, and you cannot get there."

Matoka-rau-tawhiri went to collect firewood, and sought
and found a tree—a beautiful tree, a grand *totara*-tree—
some twigs of which she brought in her hand to the settle-
ment, and when evening came she spoke to her son Rata
and said, "I have seen a fine tree—a *totara*-tree : on the
morrow you must go and see it." And she gave him the
twigs she had brought from the tree. He went, but could
not find it, and came back to his mother and said, "I can-
not see the tree you speak of." She said, "You cannot
mistake it : it is the rough-barked tree which you will see."
Again he went, and came back; but in the third attempt he
found it, and asked his mother, "What action shall I
take?" She gave him some stone axes, but he complained
of their being blunt, and without teeth. His mother said,
"Go and hold the axe upon the back of your ancestor who
is called Hine-tu-a-oaka (Hine-tu-a-hoanga—daughter of
the whetstone), who, when you put it on her, will say, 'Be
sharpened, be sharpened, be sharpened,' and your axe will
become sharp ; then you can take it to your house and
put a handle on it." He slept, and at dawn of day he
went and felled the tree, and cut off the top of it, and
came back and stayed in his house. On the morrow he
returned to the tree, which he found had been put up
again as though it had never been cut down. He again
cut it down and cut the top off, and came back to his
house, and said to his mother, "When I went to the tree,
it was standing as though it had never been cut down."

She asked, " What did you do to the tree?" He said, " I cut it down without having first propitiated the gods by performing the usual ceremonies and repeating the incantations for such an act." She said, " It is not well to cut your ancestor *(d)* down ignorantly." He said, " Yes, I at once cut it down, without any ceremony." She said, " Go, return." He went and cut it down again, and cut the top off, and went on one side and hid himself, and heard these words repeated by some beings :—

> It is Rata—it is Rata of Wahie-roa.
> You ignorantly cut down
> The sacred forest of Tane,
> The sacred chips of Tane.
> The chips of the root fly,
> The chips of the top fly.
> They adhere, they go near.
> They are all bound on again.
> Stand up and wave (O tree! in the wind).

The tree again stood in its old position. He rushed out and stopped those creatures, who flew hither and thither on every side of him, and left the tree. He said, " Why do you meddle with my tree?" They replied, " Go, return to your home; leave your tree here, and we will make your canoe." He went home, and his mother asked, " What is the state of your tree?" He answered, " I found it standing up again, and cut it down, and cut off its head, and stood aside and watched, and heard my name repeated." He slept, and on awakening on the morrow found a canoe had been made and brought to the side of his house. On the morrow of another day the canoe was taken to the sea, and the ceremony of naming it was performed; and it was taken out to sea, and with line and hook fish were caught, and were brought to the settlement, and the canoe hauled up on the beach. One of the fishes was roasted, and taken, and, with appropriate incantations repeated, was offered to Mua. Some of the other fishes were roasted and eaten, and some seaweed taken and shaken before Mua. Rata slept, and on the morrow another of the fishes was cooked in a *hangi* (Maori oven) *(d)*. This was the fellow of the one which had been roasted; and the coverings which were put around those fishes to cook them in, were hung up before Mua. On the morrow the canoe was again dragged into the water, and it was called Niwa-reka (great delight). A war-party embarked in it, and went to the land of Kiore-roa (long rat), and of Kiore-poto (short rat). Two incantations — one short, the other a longer one — were repeated by the war-party. This was one of the incantations repeated :—

> Rat, rat, look to the north.
> Leave rat to rest in his house.
> The house of Tu-nui (great standing ; the whale),
> The house of Taka-roa.
> Noose caught, quite caught
> At the first glimmer of day.
> Pull it tight, dash it,
> Strangle it till it is red (in the face).
> Come, O A-o ! and add thy power.

They attacked these people, and Kiore-poto escaped, but Kiore-roa was killed. Kiore-roa, who was killed, was brought by Rata to his mother, but she was not satisfied that ample revenge for the death of her husband had been taken.

Again Rata collected his warriors, and went out on the sea to the place called Te Raihi (a plot of ground enclosed by a fence), where Tama-uri-uri (the black son) lived, in the country called Pu-horo(oro)-nuku (land of bad weather); and Pu-oro-rangi (stormy sky) and asked Tama-uri-uri "Where is your man ? " (head chief). He said, " He is at home. I am left here in charge of the cultivations." The war-party asked, " Can he be induced to come here ? " The vassal said, " No. On his departure he said to me, not till the seventh or eighth month would he return to chant the incantations and perform the ceremonies for our cabbage-plot." They asked, " Will you call him ? " He called and said, " Matuku, come and repeat the thank-offering for our cabbage-plot." Matuku answered, " You are confusing the seasons of Matuku. On the seventh or eighth month I will come and perform that ceremony again." Tama-uri-uri called and said, " Matuku, come and perform the ceremony over our cabbage-plot." He answered, "You are arousing the anger of Matuku: you will be scorched by the wrath of Matuku."

Rata had placed a noose on the entrance of the cave, called Puta-aroaro-nuku (the hole in the breast of the earth), in which Matuku lived. As Matuku-uri-uri was coming up, Rata repeated this incantation :—

> This my noose,
> To tie the elevated—
> To tie to a man
> Followed by a war-party.
> Tied to the house of the earth [or, tied to the earth]—
> Tied and beaten ;
> Caught, revenge gratified, and taken away.

Before he could be seen, his hair (or feathers) appeared. On he came, and the noose encircled his neck. Rata pulled it tight, and with an axe gave him a blow, and killed him. Thus was the death of Wahie-roa avenged, and full satisfaction obtained.

Rata and Matuku. (Nga-i-tahu.)

When Rata had grown to man's estate he spoke to his mother, and said, "O mother! where is my father, by whom I am?" His mother answered, "Who knows? On the inland side of our house, perhaps, or on the opposite side, perhaps, or where?—at the back of our house, perhaps." He said, "Why are you confusing me? Do you not perceive that I ask, With whom did you cohabit?" She said to her son, "O son! hearken. I have told you of old, and you have heard my words which I said to you. Long ago your father was killed by Matuku." He asked, "Where does he live who killed my father?" She said, "O son! can you not understand where the land is where the man resides who killed your father?" He asked, "Can I not go there?" She said, "You may go; but you will not arrive there, because where the sun comes up is the place where Matuku resides. But do you really wish to go there?" "Yes," said the son, "I wish to go there." She said, " You cannot get there, as the ocean is the only road thither." He said, "Well, then, where is the road to the place?" She said, "O son! hearken to me : if your wish is great you must adze out a canoe, as a path by which you can get to it."

Rata then went along the plains of Hekea (descended), and near to the land at Raki-tahua (heaven of plenty), and saw the men of that land, and, standing in the midst of that multitude, he called, "O friends! where is Kahue?" (Ngahue) (swarm). The multitude around him said, "He is at the Papa-tu-ano-hawaiki-a-kahue (calm plains of Hawaiki of Ngahue), where he resides." Rata called again to the multitude, "I have come to see him." He then went over the beautiful plain of Wai-kapua (water of the clouds), and arrived at the plain of Hawaiki, where he met Kahue, to whom he said, " O friend! will you not turn with kindness to me? I have come to obtain stone axes of you." Kahue heard, and said, " It is good, O young man! I will break a stone for an axe for you." And Kahue broke a slab of stone for axes; and the name of the axe which Kahue gave to Rata was Te-papa-ariari (the admired block of stone). Now, the name of the axe (which Kahue gave to Kupe) was Tauira-a-pa (the model, is it not?). Kahue kept the one called Nga-paki-tua (the fair weather beyond) for himself. Rata was delighted in having possession of an axe. He brought it away with him. On his departure Kahue said, "O friend! now that you have an axe, on your arrival at home do you place it on the back of Hine-tu-a-hoanga" (the daughter of the whetstone). These words Rata kept in his memory, and when he had come up to Hine-tu-a-hoanga and Tu-hina-po (dusk of evening), the gods whom he had formerly visited, he put it on to Tu-a-hoanga; and when he had obtained the handle and other necessaries for his axe—namely, Kanga(Ekenga)-te-maku (the damp come up), and Engaka(Ekenga)-te-rangi (the ascent to heaven), and U-oroia-te-ati-tipua (offspring of the goblin sharpened), and U-oroia-te-ati-tahito(tawhito) (offspring of the ancient sharpened)—he completed his axe with a lashing, and he called the name of it Mapu-nai-ere (expression of delight).

Rata went into the sacred forest of Tane to search for a tree. Having found one, he thoughtlessly cut it down; but he did not offer to Tane, the god of forests, the propitiatory offering, and repeat the incantations, customary on such an occasion. He made four blows above and four below. On the fifth the tree fell, and with his axe he cut the tree into the shape of a canoe. Then he saw the multitude of heaven replacing on the body of the tree the chips he had cut off, and he heard the multitude of the Para-rakau (gum of the tree) singing these words :—

> Leave it, leave it, O Rata—Rata, of Wahie-roa !
> You have cut it ignorantly—
> The sacred grove of Tane.
> The chips fly,
> The root flies.
> They are near,
> They are sticking.
> O unavailing ! follow on.

Rata showed himself to them so that they could see his face. They at once condemned him for his ignorance, and said, " Hearken. Go to your home, and leave the canoe where it is." So he returned. In one night he was at his home, and on the morrow he found the canoe had been taken to his settlement, and the sight of it rejoiced the heart of his mother as well as of himself, as it was the fulfilment of the promise made by the gods when he left it to them ; and he called the name of the canoe Niwa-ru (throbbing of the heart in joy). Then he pondered how he should obtain satisfaction for the death of his father, Wahie-roa. He collected an army and proceeded towards the sunrise, and arrived at the settlement of Tama-uri-uri (black son). Now, Tama-uri-uri lived in a cave called Pu-aro-nuku (facing the earth). He, addressing Rata, said, " Matuku (the crane-bird) is still alive : he dwells in the cave called Pu-aro-rangi (facing the sky), and is now there." Hearing this, the hearts of

Rata's army were glad. So they landed at Kaiwhaia (the pursuers), and went to the top of the mountain at Whiti-haua (the cowardly have crossed), and went cautiously up to the rim of the cave, because Matuku was engaged in his daily avocations. Rata called down to him, but Matuku did not heed his words. He spoke a second time; when Matuku called up to the army and said, "These are not the propitious nights of Matuku," (meaning On the seventh, eighth, or tenth month you and I can meet and thrash each other—in the heat of summer, when Titi-puha (the night mutton-bird) issues from its burrow.) Rata again said, "O old man, Matuku! climb up here; here is property for you." He answered, "Then I am defeated, as my words are without effect: words are un-availing, and forebode evil." He ascended, and Rata put a noose called Rua-wharo (pit of the coughing) over the mouth of the cave, and caught Matuku by the neck and killed him. Then Rata said, "Property is a good bait to hold out to decoy man, that his heart should not ponder, and he be caught as the fish of the ocean."

RATA AND MATUKU. (NGA-TI-MAHUTA.)

When Rata had grown to man's estate he asked his mother, Hine-tu-a-haka (daughter of low estate), "Where is my father?" She answered, "He was killed by an alien people who reside on the other side of the ocean." He inquired the way by which he could arrive there, and was instructed by her; but she said, "You must build a canoe to go there."

Rata built a canoe in which to voyage in quest of those who had killed his father while he was quite a child. He built it of the *kahika* (*koroi*-tree—white pine). He cut a tree down, but the gods put it up again: this they did because Rata had not chanted the incantations and per-formed the various ceremonies, which are repeated and per-formed on such occasions. When he had cut the tree down three times, and it had been as often replaced by them, he lay in ambush; but, being discovered by them, they said, "Go to your settlement." On the following day at dawn, a canoe was found at the home of Rata.

Rata gathered the people together and selected a crew, and sailed away towards the home of his enemies. Having arrived there, the bones of his father rattled together, and made a noise of welcome to him. They sang, "To, to, to" (Pull, pull, pull).

Rata found a slave at the place, of whom he asked, "Where are the people of this settlement?" The slave said, "They are down in the cave." Rata put a noose over the mouth of the cave to snare Matuku (the murderer of his father), who was caught in it, and killed in payment for the death of Rata's father.

Rata discovered and taught the art of cutting and polishing greenstone with the stone called Hine-tu-wa-hoaka(hoanga) (daughter like the whetstone).

ANOTHER READING OF RATA. (NGA-RAURU.)

Rata built a large canoe called Pu-nui (great original), in which to voyage to Tu-makia (trouble ever remembered) and Nui-owhiti (great sorrow). These places were somewhere in the great ocean. The inhabitants had killed his father, whose death he longed to avenge.

Having built his canoe inland, he got his people to haul her to the seashore; but they were not able to accomplish the task. He then chanted incantations to O-matangi (the winds), and went to Te-puru-o-te-utu-tu-matua (the plug of the reservoir where parents whilst standing dip water up), and drew it out. Then a flood came and lifted the canoe, and she floated down to the sea-shore, and he and his war-party embarked and went to Tu-maki-nui-o-wara-(whara) (standing of the sick one who has been smitten), and lighted a fire, the smoke of which was seen by Mau-matuku (or Matuku) (the bittern caught), who went to see why the fire had been lighted. A trap had been laid for him by Rata, in which he was caught, and Rata killed him.

The food taken by Rata and his people for the voyage was all eaten by a few of them; the other portion of his company were therefore starved.

The party attacked the inhabitants of the land, and killed all but one man, who was called Te-mate-oro-kahi (difficulty in grinding a figure out of stone). This man they carried away captive, and burnt the fortification of Mau-matuku, and returned to their own land.

RATA. (ANOTHER READING—NGA-RAURU.)

At the time Wahie-roa was murdered, Hawea (doubting) died. Rata determined to build the canoe Pu-nui; but the people questioned the wisdom of making such a canoe and the expediency of embarking in an expedition to avenge the death of Wahie-roa. But Rata proceeded, and when it was finished the people were called together to drag the canoe to the sea. All joined in the effort, but they dragged in vain; the canoe would not move. Then they called on the heavens to open the fountain-head of water. Their prayers were granted, and the waters descended and carried the canoe to the sea—to Te-awa-roa (long stream), at Pikopiko-whititia (the crooked tied together).

RATA AND MATUKU. (NGA-TI-HAU.)

Rata made the canoe called Pu-niu (origin of the *niu*, the conjuring-sticks of the priests). When it was finished, the people attempted to drag it to the sea, but they were too few in number, and were not able to accomplish their object.

Now, Rata had built this canoe that he might go on a voyage to Tu-makia (trouble ever remembered) and Nui-owhiti (great sorrow), to seek revenge for the death of his father, O-matangi (the air) [or Au-matangi (the current of the air)].

As the people were unable to drag the canoe to the sea, Rata went to the Puru-o-te-utu-tu-matua (stopper of the

reservoir, where the parents, whilst standing, dip up the
water), and pulled it out, which caused the water to flow
and rise; then Pu-niu floated, and Rata got in and sailed
to Tu-maki-nui-o-wara(whara) (long standing of the sick one
who has been smitten) ; there he lighted a fire, the smoke
of which was seen by Mau-Matuku (crane-bird carried),
who also came and landed from his canoe.   So Rata
captured and killed him.

Rata and his crew then laid siege to the fort of Mau-
Matuku.   The food which the besieged had in store was
all captured by the besiegers, and those in the fort were
gradually starved to death.   Eventually only one of the
party of Matuku survived, named Te-mata-oro-kahi (the
obsidian to sharpen the wedge).   He was taken prisoner,
the fort burnt, and Rata, with his warriors, returned home.

RATA, MATUKU, AND WHITI.   (NGA-TI-MAHUTA.)

Matuku .(the crane-bird) and Whiti (to cross) were
murderers.   They had murdered many people.   But at
last Matuku murdered Wahie-roa, and took the wife of
Wahie-roa to his bed.   The relatives of Wahie-roa as-
sembled and went into the forest to select a tree for a
canoe.   Having found one they lighted a fire at the root, and
the tree fell; but the gods Tini-a-haku-turi (the many bow-
legged) came in the shape of little birds in the night, and
put the tree up again in its position.   Three times this
tree was felled by the people ; three times it was restored to
its place by these little gods.   The men became angry, and
felled the tree again, and then hid themselves in the forest
close by.   These gods again came ; but the people rushed
out from their hiding-place, and made such a bawling noise
that not only did the gods fly away, but some of the trees
standing close by were so frightened that they hung down
their heads.   The *toi* (*Cordyline indivisa*) was one who did
so, the *ponga* (*Cyathea dealbata*) and *kare-ao* (*Rhipogonum
scandens*) were others ; and they hold their heads down to
this very day.

When the canoe was made and the side-boards were put on they began to drag her towards the sea; but the scrub through which she had to be hauled was so dense that they were unable at that time to drag her out ; so they sang the following *tau* (song) to give spirit to the workmen :—

> Now, now shake your knees,
> O company of workmen!
> Now, now shake the bramble.
> Come forth, O Whiti and Matuku!

And this song has become a proverb, and is to this day repeated by any one who may foresee a quarrel arising. This song, being sung in chorus by the workmen, made such a loud noise and gave them such energy that the scrub parted and opened a road, and that canoe was taken out.

The warriors embarked and crossed the sea to the district in which stood the house of Matuku ; but he was not at home. The woman they were in search of, the wife of Wahie-roa, was there. The braves asked her, " How shall we capture Matuku ? " She said, " Make a noose and place it in front of the door of his house, and hide yourselves in the sides of the house." She also cautioned them not to catch Matuku by his neck, but by his waist; because his neck was so powerful he could not be secured, but his waist was powerless.

They heard Matuku coming. The ground trembled with the force of his tread and the weight of his feet. He was carrying a load of human flesh on his back, which, on his arrival in front of the door of his house, he threw on to the ground. He appeared to suspect something was wrong, and stood sniffing the wind and saying,—

> Stink, stink;
> Odour, odour.

The woman called out,—

> No, no; all is right.
> No ; there is not anything wrong.

Matuku bowed down and entered the door of the house. When his head and back were within the noose the braves pulled it tight, and he was caught. They cut one of his

arms (hands) off; then he said, " You cannot kill me."
When each of his other limbs was cut off he still asserted,
" You cannot kill me."   Then they cut off his head, and
thought they had killed him, but found that his appearance
only became changed, and he assumed the form of the
matuku (bittern-bird).   And this is the origin of that bird,
as well as its name.

Now that Matuku had been disposed of, the warriors
asked the wife of Wahie-roa, " How may Whiti also be
captured ? "   She described the cave in which he was then
living, and said, " Place a noose over the entrance of the
cave ; then make as much noise as you can by bawling aloud ;
this will cause him to come out and rush after you, as
is his custom when any one goes near his cave."

The noose was made as she advised, and Whiti came out,
and was caught in it and killed.

CHAPTER VI.

Keen sorrow day and night,
And pain of lacerated flesh,
My rembling frame o'erpowers.
  Oh! would some priest
Enchantments bring, and in the stream *(d)*
Revive my soul, and drown my love,
That I may grieve no more
My loss of him, my all in life,
Whose form the waves now babble over in the deep.
  Go, O loved one! ne'er by me
Shall all thy fame and noble deeds
Amidst the crowd be lost.
  Yes, e'en in war, and all that
Man calls great in sport or love,
I'll hold thee forth to public view,
E'en as the beauteous prow of war-canoe
Attracts the gaze, and shouts of
Western tribes' applause.
  I'll hold thee forth as beam of
Sacred house all carved around with *moko* lines
Of thine own ancient tribe and seers.
  Oh, yes! I know 'twas said of old,
The house where Tatau was,
And where the Mae-waho in crowds
All met their doom, and slept in death ;
Where all the Pona-turi's voice was hushed to speak no more.
So I for thee will joy
That full revenge was sought and found
As that for Hema's death so amply gained.

An ancient lament of a widow.

DEATH OF WAHIE-ROA—*continued.*

MYTHOLOGICAL CHANT RESPECTING WHAI-TIRI, KAI-TANGATA, AND RUPE. (NGA-RAURU.)

Blow, gentle breeze ; swoop o'er the face of heaven,
And pinions break in Rupe's wings ;
Bedim the glow of red that paints his perch,
That ne'er again, with outstretched wings,
He sail across the sky.

6

Great Rua's bird now folds his pinions close ;
Then spreads again, to soar in gentle air ;
Then dazzled sight but dimly sees the earth and heaven.
His certain knowledge wraps him round as with
A girdle, bound in self-sufficiency ; but night,
Dark night, in gloom would stultify his power.

Tai-tu-tini (ever-standing sea) begat Taki (follow) and
Mare (cough), who begat Tai-ra-tu (tide of the shining
sun), Tai-aro-pai (gentle-looking sea), and Tai-rapa-pai
(gentle rippling tide), who begat Pu-whe-tongi-tongi (origin
of the nibbling dwarf), who begat Te-ninihi (sneak out of
sight), Parata (god of the ocean), Pare-kuku (nipped
plume), and Pare-wawau (plume of the stupid).

Now let the thicket here beneath,
Though small it be, a home for gods be made ;
Yet let some gods return,
That room may be for man.
Shells live in the sea, and heed not
Foam nor noise, nor court the summer air.
No dread nor trembling can their scaleless bodies feel,
Nor fear of thunder's peal, nor net
Nor noose that man on earth
Can set or use.

Tuhi (flashing forth) begat Rapa (crashing noise), who
begat Uira (lightning), Awha (storm with rain), and Wara-
wara-te-rangi (babbling of heaven), who took Roro-te-rangi
(front of heaven) and begat Whai-tiri (thunder), who took
Hiakai-tangata (Kai-tangata) (hunger for man) and begat
Punga (anchor), Punga-nui (great anchor), Punga-roa (long
anchor), Tau-tau (suspended), Tau-tau-iri (suspended in
straps), Tau-tau-mate (suspended dead), Tupua (goblin),
and Tawiti (rat-trap).

RUPE AND REHUA. (NGA-I-TAHU.)

Rupe (folded together, or pigeon) ascended to heaven in
search of Rehua, and, having arrived at a settlement, he
asked, " Are there people above here ? " and received for
reply, " Yes, there are people above here." He asked,
" Can I go there ? " and was answered, " No, you cannot :
these are the heavens which were sewn together by Tane."

Rupe pushed all impediments aside, and went into that heaven. This he did again and again till he had gained the tenth heaven.

He gained the place where Rehua resided, who came to welcome him (d). They wept over each other. Rehua wept in ignorance as to the identity of Rupe; but Rupe repeated an incantation as he wept by which Rehua discovered his guest. Having concluded their greeting, Rehua ordered his people to light a fire. This having been done, calabashes (d) were brought and put down in front of Rehua. Rupe, seeing these were empty, could not imagine where food could come from to fill them. He now saw Rehua unbind the aute (d) (strings by which his hair was tied in plaits on the top of his head). It flowed over his shoulders. He shook it over the empty calabashes, and out of it flew a number of koko (tui, or parson-birds), which had been eating the vermin in his head. These birds were caught by the people of Rehua, and killed and plucked, and put in the calabashes and cooked, and brought and placed in front of Rupe, who was invited by Rehua to partake of them. Rupe said, "I shall not eat of them. I saw you unloose your hair and shake the birds off your head. I will not eat of them, as they have lived on the vermin on your head." Rupe durst not eat them, as Rehua was his elder and lord.

Rupe asked Rehua, "Have you heard any murmur of voices from below?" Rehua said, "Yes, I have heard a confused noise of voices at Motu-tapu (sacred island)."

Rupe transformed himself into a pigeon, and flew down to Motu-tapu, and lighted on the sill of the window of the house of Tini-rau (many hundreds), and was seen by the people of that place, who exclaimed, "A bird! a bird!" Some said, "Spear it, spear it." Bird-spears (here) were brought, and an attempt was made to pierce it; but the bird dexterously turned the spear aside, and the point of the spear was broken by striking against a tree. They now made a noose (tari) and attempted to put it over the head of the bird; but it bowed its head and turned its neck, so that the noose was of no avail. Now, the sister of Rupe, who was wife of Tini-rau, said to those who were attempting to take the bird, " Let it stay, that I may look at it." Having surveyed it, she recognized it as her brother, and asked it, " Why did you come here ? " The bird opened and closed its mouth, but did not speak. She now said to Tini-rau, " O friend ! this is your brother-in-law." He asked, " Who is it ? " She said, " It is Rupe."

On that day she gave birth to a child. Rupe now sang this song to his sister as he sat on the tree :—

> Hina—yes, Hina (d) is the sister,
> And Rupe is the elder brother.
> By which way come ?
> From beneath,
> From above.
> Let your path be upward,
> And express your love—
> Express it to those at Motu-tapu.

His sister also sang a song to him thus :—

> Rupe is the elder brother,
> And Hina the sister.
> By which way come ?
> From beneath,
> From above.
> Ascend your path
> To Rehua.

At once, when his sister had ended her song to him, he caught her and her child up, and flew away with them to Rehua; but in the flight the placenta fell into the ocean and was swallowed by a shark, and hence the egg-like balls found in the shark.

They went to Pu-tahi-nui-o-Rehua (principal home of Rehua), which they found in a very dirty state; and Rupe said to Rehua, " O Rehua ! verily your place is dirty ;" and again he said, " But never mind, O old man ! If each piece of dust were an insect you could slap it and frighten it away." Rupe thought he would clean the home of Rehua, and therefore made two wooden spades (papa)—the name of one spade was Tahi-tahia (sweep away), and of the other

Rake-rakea (scratch away)—with which he cleared the place and made it beautiful. Rupe also made a *heke-tua* (filth-pit), into which he put the filth. To this he placed a post, by which any one going there could hold. The name of this post was Te-pou-o-whai-tiri (the post of Whai-tiri).

Now, at this time the son of Rehua was out on the sea, and on his return he exclaimed, "Oh! this settlement has been cleansed;" and, seeing the *heke-tua*, he wished to prove its utility. He was in the act of lifting one foot up, and reaching out his hand, having got hold of the post of Whai-tiri, he bent forward, when the post fell, and with it he went down, and was killed. His name was Kai-tangata (man-eater). His blood is still seen in the red clouds of the sky, and hence the proverb, "Kai-tangata's blood marks the sky red."

Rupe, by his deceit, was the cause of the death of the son of Rehua. Rupe's original name was Maui-mua (first-born Maui) : not till he had turned himself into a pigeon was he called Rupe.

RUPE AND HINA-TE-IWA-IWA. (ANOTHER READING— NGA-TI-HAU.)

This is the tale of Rupe and his sisters, who were named Hina-te-iwa-iwa (glimmering moon), Hina-te-ota-ota (the new moon), Iti-iti (the diminutive), Ma-reka-reka (the pleasant), Rau-kata-uri (music, or laughing leaf of the young shoot), and Rau-kata-mea (leaf that ever laughs, or makes music).

Rupe came from the heavens in search of his sister Hina-te-ota-ota, and found her at Motu-tapu (sacred island). He came to the window of her house, and wept, and chanted these words:—

It is Hina,
It is Hina,
Who was lost
At Motu-tapu.
Yes, truly
She is here.

His sister sat still in the house, and, weeping, also chanted this song in reply :—

> It is Rupe,
> It is Rupe,
> The elder brother.
> Yes, truly
> He is here.

After they had so wept and sung, Rupe stayed at the home of his sister for days and months, even till the Mangere-mumu (the cold winter months, when man cannot work, but sits and murmurs). Then he returned to his home in the heavens. On his way thither he arrived at Tawa-tu-papa (flat-topped ridge), where he was overtaken by Te-ngana-o-tahuhu (intense cold of the ridge-pole nearest the sky). So he chanted this incantation to cause feathers to grow on his body :—

> Grow, O feathers! grow!
> Flap, oh! flap the wings!
> Skim in the sky. Oh, fly!
> The bird floats in the sky;
> With new-fledged pinions
> The bird soars—the bird of Tane.

Though Rupe flew and struggled upwards, he was beaten down by the Ngana-o-tahuhu, and, thus detained, he became hungry, and partook of the vermin of the head of his great progenitor, which made his voice to become hoarse. Hence the pigeon (who is the offspring of Rupe) can only moan and say, "Ku, ku." But when the season Paki-o-takapou (the calm warmth of summer) arrived the great heat of the third month matured his feathers, and Rupe was enabled to ascend to his home again.

It was Rupe taught man the art of fashioning stone axes, and also how to make the handles for them. He said, "Make the handle in the shape of man's leg and foot, so that the part which resembles the calf of the leg may be held in the hand, and to that part which resembles the sole of the foot the axe may be fastened."

He also showed man the various purposes to which the axe could be applied.

WHAI-TIRI AND KAI-TANGATA (OR AWA-NUI-A-RANGI), RATA AND MATUKU. (NGA-I-TAHU.)

Whai-tiri's (thunder) custom was to eat men; and when this news came down to this world Awa-nui-a-rangi (great river of heaven) climbed up to the heaven of Whai-tiri. On his arrival she was absent from her home on a man-killing expedition, and to obtain human flesh for a burnt offering at the dedication of the house called " Raparapa-te-uira" (flashing lightning). Awa-nui-a-rangi asked the guardian of her house, "Where is Whai-tiri?" The guardian answered, "She is above, killing men for burnt offerings for her house." "When will she return?" said he. "Her return cannot be mistaken," was the reply: "the noise her legs make will be the signal." Awa-nui-a-rangi waited and listened for some time, and heard the voice of (Whai-tiri) Makere-whatu (dropping hail) pealing so that his ears were deafened. Awa-nui-a-rangi asked the guardian, "Where shall I conceal myself from her, lest she should kill me?" He was shown to the recess of a win-dow, where he stayed till Whai-tiri arrived. She had two prisoners: one she killed, and the other, called Te-ai(ahi)-ahi-o-tahu (the fire attendant of the husband), was taken by Awa-nui-a-rangi for his wife. Te-ahi-ahi-o-tahu gave birth to Kiri-kiri (pebbles), who begat Rotu-henga (performer of the thank-offering ceremony over food for the workmen), who begat Ngongo-tua (suckle on the back), who took Rangi-te-iki-wa (heaven-devouring space) and begat Tama-nui-te-ra (great child of the sun), who begat Ao-whaka-maru (beclouded day), who begat Ue-te-koro-heke (trembling old man), who begat A-niwa-niwa (unlimited good, the rainbow), who begat Poro-u-rangi (adhered to the end of heaven) and his younger brother Tahu-po-tiki (companion of the last born).

To go back to Whai-tiri, who misjudged Kai-tangata, as is shown by the remark made by Awa-nui-a-rangi, " Let that one live as the finale to the conference with Kai-

tangata (man-eater) "—Whai-tiri had been fully impressed
with the idea that man was to be eaten; but found such
was not the case, and she afterwards took Kai-tangata
(man-eater), whose other name was Awa-nui-a-rangi, as her
husband.   Kai-tangata was not a descriptive name.   They
begat Hema.   When Hema had grown to maturity, Whai-
tiri asked, in regard to the acts and disposition of Kai-
tangata, " Why in all this time has Kai-tangata not eaten
man's flesh ? " and was answered, " Kai-tangata is but a
name."   She observed, "I thought men were to be eaten,
and this induced me to come down."

Whai-tiri now determined on driving the food away, so
that it should not be all consumed through being so con-
venient and easily obtained by her husband; and now he
had to seek long before he could get any.

When the time came for her to return to her home, she
said to her fellow-wife, " Remain here, O woman! with our
child and our husband.   Stay here.   I am the cause of food
being scarce and hard to be obtained by our husband.   I am
called Whai-tiri-whakapapa-roa-a-kai (the cause of long
action being taken before food can be obtained).   This,
her full name, was now for the first time given by her, and
it remains to this day a proverb of the tribes.   Whai-tiri
now taught her fellow-wife the ceremony and incantations,
the performance of which would prevent blight and cause
food to become abundant.   She said, " When our hus-
band comes back from the sea, tell him to bring two
pieces of sea-weed.   One must be dried by the heat
of the sun and then thrown on our house; the other
you must take and pass it through a fire, and repeat in-
cantations over it, and breathe on it, and then throw it away.
If you remember to do this, food will be plentiful for you
and our child."

Now, a cloud had come down and rested on the earth,
and this cloud then enveloped her, and she was taken
up to the heavens.   Some time previously Whai-tiri had
said to her fellow-wife, " If our child has children let the
name of the first be Ta-whaki (wanderer), and the name of

the second be Karihi (sinker of a net). They can climb up to the heavens above."

When Kai-tangata came on shore Ahi-ahi-o-tahu said, " O man ! the woman who lived with us was a goddess. She has gone to heaven. A cloud came down for her, and now she is there. We hear her voice as it booms in the thunder every year." Ahi-ahi-o-tahu then taught him the ceremonies and incantations which she had learned of Whai-tiri. That night Ika-whenua (fish of the land) fell from heaven as food for her child. It lay in heaps, and partly covered the trees; and when Kai-tangata went to sea for fish, he was able for the first time to procure a quantity.

Hema had now grown to maturity, and took Ara-whita-i-te-rangi (crooked road to heaven), who begat Ta-whaki and Karihi. When these two became men they heard what had been said of them by their grandmother— that they were to climb up and follow her. They attempted to climb up. Ta-whaki succeeded, but Karihi failed and was killed, because of his presumption in endeavouring to take precedence of Ta-whaki. Ta-whaki took his younger brother's eyes out, and carried them to the settlement of Whai-tiri, and his body he buried. He found Whai-tiri blind, but she was counting *taro*-bulbs for her grandchildren, Maikuku-makaka (crooked finger-nails) and Hapai-o-maui (Maui's butler). Whai-tiri had counted nine, and as she was taking the tenth Ta-whaki pushed it away. She again counted her *taro*-bulbs, and when she had counted to the eighth he pushed the ninth away. In this way he pushed all aside till she had only four bulbs left, when she said, " O me! I am quite perplexed. The *taro* were here, but now nearly all (which were for my grandchildren) have gone." Again she counted them, and when she had got to the third Ta-whaki pushed the fourth away; and again she counted, and he pushed the third away. She had only two left. Grasping these, she said, " You may not be far from me, O man who are so deceiving me! and it may be you are one of those of whom I spoke."

Ta-whaki took the eyes of Karihi and threw them at Whai-tiri, saying,

Spark of heaven, light your eye by Karihi.

She replied,

By your eye, O Ta-whaki!

Then she saw and wept over her grandson Tawhaki. He now busied himself in cleansing the home of his grandmother. The filth had become so great that it even reached into the house. When the settlement was fair to look on he asked Whai-tiri, and said, "O aged! who are those yonder splashing and bathing?" She answered, "They are your female relatives, Maikuku-makaka and Hapai-a-maui; but let me warn you in respect to them. When they return do not be in haste to take hold of them, but let them warm themselves, and let their finger-nails go back into their sheaths." Ta-whaki obeyed all these instructions, and when he said to Maikuku-makaka, "You shall be my wife," she said, "Yes, O my husband!" They had a child, whom they named Wahie-roa (long piece of firewood).

When Wahie-roa had become a man he went to war with Te Pou-a-hao-kai (the centre of the food-collection) and Matuku-tangotango (crane selector), but was killed by them. At that time Rata, his first-born, was merely an infant.

Rata said to his mother, "I must go and take satisfaction for the death of my father." His mother gave her consent, and he went to the forest of Tane and felled a tree, and came back to the settlement. The following day he found the tree as though it had not been cut down. He cut it down again, and hid himself close by. After some time he heard the noise of the Haku-turi (bow-legged) coming, who, with the Roro (doorway), lifted the tree up again. He called to them, and said, "Let my

tree lie down." The many of Roro and the many of
Haku-turi began to repeat their incantation thus :—

> It is Rata. Rata, you are
> Felling the forest of Tane.
> Fly this way, the splinters of Tane ;
> Stick together and hold.
> Fly this way, the chips of Tane ;
> Yes, stick together, hold tremblingly.
> Fly this way, the ribs of Tane ;
> Yes, sticking together ; yes, holding.
> Stand straight up, O ! stand up green and fresh.
> Lift up ; stand growing green.

The tree was again standing erect. Rata then said,
" You are mischievous beings to put my tree back to its
old position." They replied, " You unceremoniously laid
your ancestor low. You did not acquaint us. Had you told
us first, then you could, without any interruption, have
severed the neck and laid low your ancestor Tane-mahuta"
(Tane leap up). Rata spoke. They answered, " When
you cut a tree down make haste at once and take the root
and leaves of the *pare-tao* (drooping head-dress—the fern
Asplenium obliquum), and place them on the stump *(d)* ; then
you can take the body of the tree." He cut the tree down
again, and followed these directions, and adzed his canoe, and
called the name A-niwa-niwa (great unlimited good ; rain-
bow). Having completed his preparations, he launched his
canoe ; and when in the midst of the ocean he asked his
fellow-warriors how Te Pou-a-hao-kai and Matuku-tango-
tango conducted their wars. They replied, " As you come
near their *pa* Te Pou-a-hao-kai will call to you and say,
' Little heads, little heads,' and when your army lands he
will swallow all—not one will escape." Rata said, " Te
Pou-a-hao-kai and Matuku-tangotango will be killed
by me." Rata, addressing his warriors, said, " When
Pou-a-hao-kai calls out, ' Little heads, little heads,' I
will answer, ' Quickly, Big Face, spread it over the ex-
panse of heaven.' " Having thus addressed his army, the
canoe went on and came to a rough sea near the coast.
Te Pou-a-hao-kai called, " Little heads." Rata answered,
" Quickly, Big Face, spread it over the expanse of

heaven." They landed, and, being so many, they covered
the sandy beach from end to end, and, though Pou-a-hao-
kai opened his mouth wide, he was unable to swallow them.
While they were hauling their canoe up on the beach out of
the tideway, Pou-a-hao-kai went to order food and houses
for their accommodation. Rata said, "If Pou-a-hao-kai
again calls, 'Little heads,' I will answer again by saying,
'Quickly, Big Face, make an opening in the wall of the
house at the screen.'" When they had pulled up the canoe,
they went to the settlement, where Pou-a-hao-kai called
from within a house, "Little heads." Rata answered,
"Quickly, Big Face, make an opening in the wall."
Rata's warriors then broke an opening in the side of the
house and entered, when Pou-a-hao-kai called and said,
"Occupy the side of the house which has been covered
with matting." Rata called and said, "Occupy the side
not covered with matting." And so they did. Pou-
a-hao-kai went out of the house and ordered a
feast for Rata and his army. The feast was spread
before them, but each of the warriors only put the
food to his mouth and did not partake of it. Rata
asked Pou-a-hao-kai for some water. The god (Pou-
a-hao-kai) went to get it, but as he went to it the water
receded. On he followed till he was tired. Now, Rata,
with his incantations, had caused the water to dry up as
Pou-a-hao-kai followed it; so he called to him to come
back. Pou-a-hao-kai, on his return, said, "I went, but
the water went from me. I am quite cold in following
it." Rata said, "Enough. My thirst has been slaked
with the rain of heaven, which I caused to come." He
asked Pou-a-hao-kai to come near to the fire and warm
himself, and ordered the warriors to cook some food for
him. They placed four stones on the fire. When they
were heated, Rata lifted one and repeated an incantation,
and said, "Here is food for you." The god opened his
mouth, and the stone was thrown into it and swallowed.
Immediately there was a loud noise—the stone had burst
and splintered in his throat. Rata said "Here is another."

The god said, "Give it to me." It was given and swallowed. When all the stones had been thus swallowed, his bowels burst asunder, and many canoes and men were seen. Thus Pou-a-hao-kai was killed by Rata. Now, one of the men-swallowing gods, of the name of Tama-uri-uri (black son), was taken prisoner by Rata. Rata asked him, "Where is Matuku-tangotango?" "He is down in his cave eating men," was the reply. Rata asked, "What day will he come up here?" "When the moon is full," was the answer, "he will come up to perform his ceremonies, repeat incantations, and bathe." Tama-uri-uri now acted deceitfully towards Matuku-tangotango by calling to him and saying, "O you! Matuku." He answered, "Oh! what?" "Come up, O Matuku, thou son of Tama! The moon is up. This is the third night of the full shining moon." Matuku answered, "The nights are not propitious, O Tama-uri-uri!" "Yes, they are," said Tama-uri-uri. "Climb up here." Now, ropes had been laid over the spot where he would come up, and Tama-uri-uri had instructed the warriors to make certain fences, four of which were to be made to hold up the Wai-apu (obsidian) wings, and four for the Tu-hua (obsidian) wings, so that the wings might be beaten for a long time. Up he came. The warriors of Rata had been placed in ambush on every side of the entrance to the cave. When he saw how numerous they were, he laughed with delight at the prospect of so much food. He was unaware of the death of Pou-a-hao-kai *(d)*. Tama-uri-uri said, pointing to the people standing by, "That is why I called you up. They will cause sport for those of our settlement." At the same time Tama-uri-uri took a weapon of war and made a faint blow at Rata. Matuku-tangotango hastened up. His head was out of the mouth of his cave, but when his shoulders were seen the warriors pulled the ropes tight, and he was caught by the neck. Rata and his warriors fell on him and battered him; and by the time one set of fences was broken, one of his wings had been broken also, and the other wing was broken by the time the other fences gave way; then his body was killed. Thus were these man-eating gods slain.

Rata took the bones of Wahie-roa and returned to his home. They brought Tama-uri-uri back as a prisoner. Rata then took Kani-o-wai (rubbed in the water) as his wife, and begat Pou-ma-tangotango (the unsteady post), who took Ranga-hua (heap of fruit) and begat Pai-mahu-tanga (delight of the ripening crop).

CHAPTER VII.

O thou sun, advancing high,
Beaming red, and blazing forth !
O thou moon, now moving onward,
Sending here thy lesser beams !
The hosts of heaven—
The gods now there—
Can see and gaze on you.
    Come forth, thou hidden
Cause of blindness in mine eyes,
Thou blood-red blight
Of waters sweeping o'er my sight—
Come forth, that I
May live and see again,
And gaze as I was wont.

Ancient incantation chanted over the blind to
give sight.

ATTEMPT TO MURDER TAWHAKI.

KAI-TANGATA AND WHAI-TIRI. (ANOTHER READING— NGA-TI-HAU.)

THE great fame of Kai-tangata was the cause of Whai-tiri leaving heaven. She believed his reputation to be that of a warrior. She came from heaven to earth, and, having arrived at a little distance from where he lived, she slew her slave named Nono-kia (the servile commanded), and opened his chest and drew his heart out, to present it as a propitiatory offering to Kai-tangata. When she came into his presence she offered the heart to him. He was astonished at the gift, and expressed his horror and strong objection to such an offering. Whai-tiri said, " The fame I heard of you was that you were a warrior, and I fully believed that, as such, you were a man-eater; but I now find my conclusion to be false, and I have killed my slave to no purpose." However, she became his wife; and their first-born was called Punga (sinker, or father of the lizard tribe), the second was called Karihi (sinker of the bottom of a fishing-net), the third and last was called Ilema.

Now, the filth of these children caused Kai-tangata to say, " Ileu, heu! the filth of these children!" Whai-tiri said, "And what sort of hands are yours that they should not collect and take the filth of our children away!" Kai-tangata answered, "Who could collect it? it is so very disgusting." Whai-tiri was ashamed, and by the power of her incantations caused the day to be length-ened. Kai-tangata went out to sea to obtain fish, and in his absence Whai-tiri made a filth-pit, which was for men. She put up the first post of the structure, and called it Whaka-maro-te-rangi (the heaven drawn out) ; the second post she put up, and called it Mere-mere (morning star) ; and on the top of the structure, at its east end, she placed an effigy of the god Tu-tangata-kino (Tu the evil man), a lizard-god, who is the cause of all pain in the stomach ; so that all the flies which might come from Hawaiki and alight there might be licked up by him.

Whai-tiri now sent the god Tu-tangata-kino out on the ocean to Tara-rere (the barb cast away), to follow the blade of the paddle of Kai-tangata. And she said to her chil-dren, " When your father returns call his attention to the filth-pit I have erected for him ;" and, calling them by name, she said, " You, my first-born, are called Punga, after the anchor of your father's canoe; and you, my second-born, are called Karihi, after the sinkers of the bottom of your father's net : but you, my last-born—let your name be in remembrance of my shame when your father expressed his disgust at your filth."

Whai-tiri was about to ascend on her return to heaven when she uttered these last words: "Children, remain here," she said. " When Punga has children do not let any of them ascend after me." Then she said to Karihi, " When you have children, do not let any of them ascend after me ; but when she who is named after my shame has children, let them follow me."

When Kai-tangata returned from the sea, and had come where his children were, he asked, "Where is your mother?" The children answered, "She has gone to heaven, to her home." He asked, "What did she say to you?" The first-born replied, "She said I am named after the anchor of your canoe; this one (pointing to the second-born) is named after the sinker of your fishing-net; and our sister is named after the shame which our mother felt when you were so disgusted at our filth." The children then led him to see the filth-pit.

Punga had offspring, which were lizards and sharks. Hema (the sister) had offspring, of whom one was called Ta-whaki. Her brothers took each a wife : the elder took Muri-whaka-roto (last inner part), and the second took Kohu-whango (mist that produces hoarseness), or Pu-hango (effluvia). The offspring of these wives could not obtain wives, because all the females liked Ta-whaki.

Then the offspring of Punga and Karihi were jealous of Ta-whaki, and proposed that they should go and wash and comb their heads in the water which reflected the face— that is, in the pool called Rangi-tuhi (the heaven-reflecting). Ta-whaki went with them, and when they arrived there he chanted this incantation :—

> Spring up, faint light of dawn.
> Give my comb to me,
> And the scratcher for my head.
> I will go to the water—
> To the pool Rangi-tuhi—
> Yes, to the pool Rangi-tuhi.
> My act is complete.

Now, when the offspring of Punga and Karihi saw that Ta-whaki was washing and combing his hair in the pool of Rangi-tuhi, they attacked him and left him for dead. They returned to their home. Muri-whaka-roto asked, "Where is your younger cousin?" Mango (shark) answered, "He is still at the pool, washing and combing his hair." She waited some time, and, as Ta-whaki did not return, she called "Ta-whaki, O !" In answer to her the bird pukeko (Porphyrio melanotus) cried, "Ke." She

7

went in the direction whence the answer came, thinking it
had been the voice of Ta-whaki; but, not seeing him, again
she called, "Ta-whaki, O!" The bird *moho* (a rail)
answered, "Hu." She returned to the settlement and
charged Mango and the others with the murder of Ta-
whaki. They acknowledged their guilt, and said, "Did he
not answer your call?" She said, "A *pukeko* and a *moho*
answered my call." But she added, "Perhaps he has gone
to repeat his incantations and ceremonies, and to stanch the
flow of his blood, to regain power and life." Ta-whaki had
not been killed by his cousins, but had been severely
wounded, and, as Muri-whaka-roto had divined, he had gone
a short distance to repeat his ceremonies and chant incan-
tations to cure himself. This is the incantation which he
repeated to stanch the flow from his wounds :—

> The blood of whom?
> Blood of the stars.
> The blood of whom?
> Blood of the moon.
> The blood of whom?
> Blood of the sun.
> The blood of whom?
> Blood of Ta-whaki.
> The blood of whom?
> The blood of Rangi-mahuki (the healing sky).

Having chanted this charm, he became strong again,
and rose up and went far out on the sea, and slept there.
On awakening from the depth of the world of spirits, he
essayed to proceed on his journey, but found a great wave
barring the way and ready to kill him. One of his
ancestors, Te-kae-a-ea (sparrow - hawk), came near and
startled him with his cry of "Ke, keke, ke," so that he
roused up and shook himself from his stupor, and took his
weapon of war and held it out in an attitude of defiance,
and exclaimed,—

> Ward off the blow.
> Let it pass by my side.
> Let it glance, but
> Clear of my skin.

He made a blow at the huge wave and went on his way,

and reached the mainland, where he met his uncle Karihi. They wept over each other.

Now, as was said before, the cause of the attempted murder of Ta-whaki by his cousins was jealousy on account of the marked favour shown to him by females. The women would not accept the cousins as husbands, because they were so uncomely to look at; and they liked and admired the beauty of Ta-whaki, and showed their preference for him by inviting him to their house O-houraro (feather-plume from the north), and, when he came, entertaining him with their best services, and spreading most beautiful mats on the floor of the house for him to lounge on. Not so was it when Mango and his brother visited them. Ta-whaki was grandson of Tau-ra-rangi (the sheen of heaven). He was also a supreme lord, and most beautiful *(purotu)* in person.

Another matter which caused the females to admire Ta-whaki was, he was so clever in building beautiful houses; while the abodes of his cousins were filthy, and their floors were strewn with leaves of trees, instead of being covered with fine floor-mats, like those of Ta-whaki.

Ta-whaki and Karihi went on a journey. They arrived at the outer works of the defences of a fort, and passed over them. They went towards the palisading. Then Ta-whaki called to Karihi, and said, "Do you climb the palisading first." But Karihi objected, and said, "Oh, no! you climb up first." Ta-whaki repeated his request. Then Karihi put out his hand and took hold of the battlement whence stones are thrown against an enemy, and climbed upwards, whilst Ta-whaki chanted this incantation :—

> O Tu! sever the heavens.
> O Tu! fold up the heavens—
> Fold them up from beneath—
> Even from the earth.

Karihi slid down to the earth, and called to Ta-whaki, and said, "You repeated your incantation and caused me to slip down. Had it not been for your chanting I should have got to the top." Ta-whaki said, "I did not repeat an incantation against you. But remain where you are, and allow me to ascend." Ta-whaki stretched forth his arm, and with his hand laid hold of the prominent lower battlement, and repeated this incantation to aid him in his ascent:—

Climb, Ta-whaki, to the first heaven.
Ye boisterous, be calm.
Climb, Ta-whaki, to the second heaven.
Ye violent, be calm.
Climb, Ta-whaki, to the third heaven.
Ye furious, be calm.
Climb, Ta-whaki, to the fourth heaven.
Ye impetuous, be calm.
Climb, Ta-whaki, to the fifth heaven.
Ye vehement, be calm.
Climb, Ta-whaki, to the sixth heaven.
Ye stormy, be calm.
Climb, Ta-whaki, to the seventh heaven.
Ye angry, be calm.
Climb, Ta-whaki, to the eighth heaven.
Ye frantic, be calm.
Climb, Ta-whaki, to the ninth heaven.
Ye passionate, be calm.
Climb, Ta-whaki, to the superlative heaven.
Stand face to face;
Touch the face;
Hold on to the stability of heaven.

When Ta-whaki had gained the uppermost heaven, he cut in two the path by which he had ascended. Karihi called to him, and said, " O Ta-whaki ! turn to me and help me up." Ta-whaki answered, " Oh, no ! you and your relatives attempted to murder me." Ta-whaki went on, and arrived at the settlement of the old woman called Whaitiri, whom he found quite blind, and sitting counting her small baskets *(toto)* of food. She was saying as she counted the baskets,—

One basket, two baskets, three baskets,
Four baskets, five baskets, six baskets,
Seven baskets, eight baskets, nine baskets,
Ten baskets.

Having got to this number, Ta-whaki pulled one of them away. She again counted them, and at the eighth Ta-

whaki pulled away the ninth; when the old woman asked
herself in surprise, "Ah! where is the ninth?" Ta-whaki
pulled the eighth away, and there remained seven. She
again counted her baskets, and Ta-whaki kept taking away
one at a time, until he had taken all. Then Whai-tiri asked,
"Who is it who is acting deceitfully with my baskets of
food?" Ta-whaki answered, "It is I." She said, "You!
Who are you?" He answered, "I am Ta-whaki-nui-a-
hema" (Ta-whaki the great, of Hema). She exclaimed,
"Well, well! it is my grandson." Ta-whaki said, "You left
word that I should follow up to heaven after you." She
answered, "Yes, that is true; but look at my eyes." Ta-
whaki asked, "What is the matter with your eyes?" She
answered, "You can see what the people are like with
whom I live. When the sun sets this house is filled with
them. Now, you must secrete yourself in the side of the
house." He asked, "Where is the entrance?" She
answered, "By the window and by the door." Ta-whaki
made two nooses, and put one over the window and one
over the door. He instructed the old woman by saying,
"So soon as all the people have entered the house close
up every hole and chink above and below, so that when
they awake at dawn of day the house may still be in
darkness." She promised to do as instructed.

The sun was setting, and all came in crowds to the
house. There were thousands of them. They appeared
like very small birds, and Tonga-hiti (glow of the south—
the god of headache) was with them. So soon as they were
all in, old Whai-tiri closed up every aperture by which light
might enter, while they in the house all slept. The star
of the dawn had risen; but all still slept. Day had fully
dawned; but they slept on. The rays of the sun had swept
over all the earth; still they slept. The sun was now in
the meridian *(tu tonu te ra)*, when one of those in the house
was heard to say, "How long this night is!" Whai-tiri
answered, "Sleep on: day has not come yet." Tonga-
hiti called out, and said, "In nights past they soon came
to an end, and day came on quickly; but as for this night,

it is very long. Maybe Whai-tiri is dealing deceitfully
with us." Whai-tiri answered, " No." Ta-whaki now
came out of his hiding-place, and pulled away all that
Whai-tiri had put up to shut out the light, and attacked
and killed all but Tonga-hiti, who escaped by a hole he
made at the base of one of the posts at the back of the
house. These people were all killed, and Ta-whaki chanted
his incantations over old blind Whai-tiri. This is one :—

Face held up, eyes held up.
Eyes flash forth, flash forth,
And follow the light of the sun,
So luminous, bright, and red,
And now in the west descending.
    Touch, oh! touch with water
From the stream
The eyes of Whai-tiri.
Lave the water on my eyes ;
Wash my eyes—eyes that were so dull.
    Again, a second time
Touch the eyes of Whai-tiri
With water from the brook.
    Look up, and see.
They sparkle now. Thy eyes
Now flash in mine—
In mine, the living eyes
Sustained by blood—
The blood of the
Eyes of Rehua.

Whai-tiri was cured, and uttered this sentence :—

Ah! my eyes are cured
By my grandson.

Which has since become a proverb indicating satisfaction
and revenge.

Ta-whaki, looking at the head of old Whai-tiri, put out
his hand to draw the hair through it. She said, " Keep
your hand away, lest I be bewitched. But, look : there
is your relative Maikuku-makaka, who ever waits to slay.
Who can hope that you will escape?"

Ta-whaki left her, and, going thence, saw Nga-toka-
tami-whare (house-plunderers and -destroyers), who were
standing erect. Ta-whaki called to Whai-tiri, and asked,
" What are these?" She answered, " Do not touch them.

They are your ancestors." But Ta-whaki went and trod on them; and they fled, crying, to the sea. Then Ta-whaki exclaimed, " Ah ! so you flee, crying, to the sea. Though you attempted to slay me, yet I can make you cry whilst you flee from me." This was an act of revenge on the part of Ta-whaki for their having on a previous occasion compelled him to go far out on the ocean.

Ta-whaki resumed his ascent, and saw Maikuku-makaka, with welcome looks, awaiting his approach. He drew near to her, and, while she made her obeisance, he touched her left side with the staff he held in his hand. It startled her. She drew herself together as if afraid. He remarked, " Ah ! so you are afraid of the sanctity of Ta-whaki!" He touched her with his hand, and through that act she became his wife.

At that time her husband, Uru-rangi (head of heaven), who was away on a journey, had an omen which caused him to return home, and, having looked through the window of his house, he there saw the heads and feet of two beings who lay asleep. He put his hand in, and touched one of the heads ; it was that of his wife. She arose. Ta-whaki also arose and left the house, and went in search of the settlement of his ancestor Maru (shade), in order that he might punish Uru-rangi. When he had come within a short distance from it, he sat down and chanted this incantation :—

> Collect, O hosts of heaven !
> Collect from far.
> Collect. Evil is near.
> Overcome and exhausted,
> I am in spirit dead.
> Oh ! that the war-girdle
> Might expand itself
> And grow before Mua,
> And flaunt itself
> For me—for me !
> I tremblingly cry ;
> I wail, O me !
> And my calamity,
> On the mountain of life,
> In the midst of power.

Tu, come near to Maru,
And Maru, come near to Rongo ;
    And you, O Rongo !
Come near to me—
Come near to my calamity.
But, O my spear of war !
I vainly flourish it,
And only smite the air.
My battle-axe I hold ;
But this I clasp in vain,
Without the power to strike—
Without the battle phalanx
Arrayed to storm my enemy.
Arise, ye bold ; arise,
And stem the flood.
Shout loud the battle-cry,
And storm and conquer.

This chant—*tui*, or war-cry—has ever since been used
to call the people together, and to inspire them with
courage whenever their lord wishes to proceed to war.
Those at the settlement who heard this war-song sung
by Ta-whaki knew that it was the war-cry to muster in
battle array. And Maru lifted up his voice, and cried
aloud to Ta-whaki, " Come to me—to the man who pos-
sesses the weapons of war." Tu-te-ngana-hau (Tu who
wars with the elements) rose and called, " Yes, and to me."
Rehua also called, and said, " To me also—to the man
who possesses the elements of life."
Ta-whaki went to Maru—to him who had the weapons
of war, and who could amply avenge him. Ta-whaki saw
the storehouse of Maru standing on poles, in which oil and
fat were kept. These Ta-whaki began to eat, and at the
same time he chanted in an undertone,—

The houses of Tu (the god of war),
The food in which is eaten
Whilst the eaters stand—
The food in which is eaten
Whilst the eaters fly.
O Rongo, the furious !
    The houses of Maru (the god of produce),
The food in which is eaten
Whilst the eaters fly.
O Rongo, the furious,
The boisterous ! Oh, hearken !

Show thyself on the whirlwind
And on the gale of the east.
Set fire to and burn
The Atua-rao-roa (the defiant god),
And send him into death—to
All the worlds below.
O root of the Pare-tao (the father of man),
Who caused the power
Of Hawa-iki to grow !
I honour thee first.
Thy sacredness I own.
I honour thee
In ninefold honour.
Oh ! give thy breath,
Though little, unto me,
To give to him who
Lacerates himself in woe.
Oh ! give thy breath,
Though little, unto me,
To give to him who
Holds the power
Of sudden death.
Oh, give to me that power
Of him who can
With unseen blow—
With sudden instant death—
Smite those he hates.
My heart is sacred now
And full. It overflows.
'Tis big with fire—
The breath of gods,
That all consumes.

Maru was listening, and heard this incantation chanted.
Ta-whaki then commenced to cut the hair of his head, as
also did Maru of his head ; and as they cut they chanted,—

Fountain of the lords above,
The supreme power of Ta-whaki,
The influence of Ta-whaki,
The hair of Ta-whaki,
The forehead of Ta-whaki,
The eyebrows of Ta-whaki,
The eyelashes of Ta-whaki,
The temples of Ta-whaki,
The eyes of Ta-whaki,
The nose of Ta-whaki,
The ears of Ta-whaki,

The checks of Ta-whaki,
The jaws of Ta-whaki,
The neck of Ta-whaki,
The joining of the head •
And neck of Ta-whaki,
The shoulders of Ta-whaki,
The collar-bone of Ta-whaki,
The elbow of Ta-whaki,
The hands of Ta-whaki,
The chest of Ta-whaki,
Give these, that I by friction *(d)*
A fire may light, and these
As seeds may be—as seeds
For me to cook them
In my oven.
The oven of whom?
The oven of Rohea-hua-te-rangi (goddess of Styx)-
O signs in heaven !
Now show yourselves
At the fountain
Of the lords above.
O impotence of Ta-whaki
O chest of Ta-whaki !
O rib of Ta-whaki !
O thigh of Ta-whaki !
O seat of Ta-whaki !
O knee of Ta-whaki !
O calf of the leg of Ta-whaki !
O feet of Ta-whaki !
O heels of Ta-whaki !
O soles of the feet of Ta-whaki !
O nails of the feet
And hands of Ta-whaki !
The completion of Ta-whaki,
The finishing of Ta-whaki,
The flight of Ta-whaki !
Give these, that I by friction
A fire may light,
And these as seeds may be—
As seeds to cook them
In my oven.
The oven of whom?
The oven of Rohea-hua-te-rangi.
O signs in heaven !
Follow on—come—
Come you, and be
The younger last-born child,
That I may be
The elder and first-born—

The first to chant
The sacred songs
In all the worlds—
First dawn of young
Creation's day.
The breathing lips now utter
Sacred lore ; they breathe
The breath of gods,
And all that sacred is
Now show their sanctity.

While the chanting and cutting proceeded, the people·
assembled in battle array to witness their lords presenting
their hair with solemn ceremonies to the gods. This done,
Ta-whaki and Maru placed themselves in front of the army,
and led it forth to war. They slept on the road that night,
and at dawn of day they prepared their eel-spears. On
one they tied seven barbs, as an offering to the hosts of the
heavens; on the other they tied one barb. Both spears were
given to one of the priests, who went in and out and round
the war-hosts, and then led them to the brink of a lake,
where the warriors sat down while he entered it to spear eels
for a propitiatory sacrifice for those who might be killed or
wounded, and to obtain the aid of the gods in the battle
they were about to fight. Taking first the seven-barbed
spear, he caught an eel, and, whilst it writhed on the
prongs, he lifted it up towards heaven, offering it to the
gods above. He then took the one-barbed spear, and
struck another eel, and held it up as he had done the first.
Then he brought both spears, with their eels impaled, to the
brink of the lake. The eel on the seven-barbed spear was
left untouched by any one. Then arose a dispute : Maru
said the eel on the one-barbed spear was his, and he alone
should have it ; Tu-te-ngana-hau said the head of the eel
was his ; and Rehua said the head was his by right : but
Maru took the head, and Tu-te-ngana-hau wept in sorrow
for the act.

The war-host now stood up, and their leaders divided
them into two bodies. One division went by the road
which would lead where they could destroy the sacred
power of their enemy, who occupied the forts at Tutu-hira

(great parade), at Raro-henga (lower margin), at Ku-paru (soppy soil), and at Wawau (stupidity), and had been banished in honour of the offspring of the gods Tanga-roa and Tane.

Maru took the lead of the other division of the war-host. With him was Te-macaea (the emerging one), as junior and leader of the sub-tribe of Maru. They went by the road that led to the sea-coast. There they found the god Rongo-mai (the whale) lying on the shore, with swarms of flies collected on him. Maru mistook this god for a stranded whale, and called to the war-party, " Light a fire as an oven to cook our food." Rongo-mai heard the order of Maru, and uttered an incantation to himself while the war-party collected wood and prepared the ovens. When the ovens were heated, the war-host rolled Rongo-mai towards them. Then he arose and caught the sub-tribe of Maru, called Te-kahui-maru (Maru's flock), with Te-maeaca, and cooked them in their own ovens. Maru-atua (god Maru) fled into a chasm of the rocks, and barely escaped the fate which had overtaken his children ; but all the host which he had led was destroyed. The other division succeeded in the object of their mission, and did not fall into any disaster. Thus the insult offered to Ta-whaki was avenged.

RONGO-MAI. (ANOTHER READING—NGA-TI-MAHUTA.)

While Rongo-mai lived on this earth he assumed the appearance and habits of a man, so that his heavenly origin was not suspected by those amongst whom he lived. But one day he was overcome by drowsiness, and lay down and slept for so long that the people supposed he was dead ; so they heated an *umu* in which to cook him for food. When the oven was ready they rolled him up to it ; but the warmth from the stones of the oven awoke him, and when he saw the fate he had just escaped he arose and slew one hundred and forty of them *(d)*, and cooked their bodies in the oven which had been prepared to cook him, and ate the whole of them.

Maru (screen), although a god, was killed and his body eaten by Rongo-mai, just as were the bodies of the other people; but the spirit of Maru flew up to the heavens.

At the time Matoro (engender desire) gained the battle of Rau-toka(tonga) (leaf from the south) he worshipped Maru as his god; and the overthrow of Rau-toka remains as a proverb to this day.

Rongo-mai and Ihenga (dread) set fire to the house of Miru (grand) and burned it down. It was called Te-tatau-o-te-po (door of night).

RONGO-MAI. (NGA-TI-HAU.)

While our people were at war with the Nga-ti-awa (offspring of Awa-nui-a-rangi — great river of heaven), and at the time we had invested their *pa* at Otaki (pace to and fro when speaking) called Rangi-uru (red sky, or sky of the west), even in the full light of day, and when the sun was in mid-heaven, our priests performed their ceremonies and chanted their incantations to the god Rongo-mai, who was then known to reside at Tau-po (rest at night), that he would come and aid them in the attack, and join in the rush when the storming party should dash on the *pa*, which was then occupied by the allied tribes of Nga-ti-rua-nui (offspring of Rua-nui), Tara-naki (offspring of Tu-tara-naki), and Nga-ti-awa. Immediately this had been done Rongo-mai was seen by all our people coming flying in the air. His appearance was like a shooting-star, or comet, or flame of fire. He came on until directly above the *pa*, when he shot down right on to the *marae* (courtyard) with a noise like that of thunder, and the earth around was thrown up in heaps and scattered. We all heard the noise of his descent on to the *marae*, and were so filled with delight that in two days after this occurrence we took the *pa* by storm.

TA-WHAKI. (ANOTHER READING—NGA-RAURU.)

When Ta-whaki was in the water (pool), and before his four brothers attempted to kill him, he chanted this incantation :—

> Spring up, light of early dawn.
> Give my comb to me,
> That I may go to the water—
> The pool Rangi-tuhi.
> Hearken ye, hearken.

A voice called,—

> "O Ta-whaki! Where are you?"
> A *pukeko*-bird answered by saying,
> "O."

Another voice asked,—

> "O Ta-whaki! Where are you?"
> A *moho*-bird answered by saying,
> "O."

Another voice asked,—

> "O Ta-whaki! Where are you?"
> Ta-whaki answered by saying,—
> "It grows in the hair of your head—
> On your brow.
> There the blood glows red—
> The blood of Ta-whaki,
> And of the sun,
> And of the moon,
> And of the auspicious sky
> Now seen above."

Ta-whaki rose out of the water, and, seeing the second battlement of the fort, he climbed to heaven, and met Whaitiri on the road. Now, Whai-tiri was blind, and was sitting in silence. She addressed Ta-whaki, and requested him to cure her eyes of their blindness.

Ta-whaki complied, and chanted this incantation :—

> Look up, O eyes!
> Pierced be your eyes.
> Let your eyes
> Follow the sun
> Which is now
> Sinking in the west.

Bathed be your hollow
Eyes with the water
Of the stream.
Lift the water
To your eyes.
Eyes, eyes, look up—
Look to a distance.
First, the eyes of Whai-tiri
Look this way.
Flashing now with sight,
Look into my eyes—
To the blood-red
Eyes of Rehua.

Whai-tiri cautioned him, and said, "Be careful, in climbing to heaven, lest evil befall you—lest you be drawn into the mouth of Hine-nui-te-po." Ta-whaki answered, "What! by that old woman whose stomach is full of leeches! She will flee from the power of Ta-whaki."

He went on ascending, and saw Rehua, Wha-oko-rau (helper of many), and Maru. When he saw Maru he uttered his war-cry, which was this :—

Collect, collect the bloom
Of the *kahika* (white-pine tree).
Blow on the back of the neck ;
Make him bald.
Ta-whaki has
One long war-train.

TA-WHAKI. (ANOTHER READING—NGA-TI-HAU.)

When Ta-whaki went to the water to wash his head and comb his hair, he chanted this incantation as he stood on the edge of the pool Rangi-tuhi. These are the words of the incantation :—

Spring up, ye rays
Of light, at dawn of day.
Give my comb to me—
Give to me my dredge,
That I may go to the water—
To the water Rangi-tuhi.
Oh ! hearken ! Yes, hearken.

When he had stepped into the pool his brothers attempted to kill him. They smote him and left him as

dead.   They came some distance from the pool, and the
elder of them called and said, "O Ta-whaki! where are
you?"   The *pukeko*-bird answered "Ke."   The second
brother called and asked, "O Ta-whaki! where are you?"
The *moho*-bird answered "Hu."   The third brother
asked, "O Ta-whaki! where are you?"   Ta-whaki himself
replied,—

> It grows in the hair of your head,
> And on your brow the blood glows red—
> The blood, the blood of Ta-whaki,
> And of the sun and moon,
> And of the auspicious sky—
> Of the sky now above.

Ta-whaki now arose from the water and beheld the
distant horizon.   He travelled thither—to the part which
comes nearest to the earth, whence he was to climb to
heaven to meet Whai-tiri.   He ascended and met the old
woman at her dwelling.   She was quite blind, and asked
him to cure her eyes.   Ta-whaki chanted this incantation
over her :—

> Look up, ye pierced eyes,
> And gaze at the sun,
> Which is now going to the west.
> Closed be your tears,
> Dried up be your moisture
> By my gaze.
> Bound be your eyes,
> And encircled
> By life.
> Come life first
> To the eyes of
> Whai-tiri.
> Look ; oh, look!
> Shine in your brightness
> To my eyes—to the
> Blood-red eyes of Rehua.

When her eyes had been cured, she said, "Be cautious
how you climb to heaven, lest Hine-nui-te-po drag you
into her stomach."   He answered,—

> She may be a woman with a stomach full of leeches,
> But she will not dare the power of Ta-whaki.

Having said this he went on his journey, and overtook

Rehua, Wa-koko-rau (space of the hundred *tui*-birds), and Maru.

Then Ta-whaki said to Wa-koko-rau,—

> Collect, collect the bloom of the *kahika*.
> Blow at it, strip it, make it bald.
> Ta-whaki has one long war-party.

TA-WHAKI. (ANOTHER READING—NGA-TI-HAU.)

If Ta-whaki, when his brothers had left him as dead, had gone to the Tatau-o-te-po (the first division of the world of spirits), and to his two ancestors, Rua-kumea (the pit which drags) and Rua-toia (pulled to the pit), he would not have been able to come back to the world of light, but would have been compelled to go on even to Ameto (extinction). Rua-kumea saw and called to him from Tatau-o-te-po; but Ta-whaki did not heed. He came back, and, to the surprise of those who attempted to kill him, he was seen by the living.

At the time his spirit was in the other world Hine-i-te-muri-whaka-roto had called, but called in vain, for him; for how could he answer when he was like one dead, and his spirit had gone towards A-meto? But he was not detained there.

On his return he asked his parents to avenge his death; but they were slow in the act to fulfil this request. So he went to heaven and trod on the Toka-tami-whare, although he had been warned by his mother Whai-tiri to be careful and not on any account to be in any way offensive to them, as they were his ancestors. He did not pay any attention to the words of his mother; and when she heard that her son had trodden on his ancestors she wept in sorrow for the evil that might befal him.

But Ta-whaki had a motive for this his act. He had been the subject of his brothers' jealousy and cruelty, and therefore he trod on the Toka-tami-whare living in the heavens, to prove to those on earth that not only could he gain the highest heaven, but could with impunity tread on some of their sacred powers.

8

His mother wept many tears in heaven, and as these fell on the earth they flooded it and overwhelmed all men.

Some of our old *tohunga* (learned priests) say Hema was the *father* of Ta-whaki, whom Punga and Karihi attempted to drown in the pool, because of the jealousy which was occasioned by the great preference shown to him by the females. Punga and Karihi thought that Ta-whaki had gained the love of Hine-i-te-muri-whaka-roto, and it was on this account they attempted to drown him.

Ta-whaki was so strong that he could carry big trees, and perform even greater feats than this.

CHAPTER VIII.

Climb, ascend, O Ta-whaki!
To the first heaven.
Soar to the second heaven,
Where sacred powers reside,
And sacrifices are made,
And offerings aro given.
  Go to thy many hosts,
Great Ta-whaki of Hema,
Where, in the temple
Whare-to-reka, the chants
Re-echo, and delight.

Ancient incantation, chanted to Ta-whaki.

TA-WHAKI ASCENDS TO HEAVEN.

TA-WHAKI AND HAPAI. (NGA-I-TAHU.)

TA-WHAKI was a man of this earth.   Hapai (lift up)
observed his noble appearance, and came down at night
and found him asleep.   She gently lifted his covering, and
lay down beside him, and they slept together.   He thought
she was a woman of this world, but ere the dawn of day
she had disappeared and had gone up to heaven.   She
continued to treat him thus up to the time she was certain
to become a. mother.   She gave birth to Pihanga (window),
after which she stayed in this world, and was seen by Ta-
whaki in the light of day.   He then knew that the woman
who had slept with him was from the heavens.   She said to
him, " When we have a child, if it is a boy I will wash
him, and if a girl you must wash her."   A daughter was
born.   He washed the child, but became annoyed with the
odour of it.   Hapai, seeing his disgust, wept, and went
and stood on the carved figure at the gable end of his
house *(d)*.   He attempted to catch her, but could not.
She ascended with her infant daughter in her arms

till lost to sight *(d)*.   He waited for her return till moons
had come and gone.   He then called to his two vassals
and said, "Let us go on a journey in search of my
daughter."   When they had gone some distance on the
road he said to them, "When we arrive at the *pa* of
Tonga(Toko)-meha (restrain the feelings of loneliness), do
not look at the place, for fear you be killed."   But one of
them did look, and had his eyes gouged out by Tonga-
meha.   Ta-whaki and his other slave went on till they
arrived at the settlement of the old woman called Mata-
kere-po (eyes quite blind), whom they found counting her
taro-bulbs.   Being blind, the *taro*-bulbs were lying in a
heap before her.   She began to count them, and, having
done so from one to nine, Ta-whaki took the tenth away.
Again she counted, and Ta-whaki took the ninth away.
Again she counted, and found she had only eight bulbs.
She now began to sniff around, and to blow out her
stomach that she might swallow him.   She sniffed towards
the south, to the east, and to all the winds, and on sniffing
to the west she smelt something, and called and said,
"Are you come with the wind that blows on my skin?"
Ta-whaki uttered a grunt.   She said, "Oh! it is my
grandson Ta-whaki;" and her stomach began to collapse.   If
it had not been that he had come from the west she would
have swallowed him.   She asked him, "Where are you
going to?"   "I am," said he, "going in search of my
daughter."   "Where is she?" she asked.   "She is in the
heavens," he answered.   "Why did she go to the heavens?"
she said.   "Her mother, the daughter of Whati-tiri-ma-
takataka (crashing rumbling thunder), was from the
heavens."   She said, "Here is your road; but stay
here till morning, and you can ascend."   He now
called to his vassal to cook some food, of which Ta-whaki
took some, and spat upon it, and rubbed it on
the eyes of the old blind woman, and cured her of her
blindness.   He slept there, and on the morrow he again
ordered his vassal to cook food to make him strong to
travel.   Having eaten, he took the vassal and presented

him to the old woman in payment for her kindness. She
said, " Here is the road. Hold tight with your hands,
and when you have climbed far up, do not look down, lest
you be giddy and fall. If you fall down you will be good
for me to eat." He climbed, and the old woman chanted
this incantation :—

> Climb, Ta-whaki, to the first and second heaven,
> And explore the vast deep of space.
> Tuck up the mat round the waist.
> This is the road of Ta-whaki, son of Hema.
> Ta-whaki, climb to the first and second heaven.
> It is the road of Ta-whaki,
> The road of Hema.

He got up, and made himself as uninviting in appearance
as he could, and went on, and was seen by his brothers-in-
law and their men, who were adzing a canoe, who called and
said, " There is an old man for us." He went on and sat
down near them. When it was evening they called to him
and said, " O old man ! carry these axes." He took them,
and they again said, " Take them to the settlement." He
answered, " You go on to the settlement, and I will follow.
I cannot travel as fast as you can." They went on, and
Ta-whaki adorned himself, and took an axe and dubbed the
canoe. He began at the bows, and worked up to the stern
on one side ; then he worked from the stern up to the bows
on the other side, and finished both sides. He now took
the axes and went to the settlement. There he saw Hapai
sitting with his daughter. He essayed to go and sit down
beside them. All the people called aloud to warn him
away, and said " Do not go where Hapai is sitting : it is
sacred, and you will become sacred." He went on without
heeding the cautions of the people, and sat down with
Hapai, where he remained till dawn of day. On the
morrow his brothers-in-law said, " O old man ! lift the axes
again, and take them to the canoe which is being made."
He took them, and they all started. Having got where
the canoe was, his brother-in-law said, " The canoe has a
different appearance now from what it had ;" but they
worked till the day was evening. Again Ta-whaki was asked

to carry the axes. The people all left and proceeded to the settlement. Ta-whaki again adorned himself, worked at the canoe, and returned to the settlement, and sat down near Hapai, and caught the daughter of Hapai in his arms. Many of the people, seeing this, fled to another place, as the settlement of Hapai had become *tapu* by the act of Tawhaki (*d*); but those who remained uttered a loud shout of surprise at the noble look of the stranger—in other days he had appeared so mean and shabby. He now took his wife Hapai, and said to her, " I am come that our child may be baptized." She assented. On the following day the side of the house was opened (*d*), that the child might be taken out. While she was being carried out the incantation was chanted :—

> The daughter is going—
> Going by the great road—
> By the long road of Tini-rau.
> Go out, and come in
> The daughter who is
> Rejoiced over with the
> Pealing voice of the people.
> Go to Motu-tapu (sacred island),
> And flash there lightning.

Lightning then flashed from the arm-pits of Ta-whaki, when the daughter was taken to the water and baptized. The words of that ceremony were these :—

> Clear the great courtyards,
> Clear the long courtyards—
> The courtyards of the daughter.
> Baptize Puanga in his water,
> At the source of the stream of Puanga
> In this world.
> Move ; yes, moving,
> Closing quite near.
> Baptize with a wave,
> Turning away.
> Baptize with a wave,
> Dispersing.
> Baptize to Tu,
> The face of the last wave.
> To control, to explain,
> The water of Puanga.

Peak of the promontory.
It is Puanga
In the world.
Move; yes, moving,
Closing quite near.

WAI-TIRI AND KAI-TANGATA. (NGA-I-TAHU.)

Wai-tiri (booming water, thunder) lived in heaven. The fame of Kai-tangata (man-eater) was heard there. Now, Kai-tangata lived in this world; but his name, "Man-eater," in no way described his character, though Wai-tiri thought so. Wai-tiri came to the house of Kai-tangata, and he took her as his wife. He went out to sea to fish, and returned without having taken any, as his hooks were without barb. She asked him to let her see his fish-hooks. Having seen that they had no barbs, she said, "Are these the hooks you fish with? Why, they are barbless. Look here." And she made grimaces at him. He reproved her for her conduct, and left the house. Next time they met she said, "When you go again to fish you may perhaps catch a *hapuku*" (a cod). He went to fish, and she remained at home and made a hand-net. He caught a cod, and the noise of his blow to kill it was heard by her on shore. He pulled home again and gave the fish to her. She offered it to the gods, and repeated over it the incantation, "Hapuku." On the morrow Kai-tangata again went out to fish. Wai-tiri from the shore saw the canoe of Tupeke-ti (game of leaping) and Tupeke-ta (game of wrestling). She at once went and took her net down to the beach, and dived in the water. When she was seen under the canoe, Tupeke-ti said, "Is it a man or a bird?" Tupeke-ti stood up to get a better view, and was speared by her, his stomach cut open, and his body put into her net. Tupeke-ta ran to the middle of the canoe to spear her. She smote him with the *koripi* (knife made of shark's teeth). He fell into her net. She swam on shore, but left the net with the bodies in it behind. When she arrived at the settlement she ordered the women to haul the net on shore. They saw in it men's feet. Those slain were ancestors of Kai-tangata. When

Kai-tangata returned from the sea Wai-tiri asked him to chant the incantations and perform the usual ceremonies in presenting offering of human flesh to the gods. He answered, " I do not know how to perform that ceremony." She said, " Nay, but offer the sacrifice to the gods. I have obtained it for our child." This she said, as she expected soon to become a mother. He answered, " I do not know how to perform the ceremony." She said, " But you must perform the ceremony for our child, as my child is yours." She performed the ceremony, and then cut the bodies up, and cooked and ate them, and hung their bones up in her house. As soon as they were dry they were stolen by Kai-tangata, who hid them that he might make fishing-hooks. He made the barbs of the hooks from the bones, and took them out to sea and caught codfish. He filled his canoe with fish and returned on shore. The fish were cleaned and cooked, and when Wai-tiri had partaken of them her eyes were smitten with blindness. She sat in silence. At night she slept, and dreamt a woman in the world of spirits said to her, " No wonder that you have been smitten with blindness. The bones of your sacrifice were taken by your husband to sea ; with them he caught the *hapuku* (breath of the stomach) you have eaten ; therefore this evil has come upon you." Thus she lived until her son Hema was born. The child grew, and could be taken outside. One sunny day Kai-tangata was with his child when men came to see him. They slept in his house, and on the morrow went outside and sat down. They asked Kai-tangata, " What is the woman who lives with you like ? " He asked, " Is it the woman who lives with me you inquire about ? " " Yes," they said. " She ! " said Kai-tangata. " Her skin is like the wind, her skin is like the snow." Wai-tiri overheard these remarks. Kai-tangata went into his house, and she asked him, " What were you and the men talking about ? " He said, " What could it be but ordinary talk ? " She again asked, " What were you talking about ? " He answered, " Whai-tane (she who has a husband) inquired about you, and it was you we spoke about." He was hiding the matter. She was overwhelmed with shame, and said to her son Hema, "Do not follow me now; but when you have children let them come after me to the sky of Tama-i-waho." She ascended. Kai-tangata made an attempt to catch hold of her garment, but failed. She went up to the Pu-o-te-toi (the root of all things), and there remained.

Hema took to wife Kare-nuku (ripple on earth), younger sister of Puku. She begat Pupu-mai-nono (tie in a bundle the binders for the canoe), Karihi (the sinker of a net), and Ta-whaki. Kare-nuku remained with her children for some time. Hema went to the settlement of Paikea, Kewa, (extinguish), and Ihu-puku (the silent), and was killed.

Ta-whaki and Karihi sought for their father, and swam out far into the ocean, but, swallowing much sea-water, they returned on shore. Pupu-mai-mono, their sister, asked, "Where have you been?" "We," they said, "went out to swim across the sea, but had to come back." She said, "If you had asked of me, I would have given you that which you required." She repeated this chant:—

> Pluck the feather from Raro-hara(whara) ‾sail
> of the war-canoe],
> Where they speak of splashing
> In the expansive throbbing sea
> Before us—
> The expanse of beautiful ocean
> Before us.
> Charm repeated once, twice,
> And even to the tenth time.

Having repeated this charm, they started and arrived at the home of Wai-tiri, who was jabbering to herself. She killed all who went near to her, and ate them. She was counting her food, "One, two, three," to nine. Ta-whaki knocked the tenth away, and Karihi caught it. She could not divine where the tenth had gone. She said, "Who is meddling with my food?" and began to count again; when she found the ninth had gone. She again asked, "Who is meddling with my food?" and counted again, and found the eighth was gone. She said, "There must

be some one meddling with my food." The seventh was
lost. Again she said, "Some one must be meddling with
my food." Thus she repeated till all her food had been taken
away from before her. She was blind—her hands alone
could feel the food had gone. Karihi smote her eye, and
sight was restored to it. She said,—

> Blinded has been my eye by Karihi.

Ta-whaki smote her eye, and she said,—

> Blinded has been my eye by Ta-whaki.

She now saw clearly, and said, "Oh, it is my two grand-
sons who have been meddling with my food." They stayed
at her place. She again began to chatter to herself. They
thought they would be killed by the old woman, as she
continued to chatter and keep them awake. At dawn
of day they went down to the sea-side, where they saw
shells sticking to the rocks. They took some of these and
placed them on their eyes. Each looked at the other, and
said, "They will suit. You look as if your eyes were open,
though you may be asleep." They returned to the house,
where they saw the bones of men who had been eaten by
Wai-tiri strewed all around. They asked her, "Who pro-
cures food for you?" She said, "My grandchildren."
"Which way do they bring it?" She said, "That is it."
"Which," they asked, "is the road?" She said, "That
is it you see." They went along it. They found it led to
the place of filth, to the place where firewood was obtained,
to the place where water was got, and to the hill-top
where the temple was, where incantations were chanted and
ceremonies were performed. They returned, and told
Wai-tiri they could not find the road by which food was
brought to her. Again and again they went, but failed to
find it. They slept at her settlement that night, and she
wished to kill them, but as she saw the shells on their eyes
she thought they were awake, and did not kill them. On
the morrow they again asked, "Where is the road?"
She said, "Look at me. I am the road." They asked,
"Have you the road?" She said, "Yes. Now go, and

if you meet females on the road, they are the wives of
Taka-roa, called Pakihi-ka-nui (great plain), Korero-ure
(speak of procreation), and Korero-tara (speak of begetting)."
She then asked Ta-whaki and his brother for some food.
She again said, " After those females pass you, and you
meet with others, if they are silent those are your rela-
tions, and are Pupu-mai-nono, and Hapai-nui-a-maunga
(great lifter of the mountain), and Hine-nui-a-te-kawa
(great daughter of baptism). Again the two brothers
asked, " Where is the road ? " She answered, " It is with
me." They took hold of her neck, and found a rope there.
She shook it, and they saw that one end was attached to
the sky. She said, " When you go up draw your feet
up to your body." Ta-whaki said, " You, Karihi, go up
first." Karihi swung (moa) himself off the earth. She
said, " There is one thing by which you may be beaten—
that is, the winds of the Uru-rangi (head of heaven), and
the winds which beat downwards." Karihi climbed up,
and did not repeat any incantations. Ta-whaki was pos-
sessed of the knowledge of the incantations, and thus began
to chant :—

> Climb in surprise, climb in surprise, climb and ascend.
> Eat together above. It is the heaven to climb to.
> Do not stumble above. The heaven is above.
> Climb to heaven, ascend to heaven.
> Pant a little. Climb, Ta-whaki, to the first heaven ;
> Ta-whaki climbed to the second heaven,
> To the third, fourth, fifth, sixth, seventh, eighth, ninth,
> And tenth, and came out at the heaven of deceiving breath,
> Deceiving breath. Then came out at the assembling,
> And at the fire with Rehua.

They climbed up and away aloft; but Karihi was beaten
back by the winds of Uru-rangi. Ta-whaki climbed on,
and, seeing Karihi falling, he attempted to hold him; but
Karihi fell down to the place of Wai-tiri, and was killed
by her. Ta-whaki climbed, and was beaten down by the
winds of Uru-rangi, and was swept near to the ocean. He
climbed again, and got up, and met Tuna (eel), to whom he
said, "Salutations. You are come. Where are you going?"

Tuna replied, " It is hard and dry up above." Tuna came
down. He had overshadowing his forehead the ancient
head-dresses called Te Kawa (the baptism) and Marae-nui
(great courtyard). He and Ta-whaki saluted each other.

This is the genealogy of Tuna : Uira (lightning) begat
Tuna. Uira was descended from Te Kanapu (brightness),
Te Kohara (opened), and Rau-toro (expanding leaf).

Tuna had been living in bogs. These were becom-
ing dry; and, as they did not suit him, he went
down to the Muri-wai-o-ata (sea-coast of the light—
clear sea-coast) ; and Ta-whaki went upwards, and heard
the offspring of Taka-roa talking. By-and-by he met
them and let them pass on. He met Hapai-nui-a-maunga,
whom he caught and took as his wife, and begat Ware-
(whare)- tua-te-ao (house of baptism of the world). He
then followed and caught Hine-nui-a-te-kawa (daughter
of the great baptism), who became his wife and went with
him to the settlement; and as they passed in together, the
bones of his father rattled in recognition of his presence.
Ta-whaki chanted his incantation, which was a long one,
and went and resided at the place of Paikea, and others.
Hine-nui-a-te-kawa was the wife of Paikea ; but she
fell in love with the noble man Ta-whaki, and so left her
husband. When evening came, Ta-whaki nudged Paikea
near to the fire, and Paikea nudged him, till Ta-whaki called
out, " I shall be burnt." Hine-nui-a-te-kawa asked Ta-
whaki to put Paikea out of the house. The day following
she was recognized as the wife of Ta-whaki, and she soon
expected to have a child.

Ta-whaki commanded the people to go and procure fire-
wood. They all went. Ta-whaki also went, and brought a
very long piece of wood on his shoulder; and when all the
others had put their loads down he threw his block
down. The noise startled Paikea and others, who came
to the doors of their dwellings to see what had taken place.
Ta-whaki said to himself, " Ah ! now I know how to startle
them." That night Ta-whaki said to Hine-nui-a-te-kawa,
" When your child is born call it Wahie-roa (long firewood),

in remembrance of my load." On the following day Ta-whaki
went to seek for the heaven of Tama-i-waho, which was
higher up. Ta-whaki saw Tama-i-waho going upwards and
closing the path behind him as he went. Ta-whaki broke it
open and followed after him. Tama-i-waho asked, " Why
do you follow me?" Ta-whaki said, " Give me—teach me
some incantations." He answered, " No, no." Ta-whaki
again demanded to be taught some incantations as payment
for the death of his father. Tama-i-waho said, " Why follow
me, you evil man?" Ta-whaki answered, " I am a good-
looking fellow. You are a bad man." Tama-i-waho became
more civil and Ta-whaki again said, "You are a bad man," and
put his hand out and took hold of the hand of Tama-i-waho.
Tama-i-waho said, " You are a good-looking man." Ta-
whaki said, " Give me some incantations." Tama-i-waho
taught some incantations to him, and said, " That is all,
that is all; but I have kept some back." Ta-whaki said,
" Teach me them also." Tama-i-waho then taught him
those incantations which are named Te-whatu (the kernel),
Te-atcatca-nuku (the clear earth), Te-atcatca-rangi (the
clear sky), Hurihanga-te-po (the turning of night), Te-mata
(the face), Te-korue(ngorue)-hi-nuku (twinkling light on the
wide expanse), Te-mata-a-ta-whaki (the face of Ta-whaki).
By the chanting of these the offspring of Puku (stomach
or knob) were driven into the sea : these were Ihu-puku
(knob on the nose) and Papa-i-kore (flat that was not).

WHAI-TIRI AND TA-WHAKI. (ANOTHER READING—
NGA-TI-HAU.)

Whai-tiri came down to Kai-tangata, and took him as
her husband; by whom she had Punga, Karihi, Hema, and
Pua-rae-mata (bloom of the raw face). These, and these
only, were her offspring, as she had not any more. Dis-
gust was felt on account of the filth of these children.

Kai-tangata paddled out to sea in his canoe, and took
with him the sweet scent of the *tawiri*-tree *(Pittosporum
tenuifolium)*.

Hema took a husband, and had a child, who was named Ta-whaki. Ta-whaki took to wife Tonga-rau-tawhiri (leaf of the south Ta-whiri); which provoked the offspring of Punga-rau (many anchors) and Karihi to cause evil in the ocean to follow the offspring of Tonga-rau-tawhiri. Tonga-rau-tawhiri then took as her husband U-te-ki (the word made steadfast), by whom, out on the sea, she had Te-hapuku, who took Nga-karu-ki-roto (the eyes inside), by whom he had Tamure (snapper) and Nga-toki-ki-roto (the axes inside). Coming again to land, Tonga-rau-tawhiri and U-te-ki had Pingao *(Desmoschœnus spiralis)* and all trees; and these were junior offspring.

MAI-WAHO, OR TAMA-I-WAHO. (ANOTHER READING— NGA-RAURU.)

Te-mai-waho (coming from far) was a most eminent man, and of great healing power and influence. To him all offerings were made, ceremonies performed, and incantations chanted for the afflicted and leprous. It was he who taught Ta-whaki the various powerful incantations and songs.

TA-WHAKI AND WHATI-TIRI. (NGA-I-TAHU.)

When the news came down, Awa-nui-a-rangi (great river of heaven) went up. Whati-tiri (thunder) was absent, killing men as a burnt offering for her house, Raparapa-te-uira (flashing lightning).

Awa-nui-a-rangi asked the guardian of the house, "Where is Whati-tiri?" "She is," said the guardian, "killing men as a burnt offering for her house." When asked by Awa-nui-a-rangi, "When will she return?" "In the evening," said the guardian; "but you cannot be unaware of her return—her thighs will make a noise." They had not waited long when they heard the booming of (Whati-tiri) Makere-whatu (falling hail), whose noise and din filled their ears. Awa-nui-a-rangi asked the guardian, "Where shall I sit, that I may not be killed by the weapon

of Whati-tiri?" "In the corner of the window," said the
guardian. He went there, and Whati-tiri arrived and killed
one of her captives. The other one, called Te-ahi-ahi-o-
tahu (the evening of the wife), was allowed to live, because
Awa-nui-a-rangi or Kai-tangata (man-eater) called out,
"Leave that as a final ending to your interview with Kai-
tangata." These words were taken to mean that human
flesh was the food of Awa-nui-a-rangi. And it was be-
cause of his name, Kai-tangata (man-eater), that Whati-
tiri came down to see him. She took him as her husband
under his name of Kai-tangata, and under his name Awa-
nui-a-rangi he took Te-ahi-ahi-o-tahu as his second wife.

Now, Whati-tiri was grieved that she had no human flesh to
eat; and when she had given birth to a child (called Hema)
she caused the food for man to be scarce; and some time
afterward she said to her fellow-wife, "You stay here with
our husband and our child. I will return to my home. I
was under the impression when I came down that Kai-tangata
was a man-eater; now I know it is only his name." "Yes,"
said the second wife, "Kai-tangata is a name only; he does
not kill man to eat." Whati-tiri said, "O woman! I have
caused the dearth of food. Now, you must learn the incan-
tation by which food shall be brought back to this world,
and man be able to obtain it. My name is Whati-tiri-
whaka-papa-roa-kai" (the thunder staying the growth of
vegetable and animal life). The second wife, having heard
this, knew the cause of the late famine. Whati-tiri said
again, "When our husband returns, take some sea-weed.
Let one piece be dried, and repeat an incantation over it;
then throw it on to our house, where it must remain. Let
another piece be taken and scorched with fire; repeat an
incantation and breathe on it; then throw it away on your
right side; and this will cause food again to become abun-
dant in this world." Whati-tiri then taught her the cere-
monies and incantations necessary for her guidance, and a
cloud came down from heaven and took Whati-tiri away.
She called out from the midst of the cloud, and said,
"Remain with our child, and when a child is born to him,

name it Ta-whaki, and call the next child Karihi. The two may climb and be able to gain the heaven." The cloud floated upward and took Whati-tiri away.

When Awa-nui-a-rangi returned from the sea, the second wife said, "O man! the woman who lived with us was a goddess, and a cloud came for her. She taught me the ceremonies and incantations by which we can procure food for ourselves and her child." Whati-tiri then let the food down from heaven, which was collected and stored on the food-stages. After this, Kai-tangata went out on the ocean again to fish, and for the first time he obtained a quantity.

Hema, the son of Whati-tiri, had now grown to manhood. He took to wife Ara-wheta(whita)-i-te-rangi (small road in heaven), who begat Ta-whaki (wander), and Karihi (sinker of a net). When these became men they proceeded to carry into effect the last words of Whati-tiri. The younger brother could not succeed, because he presumed to take the senior position and to ascend first. Karihi was killed and Ta-whaki buried him, but took his eyes and carried them with him. Ascending, he found Whati-tiri counting bulbs of *taro (Colocasia antiquorum)*. She had counted ten. She again began to count. Having counted nine, he pushed the tenth away. She began again. Having got to the eighth, he pushed the ninth away. This he repeated until she had only six left. She said, "Perhaps I am being deceived by those of whom I spoke when I left my husband." He took the eye of his younger brother and threw it at her, repeating these words:—

> Spark of heaven
> Come to your eye
> By Karihi.

She replied by saying,—

> Spark of heaven
> Come to your eye
> By Ta-whaki.

She saw and wept over him. He began to cleanse the settlement, and when it was finished he asked her, "Who are those leaping up and down in the water?" She

answered, "They are your relatives, called Maikuku-ma-
kaka and Hapai-a-maui." He asked, "Where shall I
sit?" She answered, "Below the window; but when your
relatives arrive do not attempt to catch them at once lest
they scratch you." When they came they asked, "O
aged! who has cleansed our settlement?" She answered,
"Come in in silence." They sat down to warm themselves
before the fire, and when their finger-nails had been drawn
in, Ta-whaki caught hold of Hapai-a-maui; but Maikuku-
makaka took her away and said, "He is to be my husband,"
and she became his wife. Whati-tiri cautioned him, and
said, "Do not take your wife outside. If evil come, then
you may take her outside." But Ta-whaki did not heed her
injunctions, and took his wife outside, and there they acted
as seemed to them good. When they slept a cloud was sent
down from heaven by Tama-i-waho, which took Maikuku-
makaka away. Ta-whaki attempted to catch hold of her,
but before he could put his hand out to do so she had gone
beyond his reach and bade him farewell. Ta-whaki called
to Whati-tiri, "O aged! my wife!" She answered, "I told
you to let your wife stay in the house and do her work
there: now you cannot recover her."

Ta-whaki got on his kite, which he had made of the *aute*
(*Broussonetia papyrifera*). When letting out the string to
allow it to ascend into the sky he repeated this incanta-
tion to give it the power to rise :—

> Climb, climb, Ta-whaki ;
> Ascend, ascend, Ta-whaki,
> To the sacred bank
> Where Aitu (god) dwells.
> My kite, fly thither,
> That the medium of Rangi
> May fly to the west.
> Pealing thunder,
> Propitiate the moon.
> Peal, thou noise, on the heap.
> The misty rain is exhausted.
> Drink up the fountain
> On the great line of ancestors—
> On the long line of progenitors.
> Sea-weed of Tanga-roa.

9

Great bird of Tane—
The bird that goes round the heaven—
Wrinkled-up heaven.
Rangi put on the mourning garments
Of the rites to the goddesses ;
Rangi put on the mourning garments
Of the rites of offerings presented.

Ta-whaki by clinging to the line had ascended so far that he arrived at the heaven of Tama-i-waho. Tama-i-waho ordered a messenger to go and bring Te-haku-wai (find fault with the water) to detain his grandson. As Haku-wai *(d)* came out of his house he called out—

Find fault with the water—
Find fault with the water.
Hu! [the sound made by the wings of a bird flying].

This caused one wing of Ta-whaki (or the kite) to break. The bird (kite) felt weakened, and Ta-whaki repeated incantations to restore power to the bird to soar upwards. The bird again ascended, and Haku-wai called out again,—

Find fault with the water—
Find fault with the water.
Hu!

Now Ta-whaki (and his kite) were completely overcome, and they fell down prone to the place where Ta-whaki and Whati-tiri lived. She repeated her charms and performed her ceremonies over him, and he came to life again.

Whati-tiri then went and brought Maikuku-makaka, who came in to Ta-whaki, and they begat Wahie-roa; they then returned to this world, bringing with them Tama-i-waho, who has remained on earth ever since as a god of war.

SONG OF THE MYTHOLOGY OF TANE.   (NGA-RAURU.)

Tane took Hine-ti-tama to wife.
Then night and day first began ;
Then was asked, "Who is the father by whom I am?"
The post of the house was asked, but its mouth did not speak ;
The side of the house was asked, but its mouth did not speak *(d)*.
Smitten with shame, she departs, and is hidden
In the house called Pou-tu-te-raki.

Whither goest thou, O Tane?
I am following our sister.
You, O Tane! return to the world to foster our offspring;
Let me go to darkness to drag our offspring down.
You take the mats of Wehi-nui-a-mamao
Called "Fish by the Land," "Fish by the Sea," "Cliff of the
    Earth," "Cliff of the Sky."
You have also obtained the stars,
"In a Heap," "Double Rim," "Stand Erect," "Weapon of War,"
"Eye of the King," "The Collection of Rehua,"
To be rulers of the year;
And also the stars "Defiance to the Ashes,"
And "Cut into Pieces," "Defy the Absconding,"
"Defy the Diminutive," "Defy the Quiet World,"
"The Warmth," "The Heat," "The Very Hot,"
Which were put to beautify Rangi,
That he might be comely;
Also the stars, "The Delight of the Dark One,"
And "The Delight of the Light One," with
"The Branch Crossing," and "The Fish of the Sky."
Yes, my child.

The hosts of heaven called to Tane, and said, "O Tane! fashion the outer part of the earth: it is bubbling up." Tane repeated his incantation, and went and formed the head, then the hands, arms, legs, and feet, and the body of a woman. There was no life in the form, and she adhered to the earth. Her name was Hine-hau-one (daughter of earth-aroma). Tane used his procreating power, and a child was born, which he called Hine-i-tauira (the model daughter). She was reared by the people to become a wife for Tane, and to him she was given. When Tane had been absent for some time she asked the people "Where is my father?" They replied, "That is your father with whom you live." She was overwhelmed with shame, and left the settlement. She killed herself. She went down to the world of spirits by the road called Tupu-ranga-o-te-po (the expansion of darkness). Her name was altered and she was then called Hine-ti-tama (daughter of defiance). She was allowed to enter the world of darkness, where she remained, and her name was again changed, and she was there called Hine-nui-te-po (great daughter of darkness). Tane followed his wife, and on his arrival at

the door of the world of darkness he found it had been
shut by her. He was in the outer portion of the world of
spirits when he heard the song of his wife, which she sang
to him thus :—

> Are you Tane, my father,
> The collector at Hawa-iki, the priest of the sacred ceremony of the
>   *kumara* crop ?
> My sin to Raki made you leave me
> In the house Rangi-pohutu (Heaven uplifted).
> I will disappear, and weep at
> The door of the house Pou-tere-raki (heaven floated away).
> O me !"

When she had ended her song she said to Tane, " Go
you to the world and foster our offspring. Let me stay
in the world of darkness to drag our offspring down."

She was lost in darkness, but Tane lived in the light—
that is, the world where death was not like the death in the
world of darkness.

Tupu-ranga-te-po (growth of darkness) led Tane to see
his wife, and opened the door of the world of darkness to
allow Tane to follow her; but when he had seen the black-
ness he was afraid, and was not brave enough to follow
her, and drew back.

CHAPTER IX.

The darting lightning gleams above,
And Rehua commands where all that sacred is;
But we now sleep where winter rules.
    O'er O-tú comes the passing cloud,
    And you and I are here below.
        The bloom now on thy skin
        Glows red, as sacred priests' fern-root.
    Bedecked with sea-birds' down,
    Thou dost ascend the peak
Of Tonga-riro's snowy steep.
Return from thence : the chill
    Will pierce thy frame.
    The sea-god Ra-kei's foaming surf
Will bar thy onward path.

*Ancient lament of Rangi-amohia for her husband
Rehu-rehu.*

CREATION OF WOMAN.

Another Reading of Tane. (Nga-i-tahu.)

Rangi took to wife Papa-tu-a-nuku, and begat children, of whom Tane was one. When Tane became a man he wished to have offspring, and from this desire came the Wai-matatini (water of many faces). This was an open pool. Again he had a desire, from which sprang the Wai-hapua (deep pool). These he improved and beautified. Then he went to Maunga-nui (great mountain), and, still under the influence of desire for offspring, he produced Pipi (oozing out), Toto (blood), Ma-puna (spring or fountain), and Awhi-uta (embrace the inland) ; but these did not satisfy him. He then attempted to produce offspring from the trees, but failed, and returned to his mother Earth, and wished to produce progeny by her. She said, " How can it be ? I produced you." He then went out to see Mau-ta-rere (floating island) and Puna-weko (site of an

old water-spring), where he found the *huruhuru (capilla)*,
the *kiko (vulvæ)*, the *ana-hara (labia majora)*, the *puapua
(mons veneris)*, the *kiri-tore (labia minora)*, and brought
them back with him to procure offspring. From the *huru-
huru* he could not produce any offspring, nor could he from
any of them. Again he went to his mother Earth, and
asked her to assist him to procure offspring. She ordered
him to return whence he came, and then asked, " How
have you acted ? ". He said, " I tried to produce offspring."
She replied, " Go back and prepare a form like your own
in the soil, and place each of your members upon it—each
in its own place." He obeyed her injunction, and made a
form of earth, and when he had applied himself as directed,
life was infused into it, and it became a woman, whom he
called Hine-ha-one (daughter of the breath of soil). He
took her to' wife, and returned to his mother Earth to tell
her of the success he had met with. She said, " Yes ; you
were produced by me." He begat' by Hine-ha-one a
daughter called Hine-ata-uira (daughter of the gentle
lightning) or Hine-ti-tama (daughter of the first off-
spring). Her also he took to wife ; by whom he had Kuku-
mea (dragging), Tau-whaka-iro (year of maggots), Te-hau-
otioti (the finished wind), and Kumea-te-po (pulling the
night).

Now, Tane went in search of his elder brother Rehua,
and, having arrived at a settlement, he asked, " Are there
any men above here ? " He was answered by the people of
the place, " There are men above here." He asked, " Can
I get in ? " They answered, not knowing whom they were
addressing, " No, you cannot, as this is the heaven which
was divided into compartments by Tane." He ascended,
and pushed aside all impediments, and got into that heaven.
Again he asked, " Are there any men above here ? " and
was answered, " Yes, there are men." He asked, " Can I
get in ? " and received for answer, " No, you cannot come
here, as this is the heaven which was stitched together by
Tane." But he ascended, and pushed aside all impedi-
ments ; and thus he went on until he had arrived at the

tenth heaven, which proved to be the heaven of Rehua. Rehua came and wept over him; but he wept in ignorance as to who Tane was. Tane wept, and chanted this incantation :—

Chip the weeds off; sweep them away from the dry and bald earth.
Repeat the incantations and make the sky thin.
Drag the floor-mat of the heaven outside.
What is your name? The heaven folded up.   •
Oh! that the heavens would drop dew,
That Tane above could be held!
He propped up the heavens, and they stand firm.

When they had ceased to weep over each other, Rehua ordered a fire to be lighted, and a number of empty vessels to be brought and placed before him. Tane wondered at this, and could not divine where anything to fill them could come from. Rehua ordered the vessels to be handed to him, and when this was done Tane saw him unfold the tied-up locks of the hair of his head, and shake them over the empty vessels; and into them dropped the *koko* (*tui*-birds) which had been eating the lice off Rehua's head. The vessels were soon filled and taken to the fire and the birds in them cooked, and brought and placed before Tane, who was invited to partake. Tane answered, " I will not eat of them, because I have seen them taken out of the untied locks of the hair of your head ; and who shall eat that which has bitten your head ? ". So the vessels stood before him untouched. Tane asked Rehua, " Can I take these vessels of birds ? " Rehua answered, " Yes ; and when trees have fruit the birds will fly there and eat the fruit." Tane asked, " And what shall I do then ? " Rehua answered, " When the wind blows the throats of the birds will be dry, and they will seek for water : you can then put snares over the water and catch them." (*d*)

Tane now went to Tama-tea-kai-whaka-pua (the fair-faced son who folds up), the home of Nuku-roa (long earth), where he found two females, called Tapu-ao (sacred cloud) and Hine-ki-taha-rangi (daughter of the side of heaven), whose husbands had gone to procure rats for food. One of these women slept with Tane; the other objected: but they cooked food for him. He would not eat because it was rats. He asked, "Is this the food of your husbands?" "Yes," they said. Then said Tane, "Keep it for your lords." Tane then said, "Go to your husbands." When they found them they informed their lords that they had been with another husband. "I slept with him," said one of the women; "but my companion was shy, and did not go near to him." The husband of the shy one said, "Why did you not live with him?" The two husbands said to their wives, "Return, and live with the stranger as your husband, and to-morrow we will come to you." On the following day the husbands went to where Tane was and made a present of cooked food to him; but he had no desire for it, because it was cooked rats, which had perhaps eaten of human excrement; and, being a person of supreme rank, he was afraid to eat of them: so he said to his hosts, "This food must be given to your supreme lord" (Rehua).

ANOTHER READING OF TANE. (KAHU-NGUNU.)

Tane returned to the home of his mother Earth, and asked her, "Where is my wife?" She answered, "There is no wife here for you. She has gone. She said you were to stay above here and foster your offspring, and she would go below to drag your offspring to the Po (darkness) called Tahu-kumea (the dragged one), Tahu-whaka-iro (the maggoty one), Tahu-oti-atu (the one gone for ever), Tahu-kumea-te-po (the one who lengthens out darkness), and Tahu-kumea-te-ao (the one who stretches out the light)." Tane followed after his wife to make her his own again. He came to a house called Pou-tu-te-rangi (the steep of heaven), and asked a question of the figure which was put upon the end of the ridge-pole, over the porch; but it did not answer. He then asked a question of the end of the front gable; neither did it answer. He was now overcome with shame. He then went round to the side wall of the house. Those in the house asked, "Where, O Tane! are you going?" He answered, "I am following

after your sister." They answered him, "Go back, O
Tane! to the world, and nourish your offspring, and let her
remain with us in the Po (darkness) to drag your offspring
down here." Darkness and light had their origin at this
time—that is, life and death were now for the first time
spoken of and known.

Tane still went on in search of his wife, and arrived at
the house of Tu-kai-nana-pia (Tu the guardian of the blind
eel), and took the covering off the outer walls of the house
of Wehi-nui-o-momoa (great dread of the offspring). These
were the coverings of that house—namely, the stars Hi-ra-
uta (rays inland), Porera-nuku (garment of heaven),
Te-kahui-whatu (galaxy of stars), Po-aka (vine of heaven),
Taku-rua (winter), Whaka-repu-karehu (use the spade),
Rua-ki-motu-motu (house of the firebrands), Tahu-weru-
weru (one of clothing), Whero (Wero) (red or pierced),
Whero(Wero)-i-te-ninihi (pierce the coward), Whero-
(Wero)-i-te-kokoto (pierce the tender ones), Whero(Wero)-
i-te-ao-maori (pierce the earth). This last-named galaxy
of stars is of summer.

Tane returned to the home of Rangi, and found him
laid out at full length. He had been wounded by Taka-
(Tanga)-roa. Rangi had taken Papa, the wife of Taka-roa.
This caused them to quarrel and fight. Each had a barbed
spear. Rangi attempted to pierce Taka-roa, but Taka-roa
warded off the thrust, and pierced Rangi through both
thighs. Now, Taka-roa was uncle to Rangi.

Rangi, however, kept Papa, and begat Tane-kupapa-eo
(Tane the one who crouches), Tane-mimi-whare (Tane who
wets in the house), Tane-naka-tou (Tane the sitting one),
Tane-wharoro (Tane stretched out), Tane-hupeke (Tane
with his legs drawn up), Tane-tuturi (Tane the kneeling
one), Tane-te-wai-ora (Tane of the living water), Tane-te-
mata-tu (Tane of the erect face), Tane-tutaka-takoto-tou
(Tane the uneasy one ever lying down). Then was born
Tane-nui-a-rangi (Tane the great one of Rangi); then Paia,
who was a female. These two last-named were the only
children of this family who could stand erect.

This is the lament of Papa for Rangi :—

> Tane, my husband, now laid prostrate—
> Sing the dirge, sing the dirge ; we must part.
> Sing the dirge, sing the dirge ; we must part.
> Here we loved, and lived together—
> Sing the dirge, sing the dirge ; we must part.

Paia requested that Rangi should be taken up and carried above. Tane said it could not be done—there were not sufficient beings to accomplish such a feat. But Paia persisted in her request ; so the attempt was made, and failed. Tane called, and said, " Who are above ? " and was answered, " Dig the trench, and follow on." Again Tane called, and said, " Who is below ? " and was answered, " Dig the trench, and follow." Tane then said,—

> O Tu ! thou of the long face ! lift the mountain.
> O Tu of the long face ! lift the mountain,
> And separate it from Tane.

All the hosts above and those below joined and carried Rangi away ; and when they had returned Tane looked up at his father and saw that he had no covering. He therefore went to O-kehu, to the plain of Kura-ki-awa-rua, where he found the red clouds, and brought some, and adorned his father Rangi with them. He came down to view him, and saw that they looked dark and black ; so he went and swept them off, and took them back to O-kehu. He now got stars, and placed them on his father. He put the Magellan Clouds in their place, and Pa-nako-te-ao (harbingers of dawn), Nga-pa-tari (lesser Magellan Cloud), and Au-tahi (the star of the year) in their places ; and came down and looked at his father, and was delighted with the change in his appearance.

Then Tane remembered his mother Papa had nothing to cover her ; so he took of his trees, and put their heads up and their feet down, and set them on her, and stood aside and looked ; but he did not like the appearance. He threw the trees down, and put the heads in the earth and the feet up, and then stood aside to look, and was much pleased and satisfied.

Rangi now sent out Te-aki (thrasher) and Watia (Whatia) (breaker) to collect news. They found so many birds at Papa-te-inaho (flat overflowed) that they stayed to partake of them. Rangi then sent Uru (red) and Kakana (Ngangana) (bright) above, where they found the blossoms of trees and grasses, of which they partook, and did not return to him.

OCEAN MADE. (NGA-I-TAHU.)

Tane spread the sea out flat; so did he also with the sky; and then was the origin of water, and it became Te-au-whiwhi (the entangled current), and Te-au-wawae (the separating current), and Te-au-puha (the blurting current), and Te-au-mahora (the expanded current), and Te-au-titi (the piercing current), and Te-au-kokomo (the entering current), and Te-au-huri (the turning current), and Te-au-take (the original current), and Te-au-ka-kawha(ngawha) (the split current), and it died away. Again the current began to go forward, as Te-au-komiro (the entwined current), and Te-au-puha (the spurting current), and Ka(Nga)-pokiki(pokihikihi) (the spluttering current), and Titi-te-au (piercing current), and Tata-te-au (the dashing current), and Maro-te-au (unimpeded current), and Whaka-hotu-te-au-ki-Hawaiki (sobbing current to Hawaiki), and To (drag), and Tapa (the brim), and Nga Rimu (the moss, or seaweed), and Te-taka-pau (the sanctity departed), and Hine-i-ahua (the daughter formed), and Hine-i-te-raka(ranga)-tai (daughter of the seashore company), and Te-kare-nuku (the beloved of earth), and Te-kare-raki (the beloved of heaven), and Hotu-a-tea (sob of day-dawn), and Te-wiwini (the trembling), and Te-wana (the bud), and Te-pa (the obstruction), and Te-kare-tua-tahi (the first ripple), and Te-kare-tua-rua (second ripple), and Te-kare-tua-toru (third ripple), and Te-kare-tua-wha (fourth ripple), and Te-kare-tua-rima (fifth ripple), and Te-kare-tua-ono (sixth ripple), and Te-kare-tua-whitu (seventh ripple), and Te-kare-tua-waru (eighth ripple), and Te-kare-tua-iwa (ninth ripple), and Te-kare-tua-kahuru(ngahuru) (tenth ripple), and Te-tarawa-tua-tahi (suspended first), and Te-tarawa-tua-rua (suspended

second), and Tarawa-tua-toru (suspended third), and
Tarawa-tua-wha (suspended fourth), and Tarawa-tua-rima
(suspended fifth), and Tarawa-tua-ono (suspended sixth),
and Tarawa-tua-whitu (suspended seventh), and Tarawa-
tua-waru (suspended eighth), and Tarawa-tua-iwa (sus-
pended ninth), and Tarawa - tua - kahuru(ngahuru) (sus-
pended tenth), and Hiwi (hilltop), and Amo (carry on a
litter), and Riaki (lift up), and Hapai (carry in the hand),
and Tiketike (very lofty), and Te Rairahi (Rahirahi) (thin),
and Kapuka (Kapunga) (palm of the hand), and Te-wha-
tika (stand up), and Te-horoka(horonga) (the swiftness),
and Te-whaka-huka (becoming frothy), and Whati-tata
(breaking close to), and Puke-maho-ata (vessel floating at
dawn of day), and Te Rimu (moss or seaweed), and Mai-
ra-uta (coming overland), and Takapau (sanctity departed),
and Te-whatu-moana (eye of the ocean), and Tira (company
of people), and Moana-nui (great sea).

Tane and Ao-nui produced and collected the Pai-ao
(clouds).

Tane-nui-a-raki was of the first-begotten or senior
family of Raki and Watu(Whatu)-papa. He was younger
brother of Rehua.

Tane ordered the women of Nuku-roa and Tama-tea to
cut some flax-leaves—*harareka (harakeke)*—with which he
made nooses. The wind blew, and the birds alighted to
obtain water. Tane put the nooses over the water, and
the birds were caught. The nooses were pulled on shore,
birds and all. By the time it had become evening he had
caught many birds. Then he returned to the settlement
and commanded the women to go and fetch the birds.
They did so, and tied them in two lots. Each had as many
as she could carry. These they put up in the storehouse
(whata), and used them as food.

Tane closed up the mouths of the winds with his fingers.
Te-mai-haro (the skimming one) went to each, and pulled
out the stopper with which Tane had closed them up, that
the winds might sigh. And now, when the trees make a
noise with the wind it is their sigh of decay.

When Tane and his fellows had placed Raki in the position he now occupied, they used four props to hold him up. The outside props were called Toko-rua-tipua (the prop of the god-pit) and Toko-ka-puka (the prop of jealousy). Those inside were called Toko-maunga (the prop of the mountain) and Toko-tupua (god-prop). While they were in the act of lifting him up, Tane said, " Perhaps he is high enough ;" but Raki said, " No ; lift me up higher, that the winds may blow on me." Then Papa called to him, and said, " O Raki ! go ; but in your absence regrets will follow you." Raki called from above, and said, " O Papa ! stay there ; I will send my love down to you." Tane, to encourage his fellows to lift Raki up with spirit, called out, " Oh ! stand up father ;" and then the gods who were above came and assisted them to put Raki in his place.

Tane gave orders that the winds should not blow ; but he left two winds, which he did not shut up. Te-mai-haro objected, and said, " Why should the winds be closed up ? Pull the stoppers out and let the wind sing, that we may live."

The weapons of war of Tane are a *matika (matau)* (fish-hook), and the *matika-paua* (pearl-shell hook), and the fishing-line. These are the weapons by which he slays his enemy Tanga-roa. And the weapons of war of Tanga-roa are *he tuke (d)* (perch on which birds are snared), and bird-spears, and the *ti*-leaf, which is made into bird-snares.

The reason the moon does not shine on certain nights is because a disease consumes her. This disease is ever devouring her, and causes her to decrease in size until she is nearly all consumed. When she is excessively weak she goes and bathes in the Wai-ora-a-tane (the living water of Tane), which gradually restores her strength until she is as great in power and life as when first created ; but again the disease consumes her, and again she bathes in the water.

It is because the sky is as flat as a calm sea that the sun and moon go so correctly on their way.

ANOTHER READING. (NGA-I-TAHU.)

When the moon dies she goes to the living water of
Tane—to the great lake of A-ewa (lake of god set loose
from a bond)—to the water which can restore all, even
the moon to its path in the sky.

THE LIVING WATER OF TANE. (ANOTHER READING—NGA-TI-HAU.)

When man dies, his body does not come to life again :
it is sucked into the mouth of Hine-nui-te-po (great daughter
of night). Not so is it with the moon : the moon, when it
dies, goes to bathe in the great lake of Aiwa, or Aewa
(wander), the living water of Tane, which renews life ; and
so it comes forth, and is seen high in. the heavens, with
life restored and strength renewed, to travel again its path
over the sky.

Tane was of Te-ika-whenua (fish of the land).

Tiki-tohua was of the first-begotten family of Rangi, and
was the progenitor of birds.

Tiki-kapakapa was of the second-begotten family of
Rangi, and was the progenitor of fish, and of the *koko* (or
tui, parson-bird) and the *maka (mangaa)* (barracouta).

Uru-tahi (one head) and Kakana(Ngangana)-tahi (only
red) were twins, and were messengers. Kakana-tahi was
sent inland for food ; Uru-tahi was sent elsewhere for
food. Having found it, they stayed to eat, and did not
come back. Kakana-tahi was mother of the *maka (mangaa)*
(barracouta), and Uru-tahi was mother of the *koko (tui-*
bird).

Tiki-au-aha was of the fourth-begotten family of Rangi,
the progenitor of man.

Io-wahine was also of the fourth-begotten family.

Tiki-whaka-eaea was of another family of Rangi. He
begat Huru, who took Pani and begat the *kumara.*

TANE. (ANOTHER READING—NGA-TI-RUA-NUI.)

Tane took Mu-mu-whango (gentle noise of the air) to
wife, and begat the *totara*-tree. He took Pu-whaka-hara

(great origin), and begat the *kahika* (a creeper or vine), and *ake-rau-tangi* (*ake*, tree of the weeping leaf). He took Te-ata-tangi-rea (the voice coming down), and begat the *maire-rau-nui* (*maire* of the great leaf) tree. He took Parauri (the black one), and begat the *tui* or *koko* (parson-bird). He took Papa (flat), and begat the *kiwi* (as the proverb calls it, "the hidden bird of Tane"). He took Haere-awa-awa (wanderer in the brooks), and begat the *weka*-bird. He took Tu-wae-rore (the foot caught in a trap), and begat the *kahika-tea*, *rimu*, and *tane-kaha* trees.

Hence these proverbial sayings : as applied to a canoe —"The narrow path used in crossing belongs to Tane ;" as applied to houses—"The bold and daring children of Tane, defying the storm ;" and these are the bark of the *kahikatea* and *ake-rau-tangi* trees, which are made into a house in which Kahu-kura (god of the rainbow) may dwell.

It is said also that when Tane propped the sky up the trees were growing with their roots up in the air and their heads down ; but Tane reversed them, and they are now called "the defiant offspring of Tane."

CHAPTER X.

Where, where are now the houses
Where all the twinkling stars were made?—
The houses called the "Sparkling Flash of Night,"
And the "Sparkling Flash of Day;"
The house of Rangi, from whence were brought
The multitude of stars now sparkling in the sky
To give thee light, O man! upon thy voyage through life.

An ancient lament for the dead.

THE GOD TANE.

His Progeny. (Nga-i-tahu.)

Tane took Maunga to wife, by whom he had Te Piere (called), and Te Matata (carried on a litter), and Toe-toe (split in shreds), and Te Kawha (Ngawha) (split open).

Then Tane took To-hika (the baptized) to wife, by whom he had Hine-i-te-kukura-a-tane (daughter of the red glow of Tane), and Te-haka-matua (dwarf parent), and Te-wai-puna-hau (the water-spring of baptism), and Tahora-atea (unencumbered plain), and Tahora-a-moa (the plain of the birds), and Papani-tahora (plain blocked up), and Te Pakihi (plain of dried-up herbage), and Te Parae (open, undulating plain), and Hine-i-mata-tiki (daughter of the face of the first man).

Tane took to wife Hine-hau-one (daughter of the soil aroma), by whom he had Hine-i-te-ata-ariari (shadow of the daughter of the eleventh-day moon).

Tane took to wife Tu-kori-ahuru (standing restless with heat); but among all these were not found any worthy to bedeck his father (Rangi); therefore Tane took to wife

Puta-rakau (hollow of a tree), by whom he had Hine-ti-
tama (daughter of the funeral ceremony) and Hine-ata-
uira (daughter of gentle lightning) ; and in time Tane
took Hine-ata-uira, his own daughter, to wife, by whom
he had Tahu-kumia (husband's breath), and Tahu-whaka-
ero (husband dying away), and Tahu-tuturi (husband
kneeling), and Tahu-pepeke (husband with legs drawn up),
and Tahu-pukai (husband folded up). Even with the
assistance of these he could not find anything to adorn
his father Raki. Then he went into the heavens in search
of his elder brother Rehua, and of something to beautify
Raki. He journeyed on till he came where Rehua was, at
Whiti-nuku (shining earth), and Whiti-raki (shining sky);
then climbed up over Te-ure-nui-o-raki (the great procrea-
tive power of Raki) to Take-take-nui-o-raki (the great
foundation of Raki), to Pou-tu-te-raki (the meridian of
Raki), the settlement of Rehua, where he found Rehua,
and was requested by him to stay. Tane replied, "You
live here. I will return to our father." Rehua then sup-
plied Tane with food (*tui*, or parson-bird), which he took
off his head; but Tane would not partake of it, because of
the sanctity of the place whence it was taken. Tane was
sad; but, surprised at the fatness of the birds, he requested
leave to take some away with him; but Rehua said, "Do
not take any (of the birds) below (on to the earth)—there
is no food (for them there): rather take trees down and plant
them." To which Tane acquiesced. He took some of each
sort of tree. Therefore trees are called to this day, "*te
tira o Tane i te mawake-roa*" (the travellers of Tane of
the south-east sea-breeze). Tane returned to the earth.

Whilst he had been absent Hine-ata-uira had put this
question to the people : " O, you people ! where is my father
by whom I am?" The people replied, "That is he with whom
you live." Then did the woman die with shame, and hid her-
self and children by going into the lower world, and was there
when Tane arrived at his home. Tane was so grieved at the
absence of Hine-ata-uira that he forgot to plant the trees,
and resolved to follow her. She had arrived at Te Po, the

10

place of Hinc-a-te-ao (daughter of the light). Hinc-a-te-ao said to her, " Go back. I, Hinc-a-te-ao, am here. This is the division between night and day." Hinc-ata-uira took no heed : she persisted in her endeavours to go, and prevailed over Hinc-a-te-ao, and passed on. Then Tane arrived. Hinc-a-te-ao asked him, " Where are you going ? " Tane answered, " I am in pursuit of my wife." Hinc-a-te-ao replied, " She will not be overtaken by you. She has rushed recklessly on. She will not be overtaken by you." Tane said, "Nevertheless let me pass." That *tipua*, the goblin, Hinc-a-te-ao, said to Tane, "Come on. Follow your wife." On Tane went till he came to the Po of Hinc-a-te-po. She asked him, " Where are you going ? " Tane replied, " I am in pursuit of my wife." She said, " I have spoken thus to her, ' Return from this place, as I, Hinc-a-te-po, am here. I am the barrier between night and day;' but she would not hearken to me."

Tane said to Hinc-a-te-po, "Let me pass," and the goblin gave him permission. When Tane had arrived at the Po of Hinc-ruaki-moa (daughter of the vomiting moa) his wife had some time before gone into the house of Tu-kai-nanapia (Tu the eye-consumer). He scratched on the outside of the door of the house, but could not succeed in obtaining admission, for the door had been securely barred. Tane asked his wife, " O mother! Come, let us two return to our place above." She replied, " Return you to the world (day) and nourish some of our progeny, and leave me down below, so that I can drag some of them down here." She would not agree to what Tane proposed. She again called to him and said, " You go to the world (light) ; I will for ever dwell in the house of Tu-kai-nana-pia, in Pou-te-rere-ki (words are all in vain)."

Then Tane was grieved for his wife, and sang this song of love to her :—

> Are you a child,
> Am I a parent,
> That we are severed
> By Rohi-te-kura (trembling red bloom) ?
> Throbbing is my lonely heart,

Being left by you.
In Te Rake-pohutukawa (dry-summer tree ; name of a
        house and home of Tane)
I will enter and cry ;
I will pass out of sight through the door
Of the house called
Pou-tere-rangi (gone in the swimming heaven). O me!

Hine-ata-uira also sang a song to Tane, to express her
great love.   These are the words of her song :—

Are you called Tane,
And are you my father,
Great provider of food
At Hawaiki (*hawa*, gills of a fish ; *i ki*, were filled),
The priest of the sacred ceremony
Of the *kumara* crops,
Left by me in Rake-pohutukawa?
I will pass out of sight
Through the door of the house
Of Pou-tere-rangi. O me!

ANOTHER VERSION OF HINE-ATA-UIRA.   (NGA-I-TAHU.)

Hine-ata-uira inquired of Papa-tu-a-nuku, " Who is
my husband?" to which Papa-tu-a-nuku replied, " O
young woman! (do you ask) who is your husband? (He is
truly) your father." She was so ashamed of the fact that
she went to the Po (darkness), and hid herself.

This is the song of Tane to his wife Hine-ata-uira :—

Are you a child,
That you discard the fondlings of years?
The house Kura-ma-hukihuki (trembling red colour)
Is now my road to Raki (heaven).
You left me in Te Rangi-pohutukawa.
I will depart and weep
At the door of the house
Pu-tere-rangi. O me, O!

This is the song of Hine-ata-uira for Tane :—

Are you Tane,
And are you my father,
The provider at Hawa-i-ki
Of the red, sweet aroma (the *kumara*)?
This is now my road to Rangi.
You have left me
In Te Rangi-pohutukawa.
I will depart and weep
At the door of the house
Pu-tere-rangi. O me, O!

Tane returned from the Po of Hine-ruaki-moa to the Po
of Hine-a-te-ao, where he slept, and in the night he saw
some of the offspring of Ira [these were a host of stars],
called Toko-meha (lonely South) and Te-pae-tai-o-te-rangi
(the shore of heaven), with whom he was delighted. He
joyfully contemplated the sight, and admired their beauty,
and said to the goblin (Hine-a-te-ao), "There are beautiful
things standing up yonder." Hine-a-te-ao asked, "What
would you do with them?" He answered, "Clothe and
beautify my father : he is standing naked." She asked,
" Have you a desire to go to where they are? " " Yes,"
he said ; " my heart throbs with joy at the beauty of those
objects." The goblin said, "O young man ! there is no
road thither ; but go you by the way you made when you
went to sew up the rents in Rangi—that is the road to Te-
pae-tai-o-te-rangi. But, O Tane ! you may catch all the stars,
but one you will not catch, as it rests on the very lip of
the cave." Tane said, " The reason I wish to go where they
are is because those things appear so very good." She said,
" Go. But I do not know whether they are kept in houses
or not." Tane asked, " What are the names of the
houses ? " The goblin said, " Koro-riwha-te-po (cracks of
the night) is the name of one, and Koro-riwha-te-ao
(chinks of the day) is the name of the other ; and the
mountain on which these stars rest and display their
light is called Mahiku-rangi (end of heaven)." Again she
said to Tane, "O young man ! go ; and if you catch the
stars, keep fast hold of two of them to be a sign for
winter." Tane came back to his settlement, called Te
Rake-pohutukawa, and, having slept two nights there, he
left and went out to see the offspring of Te-pae-tai-o-te-
rangi, and of Ira, and of Toko-meha ; but on his arriv-
ing there his younger brother, Wehi-nui-a-mamao (great
dread of a distance), had arrived some time before him, and
had already caught the stars, and placed them as ornaments
on the outside of his houses called Hira-uta (many on
shore), and Hira-tai (many on the sea), and Pari-nuku (pre-
cipice of the earth), and Pari-rangi (precipice of heaven).

Tane said to Wehi-nui-a-mamao, "O friend! I have come for the things I saw here." His younger brother said, " I have caught them." Tane said, " I have come for those things to beautify our father, who is standing naked." His brother answered, " Yes; I am willing that you should take those stars away." Tane brought them away, and distributed them on Te Pae-taku-o-roko(rongo) (the rim of the mountain-range of Rongo). He saw that those stars were good, and his heart was glad with their beauty. He threw up to the heaven Te-ika-matua-a-taka-roa (the parent fish of Taka-roa) (Great Magellan Cloud), and after this he threw Nga-patari (the inviters) (Lesser Magellan Cloud), and Manako-uri (anxious darkness), and Manako-tea (anxious light); after which he adorned all the heaven with stars, thus making use of all that he had procured except five. These were Puaka (Puanga) (blazed-up) (star Rigel), Taku-rua (rim of the pit) (star Sirius)—these two stars were to preside over planting and harvest time; Wero-i-te-ninihi (arouse the absconding), and Wero-i-te-kokoto (arouse the expanse)—these stars were to preside over winter; and Wero-i-te-ao-marie (arouse the quiet world) was to preside over summer. Tane saw that the heaven was good which he had made.

He then planted the trees which he had obtained on his first going to Rangi. He planted them in his garden. In the second year all the trees had grown greatly, and in the third year the *kahinga-tea (kahika-tea*—white pine) began to bear fruit, and the birds of heaven alighted on it, because of the abundance of fruit, and did eat.

Tane then thought he could make man; so he formed of the earth a model of that which he contemplated making. He formed it at Ha-i-ki (breath that was full). The arms stood forth, and the head, and the feet, and the thighs, and the whole body; and all were fashioned to the design he had formed in his mind—made to resemble the body of man. He patted it with his hands into form from the soil of Hawa-i-ki (the gills that were full). When he had completed it, he raised it up and stood it erect. Rua-tai-epa (pit of the objection) had the *tara* (clitoris), and Whatai (stretch out the neck) had the *kiko (labia minora)*, and Puna - weko (spring dammed up) had the *huruhuru (capilla)*, and Mahuta (spring forth) had the *ure (membrum virile)*, and Tarewa (hung up) had the *tona (glans clitoridis)*. These Tane obtained from the gods, and he fastened some of them to the model he had made of the earth.

Then he prayed his prayer thus :—

> Pi-haea (flow dreaded),
> Ko Haea (it is dread inspired),
> Ko Re-naia (stretch out),
> Hae-hae Tu (inspire Tu with dread),
> Hae-hae-pae (inspire the horizon with dread),
> Hae-hae-ki-runga (inspire above with dread),
> Hae-hae-raro (inspire the depths with dread),
> Hae-hae-ki-roto (inspire inside with dread),
> Taina-te-rangi (Rangi is younger brother),
> Ka kore ua, i a kore ua (not raining, no rain),
> Io Torenga (Tore-ka) (god-heat, burn),
> Makiki (filled up tight),
> Torenga (Tore-ka) (god-heat, burn),
> Makaka (crooked),
> Kai-nga-nene (with the sport),
> Ka-reka (is delightful),
> Ko Tiki (it is Tiki).

Tiki, or Tiki-au-a-ha (brought forth the stream of breath), was the name Tane gave to the form he made of the earth, which was the first inhabitant of the world. Tane was delighted with the man he had made to live in the world.

CHAPTER XI.

My soul is weary of all the cares of home,
Confused with him, the son of Pu-whaka-horo.
My wonder is, why all the crowd
So occupy their days beneath the shady trees.
But now I know—the tempting
Fern-root and the sweet *kauru*-stem
Entice them there. . . . .
     *   *   *   *   *
Ye thousand stars above, who twinkle
O'er the highest bough of forest-tree,
Pierce into darkest shade of
Forest gloom at O-tu-whaia,
And startle all the souls
Who traverse o'er the paths
So intersecting all the land,
And show with blaze of light
The coveted new roots of fern—
The staff of life for man on earth—
And let the new creation come,
With hands where now their feet should be,
And feet where now the hands are seen;
And call such being heaven's own child.
Then I shall be so charmed, and follow
Those of skin of dusky hue,
And follow e'en the progeny
Of him they now call "Punga's child" (the lizard).

Ancient lament.

CREATION OF MAN AND WOMAN.

TIKI. (ANOTHER READING—NGA-TI-HAU.)

PAPA (the earth) and Rangi (the sky) were lying together, and all between them were *nga-toro* (vines and creepers), *korito* (tender plants), *tutu (Coriaria ruscifolia)*, and red water. Man was not in the world at that time; then all was dark.

Tiki was the first man, and his wife, Ma-riko-riko (glimmer), was the first woman, in this world.

Arohi-rohi (mirage) formed Ma-riko-riko from the

warmth of the sun and Pa-oro (echo); therefore she was of this world—not of Divine origin.

Tiki and Ma-riko-riko begat a daughter named Hine-kau-ata-ata (daughter floating in shadow). When the child of Hine-kau-ata-ata was born, clouds began to skim over the sky. The clouds stood; they flew. They were dark clouds—black clouds—very black clouds. Water began to flow, and the banks of rivers were seen, and dry land was preserved from floods. Then was the earth seen in the dawn of day. There was lightning, rivulets were, and streams flowed on to the rivers of water; and then came the full light of day, and Tane propped the heavens up, and great Rangi was seen above—then light and day were complete.

Tane, who propped the sky up, begat Ai-potiki (begotten one), and Maui (the weary one), and Maui-i-mua (the first one), and Maui-i-roto (the one on the inside), and Maui-i-taha (the one at the side), and Maui-i-tikitiki (the one supreme), and Ko-ata-te-rangi (the shadow of heaven), and Ko-tahi (the great first in power), and Rauru (the sacred hair of the head, or god of the head).

MYTHOLOGICAL CHANT OF THE CREATION OF MAN. (NGA-I-TAHU.)

To Tane belongs the *tapu* (everything sacred), as he sought for and found it in " the forest of Tane."

This is the chant relating to his discovery of man :—

> Seeking, earnestly seeking in the gloom.
> Searching—yes, on the coast-line—
> On the bounds of light of day.
> Looking into night.
> Night had conceived
> The seed of night.
> The heart, the foundation of night,
> Had stood forth self-existing
> Even in the gloom.
> It grows in gloom—
> The sap and succulent parts,
> The life pulsating,
> And the cup of life.

The shadows screen
The faintest gleam of light.
The procreating power,
The ecstacy of life first known,
And joy of issuing forth
From silence into sound.
Thus the progeny
Of the Great-extending
Filled the heavens' expanse ;
The chorus of life
Rose and swelled
Into ecstacy,
Then rested in
Bliss of calm and quiet.

ANOTHER READING OF TIKI. (NGA-TI-HAU.)

The first man who was born in Te-po (darkness) was Rena-u-matua (expanded progenitor). At that time there was no water. He was born of Ao-marama. When Miru-tau was killed Miru-tau was sent to Te Reinga (lower worlds), and after that came into existence Pupuke (thought began to be), Mahara (thought was), Hiringa-te-nuku (earth was energetic), Hirihiringa-te-rangi (Rangi was energetic), Hiringa (laborious), Hiringa-te-manu-mea (energy of the one that can float in the air), Te-whaka-ae-ipipu(ipuipu) (the valleys or hollows), Te-whaka-rahirahi (made thin), Tiwha-i-wahaa (the marked one carried), Te-rerenga-apa-i-waho (the fleeing-away of the company), Te-whakatutu (the fluid passed through a funnel), Te-ata-i-au (the certain or steadfast dawn), Rua-tipua (goblin pit), Rua-tahito(tawhito) (ancient pit), Rua-hehe (pit of consternation), Rua-whakakino-rangi (pit that disfigured the heaven), Rua-i-te-ata (pit of the dawn), Rua-timo (the pit which was pricked, or pecked), Timo-timo-i-te-rangi (the heaven pecked at), Rangi-nui-e-tu-nei (the great heaven now seen), Rongo-ta-rangi-nui (great fame, and breath of heaven), Tane (male), Tu (stand erect), Tanga-roa (long assembly), Ru (tremble, or earthquake), Ru-oko (nursed in silence), Tahu (husband or wife), Arc (space not occupied), Motu-hari-ke (portion isolated), Tiki (the fetched one), Tane-rua-nuku (man of the earth-pit), Rangi-whaka-

ahua (heaven swelled out), Rangi-pou-tu (steep heaven),
Pou-tu-te-rangi (heaven erect), Rangi-a-niwa-niwa (heaven
of great god), Rangi-a-hehei (heaven of doubt), Rangi-
marama (heaven of light), Aio-rangi (calm heaven), Te-
waki(whaaki)-ariki (undivulging lord), Tangata-katoa (all
men), Taura-kaha (strong rope), Aki-aki-te-rangi (strike
the heaven), Rakau-te-rangi (tree of heaven), Kai-tangata
(man-eater), Karihi (sinker), Hema *(pudendum)*, Tawhaki-
piki-a-te-rangi (Tawhaki climbed up to heaven), Wewe-
nuku (dwarf of the earth), U-wewe-rangi (small breast of
heaven), Tapu-whaka-ihi (dreaded sacredness), Tapu-whaka-
mana (sacredness acknowledged), Tu-tara (speak evil of),
Ngai-ariki (great shell), Ngai-tanira (shell for a pattern),
Toi-te-hua-tahi (peak of the first fruit), Rua-rangi (pit
of heaven), Rauru (hair of the head), Ha-tonga (breath of
the south), Rakau-mani (left-handed spear), Puru-ora
(stopper of life), Pou-matua (prop of the parent), Rongo-
te-aha (what news), Ture (law), Tu-ranga (standing), Te-
mate-eke-piri (disease close by), Tuhu-kaao (perch for the
youngest bird), Hai-matua (for the parent), Mau-huki
(pierced and caught), Haere-au (go in the current), Ihi
(dread), Te-mana-o-rongo (the power of news), Uru (west),
Rangi-whaka-rongona (listen to the heavens), Tama-rapa
(son of the web-foot), Tu-rau-kawa (son of the bitter leaf),
Tu-mata-rau (stand with the eel-spear), Rangi-tu-ehu (day
of mist), Tu-mai-kuku (stand in silence), Kahu-kura (red
garment), Raki-whaka-ware (day of confusion), Whiti-au
(cross the stream), Whare-matangi (house of the wind),
Mania-o-rongo (disagreeable news; or, who was baptized),
Hare Rakina (Charles Darknell), who was alive in 1872.

ANOTHER READING OF TIKI. (NGA-TI-AWA.)

An aquatic plant (the *ma-kaka* or *pare-tao*) growing in
swamps was the male procreating power which engendered
the red clay seen in landslips, whence came the first man.
This man was discovered by one of the gods before light
had dawned on this world. It was the grandson of this
man who separated earth and heaven, and caused light to

be, and divided the world of light from the world of darkness.

ANOTHER READING. (NGA-TI-AWA.)

Tiki made man by mixing his own blood with clay, and forming it into a figure like himself; and by breathing into it he gave it life.

ANOTHER READING. (TU-WHARE-TOA.)

Tiki was made of red clay and the centre shoot of *raupo (Typha angustifolia)*. He was made in the resemblance of the god who made him.

ANOTHER READING. (TU-WHARE-TOA.)

Tiki-ahua (likeness made) made the first man—of red clay. He also lifted and propped up the heaven from the earth; and light came on to the world we live in. The heaven lay on the earth and caused night until it was thus lifted up.

WOMAN MADE. (NGA-I-TAHU.)

Tane meditated how he could make a woman, who should be a companion for Tiki-au-a-ha. Taking his former figure as a mould, he again moulded the soil of Hawaiki, and prayed. These were the words of his prayer :—

Here stands the originating power, the power dreaded,
Inspired and stretched out. Dawn, thou day on high ;
Dawn, thou day beneath ; dawn on the mountain-peak ;
Dawn, thou uplifted ; dawn within, younger brother of glowing heaven.

It is stretched out, stretched out.
To what shall I place my procreating power—
To what—to your head ?
That is where the hairs have their storehouse.
That's not it.

To what shall I place my procreating power—
To what—to your forehead, then ?
That is where the blood has its storehouse.
That's not it.

To what shall I place my procreating power—
    To what—to your nose, then?
That is where the nose has its store of mucus.
    That's not it.

To what shall I place my procreating power—
    To what—to your eye?
That is where the eye has its storehouse of tears.
    That's not it.

To what shall I place my procreating power—
    To what—to your ear?
That is where the ear has its storehouse.
    That's not it.

To what shall I place my procreating power—
    To what—to your mouth, then?
That is where food has its storehouse.
    That's not it.

To what shall I place my procreating power—
    To what—to your neck?
    That's not it.
This is where groans and moans have their storehouse.
    That is not it.

To what shall I place my procreating power—
    To your arm-pit?
That is where perspiration has its storehouse.
    That is not, that is not the place.

To what shall I place my procreating power—
    To what—to your breast?
That is where the breast has its storehouse.
    That's not it.

To what shall I place my procreating power—
    To what—to your stomach, then?
    That is not it.
That is where the stomach has its storehouse.
    That's not it.

To what shall I place my procreating power—
    To what—to your side?
    That is not the place.
That is where the side has its storehouse.
    That's not it.

To what shall I place my procreating power—
    To what—to your back?
    That is not the place.
That is where the back has its storehouse.
    That's not the place.

To what shall I place my procreating power—
    To what—to your navel ?
        That's not it.
That is where the navel has its storehouse.
    That is not it.

To what shall I place my procreating power —
    To what—to your waist, then ?
    That is not the place.
That is where the waist has its storehouse.
    That's not the place.

To what shall I place my procreating power—
    To what—to your thigh ?
    That is not the place.
That is where the thighs have their storehouse.
    That is not the place.

To what shall I place my procreating power—
    To what—to your anus ?
    That's not the place.
That is where the excrement has its storehouse.
    That's not the place.

To what shall I place my procreating power—
    To what—to your body ?
    That is not it.
That is where the body has its storehouse.
    That's not the place.

To what shall I place my procreating power—
    To what—to your flesh ?
    That is not it.
That is where the flesh and muscle have their storehouse.
    That's not it.

To what shall I place my procreating power—
    To what—to your joints ?
    That is not the place.
That is where the joints have their storehouse.
    That's not the place.

To what shall I place my procreating power—
    To what—to your feet ?
    That is not the place.
That is where the feet have their storehouse.
    That's not the place.

> To what shall I place my procreating power—
>   To what—to your power of producing?
>   It is good—to your producing power.
> That is where the procreating power has its storehouse,
>   Fully abundant, fully engendered,
> Procreation complete, unlimited, and final.

Thus was Io-wahine (female godly power) produced, and she walked forth a woman. Tane then knew his prayer was all-powerful. He had made man, and now he had made woman, and she ran forth and was called Io-wahine. Tane then determined that Io-wahine should be the wife of Tiki-au-a-ha; so they lived together.

They had six children. A-io-te-ki (am power that spoke) and A-io-te-rea (am power that grew) were brothers. These two brothers had four sisters, two of whom were taken by each of them to wife. A-io-te-rea took Wehe-wehea (separated) and Whaka-tara (the annoyed), by whom he had Te-a-io-whaka-tangata (the am became man). This was his only child. Te-a-io-whaka-tangata took to wife the daughter of Te-a-io-te-ki, called To-wheta-mai (writhing power), by whom he had many children, even twenty and three. These peopled the world, and Tane went up and remained in the heaven.

Another Version of the Creation of Woman.
(Nga-i-porou.)

Tane-nui-a-rangi took a tree as his wife, and his offspring were trees, and not men. He therefore went and obtained soppy mud, and took it to the sandy beach at Tapa-tai-roa (long sea-coast) of Hawa-i-ki, and mixed it with sand. The mud he made into the shape of a woman for himself. He made her, and laid her down, and covered her up with garments, and he breathed into her mouth and left her, and went to his settlement. After some time he went to look at her: he found her moving and shaking, and looking on this side and on that, observing all she could see. When she looked behind she saw Tane, and laughed. He put out his hand and took her to his settlement, where she was fed. She cohabited with him. He put his generating power to

her eye and created the eye-ball; to her nose, and created
the *kea* (mucus); to her mouth, and created the *mare*
(phlegm); to her side, and created the *riko-werawera*
(perspiration); to her *tara* (clitoris)—then was born the
first child of Tane, named Hine-hau-one (the daughter of
earth-aroma), and also called Hine-mana-hiri (daughter of
the stranger).

ANOTHER VERSION OF THE CREATION OF WOMAN.
(URI-WERA.)

Tane-nui-a-rangi was disconsolate for want of a wife, and
went to Hawa-i-ki, where he met female gods, of whom he
inquired, "Where is the female?" He went to search for
her; but, failing in his object, returned to the goddesses,
and again asked. They answered, "She is outside" (or far
away). Again he went in search, but failed. He then asked
Rua (the pit), and said, "O daughter! where is the female?"
who pointed directly to the river of Hawa-i-ki, and answered,
"There is the female, that is she. The water which is flow-
ing there, the child comes out of that." Tane went to the
bank of the river, and with the mud of it he formed a
woman, repeating this incantation the while :—

Shape the children at Hawa-i-ki.
Shake with delight.
O, Tiki the father,
Tiki the seeker,
Shake with delight.

He made the face, arms, hands, legs, and feet, and the
mahi-kino (*pudendum muliebre*); then he caused his procre-
ative power to put itself into action, and repeated this
incantation :—

Grow up, my procreating power :
Grow down, my procreating power:
Grow, my procreating power, on the *mons veneris* ;
Grow, my procreating power, on the *labia minora* ;
Go and grow ; go, O breath (of life) !

He put his procreating power on the head, and begat
the bald (or skull) ; on the forehead, and begat blood ; on
the eye, and begat the eye-ball ; on the mouth, and begat the

phlegm ; on the side, and begat perspiration ; on the thigh, and begat the side (or Io, muscle-power); and when he put the procreating power on the clitoris of his earth-wife Tane asked, " What night of the month is this ?" Tama-i-waho answered, " It is a *turu-ea*" (*turu*, the fifteenth day of the moon). Tane said, " My procreating power is *turu* now " (*turu*, apposite, delightful); and he recited this incantation :—

> Ah ! see it rush forward.
> It is the coming dawn,
> It is morning light.
> From dawn came this disciple.
> Then was the great drawing-together at Hawa-i-ki,
> The making of the hand at Hawa-i-ki.
> Kneeling inside ;
> The knees drawn inside.
> O, Tiki, the parent !
> Hands are possessed inside.
> O, Tiki, parent ! kneeling,
> Knees drawn up, crying for food.
> The prostrate body, legs stretched out.
> Tiki—ecstasy of Tiki ;
> Tiki—delight of Tiki.
> Dripping is the red water of Rangi,
> Open the great door of Papa.
> Come forth : it is Hine-mana-hiri (the stranger daughter).

RANGI AND KEWA AND THE CREATION OF WOMAN. (NGATI-KAHU-NGUNU, OR NGATI-KAKAHU-UNUUNU.)

Rangi-nui-a-tama-ku was the husband of Kewa. They begat Rangi (the heaven). Rangi took Papa, the daughter of Matua-te-kore (parentless), to wife, and begat Ro-iho (few), Ro-aka (abundant), Hae-puru (the stopper split in two), Tane-tuturi (Tane the kneeling), Tane-pepeke (Tane the legs drawn up), Tane-ue-tika (Tane standing erect), Tane-ue-ha (Tane lifted up), Tane-nui-a-rangi (great male power of Rangi), Uru (west), Ngangana (bright), Tane-te-wai-ora (Tane the living water), Paia (closed), Mau-hi (first glimmer of dawn), Tai-epa (altar of sacrifice), Moko-nui (great lizard), Tonga-tonga (blemish on the skin), Ika-nui (great fish), Ti-whaia (indistinctly seen), Ika-roa (long fish), Tiki (effigy), Raka-maomao (shoal of herring), Haku-manu (murmur of the birds), Tiki-nui (great effigy), Puna-weko (fountain dried up), Tiki-roa (long effigy), Manu-rewa (bird floating high in the air), Tu-mata-uenga (Tu of the inciting face), Rongo-marae-roa (Rongo of the great court-yard), Tu-rama-rama-a-nuku (Tu the light of the world), Tu-rama-rama-a-rangi (Tu the light of heaven), Rua (pit) (d), Rehua (the splinterer), Rua-i-te-pukenga (the pit of the high priest), Rua-i-te-wananga (pit of the medium), and Taputu-rangi (heaven closed in). These were all males.

Now, the offspring of Tane and Papa were born in the darkness, and lay in that region; but, having seen a glimmer of light in the armpit of Rangi, they determined to separate Rangi and Papa. Some said they would follow their father Rangi; others said they would stay with their mother Papa.

Having collected all materials—namely, stars for Rangi and vegetables for Papa—for the heaven and the earth, Tane-tuturi and his younger brothers sought the *toko* (poles) with which to prop up Rangi. The names of these poles were Toko-huru-nuku (pole of the warm world), Toko-huru-rangi (pole of the warm heaven), and Rakau-tuke (pole bent at right angles). Then they went for the axes to cut these poles. The names of these axes were Awhio-rangi (around the heaven), Pare-arai-marama (di-verting the light), and Motu-whariki (the cut weeds to sleep on); and the lashing of these axes was called Kawe-kai-rangi (carried food of heaven).

Now, Tane and his younger brothers rose to lift Rangi up; but they could not move him in the slightest degree. Then Tane-tuturi called with a loud voice,—

Paia, prop the heaven up;

but Paia did not obey the command. Tane again called, and said,—

Paia, O Paia! part them.
Lift the sky upward.

Then Paia—he who was so sacred, and had the gods in charge, and knew all the forms of incantations and the

11

ceremonies—rose and laid the ropes by which he meant to
carry Rangi; and then repeated this incantation :—

> Lift, lift up the south land.
> Upward, upward lift the south sky.
> Put each in its own position,
> There to rest for ever.
> Lift, lift up Rangi ;
> And, with offering made to thee, O Rangi!
> We lift thee up.

Paia now bowed his great back towards Rangi, and got
him placed on it; and Rangi, in loud cries of woe, gave
expression to his sorrow in being parted from his wife
Papa. Some of his children adhered to Rangi, and went
up with him. They were Ro-iho, Ro-aka, Hae-puru,
Taputu-rangi, Koreke-rangi (quail of heaven), Haku-wai
(night eagle), Rehua, Peke-hawani (star of the eighth
month of the Maori year), and Tu-mai-te-rangi (Tu of the
heaven). These all went with Rangi when he was sepa-
rated from his wife Papa.

Now, the offspring of Rangi who remained with their
mother Papa devised a plan to obtain wives. They made
the female power on the pubes of their mother Papa. They
formed it by kneading the soft and damp soil of the land
at Kura-waka (red medium). Then they formed the body
and the feet. The *labia majora* were formed by Mau-hi,
Tai-epa, Moko-nui, and Te-whaia. Now, when these had
been put together, they formed the *pudendum*. Mau-hi
made the *labia majora*, and Tai-epa elongated them.
Having looked at this, Moko-nui said to Ti-whaia, "Give
the pupil of your eye to place in the *labia majora*." He
complied. Now, the *vulvæ* is the guardian of all these
parts ; but there are other guardians placed each beyond
the other inwards. They are *labia minora*, the vagina,
next·uterus, next clitoris, next *meatus urinarius*, next ova-
rium, and the last and inmost guardians are the Fallopian
tubes. The lungs and the heart, the spirit, the kidneys,
and the blood were obtained by prayer from the god. The
lungs were taken from the clouds of the sky : this is that

in man which engenders the desire to partake of water.
The blood and fat, which are in every part of his body, are
the life of man. The heart distributes these into every
part of the body, and is the seat of the spirit. If the blood
and fat were consumed, the heart would be closed up, and
the spirit would depart. This is the death of man.

But there are other phases of death in man. Instant
death is caused by the sudden shutting of the doors of the
heart.

The eyes and ears of man govern the muscles and head.
If the eyes sleep, the ears are closed also; but if the ears
hear a voice or sound, the eyes open. They are thus the
guardians of the body, and see or hear things nigh or dis-
tant by which the body may be injured. The tongue
decides what should be taken into the body as food, and
protects life through the stomach.

Now, when Tane had made a female form he chanted
an incantation, and he put his procreating power to Hine-
pupuke-maunga (daughter of the producing mountain), and
produced Taniwha (god-like feared being); then he put it
to Hine-rau-kiokio (daughter of the leaf in the shade), and
produced Horu (sacred red); then he put it to Tu-pari-
maunga (standing on the cliff of the mountain), and pro-
duced Te-pu-toto (source or blood, or life, or soul) and
Para-whenua-mea. Then his elder brothers, who were
living up in heaven (Rangi)—namely, Ro-aka, Ro-iho, and
Hae-puru—looked down, and, having seen what Tane had
done, called to him and said, " Tane, you do not act
rightly : you have not dealt with the fountain of life, from
which your offspring can come forth." Then Tane put his
producing power to Hine-hau-one; and this is the genealogy
of the offspring of Tane: He took Tu-pari-maunga to
wife, and had Pu-toto and Para-whenua-mea; Para-whenua-
mea had Pu-toto, Raka-hore (the bald crowd), Whatu (core),
Tanga-roa (long breath), Te-pou-namu (obsidian), and Timu
(ebbing); Timu had Tanga-roa and Hine (daughter);
Hine took as her husband Tu-huru-huru (Tu the hairy),
and had Tahu-wairangi (foolish husband), Tau-tunu-kereru

(the year of roasting pigeons), Tu-tawhi-rangi (Tu who went all round the heaven), Ngana-ngana-te-hau (conflict with the wind), Ipu-ipu-te-rangi (hollows in heaven), Whare-pa-tari (house of amusement), Kari-moi(mori) (isolated, bald trees) or "Kari-moi" (dig up the fermenting), and Takoto (lying down).

CHAPTER XII.

My work is unavailing now.
The child of stern confusion
Came with flood, and swept it all away.
   Oh, hand of mine! I cannot blame myself.
'Twas not of me, but from the ancients
Came the myth: I but repeat it now,
And tell it to the world—to man.
   Oh! hearken then. I now will speak,
Though oft it has been heard before:
That echo, sending back our voice,
Exulting, mimicking word by word,
Is child of keen inquisitiveness.
   And ebbing Nature took to wife
The lower germ of things;
And hence came fern
The weed that covered Rangi's back.
And when Tane lifted Rangi up
It fell, and covered all this world,
And bold unauthorized assumption
Took and hid it. Then A-toru
Made it grow a branch of fern (*hau-mia*),
And Pi-tau thus sprang up
And all mankind now saw
The mocking child of food,
That should be, but is not.
        Ancient lament of Nuku-pewa-pewa for his cel-
        wcir swept away by a flood.

THE DELUGE.

PRIESTS AND CHIEFS BEFORE THE FLOOD. (NGA-I-TAHU.)

TIKI-AU-HA (likeness spring forth) was the first man, and was made by Tane at Hawaiki. Io-wahine (god-woman) was the first woman. She also was made at Hawaiki by Tane, and to be the wife of Tiki-au-ha. Their offspring were: Aio-te-ki (gentle god-like words), first-born son of Tiki-au-ha; Aio-te-rea (god-like gentle growing), second son of Tiki-au-ha; Aio-whaka-tangata (gentle god-like man), first son of Aio-te-rea.

RAKI-ROA (long sky).—The most learned priest in regard to all the ceremonies and incantations to be performed to Raki.

TIPU-TUPU-NUI-A-UTA (great king of the land) was he whose prayer obtained the power of Tane when the heavens let the rain down and filled all the land with water, and destroyed all the people; but he and his children were saved. They were: Para-whenua-mea (scum of the flood), Tiu (skim like a bird without flapping its wings), and Reta (distant). The power of God followed Tiu and Tupu-nui-a-uta when they and their children went in a covered canoe on the face of the waters, as if it were dry land, for the space of eight moons.

TAKA-RA(RO) (playful), the man of the greatest designing and constructive knowledge, was the son of Para-whenua-mea.

TU-TAWAKE (great repairer) was formed by God from the loins of Hou-mea; and when the time drew near that he should be born he sent his messengers before him. His elder brothers wished to kill the messengers, but were not brave enough to attempt the deed. On this account Tu-tawake began to repeat his incantations, on the completion of which he came forth, with a *hani (d)* in his hand; and when seen by the people of Tai-rea (growing tide) they wondered. He addressed the great nations of the world, and said, "Hearken to my words;" but they would not listen: hence he destroyed the thousands of Tai-rea, and drove multitudes of them into the forests. This was called the battle of Tai-pari-pari (flowing tide).

RUA-TAI-AO (pit of the world stream) was the most learned in all matters relating to life. He preached the words of life to Rua-tai-po (pit of the night stream) and the greater portion of his people. Rua-tai-ao called to those disobedient people, and said, "Hearken. I am possessed of the power to make peace and give life to this world. I possess the knowledge of true worship. I also have the knowledge of eating temperately. I have the power to

keep man from looking aside. I have also the power
to make fire burn for sacrifice and for the service of man.
I have the power to teach man not to eat whilst walking.
I have all power over life in this world." He laid before
Rua-tai-po the whole of this knowledge; but that proud
disobedient evil-doer would not heed the words of Rua-
tai-ao; but persisted in doing evil. This caused Rua-
tai-ao to draw out his left hand over Rua-tai-po and all his
people, and send them by thousands to destruction.

MAROHI (power) succeeded Rua-tai-ao, and preached the
doctrines taught by Rua-tai-ao.

WHENA (like as).—He who first preached to Ha-rutu
(panting) and his people; but they did not hearken to the
teaching of Whena, nor would Ha-rutu listen to his words.
Whena therefore called, and said, "I will soon bring con-
fusion on you." He drew aside the power that restrained
evil falling on them. Death came on that obstinate
people, and God killed all that unbelieving race.

KA-TAHUA (NGA-TAHUA) (the mounds).—He who spoke
strictly in accordance with what his parents taught him.

TU-RAKI(RANGI) (standing in heaven).—He who strictly
fulfilled all the laws laid down by Tane.

WI (ironstone nodules).—He who had great power to ex-
pound all the laws promulgated by Tane, and for this derived
the wisdom and power from God to conduct Tipu-nui-a-uta
and his children on the face of the waters when they went in
a covered raft. Wi spoke to Wa (space), and Miru (threads),
and all the tribes, and said, "O friends! hearken to the
words by which we may be saved : Live peaceably, do not
work evil, do not be disobedient, do not be intemperate,
do not offer false, lying worship, but let worship be true."
But these people and their leaders resisted. Wi spoke
privately to Wa and Miru, and said, "O young people! you
two hearken to my word which I now utter: When you eat
give thanks. Educate and build up the soul that it may
go correctly to the world of spirits. Believe what I now
tell you, as this is the truth of the world." They did not
hearken. Wi thus preached for two years to that un-

believing people. He then called to them, and said,
"Friends, hearken. Soon on the morrow (a time not far
distant) the land will be overturned by God." And when
the days were fulfilled he prayed to God; and the *pa* of
Wa and the *pa* of Miru were overturned, and thousands of
their people were killed in the overturning.

Hua (fruit).—The man who practised the evil deeds of
Tu(-mata-uenga) and Roko(-ma-rae-roa).

Aio-riri (calm after strife).—The great man who up-
held the doctrines of Rua-tai-ao.   .

Puta (through).—The man who was commissioned to
call on all the people of the world to believe in God. He
built a temple in which to teach men how to become noble.
The tribes were rebellious, and called to Puta, and said, " O
son! can your worship save you? or will the sacredness of
your temple save you?" Puta replied, " Friends, hearken
to the words which tell of the works of Raki—the words
which were given to Tane—the words I now disclose to
you; or soon the hosts above will make an accusation."
That proud people answered Puta, and said, " Friend, your
words are lies." Puta was grieved with Mata-cho, as he
was the most obstinate unbeliever, and wished to be the
sovereign of all the world. Puta, addressing him, said,
" O young man! you are an evil man. You are attempt-
ing to ignore the doctrine of Tane. You have all heard
my word, which I utter to each and every *pa*. To-morrow
an accusation will be made by Raki against the world.".
Soon after this the child of Puta died. The child was his
first-born, and lord of all his family. Puta cut the big
toe off the child's foot and cooked it in an oven, and with
incantations and ceremonies took the sanctity off the toe;
he then put it into his mouth and spat the slaver produced
by it over all the houses. Then he took into his hand a
calabash containing the sacred offerings of life, and, having
arrived on the bank of a stream, he opened the calabash,
and then closed it again; and saw a cloud standing in the
heaven, bright as the brightness of a fire burning on the
earth. He called to Raki to overturn the earth, and he

struck the earth with his knife *(maipi)*, and the earth turned upside down, and all the people of the world perished. Puta and his people alone were saved. Thenceforth this has been rehearsed as the overturning of Mata-cho by Puta.

TE-MORINA (remove the *tapu* from the crops).—He who was learned in the ceremonies and thank-offerings for food.

RAKA (RANGA)-WERE-WERE (collector of small things).—A noble man whose appearance had never changed. Other men changed and grew old, but he kept his youthful countenance even unto death.

TU-TE-RAKI-NOA (stand in the common heaven), or Tu-te-raki-paoa (stand in the smoky heaven).—He whose face was like that of God.

HUI-AUA(AWA) (confluence of water).—He who worshipped on the breast of Raki.

RUA-TIPUA(TUPUA) (goblin-pit). — The man who was ignorant, and perplexed himself with his dream. He could not understand his dream, and was entirely absorbed in the thought of it.

TE-WHAI-PO (incantations chanted at night).—He who was baptised in the water by his grandparents, and smitten with leprosy. His skin was not like that of other men, but all white and leprous.

KAE-HO (pouting).—He who was complete in all the knowledge pertaining to Raki.

KARU(NGARU)-AI-PAPA (rippling on the earth). — He who taught all the ceremonies and worship of the gods.

TU-AKE (stand up) was most learned in all the laws of Tane.

TUKI-TUKI-PAPA (beating the earth).—He who worshipped at the loins of God.

TAKE-TAKE (foundation).—He who knew how to build a beautiful house for himself, and with whom originated the customs and incantations performed over new houses.

ROKO(RONGO)-NUI (far famed) was his own enemy, and was driven into the forest by a war-party.

Tu-raki(rangi) (standing in heaven).—He who was as fierce as Tu(-mata-nenga) and Roko(-ma-rae-roa) to wage war. He was very powerful.

Tu-te-hou-nuku (Tu who burrows into the earth).—He who exalted the incantations and ceremonies of Tu(-mata-nenga) and Roko(-ma-rae-roa).

Pu-mate-aio (origin of calms).—He whose virtuous life procured the constant presence and the blessing of Tane.

Tu-hoto-ariki (sobbing lord as he stands).—The most empty, vain, and self-complacent of men in the world.

Waiho-nuku (leave the world).—A great teacher of all the various ceremonies and incantations.

Rupe-tu (shake violently whilst standing).—He who studied and practised the doctrines of Rua-tai-ao.

Raki-nuia (heaven made great).—He who exceeded all men in selfishness and vanity.

Tahau-ri (front of the thigh screened).—He who was bold to teach all the rites, ceremonies, and incantations.

Tau-tini (long space of time).—He who was good and kind, and diligently taught the customs and ceremonies of worship when it became known that the world was to be drowned.

Tari (carry).—He who guarded those things which God gave into his charge. To him was given power over all things. He discovered and taught the art of making fish-hooks from wood.

Ra-kuru (boxing day).—He it was who first committed theft, by stealing the fishing-hook belonging to Tari. The wood of which the hook was made was dedicated to God. Ra-kuru saw that the hook always caught fish, and therefore stole it. Tari was grieved at his loss, because the hook had the power of God on it. Tari called an assembly of all the aged men of the Tribe of Rei-hi (chest held forward), and inquired of them where his hook was. They were not able to inform him. Tari prayed to God that the thief might be discovered, and then the people saw the hook exposed in the scrotum of Ra-kuru. Tari

called to the assembly, and said, "Friends, we have
seen the matter revealed, and Ra-kuru has my fishing-
hook." Ra-kuru was ashamed, and went to commit
suicide. Tari said to his sister, Hine-i-taitai (daughter
of the sea-coast), "Go and counsel your husband; and
if he confess and show where the fish-hook is, I will
forgive him, and so evil will be averted from you all."
Ra-kuru was in the act of committing suicide, and, when
nearly dead, she said to him, "O friend! have you the fish-
ing-hook of your brother-in-law?" "Yes," he said; "here
it is with me." She asked for and obtained it. She put
it into her mouth, and went two days on the sea of Wai-rapua
(the sought water), and was seen by Kumi-kumi-maro (stiff
beard), who took her as his wife. They lived by faith.
They had neither garments, nor food, nor house, nor water;
but they prayed to God to give them those things. God gave
them what they asked, and built a house for them. Hine-
i-taitai conceived and brought forth a son, who was called
Tau-tini (many years). He was the man whose knowledge
of God was the most perfect. Ti-tipa (skim away) asked
and obtained his canoe from him. Tau-tini was afterwards
sorry for the loss of his canoe; but God said to him,
"Make a canoe of wood, and let it be the size of a *paka*
(*kumete*—oval bowl), and let it be painted outside with
reperepe (a red colour obtained from certain sea-shells)."
Tau-tini did so. The water could not get into the canoe.
He went on a voyage in it. God guided him. After two
months spent on the sea he arrived at Rewa-nui (great
elevation), the home of Ti-tipa, and there saw his own
canoe out on the sea, with men in her, fishing. They saw
the canoe, or bowl, of Tau-tini floating on the sea, and
wondered at its fine appearance. They lifted it up and
took it into their canoe, and patted and rubbed it with
their hands. They went on shore, and all the people
were rejoiced at the beauty of the new canoe. It was at
that time very light, and they carried it on shore; but
shortly afterwards they found it was heavy as a hill of
earth, and they were not able to lift it. Then they left it

on the sea-shore, and on the morrow all the people saw that
a house had been erected, and a stage had been put up on
which to keep food, and there were many garments there
and much food collected. Tau-tini was lonely in his house
by himself; but two women, Ti-mua (first *tii*—edible
root) and Ti-roto (inside *tii*), came and saw him and his
property, and desired him as their husband. He stayed
there two years, and recovered the fish-hook of his uncle
Tari; and his heart was rejoiced, as he had obtained
that for which he had voyaged so far, and travelled
through so many lands [islands]. But he stayed in that
land for many years. The food he wanted and the gar-
ments he required he prayed to God for, in accordance
with the teaching of Tane. When the time was fulfilled
he went home.

REWA-REWA (float) was a good man, and believed and
taught all the ceremonies and incantations of Raki and
Tane.

TAKA-ROA (take a long time to do anything) was a
just and most learned man in the doctrine and teachings
of Tane.

TAKI-RAU (A-TAKI-RAU) (led the hundred).—He who
boldly taught all the laws of Tane.

RAKI-NUI (great heaven) was learned in and practised
the doctrines taught by Tane.

PEKE-I-TUA (jump behind).—A good and upright man,
to whom God gave power to carry out all his projects.

THE DELUGE. (NGA-I-TAHU.)

Men had become very numerous on the earth. There
were many great tribes. Evil prevailed everywhere. Th
tribes quarrelled, and wars were frequent. The worship
of Tane was neglected, and his doctrines openly denied.
The teachings of Para-whenua-mea (*débris* of the flood)
and Tupu-nui-a-uta (the king of the interior) respecting
the separation of Rangi (heaven) and Papa (earth) were
disputed, and men obstinately opposed their doctrines, and
declared them to be false teachers, and asserted that Rangi

and Papa were now as they were when the world was made,
and that Tane had not done any of the things he was
said to have done. But Para-whenua-mea and Tupu-nui-a-
uta continued to preach until the tribes cursed them by
saying, " You two can eat the words of your history as
food for you, and you can eat the heads of the words of
that history." Then these two teachers were very much
grieved because of the words " Eat the heads," and they
became angry. Then they commanded the people to build
a house in which to teach the ancient legends and history,
and the knowledge of the doctrines of Tane, and also the
incantations and ceremonies for all occasions. Then were
the people filled with sorrow, and turned aside, and uttered
the curse of " Eating the heads."

Tupu-nui-a-uta and Para-whenua-mea then got their
stone axes and cut down *totara (Podocarpus)*, and *kahika-tea
(Podocarpus dacrydioides)*, and other light-timber trees,
which they dragged together to the source of the River
Tohinga (the baptism). They bound the timber together
with vines of the *pirita (Rhipogonum scandens)* and ropes,
and made a very wide raft *(moki)*. When the raft had
been built, the incantations of Whaka-pio (to cause to be
adequate) were repeated to heaven (Rangi). Then Tupu-
nui-a-uta and Para-whenua-mea repeated together an incan-
tation-prayer, and put some water into a *paua*-shell *(halio-
tis)*, and used the water in the ceremonies, and repeated the
incantation, and built a house on the raft, and put much
food into it—fern-root, *kumara*, and dogs.

Para-whenua-mea and Tupu-nui-a-uta then repeated in-
cantations, and prayed that rain might descend in such
abundance as would convince men of the power of Tane,
and prove the truth of his existence and the necessity of
the ceremonies of worship for life and for peace, and to
avert evil and death.

Then these teachers, with Tiu (fly as a bird without
flapping its wings), Reti (snare), and a female named Wai-
puna-hau (source of the wind), got on the raft; but there
were other women on the raft besides.

Tiu prayed and repeated incantations for rain. Now, Tiu was the priest on the raft. The staff representing rain had been set up. He prayed that rain might descend in great torrents ; and when it had so rained for four or five days and nights, he repeated incantations that it might cease, and it ceased.

On the next day the flood had reached the settlement, and on the following day the raft began to be lifted by the waters, and floated down the River Tohinga. The water was now great, like an ocean, and the raft began to move about hither and thither. All men and women and children were drowned of those who denied the truth of the doctrines preached by Tane.

The raft now floated away; and these are the nights and moons, and the matters relating to the days, and also to the works which were performed by those on the raft whilst they floated about, even to the day it again touched the land :—

It floated on down the river Tohinga, and came to the Au-whiwhi (entangled stream), Au-matara (stream a short distance away), Au-kuha (rugged stream), Au-puha (stream blurting out), Au-mahora (stream spread out). The raft here was unimpeded, and descended, going straight on in the stream. It came to the Au-titi (descending stream), Au-kokomo (stream going into), Au-huri (turning stream), Au-take (origin of the stream), Au-whawhao (stream filling in), Au-kawha(ngawha) (stream broken up), Au-mate (dead stream). The stream now ceased to be, and the current went right on, and down, and heaved, and went forward, and sighed, and came to Ha-wai-ki (water of breath filled), Hawa-i-ki (chipped and filled), Ha-wai-ki(iti) (water of small breath), Hawa-iki(iti) (broken small).

The raft was now quite out on the sea, and arrived at To (pulled), Tapa-tapa (give a name to), Nga-rimu (the sea-weed), Te Tukunga (the allowing to depart).

When they got to Tapa-tapa those on the raft repeated incantations and performed ceremonies and called aloud the names of the gods ; and when they arrived at Nga-rimu they repeated the ceremonies and offered sacrifice to the gods.

When they arrived at Te Tukunga, they repaired the raft with great energy, and by friction procured sacred fire. Para-whenua-mea took grass, and held it over the sacred fire and took it away again; again he held it over the sacred fire. This he did so that they might cook food for themselves on that fire. (From this ceremony is derived the custom of our people in regard to the sacred ceremonies and incantations performed and repeated over canoes.) He took the grass from the fire and divided it into small bundles. One for the gods was the first laid aside, one for the males of mankind, one for the females, and one for the aged females ; and then one, with some fern-root, was offered in recognition of their being preserved whilst being carried hither and thither by the flood, and as an offering from those who at harvest-time take the first fruits from the crops. This was for the male line only ; another like it was also offered for the female line.

When these presentations and thank-offerings had been made to the gods, they took some fern-root, and with it touched the lips of all—first of the men, then of the women, and then of the children. Then, for the first time, they partook of cooked food.

They lived on this one meal for two days, and did not eat of any other food from the time they had performed the thank-offering to the gods.

They now saw goddesses wandering on the face of the ocean. They were Hine-ahua (maiden of the altar), Hine-raka(ranga)-tai (maiden arranging the sea), Hine-apo-hia (maiden that gathers together), Kare-nuku (agitated world), Kare-rangi (agitated heaven). These came to make a commotion in the sea, that the raft might be destroyed and those on it might perish. The sea was boisterous, but the raft and its occupants were not overwhelmed.

The raft floated on, and came to Te-wiwini (the tumbling), Te-wehi (the dread), Te-wana (bud forth), Te-pa (the touched), Kare-tua-tahi (first ripple), and on to the second, and to the third, and to the tenth ripple, and they arrived at Te-tarawa (suspended). At this time expired the sixth moon of their living on the raft and of their drifting on the ocean.

The raft still drifted on, and came to Te-hiwi (path), Te-whana (put forth power), Te-riaki (strain), Te-hapai (lift up), Te-tiketike (the high up), Te-rahi-rahi (the thin). At this time Tiu had a desire to land on the shore. They went on till they came to Te-kapunga (caught at), Te-whatinga (the broken), Te-horonga (the falling down in pieces), Te-whaka-huka (making foam), Te-whati-tata (broken near), Pou-hoatu (the staff given), Tuturi (kneeling), Ekenga (got on), Uta (on shore), Mae-ra-uta (coming from inland), Tira (company of people), Moana-nui (great sea).

When they had been floating about on the raft for seven moons, Tiu spoke to his companions and said, " We shall not die; we shall land on the earth ; " and on the eighth month he added to his words, and said, " The sea has become thin; the flood has begun to subside." Para-whenua-mea and Tupu-nui-a-uta asked him, " By what do you know ? " He answered, " By the signs of my staff." He had kept his *wananga*, or altar, on one side of the deck, where he performed his ceremonies and repeated his incantations, and observed his staff, which he also kept there ; and by his knowledge and constant devotion to his ceremonies he understood the signs of his staff. Hence he again said to his companions, " The blustering winds of the past moons have become less strong. The great winds of the past moons have become weaker now, and the winds of this month have died away, and the sea has become calm."

On the eighth moon the rolling motion of the raft had changed : it now pitched up and down and rolled. Hence Tiu thought they were near to land, and that the sea had become shallow. He said to his companions, " This is the moon on which we shall land on dry earth, as the signs of my staff indicate that the sea is becoming less deep."

All the time they were floating about they repeated the incantations and performed the ceremonies to Tane.

They landed on dry earth at Ha-wai-ki. They thought that some of the people of the world might perhaps still be alive, and that the earth might have the same appearance as it had before the flood came; but on landing they saw that there was not one human being left alive, and the land had materially changed : it had cracked in parts, had been turned upside down, and had been confused by the power of the flood ; and they found that they were the only survivors of all the tribes of all the earth, and that the earth had completely changed in appearance.

When they landed on the earth their first act was to perform ceremonies and repeat incantations. They performed these to Tane, to Rangi, and to Rehua, and all the gods. Sea-weed was the sacred offering given in place of slain sacrifice. The ceremonies and incantations, with the offering, were first performed to Te-po, then to Te-ao, then to Te-kore, then to Te-maku, then to Rangi, then to Rehua, and lastly to Tane. In offering this sacrifice they held the sea-weed in their hands, and repeated the incantation to each god in succession. As they addressed each god consecutively, a portion of the sea-weed of the length of the two thumbs of the priest was broken off the main piece. Each god was addressed at a different spot. The altar to each god, on which each offering was left, and before which the incantations were repeated, was a root of grass, a shrub, or tree, or flax-bush. These were the altars of the gods at that time; and now, if any of the people of the tribes go near to such altars the food they have eaten will swell in their stomachs and kill them. The chief priest alone may go to such places. If the people go to such sacred spots, and afterwards cook food at their settlement, that food would kill those who ate it. It would be cursed by the sinful act of desecrating the sanctity of the altar; and the punishment on the eaters would be death.

12

When all the ceremonies and customary acts had been performed for the removal of the *tapu*, fire was obtained at one of the sacred places by friction. Some sea-weed was scorched, and the chief priest took a bundle of grass in his hand, into which he put some of the fire. Whilst it blazed he divided the bundle of blazing grass into as many portions as there were pieces of sea-weed on the separate altars for the gods. Thus each piece of sea-weed had a piece of burning grass near to it. The priests then placed a piece of *rimu* (sea-weed) on each fire, and these were presented as an offering to the gods for their rescue from the flood, and for their delivery from the goddesses who attacked them whilst on the raft, and for their lives being preserved to land at Ha-wai-ki.

The ceremony and incantations of thanks were also offered for the females, when the names of all the goddesses were repeated. These were the female gods of Te-po, of Te-ao, of Te-kore, Kore-te-whiwhia, and the goddesses of all the Kore, and even the female Papa, with whom the offerings ceased. This having been done, the high priest went to a little distance and pulled at a bunch of grass, but not sufficiently strong to pull it altogether out of the ground; beneath it he deposited a piece of the sea-weed which had been offered to the gods. Each piece of sea-weed was deposited under a separate root of grass, on the conclusion of which the incantation Moana-uri (dark sea) was repeated.

Another ceremony and its incantations were now performed—namely, the incantation of Huri-taka-pau (turning of that on which we rest). The high priest, with a branch of a tree in his hand, went to the edge of the water, and, dipping the branch into it, he then turned and faced the people, who were the while sitting a short distance from the spot on which the sea-weed was laid. Standing there, he waved his hand towards them, and threw the water in their direction. This he did three times. Then, returning to the people, he sat down by a fire produced by friction, in which to cook some fern-root as an offering for the company rescued. The people now for themselves produced a fire by friction, and on it roasted some pieces of fern-root. Then one of them took the piece which had first been roasted, and stood aside from the fire, and, going near to the sitting high priest, he strode four paces in front of him whilst the priest chanted an incantation. He then commanded the man to hold the fern-root up in one of his hands. The priest chanted another incantation, and commanded the fern-root to be let down again and to lift up the other hand with another piece of fern-root in it. The fern-root was held up in the right hand first, as in the right hand was held the offering to the senior gods, and because the right hand and the right side of all men are sacred to Tu, the god of war. The priest chanted another incantation, and stood up, and went and took the first piece of fern-root out of the hand of the man, and gave it to the most sacred woman, who took it and passed it under her thigh and ate it. But in some instances she only ate part of it. Taking a root of grass, she offered it and the uneaten portion of the fern-root to all the people, who ate the fern-root and threw the root of grass to where the sacred fire had been burning. The other piece of fern-root was taken out of the other hand and given to another aged person, who passed it under her thigh and ate it. Staying where they were, they sat until the sacred fires all went out, and the sun had set on the first day of their restoration to dry land. In joy they procured a fire by friction, and cooked food, ate, and slept.

On the morrow, when they awoke, they produced fire by friction, and heated the *umu* Huri-hanga-taka-pau (oven of the turning of that on which we rest). Food was put into it, and when cooked it was placed in front of the high priest, as he sat retired from the rest; and when he had partaken of it others of the sacred men and women of the people consumed the remainder; and then, looking up, they beheld the rainbow (Kahu-kura—red garment) and Rongo-nui-a-tau (great news of the whole year) in the sky; to which Tiu at once offered sacrifices; and then they discovered that Te-kani-uhi (absorbed by friction) and her female attendants were the deities who, in answer to the prayers of Tiu and Para-whenua-mea, had caused the rain to descend, and had vomited up the great swelling of the water which had destroyed all the rest of mankind, and who thenceforth dwelt below the end of the, sky, whence they drive the water to produce the ebb and flow of the tides we now see.

ANOTHER READING OF THE FLOOD.   (NGA-I-TAHU.)

In ancient history we are told that Tupu-tupu-nui-a-uta was the cause of the flood. He was the son of Para-whenua-mea. He asked for rain, and such torrents descended as produced a flood, which continued to rise until the plains, and hills, and the highest peaks of the mountains were covered by it; and all mankind, except those who had prepared a raft, and had taken refuge on it, perished in the water. In those days Tu-nuku held the sun as his vassal, and Tu-rangi held the moon as his vassal, and Kiwa held the sea.

Now, when Tane had completed the adornment of his father Rangi by fixing the stars in their places and spreading out the clouds in the heavens, it was commanded that there should be a sea; but it should be only a little sea when compared with the flood of Para-whenua-mea, which had produced the great ocean of the world.

That flood came when our ancestors were at Tohinga, in the days of Te-awa, Tupu-nui-a-uta, and Para-whenua-mea; and caused Te-au-whiwhi, Te-au-matua, Te-au-kuha, Te-au-puha, Te-au-mahora, Ka-uro (shout of triumph), Ka-heke (descending), Ka-maro-te-au, Te-au-titi, Te-au-kokomo, Te-au-huri, Te-au-taki, Te-au-wawao(whawhao), Te-au-huri, Te-au-tangi, Te-au-kawha(ngawha), Te-au-mate (subsiding flood); then it began to subside, but it was still great, and, sweeping on to Ka-titi-te-au, Tatu-te-au, Maro-te-au, Hotu-te-au, and on to Hawa-i-ki, came on to To, Tapa-tapa, Nga-rimu (sea-weed offerings made). Then were seen the goddesses Hine-ahua, Hine-raka(ranga)-tai, Hine-apohia, Kare-nuku, Kare-raki(rangi), Te-wiwini, Te-wehi, Te-wana, Te-pa, the first Kore, and even to the tenth Kore, and the first Ta-rewa, even to the tenth Ta-rewa, and the Hiwi, Te-whana, Te-riaki, Te-hapai, Tiketike, Te-rahirahi, Te-kapunga, Te-whatinga, Te-horinga, Te-whaka-huka, Wati(Whati)-tata, Pou-ata, Tuturi, Ekenga, and Uta (landed on shore), the Mae-ra-uta, Te-tira; and on the dark sea were seen the lights of Taka(Tanga)-roa, and the ceremony of Huri-hanga (turning the mat on which they rested), which enabled them to revive and spread out again, even to Taka-roa-haere-roa (the long-wandering god of the sea) and Nuku-tama-manawa-roa (the delivery of the delighted son), or Haku-tama-manawa-reka (complaint of the delighted son), until they came near to the out-standing Hawa-i-ki.

EARTH UPHEAVED. (NGA-I-TAHU.)

Puta was the cause of the land being turned upside down in the days of Mata-iho (face bowed down), or Mata-aho (shining face), when trees and vegetation, and also the greater part of men, were destroyed.

The second upsetting of the land was in the days of Wi (dread), or I (was), and A (am). This was of the same destructive character as the first. Then Hapopo (decay) folded up the sun, and caused the death of a vast multitude.

To Ui (ask) belonged the fire of destruction, and Puta caused the commotion which overthrew the earth, so that the animals of this world, and the birds, and the *moa*, and others of the same kind, were destroyed.

TATAI KORERO WHAKAPAPA

A TE MAORI

ME NGA KARAKIA O NEHE

A NGA TOHUNGA

O TAKI-TUMU, ARA O HORO-UTA.

NA HONE WAITI
I MAHI.

PUKAPUKA TUA-TAHI.

WERENGITANE:

NA TE KAWANATANGA I KI KIA TAIA E HORI TITIPERE, KAI TA PEREHI
A TE KAWANATANGA.

1886.

Ka hua o tama, i kotia atu ano te kaha mo te Po
I to whanautanga; i ranga mai ai te hau o te pukupuku
O te tona toua, o te tau mate, o te kunawhea,
Pukai rawa atu, ki te aro aro o Mata-riki,
O Here-kikini, o Hero-momotu-kai,
Momotu tangata, ki runga Wai-ro-ta.
Nekea e Punga, ki runga o Raro-tonga,
Whakaturia te whare; ko Te-maru-ao-nui.   Ko Te-rangi-aio.
Nekea e Whaka-ha, ki runga o Hawa-i-ki.
Whakaturia tana whare, ko
Nga-tokorua a Tai-nga-hue,
I maka ki runga ra,
Hei tohu mo te rangi e, i.

Ko te tangi a Tu-rau-kawa, mo tana tamaiti i kohurutia (ko te tahi wahi anake.)

NGA KAUHAU MAORI O NEHE.

UPOKO I.

KAORE te aroha e Whai i au, e whanake tonu nei.
Na te pupuke i ahu, ka hua te mahara;
Ka hua te Wananga, ko Hou-tupu, ko Hou-ora.
Ka noho i Atea, ka puta ki waho ko te Po.
Te Po i tuturi, te po i pepeke, te po i oti atu
Oti atu koutou ki te po e, i.
Na te Kore i ai, te Kore te whiwhia,
Te Kore te rawea. Kia rongo mai te Tohunga,
Kia whakapeka mai; ka ho hoki au.
Na Whare-kura ano. Ka noho te Rangi e tu nei,
Ka noho i Te-ata-tuhi, ka puta ki waho,
Ko Te Marama. Ka noho i a Te-wero-wero,
Ka puta ki waho, ko Te Ra. E haere puku aua;
Ka huakina ki runga hei kanohi mo te Rangi.
Ka marama koutou te haere, ki te kawe riri.
    Tahuri mai o mata, ki muri ra.
Te ata ka haea, i runga o Tonga-riro;
He ata kai taua, he ata kai tangata e-i.
    I whai pea koe, ki te tahua a Nga-toro-i-rangi,
Ko Ihu-motomotokia; Te-moana-wai-pu.
Awatea ake, ko Tarai-whenua-kura,
Ko Te-Kohu-wai, ka whakamutu te riri.
    Moe mai e pa, i roto Matangi-rei,
Ko te whare o Turi i u ai ki uta:
I nui katoa ano nga tauiwi nei ki roto.
    Taria e tukituki ki roto Kai-kapo,
Mo Whaka-papa-tu-a-kura,
Mo Mata-whare-te-uia:
Ka mau te pakanga e-i.
    E tika ana koe i te ara kai riri,
I runga Turanga-rere, mo Te-rangi-hau-ora,
Mo Te-tautara-tu, ki Turanga-maea,
Ko Te-kohu-tu e, whakahokia mai, ki roto Pa-tea.
Mo Te-rakau-haka-haka,
Mo Hau-tu-te-rangi; e Kahu-i-te-raki.
Tena to iramutu, rahiritia mai:
Waohia (Whaohia) mai ra ki te kete putuputu na Rau-kata-uri.
I tikina ai Kae ka mate. Huna mai ra
Ki roto Haruru-roa, ko te kokori
A Pae-kawa, i takoto ai Huna-kiko:
I takoto ai ko Manawa e-i.
Koi (kia) aha ai koe te hunu hunua ai,
Ki te mura o te ahi; ka titiro iho koe
Te kiri o Manu-mea, ka whara kei muri,
Kia hua i roto ra: kia whaka-ringaringa

Kia whaka-waewae, kai whaka-kanohi i a koe.
E tama taringa koro, te rongo mai ai,
Ka pau te hora o au ki a Tahu,
Ka pau to tuitui, ki nga kaha o Hau.
Ho mea mahuo au i te unuhanga heke,
Ho papa makere au i roto
To-Kopao-parara-ki-te-uru,
Ko te whare a Turi i i.

          Ko te tangi a Tu-roa, mo Te-kotuku.

NGA WHARE-KURA.

AKO I NGA KARAKIA ME TE WHAKAPAPA. (NGA-I-TAHU.)

NGA whare tapu, hei whare akonga mo nga tamariki ranga-
tira mo To-Haere-roa, E tata ana (aua whare) ki te wahi
tapu i a Mua.

He mea ano, ko taua wahi tapu i a Mua, he Tii (Mauku),
ranei, he take korari (harakeke) ranei, ko te wahi hoki
tera e whakaturia ai a Kahukura; ara te Atua-toro, ko
taua atua ko Kahukura he whakapakoko rakau, he totara
te rakau, a ko taua whakapakoko, he mea mahi kia rite ki
te ahua tangata, kotahi whatianga o te ringa ahu atu i te
tuke a tae noa ki te pito o te ringa mapere; te roa o taua
tiki whakapakoko. E kore nga waewae o taua tiki e ma-
hia, i te mea e tu ana i runga i te pou, he rakau kotahi te
tiki me te pou e tu ai taua tiki.

Ma te Tohunga e karakia te pou tokomanawa, te
tuatoru o nga pou hei tautanga mo te tahuhu o te whare mo
te tuarongo; ma reira te whare katoa ka tapu ai. Ma
nga tangata tapu e hanga taua whare, ma nga tangata noa
e homai nga rakau me nga rau (nikau, toetoe).

I te hanganga o taua whare e kore nga tangata hanga i
taua whare e kai; a kia ahiahi rawa ka kai ai. Hei te ra-
pinga (pokenga) o te pu kakaho ka karakia ki te tini o nga
atua maori. A kia oti rawa te whare ka taa ai (karakia) i
te kawa o te whare. He patunga tapu ano to te taanga i
te kawa. A ka huihui nga tangata katoa ki te taa i te
kawa. Ko nga patunga tapu, he kuri, he tangata, he wa-
hine, he tamaiti, he pononga ranei. Ka whakaponohia te
toto o taua patunga tapu. He mea mahi pera me to te
taua whakapono kai ki nga atua. He whakarongo kau
atu ta te iwi; ma nga tohunga anake nga mahi karakia.

Ko nga kai tapu (ara ko te kuri, ko te tangata ranei)
he mea arahi mai ki mua o te whare patu ai; a ko nga
toto ka whakaponohia, ki nga atua; ko te tinana ka maua
ki te wahi tapu tanu ai.   Ko te toto anake te mea hei
hoatutanga tapu ki nga atua.   A ka tahuna te umu
(hangi) tapu i roto i te whare me te kaa o taua hangi; me
te kaa ano hoki o te ahi tapu i roto i taua whare, i te wa
e patua ai aua kai tapu ma nga atua.   A he mea tahu he
hangi tapu i waho i te marae, a ka hoatu, he kumara ranei
he tuna ranei ki taua hangi, ka maoa, ma nga Tohunga e
kai aua kai, me nga tangata tapu ano hoki; ka mutu ka po.
I te po tuatahi ano ka mene nga Tohunga ka whiri-
whiria e ratou nga tamariki rangatira o te iwi e rua te kau,
e toru te kau, hei nga tamariki tane anake, me haere ka-
toa aua tamariki ki te wai, a ma nga Tohunga ariki e koko
he wai ki roto ki nga taringa maui o aua tamariki; he mea
tango e aua Tohunga i te toetoe ranei i te taru taru ranei,
ka tou ai i taua toetoe ki te wai, ka tou ai ki te taringa
maui o te tamaiti ka karakiatia ai te karakia ki aua tama-
riki, ko te Tohunga ki tahaki karakia atu ai, ko aua tama-
riki ki roto ki te wai tu ai, ka mutu taua karakia ka tae
ano te Tohunga ki te wai ka kokoa taruatia (tuaruatia) te
wai, ka kokoa ki runga ki aua tamariki, a e rua, he mea ano
e toru kokonga o te wai ki aua tamariki ka mutu tera, ka
karakiatia ano te karakia mo aua tamariki, he mea hoki
tenei karakia kia puare tika ai nga taringa o aua tamariki
kia rongo pono ai ki te ako a nga Tohunga, kia mau ai nga
tikanga katoa e akona ai ratou e nga Tohunga.
Ka mutu tera ka mahia e nga Tohunga nga rimu, ka
peratia me te mahinga i nga rimu i mahia i te Waipuke.
He rimu mata nga rimu e mahia ki tenei karakiatanga, ka
mutu tera ka haere mai nga tamariki ki uta o te wai, a ka
haere tonu atu ki a Mua (Tuahu) rawiti, ara ki te whaka-
pakoko e kiia nei ko Kahukura, a ko nga rimu pakapaka
(maroke) me pakapaka (pangapanga) atu ki a Mua, me te
karakia ano i te wa e hoatu ai aua rimu maroke ki a Mua,
a ka urutia (whakaurua) te mana o te tapu, a ka waiho te
tapu ki a Mua.   Ka mutu tenei ka haere nga Tohunga me

aua tamariki ki te whare, ka hingaia (hikaia) te ahi tapu,
a ka tuuua te tahi wahi aruhe (roi) ka hoatu ai taua roi ki
te wahine ruruhi ka kuhua eia ki raro i tona kuha (huha)
a ka kainga taua aruhe e aua tamariki, he mea tu a rarangi
aua tamariki, a ka hoatu te aruhe ki te tahi ka ngana eia
te tahi wahi o te roi, ka kainga, ka hoatu taua roi ki te tahi
tamaiti, a oti noa aua tamariki katoa te hoatu i taua roi
me te kai ano hoki aia, aia o aua tamariki katoa. He mea
tenei kia u ai ratou ki te mahi; ka mutu te kai i taua roi
tapu ka noho ai aua tamariki ki raro. Kotahi tonu ano te
wahine ki taua whare, hei te wahine tapu, hei pa mo te
mauri. A ko aua tamariki tapu anake e kai i roto i taua
whare.

Ka mahi ka ako nga Tohunga i nga mea katoa ki aua
tamariki, a tae noa ki waenga nui po. Ki te mea ka moe te
tahi tamaiti ki roto ki taua whare, ka mate aia. Ko tana
moe he tohu aitua mo tana mate, a e kore aia e roa ka
mate turoro; a ki te mea ka puta taua tohu mate ki te
tahi tamaiti tauira o aua whare kura, e kore aia e tukua
ano ki taua whare ako ai.

Ma nga Matua tane e hiki nga tamariki, a ma ratou e
tohu kei tangi, kei kori kori, kei kowhetewhete, kei aha noa
iho.

He ako tonu i nga po katoa, i nga marama e wha, a e
rima, a hei Te Kahui-rua-mahu ka timata te ako i Whare-
kura. A ko te ako he mea timata i te wa e too ai te ra,
a mahi tonu te ako a waenganiu po ka mutu ka moe
ratou. A i te awatea, e pai ana, ano aua tauira kia haere
ki te takaro ki te kaukau ki te aha noa iho, otira e kore
e tika kia takaro tahi ratou ko nga tamariki kahore i akona
ki Whare-kura. E kore ratou e haere ki nga whare kai, i te
mea me kai ratou, a me moe i Whare-kura, he mea hoki
tenei i peneitia ai kei tata, kei takaro tahi ki nga tamariki
noa; ki te mea ka pa ranei ka tata, ranei te tamaiti tapu
ki te tamiti noa, kua tapu taua tamaiti noa, ka riro atu aia
ki Whare-kura hei pononga mau wai mo aua tamariki
tapu.

Ko nga kai ma aua tamariki i te wa e ako ai ratou i roto

i Whare-kura : ma nga wahine e mahi, ma nga wahine e
homai kai ma aua tamariki. He mea tao e aua wahine ki
ko noa atu o te kainga o aua wahine ka mau mai ai ki
tahaki ke mai o Whare-kura, a ma aua tamariki, a ma aua
tamaiti noa i kawea ra ki Whare-kura, e tiki mai aua kai,
ka mau ai ki roto ki Whare-kura.

He nui noa atu nga Tohunga hei ako i aua tamariki :

Ko te tauaro o Whare-kura e anga ki te marangai ki te wa
tonu e puta ake ai te Ra, ko aua tamariki me nohu kapa tonu
ratou i roto o Whare-kura ; a ko ngo kanohi e anga mai ki
te pou-toko-manawa o te whare. Ki waenga nui aua tama-
riki o Whare-kura noho ai, ko nga Tohunga tatai korero, hei
te taha tonu o Whare-kura noho ai, ko te Tohunga Ariki
tatai korero, hei te tatau, hei te taha ki katau aua tapoko
atu, a ko nga kanohi o aua Tohunga me anga ki te kuwaha
o te whare, ka noho ai te tahi, i te tuara, ara i muri o te
tahi. Ki te taha maui aua tapoko atu ki te whare, noho
ai nga Tohunga whakarongo korero : ko ratou hei whaka-
rongo i te tika, i te he, i te pakewa o te tatai o era e tataku
ra i nga korero o nehe ; hei whakaae, hei whakahe, i te tika,
i te he.

Ko te Tohunga Ariki hei tatai korero, te mea o ratou e
timata wawe te korero ako i aua tamariki ariki, a ka mutu
tana wahi e ako ai, ka korero te Tohunga i muri i aia, a
pena tonu te ako a aia Tohunga a aia Tohunga, a mutu
noa te ako i te po kotahi.

He penei tonu te mahi ako i ia po, i ia po a pau noa
nga marama e wha, e rima.

E kore te kupu kotahi e kiia e aua tamariki ranei, e
etahi ranei o aua tini tohunga o aua kapa e rua, i te wa e
ako korero ai aua Tohunga tatai korero.

A ko nga karakia e ako ai e tataku ai aua tini Tohunga
nei, he mea timata i te karakia whakamama mo nga taringa
o aua tamariki i te tuatahi. Muri iho ko te karakia
whaka-u-ara mo te wairua o aua tauira : kia mahi a kia
manako ai aua tauira ki te ako i nga mea tapu. Muri
iho ka akona ko te karakia o nga korero o Te Po ; muri
iho ka akono ko nga korero mo Te-Ao ; muri iho mo Te-

Kore; muri iho mo Te-Maku; muri iho ka akona ko nga
karakia me nga mea tapu mo Rangi. Ko aua karakia
nei, he mea ako a pau noa te marama kotahi i te akonga i
enei, a i taua marama kotahi, ka hoki hokia ano te ako i
aua tini mea, kia tino mau pu ai te mohio o aua mea, i nga
tauira e ako ai aua tohunga ki aua tamariki i aua karakia.
Kotahi Po ka pau aua karakia nei te ako, a ka hoki ake
ia po ia po aua karakia ra ano, te ako a pau noa te marama
kotahi, ka hiko ai he karakia ano ako ai.

Muri iho i era, ka ako nga Tohunga i nga waiata nui o
nehe, kia matau aua tamariki ki aua waiata tu a karakia,
kia koingo ai nga wairua o aua tamariki, ki te mahi ki te
tauira i nga toa me nga mahi kaha, me nga mahi nui o
nga atua me nga tupuna, ka mutu era ka mahia ko nga
karakia Tahu mo Te Po, mo Te Ao, mo Tane. Muri iho
ko nga Karakia makutu he po hei mau (me nga pohe) mo
te tangata. Muri iho he karakia mata-kai he Karakia enei
mo nga kai e hoatu ana ki te tangata kia mate ai. Muri
iho ko nga Karakia whakapono taua. Muri iho ko nga
Karakia haumanu mo nga turoro. Heoi ano nga mea e
akona ki taua whare. A ka kapi nga ra, nga marama e
ako ai, i ia tau i ia tau; i te mutunga o te ako ka
moe nga tohunga me nga tauira i te whare, oho ake i te
ata, ka haere katoa ki a Mua, tae atu ka panga atu he
pitau i mahia e ratou, ki a Mua, ki tana aroaro takoto ai
Ki te mea ka hore he pitau, me aruhe a ki te kore he
aruhe me patiti (taru taru) ka karakia ai i aua pitau. He
pitau mata enei, a he pitau maoa ano, he pitau tawera ara
he mea kuhu te pitau ki te ahi, he mea rara kau ranei ki
te ahi, a ka Karakia, ka whakahoroa i te tapu kia wawe ai
te kai nga atua. Ka mutu tera ka haere nga tohunga me
nga tauira ki te wai, tae atu ki te wai ka karakiatia te
karakia huri i te takapau. E karakia ano nga tohunga me
nga tauira i te karakia takapau, ka tu mai te iwi katoa i
tahaki mai, me te karakia katoa te iwi i te karakia ano mo
ratou. E karakia ana nga tohunga i te takapau, me te tu
nga tauira i roto i te wai, me te uhi uhi nga tohunga i te
wai ki runga ki aua tauira, he tini nga karakia i te takapau,

me te uhi uhi ano i te wai ki nga tauira. He tini ano, ara he karakia he uhi i te wai, aia karakia aia karakia.

Ka mutu aua karakia, ka uia nga tauira e te Tohunga Ariki, he mea ano he mea ui e nga tohunga, ki aua tauira " Ko wai o koutou kua tino matau ki nga karakia," ma te tauira tino mohio rawa e karanga " kua matau ahau." Ka tahi ka kiia atu e te Tohunga Ariki ki te iwi, kia arahina mai te tahi mokai (*taurekareka*) ki te wahi i te taha o te wai e noho ra ratou nga tohunga me nga tauira; a ka makuturia e taua tamaiti i ki ra e mohio ana aia ki nga karakia : ka makuturia, a mate tonu iho ano i reira taua mokai. Ka mate taua mokai i te makutu, ko te toto e hoatu hei mea hoatutanga tapu ki nga atua, a ko te tinana he mea tanu ki te wahi tapu. Ko te toto o te ihu o te tupapaku e hoatu ki nga atua, hei raupaka (panga) ki te aro aro o te atua ki a Mua, a he mea mau taua toto i runga i te tahi wahi rakau ranei, patiti (taru taru) ranei, ka mau ai ki te aro aro o Mua, a ka here here ai ki te toko e tu ana i mua o Mua. Ko taua toko he toko tapu no mua noa atu. I te wa e haere atu ai te mokai ki aua tauira : ki te mea ka uia aia " ka haere koe ki whea?" ka ki atu te mokai, " Ka makuturia ahau e te tahi o nga tauira o nga Ariki." A e kore e penei te roa me te pokinga hangi ka mate taua mokai. Ko taua mokai hei raupanga mo te kakari, mo te makutu, hei mana here i nga tohunga. He mea ano ma nga tohunga e kii kia kainga te tinana o taua mokai, ka kotikotia ka taona hei whakahinga (whakahika) i te umu, he tuna (tunga) ranei. A ka hoki taua ope tohunga me nga tauira ki te kainga nohoanga o te iwi; ka poroporoieŗe haere ratou, ka waiata haere, a tae noa atu ki te kainga. Tae atu ka hinga (hika) te ahi huri-takapau, ka taona he umu ka ka, ka maoka (maoa) ka karakiatia aua kai e nga tohunga, a ma nga kaumatua o te iwi e kai aua kai. Otira i te wa e maoa ai taua kai ka mauria te tahi wahi o taua kai e te tohunga ka whakapakia taua wahi kai, ki ia akonga, ki ia akonga, ka maua taua wahi ma Mua, a ka kainga ai nga kai e nga kaumatua.

Ka mutu i konei nga mahi me nga mea katoa mo te tau

kotahi mo tenei tu Wharekura. Ka paia (tutakina) nga
kuwaha, a ka waiho taua whare kia tu kau noa iho. A ka
tu he tau ano ka mahia ano ka tahitahia a roto o taua
whare.

Ka mutu nei te ako ka moe te iwi me nga tohunga me
nga tauira i waho noa iho; i te po o te ra e haere katoa
mai ai ratou i roto o Whare-kura, a ao ake, ka tahi ano ka
haere ki nga whare noa iho, ki nga ahi kai, otira e kore te-
tahi o ratou e mahi kai. A ka po toru ratou ki te
kainga ka hoki katoa ano ratou nga tohunga me nga tauira
ki a Mua; mahi ahuahu karakia ikawhenua ai, kia heke ai i
taua ika, ko te roa koia kei te whatianga ringaringa, ka tau
taua ika ka tu te tohunga ariki, ko te tahi wae wae ona ki
te tehi taha, ki te tahi taha, ka pehia ai taua ika ki ana
waewae; e tu ana e karakia ana i nga karakia a Tane.

I te wa e ako ai i Whare-kura e kore nga tohunga me
nga tauira e tae ki te moe i a ratou wahine. He mea pai
kia haere noa ratou, ko te mahi kai, ko te tahu kia e kore,
e kore e pai kia whai ranei i te wahie, engari mo nga ahi
tapu e pai ana, ma nga mokia i kawea ra ki Whare-kura e
mahi nga mahi a e hoatu kai. E kore e utua nga kai
whakaako, he rangatira hoki ratou.

He mea ano e toru e wha, a e rima tau e ako ai aua
tauira i aua Whare-kura ka matau, a ka mutu ai te ako ka
noho ai hei tohunga mahi i nga mate me nga karakia mo te
iwi a hei ako ano hoki i nga tauira i Whare-kura. I te wa e
timata ai ano te ako i taua Whare-kura, i te wa e tu ai
ano he ako, e kore e kokoa nga tauira, kua akona i
etahi atu tau ki te wai ano, engari ko nga akonga hou
anake nga mea e kawea ki te wai koko ai me te whaka-
puare nga taringa ki te wai.

WHARE-KURA AKO KI TE NGAKI KAI.

He whare ano nga Whare-kura e ako ai nga uri o nga
tino tangata o te iwi, a he whare ano nga whare e ako ai
te iwi i nga mea e ako ai te iwi ki nga mahi o te ao nei.
He whare whakaminenga taua tu whare, he whare kia
haere mai ai nga tangata ki te ui ki nga tohunga, wahine

ano, tane ano. He whare nui aua tu whare, a e o te kotahi rau ki aua whare. He ako nui taua whare mo te tokomaha, otira e kore e tae ki reira nga tamariki rangatira e akona ana ki Whare-kura.

Ko aua whare he kotahi kumi te roa, he mea ano kumi ma wha, a ma rima. Ko te whanui, e toru maaro, he mea ano e wha, a e rima maaro. A kei te po ka ako nga kai ako o taua whare, a he ahi te mea e marama a te whare, e rua, a e toru, e wha, e rima ranei ahi o taua whare, he mea keri ki te rua aua ahi i waenganui tonu o te whare.

He whare tapu taua tu whare, na nga karakia i tapu ai. E kore e ako tonu taua whare, he po ka karakia, he po e kore. He tini aua tu whare ki te Pa kotahi, ma te iwi tini ka tini ai aua tu whare, hei ui ni, a hei ako i te iwi, ko nga ako me nga korero o aua tu whare he korero mea noa iho. he ako i nga tikanga mahi o mua, i nga ture a nga tupuna i ako ai mo nga mahi o te ao, a he ako roro mauri, korero tupuna, me te tini o te mea kia matau ai nga tangata katoa, karakia taua, kai, tahu noa.

E kore e karakiatia ki aua tu whare nga karakia tino tapu, te makutu me era atu karakia nui.

I te po tua-tahi tonu ka peti (poto, hemo, pau katoa) nga karakia katoa, ka hiamoe nga tangata me haere katoa ki a Mua ki reira taitai ai i nga pitau (korau) ma te Tohunga e karakia te karakia mo taua taitai, a ka hoatu ai aua pitau ki a Mua, ko te wahi tapu hoki tera.

I te wa e tae ai aua tini tangata o te whare whakaminenga, kahore kau he kakahu o taua tiki (o Mua), i te mea hoki he karakia ahua tapu iti aua karakia e mahia ana i taua whare, engari kei nga wa e karakia ai te iwi i nga karakia nui a ka haere atu ai ki te kawe mea tapu ki a Mua, ka whakakakahuria a Mua ki nga kakahu pai : ma te iwi e homai he kakahu pai, hei nga weruweru taniko, kaitaka me era atu weruweru tino pai, a ka kakahuria aua tiki atua-toro (a Kahu-kura) e nga tohunga ki aua kakahu : e rua, nga kakahu tawhito ki taua atua, ka hoatu ai nga weweru pai ki waho, ko te karakia ki mua mahi ai, hei muri ka hoatu ai

13

nga kakahu tawhito, ka karakia ano nga tohunga ka hoatu
ai ano nga kahu papai.

Mehemea kua mahi nga whare runanga nei i te mahi
mo te taua patu, ka haere ratou ki a Mua, a ka mahia
ana mahi whakakakakahu i a Mua, a ka mutu aua whaka-
kakahu me aua karakia, ka wetewetekia ano aua kahu i taua
tiki e te Tohunga Ariki, a ka hoki te ope o te iwi e titiro
atu ra ki ana mahi.

Ka tae te tohunga ki a Mua, ka unuhia mai i tana
tunga; ka kawea e te tohunga i roto i te ope taua, me te
raupanga ano o taua atua, a me hapai taua atua me te
raupanga, ka mutu te hoatu nga pitau mata, ka hoatu ko
nga pitau mauka (maoa) ki a Mua, ka oti tera ko nga
tawera, ara ko nga mea i toua ranei ki te ahi, ko nga mea
ranei i rarangia kautia ranei ki te ahi, ka mutu tenei
ahakoa te huka rere, te huka papa, e kore e mutu te mahi
karakia a te iwi i aua wa ki a Mua, ka mahi tonu te iwi
i nga mahi karakia a waenganui po, a ka tata ki te ao ka
hoki ai ano te ope ra ki te whare whakaminenga, ki te
whare e ako ra ratou; tae atu ratou ki reira ka hingaia
(hikaia) te ahi, taumaha ai te aruhe tukunga mo te
karakia, a ka hoatu ai tana aruhe ma nga tangata katoa
e hongi hongi, he mea hoki ka noho rarangi haere te iwi
i roto i te whare puta noa i te tahi pito i tetahi pito, ka
hoatu i tana aruhe i taumahatia ra e te tohunga ki te ihu
o ia tangata o ia tangata, ka mutu te hongi hongi a te iwi,
ma te tahi kaumatua korohoke e kai taua aruhe, ka mutu
tenei kua noa te iwi. I te ata ka hingaia (hikaia) te ahi
tukunga, a ma tetahi tino kaumatua e kai te kai o taua
ahi tukunga, a ka whakaminea te iwi ka mahia kia noa.
Ko te mutanga tenei o te mahi o ia tau o ia tau ki taua
whare ako i te iwi.

A i nga tau katoa e ako mahi karakia ai te iwi ki aua
tu whare, ko te tikanga ano tenei o te mahi i ia tau i a tau.
He mea hoki i pencitia ai, kei he nga wa mahi kai a te
iwi i nga wa tahere manu, hi ika ngaki kumara me te
keri roi; a i aua wa e ako ai te iwi ki aua whare ako a te
whakaminenga, he aruhe anake te kai i aua wa, e kore te

tangata kotahi e haere ki waenga maara i aua wa e ako ai te
iwi i ana ako mo nga mea o te ao nei. A hei te makariri
anake te wa e mahia ai aua mahi ako, a ko aua whare ra ano
nga whare a te iwi e moe ai e kai ai, a e hui hui ai te ma-
nuwhiri ana tae atu ki te kainga; ara ko te ahua o taua
whare he penei me te whare matoro a nga taitamariki o te
iwi e mahi ngahau ai ma ratou, otira ko aua whare nei
ma nga tangata ma nga wahine kua kaumatua anake e noho
e ako.

<h2 style="text-align:center">WHARE-TATAI.</h2>

He whare ano nga Whare-tatai. E rima a e ano maaro
te roa o tenei tu whare a e toru e wha maaro te whanui.
Ko Te Whare-tatai ki waho o te Pa tu ai. He mea hoki
hei whare tatai mo nga whetu, mo Puanga, mo Takurua,
mo Aotahi, mo Rehua, mo Kai-waka, mo Mata-riki, mo
Wero-i-te-ninihi, mo Wero-i-te-kokoto, mo Wero-i-te-ao-
marie. He nui te mahi o tenei tu whare. Ko nga
tikanga mo nga kai, mo nga tau. He whare whaka-
minenga nui taua tu whare nei ma nga tohunga, a ma nga
rangatira ano hoki o te iwi. He tini nga whare penei o
te Pa kotahi, ma te iwi nui ka maha aua whare, ma te iwi
iti ka ou ou aua tu whare.

He whare huihui, a he whare whakaminenga aua whare
ma nga tohunga me nga rangatira, hei whare korero wha-
kamaharahara ma ratou i nga mea i akona kia ratou. E kore
nga kai waha kai e tae atu ki aua tu whare, e tomo ki aua
whare, engari i tawhiti ano aua kai waha kai e haere atu
ana, me tu ratou me karanga ki nga tangata o taua whare,
a ma nga taitamariki rangatira o taua whare e tiki aua kai,
e mau ki roto ki te whare hei kai ma te whakaminenga nui
o taua whare. E kore taua whare e moea a roto, he kara-
kia, he ako, he whakamaharahara ia ratou anake te mahi,
a ao noa te ra, i te mea hoki e kore e nohoia taua whare i
te wa e whiti ana te ra; ko te po anake te wa e ako ai a
ao noa te ra. E kore te tangata e puta puta ki waho, ko
te mianga anake ka puta ki waho, a hei te hotoke, ara hei
te makariri anake ka nohoia taua tu whare, ka ako ai ki reira.
He nui noa atu nga karakia e mahia ki taua tu whare.

Ki te mea ka maua mai e te wahine he kai ki taua whare,
me patuki aia ki te tatau o te whare; otira hei te wahine
tapu mana anake e patuki te tatau, hei te wahine noa me
tu mai ka karanga mai ai, a ma te tangata o roto e uaki te
tatau, a ma te wahine tapu e hapai mai te kai ki te tatau, a
mehemea he kai na te wahine i mau mai, ka puare te ku-
waha i te tangata te uaki, a e maua atu ana te kai e te
wahine tapu, ka karakia haere atu taua wahine tapu, me te
karakia noho mai ano hoki taua tangata nana i uaki te
tatau.   He mea i karakia ai raua, no te mea kua tuwhera
te tatau.

A he nui puku (noa atu) te kai ma nga tangata o taua
tu whare, e kore ratou e mahi, e tahu ranei i aua kai, otira
ma te iwi nui tonu o te Pa katoa e taka he kai ma ratou, a
ma te iwi e mau ki taua whare, me te wahie ano hoki ma
te iwi katoa o te pa e whai, a e mau ki taua whare, a ma
nga tangata o aua tu whare e mau aua kai, me aua mea
katoa ki roto ki aua whare.

He wahine ano to aua whare, kotahi, tokorua, a tokotoru
ki te whare kotahi, hei mahi i nga mea tapu mo te mauri.
Hei te ahi ahi anake te kai ka mau ai ki aua whare, a he
pera tonu te homai kai, he hono tonu i nga po katoa e tu
ai te korero me te ako i aua whare.

Nga karakia e ako ai e whakamahara ai i aua whare, he
karakia mahi mo nga kumara, he tatai i nga karakia, he
tatai i nga tikanga o nga mahi katoa o te ao, he tatai i nga
ture a nga kaumatua i whakatakoto ai.   He nui te tapu o
aua tu whare.   A ki te mea ka mau mea atu te tahi ta-
ngata noa ki taua tu whare, e kore aia e karanga atu ki nga
tangata o taua whare, engari ka tata atu aia ki te whare ka
paka (panga) kowhatu atu aia ki te whare, a ka rongo nga
tangata o roto ka uakina te kuwaha o te whare, ka kitea
atu aua mea, ka haere te tangata mau i aua mea ka hoki,
ka pahemo aia ka tikina atu e tetahi o te hunga o te whare;
ekore tetahi e ki atu, e kore tetahi e ki mai kia raua.

A ka mutu nga mahi mo te tau e ako ai, ka karakiatia
nga karakia e te hunga o te whare, ka pera me nga karakia
mo Whare-kura tukutuku.   He mea ano e toru e wha, e

rima marama e noho ako ai aua tini i aua whare, a e
kore te mea kotahi o ratou e hoki ki o ratou whare moe ai,
e kore ano hoki te mea kotahi o ratou e moe ranei, i a
ratou wahine. E kore e moe i te po, he ako tonu te mahi;
hei te ao ka moe ai, e kore ratou e kite kite ranei, e tata
atu ranei, e korero ranei ki te iwi nui o te Pa i aua marama
katoa, a hei te tukunga ika-whenua rawa ka hoki ai ratou
ki o ratou whare tupu ake. Hei a Pou-tu rawa ano enei
whare ka nohoia ai, ka ako ai.

Nga karakia e mahia ana e ratou me nga tikanga, ko nga
karakia o te tau, o nga whetu, o nga kumara, o nga Ha-
puku, o nga ika katoa o te moana, o nga manu, o nga wha-
kapono kai, o nga korero kei wareware, o nga Hamanu mo
te wairua, o nga karakia katoa. Ki tenei whare nga Poua.

UPOKO II.

Haere ra e Matai (Matahi) ma,
Te hauga a te atua, ko Uira i te rangi.
Te tira o Ta-whaki, i noho ra i a Kuku-mawhera (Maura)
Nana te Torea, i noho ra i a Te-akau (akau-roa).
Nana te Karoro, i noho ra i a Papa-te-raharaha (Hine-whango).
Nana te Tu-puke, i noho ra i a Papa-huri-keke.
Nana te Koura, i noho ra i a Hine-whango.
Nana te Meho-tu-tanguru (Meho-tanguru), te Meho-weka (eka).
Ka tae Ta-whaki ki te pu o te toi,
Ka kake Ta-whaki, i te rangi tua-tahi,
Ka kake Ta-whaki, i te rangi tua-rua,
Ka tae ki runga ra ; i rokohanga atu ra
Te whanau a Punga, e noho ana i tona whare
I a (i te) Akaaka-tapu-o-Tane.
I noho ra i a Hine-nui-a-te-kawa,
No te taenga ki te rangi i a Tama-i-waho,
Mauria mai nei, ko Te-whatu-i-te-roro ;
Te (e) tutu i te taumata, ki Puke-ki-tauranga.
No te pounga (taunga) o Nga-whatu ki raro,
Ka horo katoa te whanau (aitanga) a Punga ki te moana.
Whai atu koutou te hauga (a) te atua
E kai matahi nei.
Kotahi ano ia te whenua i tawhiti.
I heke iho i runga te atua.
Whakinga (whakaingi) ai te mamae (e) takoto nei :
No te mimititanga, mouteretere tenei whenua,
Tu ana mai te motu i Aotea (Hawaiki).
Tu ana mai te motu ki Aro-paoa (Raro-tonga
Te maunga i te waka (Pora) a (o) Kupe (Para-whenua-mea),
I tawhiti.

He tangi mo nga tupapaku Rangatira, a te iwi katoa.

TE-AO. (NGA-I-TAHU.)

Ko ta matou karakia tenei, ko to te tangata maori o tenei
motu o Te-wai-pounamu, ka tahi nei nga (ka) mahue ia
matou. No te taenga mai nei o te wakapono, i wakarerea
katoatia ai e matou aua ritenga a o matou tupuna. Otira
tera ano etahi ritenga a o matou tupuna ; e kore e taea te
koikoihi (kohikohi) he nui noa atu.

E hoa ma kia rongo koutou, he tu tonu ano no ta matou
korero : ki etahi Tohunga e pono ana, ki etahi Tohunga he

whakakorekore atu ki etahi Tohunga. Ko etahi Tohunga e whakakorekore mai ana ki nga tikanga karakia a etahi Tohunga. He penei ano te tu o nga Tangata-maori he whakapenga (whakapeka) atu na etahi Tohunga karakia ki etahi tohunga karakia, ko te tu hoki tenei o ta ka (nga) tangata maori tana Paipera, kei roto kei o matou puku. Otira he nui ke atu ka (nga) korero a ka (nga) tangata Maori kua ngaro noa atu i nga Tohunga nunui. He mea na matou na nga uri tamariki i kore e whakarongo, a e ako i aua ritenga he hara hoki no aua ritenga ki a matou, a koia i ngaro ai, a e ngaro tou (tonu) nei.

Kei a Te Po te timatanga mai o te waiatatanga mai a te Atua.

Na te Po ko te Ao, tana ko te Ao-marama, tana ko te Ao-turoa, tana ko Kore-te-whiwhia, tana ko Kore-te-rawea, tana ko Kore-te-tamaua, tana ko Kore-te-matua, tana ko Maku. Ka noho a maku ia Mahora-nui-a-tea, ka puta ko Raki (Rangi). Ka noho a Raki ia Poko-harua-te-po ka puta ki waho ko Ha-nui-o-raki, tana ko Tawhiri-matea, tana ko Tiu, tana ko Hine-i-tapapa-uta, tana ko Hine-i-tu-whenua, ko Te-Hakou-a-te-pu; ta Hakou ko Te-pua-i-taha, tana ko Tu-mai-roko (Tu-mai-rongo) tana ko Te-ope-rua-riki, tana ko Raro-toka (Rarotonga) tana ko Te-Kohu, tana ko Karue (Ngarue), tana ko Te-Mao-po, tana ko Pu-nui-o-tonga, tana ko Raka-maomao, tana ko Awhio-whio, tana ko Te-Pu-mara-kai, tana ko Te Oko-oko-rau, tana ko Te-wawahi-whare, na Te-wawahi-whare i huaki ki waho ki te Raro-tau-karere-o-mati-te-raki, ki te Uhi-a-kawa, Huka-huka-te-raki; i reira ano a Makaka-i-waho e noho ana, na Makaka ko Te-apa-ara-ki-ihira, tana ko Te-apa-ra-ki-rarapa, tana ko Taputapu-a-tea raua ko Ma-here-tu-ki-te-raki.

Heoi ano te putanga a te wahine tuatahi a Raki (Rangi). I whakahau tonu tana aitanga matamua. Ko te putanga mai ki tenei ao, ko Taputapu-a-tea raua ko Mahere-tu-ki-te-raki. Ko nga Ariki matamua tonu tenei o Raki.

Tenei hoki te tahi aitanga a Raki i tona kahui Tahu, i a Ka-tu, i a Werohia, i a Whakairia, i a Tao-kai-maiki, i a

Tao-iti-a-pae-kohu, i a Tahua-tu, i a Tahua-roa, i a Te Ka-
ranga-tu-hea, i a Te-aka-rimu, i a Te Whakatu-koroua, i a
Tahu, i a Ka-kokiri, i a Te-kopu-nui. Heoti ano nga
Tahu a Raki e kukume nei e ka (nga) tangata ki te mate.
Ko te aitanga matamua tenei a Raki i nana tonu ki te he,
i tohe tonu ki te kino, na ratou hoki i whakahe te ao; ara
a Hine-a-te-uira.

. Na tetahi wahine hoki a Raki, na Heke-heke-i-papa : ka
puta ki waho ko Tama-i-waho, ko Tama-rau-tu, ko Tama-
nui-a-raki, ko Tama-he-raki ; ko Te-raki-whaka-ipuipu ko
Raki-whangaka (Rangi wananga). Ko te aitanga tenei a
Raki raua ko Heke-heke-i-papa i tumou tonu atu ki runga
ki te Raki.

Tenei hoki etahi aitanga toko-rima a Raki. Otira i wha-
kawairua tonu, a Tama-i-waho ratou ko ona taina i noho
tonu atu i runga i ka (nga) rangi kotahi te-kau ma-wha.

E ngari ano a Tama-nui-a-Raki (rangi) i puta mai ana
hua ki tenei ao, i te mea na Tama-nui-a-raki tonu hoki ko
Haumia, ko Manu-ika, ko Maru-nui-a-kahoe (nga hoe), ko
Hua-waiwai, ko Tahito-kuru, ko Te-kohu-rere, ko Te-ao-hi-
awe, ko Haere, ko Ue-nuku-pokaia, ko Ue-nuku-horea, ko
Raki-whitikina, ko Te-pu-ki-tonga. Heoi ka maro tonu
mai ki nga tangata e noho nei.

Tetahi wahine hoki a Raki, ko Hotu-papa, ka puta ki
waho ko Tu, ko Roko (Rongo), ko Te-Kanapu, ko Haere-
mai-tua, ko Haere-mai-whano, ko Haere-aro-aro-uri, ko
Haere-i-te-ao-pouri, ko Haere-i-te-ao-potako (potango), ko
Te-kitea, ko Te-whaia, ko Te-ao-mataki, ko Turu-meha, ko
Kaihi, ko Te-u-ki-mate-hoata, ko Rei, ko Pou, ko Pou-a-
takataka, ka Pou-raka(ranga)-hua, ko Tu-huku-tira, ko
Tama-taku-ariki, ko Wai-tu-raki, ko Tu-kau-moana, ko
Kiri-rua, ko Hotu-ma-moe, ko Tu-mai-o-nuku, ko Tu-mai-
o-raki, ko te Aewa, ko Tu-mai-koha, ko Tu-poraki(porangi),
ko Hika-ara-roa, ko Ue-nuku-pokai-whenua, ko Ue-nuku-
horea. Ko ka (nga) rerenga tenei o Raki (Rangi) ki nga
tangata e noho nei.

Na tetahi wahine a Raki, na Ma-uku-uku, ko Taku-u-
nuku, tana ko te Matai.

Na tetahi wahine hoki a Raki, na Tauhare-kiokio, ko Taku-aka(waka)-hara, tana ko Taku-raki, tana ko Te-kahika.

Na Raki (Rangi) ano hoki tenei aitanga, na te tahi wahine na Papa-tu-a-nuku; i puta atu ai ki waho, ko Rehua, ki muri mai ko te tamahine ko Ha-kina.

Na Rehua ko Tama-i-te-oko-tahi tana ko Te-whai-tu-tahi-a-iwa tana ko Te-ti-hika (Te-ti-hinga), tana ko Te Rakeka (Rakenga), tana ko Te-raki-ma-kawe-kawe, tana ko Te-raki-whaka-upoko. Ko te aitanga tenei a Raki i whaka-wairua, i noho tonu atu ki runga ki nga raki (rangi) katoa. E penei ana ta matou korero, ara te korero a o matou tipuna (tupuna) i naianei, koia ano tenei ta matou tikanga.

Na Raki ano, na Papa-tu-a-nuku a Tane. No muri mai ia Rehua ko Tane, ko Paia, ko Wehi-nui-a-mamao, ko Tu-taka-hinahina, ko Te-aki, ko Whati-ua, ko Tu, ko Roko (Rongo), ko Ru, ko U-ako, ko Hua, ko Puna, ko Wherei, ko Uru, ko Kakana (Ngangana), ko Wai-o-nuku, ko Wai-o-raki, ko Ai(wai)-o-hou-taketake, ko Ka-mau-ki-waho, ko Ka-mau-ki-tahito-o-te-raki, ko Kai (Ngai), ko Kai-roa, ko Kai-pehu, ko Kai-aki-akina, ko Tapatapa-i-waho, ko Te Manu-aero(waero)-rua, ko Toi, ko Rauru, ko Kitenga, ko Whatonga, ko Apa, ko Roko-mai (Rongo-mai), ko Taha-titi, ko Rua-tapu, ko Pipi, ko Te-ara-tu-maheni, ko Raki-roa, ko Roko-mai, ko Pou-pa, ko Te-ra-ki-whaka-maru, ko Hou-nuku, ko Hou-raki, ko Hou-a-tea, ko Ue-nuku, ko Kahu-tia-te-raki, ko Rua-tapu, ko Paikea. Heoti ano, na te kotahi o Paikea a matou e noho nei. Otira tera ano te tahi putake, he nui noa atu ka (nga) rerenga mai ki te ao nei.

Otira e hara i a Raki tenei wahine a Papa-tu-a-nuku. Na Taka-roa (Tanga-roa) ke ia tenei wahine a Papa-tu-a-nuku. He mea i noho ai a Papa i a Raki (Rangi) ka hori (pahure) a Taka-roa ki waho ki te kawe i te popoki o te tamaiti, hoki rawa mai a Taka-roa, kua noho noa ake a Papa i a Raki, kua puta noa ake a Rehua, a Tane me te kaioa o nga tamariki a Raki raua ko Papa. Heoti ka tae mai a

Taka (Taka-roa) te tangata na-hana (nana) te wahine, ka tukutuku ma tatahi a Taka-roa raua ko Raki, nga (ka) tu a Raki ia Taka. Erua nga papa o Raki puta rawa te huata (tao) ki tua, ko Raki kihai i mate, i ora ano aia; na konei i aitia tuoitia ai eia tana aitanga i a Papa; ka puta ki waha ko Te-whanau-tu-oi, ko Te-Whanau-takoto, ko Tane-kupapa-eo, ko Tane-tuturi, ko Tane-pepeke, ko Te-oi, ko Upoko-nui, ko Upoko-roa, ko Upoko-whaka-ahu, ko Tane-i-te-wai-ora.

TAKA-ROA. (NGA-TI-HAU.)

Ka noho a Taka-roa ia Papa-tu-a-nuku, a ka haere a Taka-roa ki waho ki te Kahui-pu-aki-aki, ki nga taonga a Whaki-tau, a ka hoki mai tera; hoki rawa mai, kua noho tana wahine, a Papa-tu-a-nuku i a Rangi. Ka hemo mai a Taka-roa ki te huata (tao) a ka hemo (haere) a Rangi ki te huata, ka tata mai tetahi ki tetahi, ka werohia e Rangi kia Taka-roa, ka hoki-mai ki te taha o Taka-roa, ka taha (hapa, kihai i tu) te rakau a Rangi ki a Taka-roa; ka werohia e Taka-roa ka whiti (puta) te tao a Taka-roa i te papa o te iramutu i a Rangi; taua rua nga papa ai tonu. Katukua te wahine ki a Rangi; a takototia e Rangi.

TANGA-ROA. (NGA-TI-HAU.)

Tanga-roa i haere mai i waho, a ka hoki i A-kara a Papa-tu-a-nuku i a Raki.

Ko Tini-rau te tama a Tanga-roa, a ko nga tuahine a Tini-rau ko Rua-te-pu-puke, ko Rua-te-mahara, ko Rua-te-mahina, ko Rua-te-korero, ko Rua-te-waihanga.

Ko Tangaroa no te kahui ia Ihu-poro, ia Ihu-ku, ia Ihu-take, ia Ure-kowhatu.

Taka-roa-te-ihu-pu, Taka-roa-te-ihu-toka, Taka-roa-te-ihu-mouta, Taka-roa-haupapa: na enei kahui a Tama-nui-a-raki.

Na Taka-roa-te-ihu-pu te Maori.

Na Taka-roa-hau-papa te Pakeha. I mea hoki nga koeke (Koroheke) i te wa i kitea ai te pakeha e ratou, i haere mai te pakeha ia Taka-roa-hau-papa, nana nei a Tama.

TAKA-ROA. (NGA-TI-HAU.)

Na Te-more-tu ko Taka-roa, he tungane mo (no) Poko-harua-te-po, te wahine tua-tahi o Raki.

I noho a Te-more-tu i a Wa-wau-nuku-hua-tahi; ko Te-po, ko Te-ao, ko Te-ao-tu-roa, ko Te-ao-marama.

Hanui-o-raki, Tawhiri-matea, Tiu : he tane enei, me Mauru he tane ano hoki. Ko Hine-i-tapapa-uta, ko Hine-i-tuwhenua, he wahine enei. He atua hau enei katoa, a ma enei hau e patu nga hau me te moana kia marino ai.

Ma Tawhiri-matea, a ma Tiu e tono Te-Pua-i-taha, ara nga hau Pukerikeri o te Tonga-a-Hau-a-uru, me Ha-koua-tipu, he hau nui ano tenei.

He hau anake te aitanga tuatahi a Raki ki te wahine Matua.

RAKI RAUA KO PAPA. (NGA-I-TAHU.)

Ko Papa te wahine a Taka-roa, a ka pahure a Taka-roa ki ana mahi; hoki-mai kua piri a Raki ki a Papa, a ka whawhai a Taka-roa ki a Raki, a ka mate a Raki ia Taka-roa te wero ki tana huata, a takoto papa ana a Raki i tana mate.

Ka tae-mai a Tane ma, a hapainga ana a Raki ki runga, kihai nga hoa a Tane i mohio ki te hapai ia Raki, na te kaha, me te mohio a Tane ; tu ai ki runga ki nga Maunga, ka marewa a Raki, a ka piki haere a Tane ma ki runga, me te mau haere ano hoki i nga rakau, i nga mea i uhia ai a Papa, koia a Papa i takoto kau ai. Ka hoki iho ano a Tane raua ko Paia, a ka haere a Tane ki te marangai, ki te wahi i maua ai nga rakau, a ka riro mai nga rakau ka uhia ano ki a Papa, a ka titiro a Tane ki tana hakoro ki a Raki e takoto kau ana kahore kau he uhi mona, ka mau a Tane ki te kura, a horahia ana ki a Raki hei uhi i aia, a kihai a Raki i pai i tana kura, a ka haere a Tane ki te tiki i nga whetu hei uhi ia Raki kia pai ai, he mea tiki ia Wehi-nui-a-mamau aua whetu, a ka ki mai a Wehi-nui-a-mamau, " hei nga whetu nunui anake au e mau ai, hei koha kau nga whetu ririki mo nga wahi noa o Raki," a ka mahia e Tane te kura kia heke iho ki raro kia mahia ai nga whetu ki a Raki, he uhi ano te kura me nga kapua mo Raki, a ka oti

te mahi o nga whetu e Tane, ka koa aia, ka mihi, ka-pai ki a
Raki, ahakoa wehea a Raki i a Papa, e aroha tonu ana raua
kia raua, ko te kohu me te tomairangi nga roimata a Raki
mo Papa, a ko te aroha o Papa ki a Raki na aua karere e
rua i mau ki runga ki a Raki, he kapua aua karere, na raua
i mau nga hau maku, nga nehu ki a Raki, a ka pupuhi te
Hau-auru, ko Papa e whakarekareka ana i nga taringa o
Raki.

TANE RAUA KO TAKA-ROA.   (NGA-I-TAHU.)

No te hapu matua a Tane-nui-a-raki, he teina aia na
Rehua, ko Raki te matua tane ko Whatu-papa te hakui.
Haere ana a Raki ki a Papa-tu-a-nuku hei wahine mana,
na Taka-roa ke a Papa; hoki mai a Taka-roa kua noho a
Papa i a Raki, ka kakari (whawhai) raua ka werohia a
Raki e Taka-roa ka mate a Raki, ka takoto a Raki, ka
haere mai a Tane-koperu, a Tane-mimi-whare, a Tane-
tuturi, a Tane-tuoi, a Tahu-kumea, a Paia, ka mea ratou
"Me kawe te papa a Raki ki runga," ano ka tae ki nga
kapua o raro, ka mau kuare ratou i to ratou papa, ka
oki oki ratou i nga toitoi o nga Maunga, ka tae mai a
Tane, a ka tautokona e ratou a Raki ki runga.   Na Tane
te mana me te kaha me te mohio i tu ai a Rangi ki runga.
Na Paia i wahi te Raki i a Papa, a ka piki ratou, a ka maua
e ratou nga rakau me nga taru katoa ki runga, me nga kai,
a takoto kau ana a Papa, ka titiro iho ratou kei te takoto
kau a Papa, kahore he mea hei uhi i aia, a ka hoki iho a
Tane raua ko Paia, a ka haere a Tane ki waho ki te Ra, ki
era kainga hei tiki taru, rakau, me nga mea tupu katoa, kia
poto katoa mai nga hapu o aua mea, ka mene mai, i ia
wahi, i ia wahi, ka maua eia ki nga wahi katoa o Papa, a
tae noa ki Aotea-roa, ki Taranga, ki Te-wai-roa-maire-he a
ka wehea eia aua rakau hei maipi etahi, hei panekeneke
etahi, hei patu aruhe etahi mo enei whenua, hei tao hei
timata, he kahika hei wero.

TANE ME TE IKA HAPUKU.   (NGA-I-TAHU.)

Na Tane ano te Hapuku i tiki ki waho ki te Ao-o-wai-
raki-a-ira he whare timanga kai na Raki raua ko Taka-roa

he mea tiki ano hoki te Maka (Manga) E tae mai ana aua
ika ki konei i te raumati, a ka hoki ai ano ki taua whare i
te hotoko. No reira ano hoki, no Ao-o-wai-raki-a-ira nga
ika katoa o te moana.

Na Tane ano te tio, te pipi, me te paua, me te kakihi,
me te pupu, me te karuru, me te kareko (he taru tupu i
runga i te kohatu, a ka tae ki te toru ka kiia he kapiti), me
te kauru (ti).

Ano ka pai a Papa ia Tane te mahi, haere ana aia ki te
rangi.

Ko Te-Rara-tau-karere-o-mati-te-raki te ingoa o te
kainga i tupu ai nga rakau katoa, a he mea mau mai e
Tane i reira ki Huka-huka-te-raki, a Hu-matao, a Tu-kou-
o-hawa-iki, a ka tae mai ki Aotea-mua.

I te wa i whakatoria ai te rakau e Tane ki Aotea, he
mea whakato ko nga waewae ki te whenua a ka haere ke
atu aia ka matakitaki mai, kihai i pai, a ka takiritia eia te
rakau, ka whakatoria ko te upoko ki te whenua, ko nga
waewae ki runga, a ka pai, ko nga makawe i tupu hei
pakiaka. He tangata te rakau i mua he wapa iti a Raki, he
tamariki no Raki.

Te-ku-whaka-hara, he hakui no te Totara, te Matai na
te Kui-u-uku, te Kahika na te Ku-raki, te Kahika-toa na
Huri-mai-te-ata, he rakau toa enei : te Ake na Tiki-kura, te
Ake-rau-tangi na Taka-hia-pu-poka, na Mahutu, na Mahu-
raki, na Mahu-takitaki, ko Timu ko te Ko-whai, ko Mae-
awha.

Kei runga i nga Maunga te Kai-kawa-kae, na Ku-raki,
hei Kuha-tahi. Erua enei rakau he rakau pai mo te kauati
hika ahi.

Ko RANGI ME ANA WAHINE. (NGA-I-TAHU.)

Ko Rangi te tahi tino matua o nga Atua, he nui noa
atu ana uri, ko etahi e noho ana i nga rangi a ko etahi e
noho ana i nga Po, he tutu na etahi, i whakataka iho ai era
ki aua Po.

Koia nei nga wahine a Rangi, me nga uri a ia wahine, a
ia wahine. Ko te wahine tuatahi ko Poko-harua-te-po, te

tua-rua, ko Papa-tu-a-nuku, te tua-toru-ko Heke-heke-i-papa, te tua-wha, ko Hotu-papa, te tua-rima ko Ma-uku-uku, te tua-ono ko Tau-ware-kiokio.

Nga uri a Rangi raua ko Poko-harua-te-Po, ko Ha-nui-o-rangi te uri tua-tahi, nana i moe ka puta i aia nga hau katoa e pupuhi nei i te rangi me te ao nei. Te hau tua-tahi, ko Tawhiri-ma-tea, nana i moe ka puta ko Tiu, na Tiu i moe ka puta ko Hine-i-tapapa-uta, na Hine i moe ka puta ko Hine-i-tu-whenua. He wahine enei e rua no nga hau o te uru, a e mariri ana i a raua nga hau pukerikiri, me te moana e mariri ana i a raua. Na Hine-i-tu-whenua i moe ka puta ko Ha-koua-tipu, na Ha i moe ka puta ko Pua-i-taha, na Pua i moe ka puta ko Tu-mai-rongo, na Tu i moe ka puta ko Te-Ope-rua-rangi, na Te-Ope i moe ka puta ko Raro-tonga, na Raro i moe ka puta ko Te-kohu, raua ko Karue (ngarue) Na Karue i moe ka puta ko Mao-po, na Mao-po i moe ka puta ko Pu-nui-o-tonga, na Pu i moe ka puta ko Raka(Ranga)-maomao, na Raka i moe ka puta ko Awhio-whio, na Awhio i moe ka puta ko Pu-mara-kai, na Pu i moe ka puta ko Oko-oko-rau, na Oko i moe ka puta ko Wawahi-whare. I haere a Wawahi-whare ki Rara-tau-karere-o-matiti-te-rangi a i kite aia i reira i a Te-uhi-a-kama, a i a Huka-huka-te-rangi, i nga kainga o Maka-kai-waho raua ko Apa-ara-ki-hira, te matua a Tapu-tapu-a-tea raua ko Mahere-tu-ki-te-rangi e noho ana. Ko Tapu-tapu-a-tea, raua ko Mahere-tu-ki-te-rangi, nga tino Ariki o Te Rangi. A ko Tawiri-matea, raua ko Tiu ano hoki etahi o nga ariki tino mana o nga hau o te Rangi, me te ao nei.

Nga uri a Rangi raua ko Poko-harua-te-po; ko nga tini o nga Tahu, ko etahi enei o ratou, ko Ka-tu, Wero-hia, Whaka-iria, Tao-kai-maiki, Tao-iti-a-pae-kohu, Tahua-tu, Tahua-roa, Karanga-a-tu-hea, Ika-rimu, Whaka-tu-koroua, Tahu-ka-kokiri, Kopu-nui. A ko te tini o nga Anu ano hoki etahi e tata ana ki aua Tahu nei, me nga Tao ano hoki. Na Rangi ka puta ko Ka-mau-ki-waho, na Ka-mau ki-waho ka puta ko Pari-nui, na Pari-nui ka puta ko Pari-mate, na Pari-mate ka puta ko Moe-waho, na Moe-waho ka puta ko Anu-matao, na Anu-matao ka puta ko Anu-whakarere, na Anu-whakarere ka puta ko Te-anu-whakatoro, na Anu-whakatoro ka puta ko te Anu-mate. Koia te take o te mate e mate nei te tangata, a ko etahi ano hoki o nga hoa o enei, ko nga uri Tuoi, me nga uri Tapapa a Tane-raua ko Hine-ti-tama. I tutu enei i whakatupehu ki a Rangi, a kihai ratou i rongo ki nga ako a Rangi, i tohe tonu hoki ratou ki te kino ; koia i whakahoroa ai ratou e Rangi ki nga Po ; na enei i kukume te tangata ki te mate, a na ratou nga aitua me nga mate katoa e pa nei ki te ao a ko ratou hoki e mahi tahi nei ki a Hine-a-te-uira te titama a Tane e mahi he nei ki te ao katoa.

Na Rangi raua ko Papa-tu-a-nuku enei uri, ko Rehua te tua-tahi, i whanau a uira mai aia i roto i tana whaea. Na Rehua ka puta ki waho ko Tama-i-te-oko-tahi, na Tama ka puta ko Te-whai-tu-tahi-a-iwa, na Te-whai ka puta ko Tihinga, na Tihinga ka puta ko Te-Rakeka (Rake-nga) na Rakeka ka puta ko Rangi-ma-kawekawe na Rangi-ma-kawe-kawe ka puta ko Rangi-whaka-upoko. To muri iho i a Rehua he wahine, ko Ha-kina. He wairua anake tenei aitanga, a i noho ratou me nga mano tini a Rehua i nga rangi i runga, a kihai ratou i heke iho ki te ao nei.

A ko etahi uri ano hoki o Rangi raua ko Papa i muri iho i a Rehua ma, ko Tane, ko te tino atua mohio ki te rawe hanga ; i muri iho ko Paia, ko Wehi-nui-a-mamao, ko Tutaka-hina-hina, ko Te-aki, ko Whaka-tina, ko Tu, ko Rongo, ko Ru, ko U-ako, ko Hua, ko Puna, ko Whe-rei, ko Uru, ko Kakana(Ngangana), ko Wai-o-nuku, ko Wai-o-rangi, ko Aio-hou-take-take, ko Ka-mau-ki-waho, ko Ka-mau-ki-tahito-o-te-raki, ko Kai (Ngai), ko Kai-roa, ko Kai-pehu, ko Kai-aki-akina, ko Tapa-tapa-i-awha, ko Te-Manu-aero(waero)-rua, ko Toi, ko Rauru, ko Ritenga, ko Wha-tonga, ko Apa, ko Rongo-mai, ko Taha-titi, ko Rua-tapu, ko Pipi, ko Ara-tu-ma-heni, ko Rangi-roa, ko Rongo-mai, ko Pou-pa, ko Rangi-whaka-maru, ko Hou-nuku, ko Hou-rangi, ko Hou-a-tea, ko Ue-nuku, ko Ka-hutia-i-te-rangi, ko Ru-tapu, ko Paikea.

No muri iho o te whawhai a Rangi raua, ko Taka-roa, i

mate ai a Rangi; ka puta nga uri ngoikore a Rangi raua
ko Papa, a i heke te tupu o enei i nga uri tua-tahi a raua,
ko aua uri nei ko Te-whanau-tu-oi, Te-whanau-takoto, ko
Tane-kupapa-eo, ko Tane-Tuturi, ko Tane-pepeke, ko Te-oi,
ko Upoko-nui, ko Upoko-roa, ko Upoko-whaka-ahu, ko
Tane-i-te-wai-ora.

Na Rangi hoki raua ko Heke-heke-i-papa; nga uri ariki
o nga Rangi, ko Tama-i-waho te ariki whanau tua-tahi mai,
a koia te ariki o te rangi o runga rawa, muri mai i aia ko
Tama-rau-tu, ko Tama-nui-a-rangi, ko Tama-he-rangi, ko
Rangi-waka-ipu-ipu, ko Rangi-whakaka. Ko nga uri a
Tama-nui-a-rangi enei, ko Hau-mia, ko Ma-nui-a-ka, ko
Maru-nui-a-ka-hoe, ko Hua-wai-wai, ko Tahito-kuru, ko
Te-kohu-rere, ko Te-ao-hi-awe, ko Haere, ko Ue-nuku-po-
kaia, ko Ue-nuku-horea, ko Rangi-whitiki-ora, ko Pu-ki-
tonga.

Ko etahi o nga uri a Tama-nui-a-rangi i noho i te ao nei.

Etahi uri ano hoki a Rangi, na raua ko Hotu-papa, ko
aua uri nei ko Tu, ko Rongo, ko Kawa-pu, ko Haere-mai-
tua, ko Haere-mai-whano, ko Haere-aroaro-uri, ko Haere-
i-te-ao-pouri, ko Haere-i-te-ao-potako(potango) ko Te-ki-
tea, ko Te-whaia, ko Te-ao-mataki, ko Turu-meha, ko
Ka-ihi (Nga-ihi), ko U-ki-mate-ho-ata, ko Rei, ko Pou, ko
Pou-a-taka-taka, ko Pou-raka(ranga)-hua, ko Tu-huku-tira,
ko Tama-taku-ariki, ko Wai-tu-rangi, ko Tu-kau-moana,
ko Kiri-rua, ko Hotu-ma-moe, ko Tu-mai-o-nuku, ko Tu-
mai-o-rangi, ko Tu-te-pewa, ko Tu-ma-koha, ko Utu-poraki
(porangi), ko Hika-ara-roa, ko Ue-nuku-pokai-whenua, ko
Ue-nuku-horea. A i heke iho ano hoki etahi o enei uri ki
raro ki te ao nei.

Te Kahui Anu. (Nga-i-tahu.)

Na Io a Io-nuku, nana a Io-rangi, nana a Tahito-te-
raki, nana a Tahito-te-rea, nana a Wai-o-naua a Wai-o-
whakatangata, nana ko Te-anu-mahana, Te-anu-mato,
ko Wero, ko Wero-kohua, me Te-anu-ka-wewera. Na Te-
anu-mahana ko Tura na Te-anu-ka-wewera a Hekeheke-
u-nuku, he wahine, Hekeheke-e-raki he wahine, Hekeheke-

ae-papa-he wahine, Whatu-rewa, he wahine anake enei toko-
wha ; ko Whatu-rewa hei mokopuna kia Taka-roa. Ka haere˙
ki te Anu-ku-ka-wewera nana ano a Raumati, na Raumati na
Te Anu-ku-mahana a Tura-te-waru-tuaha. Ka noho a Tura
ia Rau-kura-matua ka puta ko Ira-tu-roto ka noho a Ira ia
Te-waha-mata-reka, te tamahine a Ahu-ku-ma-weria ka puta
ko Iwi te tamahine, ko Ui-roa te tama, me te Pora-kahau, he
tamahine ano. Ka haere a Ui-roa ki te ope a ka tae ki
taua kainga a rokohina ko Te-we (Tue) ka noho raua hei
wahine hei tane, ko Pakura-tauranga te tungane o Te-we
a ka arahina a Ui-roa e Pakura-tauranga ki waenga˙ kaki
(ngaki) ai, ka titiro a Ui-roa kia Te-we e ota ana i te ku-
mara, mahara kua hapu a We. Ka mahia e Pakura-tau-
ranga nga kaheru e toru tekau, a ka tu aua ko i nga
wakawa (wakawaka) ka waiho atu aua ko ki reira tu ai, a
ka karakiatia aua kaheru e Pakura-tauranga kia tikina mai
aua ko e nga tupuna kia mahia taua maara e ratou. Ao
ake, po iho, ao ake, kua oti te maara nui noa atu i aua tu-
puna te ngaki, ka haere ratou ki te kainga o Ira-tu-roto ki
te Aka-matua, ka tata ki te kainga, ka moea te moe e tana
matua tane kua tae mai aia, a ka karanga mai te matua
tane, ka o atu aia kua pono te moe a te matua, ka mahi
aia i te maara o te matua tane, a kahore he purapura ku-
mara kia rato ai te maara, ka ngakia eia ki te Karaka, ki
te Tawa, te Whinau (Hinau) te Pokaka, te Poporo, te Kara-
mu, te Kauru, te Toitoi (toetoe), te Harakeke, te Kaio
(ngaio) te Matai, te Hakika ; ka paka (panga) enei rakau
katoa. A i te wa i hauhakea ai te maara, ka kohia ko te
kumara, ka tu tonu te nuinga o taua maara kihai i maroke
te rau, ko te hua o runga o aua rakau te mea i kainga. A
ka whanau taua wahine, he tama, ara he tane ko Tahi-tata-
rero (Tahi-tota-rere) na ona tangata i hoatu he wai werawera
hei mea i te mea a te kaku. Na reira i hoatu ai te wai wera-
wera ki te wahine e whanau ana. A ka whanau ano te
tamaiti a taua wahine ko Ra-kai-nui, a ka noho aia i te wa-
hine ka puta tana ko Te-ao-mata-rahi, a ka rewa te taua, ka
whai atu aia i muri, a ka tutaki aia i te tahi taua ka patua
aia e te taua ka mate, a ka hoki mai tona taua, ka kitea,

14

kua mate aia, ka tapahia tana upoko, a ka tanumia te ti-
nana, a ka maua te upoko ki te kainga, a ka tanumia i
Ra-kai-paka, i Ra-kai-wakairi i Ra-kai-mako, i Ra-kai-ko-u-
nuku. Kua waiho a Ra-kai-nui hei ariki nui mo te tini o
nga iwi.

Nga Anu. (Nga-i-tahu.)

Na Anu-i-waho te Pounamu.

Na Anu-matao a Wiro (Whiro), a Hua.

Na te Anu-mahana a Tura.

Na Te-anu-ka-wewera, ko nga wahine toko-wha, a Heke-
heke-u-nuku, a Hekeheke-e-raki, a Hekeheke-ai-papa, a
Whatu-rewa.

Te take mai o aua Anu, me aua Kahui, he kotahi ano
take, i puta tahi mai ratou ko te Kahui-taka-roa.

Ko nga aitua me nga mahi o te taha maui o te Kahui-
anu, mo te mate, mo te kino, mo te Reinga aua mahi.

Ko nga mahi, me nga aitua o te taha matau (katau),
mo te pai, mo te ora era, a mo te ao nei ano hoki.

No raro enei Kahui i whati ki runga, ko Rehua, ko Te-
wakaka, ko Naku-roa, ko Te-matea, ko Wati-hua, ko Hou-
nuku, ko Hou-raki, ko Hou-tea. Na Te-rangi-popoki a Tane,
a Hine-mate-ora, nana a Hine-kai-taki, te upoko ariki o Ngai-
i-tahu.

No te Hapu matua enei rangatira, a Rongo-u-matu,
Kahu-kura, Maui, Te-haerenga-taha, Rongo-i-tua, Ra-kai-
ora, Tahu-kimi-kai, Tahu-mahi-kai, Tahu-arau-kai, Tahu-
ahe-kai, Tahu-wai-marie.

UPOKO III.

Ka mate Whiro, e Tu-takeke.
Tane i te timu, teina i to tua (tuara),
Tane i te tahuri ke, teina (i) to tua.
Ko tai a miugimingi: koo ngarara tuatara.
Koo waka ka tukitukia, koo waka, ka wawahia:
Koe waka whakaroroa.
Kei runga nei te tahi pou (po):
Kei raro nei te tahi pou (po).
Po ki tipua, tetahi po:
Po ki tawhito tetahi po:
Uru manoanea, ka taka te po;
Hia: ka taka te po.
Homai manawa nei, he tu.
E: homai to wairua ora,
He ora ko to manawa,
Ko taku manawa
Tenei hoki tou manawa, ka tina:
Tenei hoki tou manawa, ka toka:
Tenei hoki tou manawa ka pou taiki.
Tina: noho tou manawa, he ora.
Ko tou manawa,
Ko toku manawa.
He manawa ki (a) mihia,
He manawa ki (a) rawea.
Tuturi o whiti,
Whakamau ki a tina,
Hui e, taiki e.

He karakia maunga rongo (ko tetahi wahi anake).

REHUA.

(NGA-I-TAHU.)

NA Rehua te ahi i tunua ai nga korari, me nga hua o te rakau, me nga ika; na reira i matauria ai te tahu kai ki te ahi.

Ko te Tau-mata a Rehua, ko Te-taki-taki-nui-o-raki, a koia te wha, me te rima o nga Rangi.

KO REHUA KO TANE. (NGA-I-TAHU.)

Ko te timatanga tenei o te patunga tapu i mua. I te horinga atu o Tane ki runga ki te Rangi, no reira i whaka-aro ai a Tu-mata-uenga raua ko Roko-mae-rae-roa; a ka

mea raua "Ka hori a Tane ki runga me whakamatau e taua
ki te patu i etahi o ka (nga) mea a Tane i whaihanga nei
mehemea e pehea ana te reka." A patua ana he patunga
e Tu-mata-u-enga raua ko Roko-ma-rae-roa. Ka mate i
reira ko te aitanga a Tiki-kapakapa; ka hoatu nga patunga
ki a Rehua, a ka ki atu a Tu raua ko Roko ki a Rehua,
" E ta e aha ana tona reka o tena kai o te tangata," ka ki
mai a Rehua kia raua, " E kawa ana ia ? e reka ana pea
kia korua " otira i mea te whakaaro o Rehua, he aha ranei
taua kai. Ki muri mai ka hika (hinga) ano te patunga
tapu a aua tangata ano a Tu a Roko, nga (ka) kawea atu
ano e raua ki a Rehua ka mea atu hoki raua ki a Rehua,
" E hoa e aha ana te renga (reka) o tena kai" ka kii mai
a Rehua ki a raua " E ta ma, kia rongo mai korua toko-rua,
he kai ano enei na Tane i whai hanga, hei kai ma te tangata
I te tuatahi i hanga ai eia hei noho i te ao ; no reira nga
(ka) whaia haeretia taua aitanga a Tiki-kapakapa me ta
Tiki-tohua hoki taua aitanga.

Kotahi tonu te wa i patua katoatia ai e Tu raua ko
Roko aua mea, a patua haeretia ana e raua, a mate tonu
iho te nuinga o aua uri a Tiki ma.

Ko te tua-rua tenei o nga patunga tapu; no te aitanga
a Pukupuku-te-rangi ; na Tu ano raua ko Roko i patu, ka
mate i reira, ka kawea nga manawa ki to ratou Ariki ki a
Rehua; heoi ka whakaaro a Tu raua ko Roko kia haere
raua ki ruka (runga) ki te Rangi whawhai ai kia mate ka
(nga) tangata o reira. Tae rawa atu ki Taumata, ki Te-
kahu-raki, kua tae noa atu ki Puke-nui-o-hotu ki Puke-
nui-papa, ki Puke-nui-tauranga. Na reira i mate mate
katoa ai aua iwi.

Ki muri iho ko te parekura ko Taku-tai-o-te-raki.
Ki muri tonu mai ko tetahi parekura ko Awa-rua. Ko te
ingoa o te puta i mate ai a Tu-mata-uenga, ko Awa-rua.
I taua parekura ka ki atu a Roko ki a Tu, " E ki atu ana
ra ahau ki a koe kia tipi-hau-raro taua ; ki marie mai ra
koe ki au, kia taka-mai-tu tonu taua, ki to hiwa, koia ra
tena ka mate na koe ; apopo na tou mate waiho ai ma-haku
(maku) e raka (ranga) i te ao nei." Ka tahi a Roko ka

whakatika ki te kaki (ngaki) i te mate o Tu. Ko te
ekenga tenei o te kakari ki runga ki te tuaiwi (tuara) o Raki.
Ko te ingoa tenei o taua puta i kakari ai ki runga ki te
tuara o Raki; ko Te-uru-rangi. He tokomaha nga
tangata i hinga i taua parekura. No reira i mate ai a
Puke-nui, a Puke-roa, a Puke-i-ahua, a Puke-i-kakia
(ngakia) a Te-whaka-whenua-i-ere-no-Tu, a Hua-take, a
Koa-erea, a Kura-waka, a Kura-tahia, a Tipia, a Pito-rei, a
Hutihuti-ma-uku-uku. No reira ano i mate ai a Taha-uri,
a Taha-tea, a Taha-ma, a Taha-poko, a Taha-whero; ko
nga tangata tenei o taua puta i mate. Toko-rua tonu nga
morehu o taua pare-kura; na raua i rere noa atu ki te
kaherehere (ngahere) ko Tama-he-raki, te ingoa o tetahi,
ko Raki-whakaka te tahi. Ko te timatanga tenei o ta ka
(nga) tangata Maori tana karakia; no te hinganga o te
Uru-rangi; ka timataia nga karakia i riro mai i nga
tangata Maori.

Otira, heoti ano ka (nga). tangata nana i timata te
whakararuraru i mua, na raua hoki i timata te tutu me te
whawhai ki runga ki te Rangi, i te mea he tangata kaha
rawa aua tangata, ki te whawhai, ki te riri ki te whakara-
ruraru i nga tangata; otira ko te tututanga tenei i pouri
ai te whakaaro o Tane; na reira aia i ki atu ai ki te nuinga
o taua hunga tutu, " E kore rawa koutou e waiho e au i
runga nei noho ai, e kari (ngari) me haere atu koutou ki
raro." A pakapaka (pangapanga) katoatia iho ana taua
hunga tutu; heoi ka horo iho te iwi ki raro nei me ta
ratou rangatira me Roko-marae-roa. Kua mate atu tona
tuakana a Tu-mata-uenga; koia hoki te tangata nana ratou
i kowhanawhana, kia tutu tonu, kia whawhai tonu, kia
kaha tonu ki te riri, kia toa tonu, kia tu mo te kakari
(kekeri). He oti ano, i hoki he mai te hokinga mai o taua
whakaariki (taua); a tau ana mai ki to ratou wahi ki Kai-
hewa, na reira ratou i noho he noa iho ai.

NGA ATUA TUPEHU, I NGA RANGI. (NGA-I-TAHU.)

Na te tohe o Te-kahui-anu kia toia Te-kahui-tahu me
Te-kahui-tao ki te tutu, na reira i pangaina (i panga) ai

ratou e Raki raua ko Tane ki nga Po.   Na Raki te kupu,
na Tane te kaha.   Na Raki te kupu kia whakatakaina
ratou e Tane.   No te rangi tua-tahi o Tane i horo katoa iho
ai ki nga Po.   Na aua Kahui i tutu tonu, na te kupu a
Raki i arumia ai ratou e Tane, no te mea kihai ratou i
rongo ki to Rangi tona tikanga, kia noho pai ratou.

Kihai i puta nui to ratou tutu ki te ao maori, otira na
ratou i ako a Tama-tau-weka raua ko Rongo-ma rae-roa,
kia patua nga mea a Tane, hei utu mo ratou.   Me Ti-
tama hoki i uru i runga i aua Kahui kia kaha te rapu utu
mo ratou i nga mea o Tane.

Ka patua ko te aitanga o Tiki-kapakapa ki mua, hoatu
ai te mea tuatahi, ki a Rehua.   Muri iho ko te aitanga
a Tiki-tohua, a i penei ano hoki te hoatu ki a Rehua.   Ko
te take tenei i kainga ai te manu me te ika e te tangata,
me te manu hoki e kai nei ano i te manu, me te ika e
kai nei ano i te ika.

Te tahi patunga na Ru raua ko Ro, na raua i patu i
te rangi i Pukupuku-te-rangi, i ahua wairua aua mea, a horo
ana ki raro ki te ao maori nei, a he mea whakatupu e
Tane, no reira te aruhe (roi) me te tini noa atu o te
kai pera kua ngaro, a ko te take tenei i mahia ai te aruhe
(roi) hei kai hoatu tapu ma nga atua.

Ko te whawhai tua-toru, i whawhaitia i te tuara o
Raki, ko Awa-rua te ingoa o taua whawhai, a ko Takutai-
o-te-raki te tahi ingoa, no reira i puta ai te whakaaro kino
o Tane, ki aua tangata kino, a Tu raua ko Roko, a ka mate
a Tu i nga tangata a Tane, ka tuku atu ai i tana wairua ki
te po.   He mano nga tangata o taua iwi i mate, i taua
whawhai, e hara i te mate rawa atu i te mea he wairua.
Na Rangi anake na Tane.   He tunga na Tane, i kii a
Rangi i mua, kia wehea a Raki a Papa, kia ai he wahi e
noho ai aua mano tini nei, kia tu ai hoki hei tangata, kia
noho tinana ai aua iwi i te tinana tangata, otira kihai ratou
i pai.

Kai-hewa, ki' nga po, he mea te Kai-hewa he noho
tuturu atu i te kino o nga Po, a ko te mate Kai-hewa a

Raki raua ko Tane ki aua iwi nei, koia te aruarumanga tua-rua. A no te ao nei, no te po aua wahi moe-hewa.

Na te Kahui-anu te mate, me nga mate katoa e pa ana kia matou ki nga maori, na reira hoki nga tangata i ki ai, ko nga mate he atua-kikokiko e kai ana i a ratou, i te mea i te ra tua-tahi ka mate te tupapaku kotahi, a i te ra tua-rua, e rua tupapaku mate turoro, a e toru ranei tupapaku i te rua o nga ra, a e toru i te toru o nga ra; ka kiia te karakia mo te iwi kei pa tonu te mate ki te iwi, ka karakiatia nga karakia kia Mihi-mihi-tea, a ka oti tera ka karakia ai ano hoki kia Tapa-tapa.

Ma Rehua e takiri te matapouri o te tangata mate, me te tangata ora. He Ariki pai a Rehua me tona mano tini whaioio e noho mai ana i runga i te rangi.

Ko Tu-mata-nenga raua ko Rongo-ma-rae-roa, na raua i timata te whawhai, a ka eke mai taua mahi kino ki nga maori.

Ko Rehua ma, anga atu ki runga ki te tini ki te mano o te rangi, ko Rangi-nui.

Ko Kahu-kura ko Tane to matou upoko nui i mua. Te tua-ruatanga ko te whakapaparanga tangata. Ko Rongo-nui-a-tau, he tu pera me Kahu-kura. Ko Weka-i-te-ati-nuku, he atua tohu, nana matou i arahi mai i runga i te nuinga o te moana, na raua ko Tu-hina-po. He atua raua no nga moana. He rimu te hoatutanga, me te patunga tapu ki o raua aroaro.

No te hinganga o te Tai-o-rua-tapu i waiho ai ko Ue-nuku ratou ko ona tamariki hei atua, ko Rua-tapu hoki tetahi o ana tamariki. He atua tohu i nga tangata o ona uri e noho i te ao nei. Ka tutu ona uri i te ao nei mana e whiu: ka noho pai te iwi o te ao nei, mana ratou e tiaki.

Ko Kahu-kura he atua tohu i te mate, i te ora mo te kakari (kekeri, whawhai), mo te noho pai, mo te hinga turoro, kei aia te whakaaro mo te ora mo te mate. Mana e arahi te tira haere. Ko Rongo-nui-a-tau, he pera ano me Kahu-kura.

He karakia te karakia ki a Raki, mo te tinana o te tangata, mo te wairua hoki kia tika ai ki te po, ki te Raki

(Rangi)-uira haere ai. A he atua ano hoki aia mo te
whawhai; me karakia ki aia kia toa ai te taua, kia mate ai
te hoa riri.   He atua pai a Raki.
Me inoi kia Kahu-kura mo nga mate kikokiko kia
haere ke atu ai aua mate.   E kore e ora i te Kahui-tahu-o-
rangi.   Me inoi whakamariri ki taua Kahui-tahu, kei
whero mai o ratou kanohi, kei riri mai, otira kia ahuareka
mai, kia pai mai.   Ko nga rimu, ko nga patiti te patunga
tapu ki a ratou; otira e kore e taea te wewete ranei te
roroi ke atu o ratou kaha e pupuri nei i te tangata.
Ki te kupu a etahi Tohunga.   Na Tu raua ko Rongo
i timata te patu tangata; otira e hara era i te tu tangata nei,
he atua era.   Na nga tangata o Tiki ano i timata te patu
ia ratou ano.
Na Rau-riki i timata te patu tangata i te ao nei. Tana
patunga ko Hotua, i patua kohurutia : te mea i patua
ai a Hotua e Rau-riki, he hae na Rau-riki kia Hotua
he pai atu hoki na nga wahine kia Hotua, a he mea
na te wahine, ma ratou a Hotua hei tane, he tangata
tino pai rawa te ahua o Hotua, a kohurutia ana a
Hotua e Rau-riki.   Ka rangona te mate o Hotua, ka rapua
te utu e ona iwi, ka pa ta ratou karakia kia Tu raua ko
Rongo, a ka tae ratou ki nga toto o Hotua ka toua te
ringa koroa o te ringa maui ki aua toto, a ka hapainga taua
ringa ka tohu ki te rangi, a ka tohu ano aia i tana ringa e
mau ra te toto o Hotua ka tohu ki raro ki nga mano o
raro, a ka tae ano ki nga toto karu karu (pakeke) o Hotua
ka hapainga e tana ringa maui ka tohu ki te rangi, a ka
tohu ki raro, me te karakia ano i nga karakia, me te wha-
kahua i nga ingoa o nga atua katoa o te rangi me raro
katoa, me te whakahua i nga ingoa o nga toa o te rangi
me raro, ka mutu tera karakia ka timata te karakia ki nga
mauri, ka mutu tera ka timata te karakia i te karakia
puke; muri iho ko te karakia para-rakau, ka mutu enei
ka maranga te taua a te iwi o Hotua ka haere ki te kainga
ia Rau-riki ma, ka patua a Rau-riki ma ka mate, ka taona
ki te hangi, ka kainga rawatia; muri iho ko te kara-
kia ko te Ika-nui-o-tahua ; muri iho ko Te-umu-titia-

eho (iho) : he karakia ano tenei. Ko enei karakia i muri
iho o te kainga tangata he mea karakia era ki nga wahi
tapu, a ka hoki mai i aua karakia, ka hoatu te manawa
(ngakau) o te mataika ma te Tohunga : ka kainga eia, ka
tahi ka kai katoa te iwi i te kai Maori.

Ka timata te kekeri (whawhai) maori, ka mate te ma-
taika me kohika (unu) te ngakau o te tupapaku hei patu-
nga tapu ki nga atua.

Ko te wahi reka o te tangata ko te huha, he mea kohi
ki te ipu-rimu, a he mea tao ki te hangi, he kai rangatira
taua kai.

He manu te rapunga utu tuatahi, ara ka haere te taua
ki te patu i te manu nei i te Matata, ka oti te hiki ka
maua te manu ki te wahi tapu, a ko te toto anake o te
manu hei mea mo nga mahi i nga karakia. Ka mate te
manu ka poroporoire (waiata) haere mai te taua ; no te mea
kua mate te patunga tapu, a ka karakia haere mai ratou i
te ara ki a Tu, a ka tae mai ki te kainga, ka noho, a
kotahi ranei, e rua ranei marama e noho ai, me te mahi i
nga niu, ka whakaarahia te taua ka haere ki te huarahi, me
te karakia inoi ki te mana o Tu, hei huri i te whakaaro o
te hoa riri kei kaha mai ki te taua, a paha (patu) noa atu
ki te Pa. A patua katoatia ana te iwi o Rau-riki, a ko Rau-
riki anake i puta ; hei utu mo Hotua, ka tauiratia nga tu-
papaku ki nga atua, ara ka patua te mataika kia tino mate
rawa atu ki te po, a ka mate tera ka patua ko te muinga.
Ka hapainga nga toto o nga tupapaku hei hoatutanga
tapu ki nga atua, a ka kainga te ngakau o te mataika e te
Tohunga Ariki hei kai timata mo te kai whangai ki nga
atua. Ka tahi ra ano ka mahia nga tupapaku a ka kainga
e te taua. I timata te kai tangata i konei me te whawhai
ki te ao maori nei, a e mau tonu nei hoki.

Ka tohe tonu te kakari (whawhai) a Rau-riki o Kura-
tahea, a i te rua o nga whawhai ka mate a Rau-riki, a ka
inumia a matatia ana toto. No te matenga o Rau-riki, i
whakapakokotia (i kapowaitia, i pakipakia) ai tana upoko
ka tikaroa nga roro o te upoko, a whaoua ana he rakau ki
nga pongi o te ihu, a ka hoatu ai ki runga ki te hangi, ko

te upoko e purero ki runga, ko te hangi e kapi katoa i te
taru taru, a he mea tui te kikokiko o te kaki ki te tawhiti
kareao kia kore ai e kino i te whewhenge, a e rua, e toru
ra ka oti te mahi i te upoko, he mea tui te ngatu kei tetea
nga niho.

Ko nga whenua o te tupapaku he mea mahi hei tui tui
kakahu i onamata tana tuitui mea, a hei matau hi ngohi,
a hei tira wero manu, wero ika, tuna, a ko nga ringa
ringa o nga tupapaku ka mahia hei whakatarenga mo nga
kai; mo nga mea katoa.

Na konei i timati ai a Kahu-kura te whakapakoko
rakau hei atua karakia. Ma nga ringa o nga tohunga e wha-
kawiri (e whaka kapekapetau) kia manawareka ai te
iwi.

Ko aua upoko i mahia nei hei moka mokai, i mahia ai
hei tohu i te maia me te mana o te iwi a kei nga ra e
haere atu ai nga iwi hou, ka whakaaturia ai aua mea e
nga tangata i a ratou aua mea e pupuri ana, a he mea
tiatia haere aua mokai i runga i te wawa o te taiepa o te
marae o te kainga.

TE WHAWHAI-I-TE-RANGI. (NGA-I-TAHU.)

Na Rangi raua ko Poko-ha-rua-te-po te tuarua o nga uri
i noho i nga rangi, ara ko nga tini o nga Tahu. Ko nga
upoko o aua Tahu nei, ko Ka-tu, ko Werohia, ko
Whaka-iria, ko Tao-kai-maiki, ko Tao-iti-a-pae-kohu,
ko Tahua-tu, ko Tahua-roa, ko Karanga-a-tu-hea, ko Ika-rimu,
ko Waka-tu-korona, ko Kokiri, ko Kopu-nui.

A ko nga haumi o aua Tahu nei ko nga mano o nga
Anu, me nga Tao, na Rangi hoki a Ka-mau-ki-waho, nana
a Pari-nui, nana a, Pari-mate, nana a, Moe-waho, nana a
Anu-matao, nana, a Te-anu-whakarere, nana a Te-anu-
whaka-toro, nana a Te-anu-mate, a ko Te-anu-mate te take
mai o te mate.

Nga hoa ano hoki o enei, i mahi tahi ki aua Tahu, me
aua Anu, me aua Tao, ko nga uri tuoi a Rangi ara ko
Tane-tuturi, ko Tane-pepeke, ko Tane-ku-nawhea, ko Tane-

tuoi, ko Tane-te-wai-ora, me nga uri ano hoki a Tane raua
ko Hine-tauira, i hui hui ano hoki ki aua Tahu hei whaka-
pakari i te riri ki a Tane raua ko Rangi. Ko aua uri a
Tane, ko Tahu-kumea, ko Tahu-whaka-ero. Kihai aua
tini nei i rongo ki te ako a Rangi, i tohe tonu ratou ki
te tutu me te kino, a na Rangi te tikanga kia aruarumia
ratou i nga rangi i runga kia taka ki nga Po i raro noho
ai. Na Rangi te kupu ki a Tane, kia tahi-tahia aua mano
uri tutu nei ki nga Po i raro. A na aua wairua tutu nei
nga mahi e mana nei nga take e kukume nei i te tangata
ki nga Po, a ko ta ratou mahi e mahi tonu nei, he mahi
patipati i te tangata : he too i aia ki te kino me te mate.

Te Whawhai-i-te-Rangi. (Nga-i-tahu.)

Ano ka mutu te mahi a Tane i mahi ai kia pai te ahua
o tana hakoro o Rangi, a mahia ana eia nga kii mo te tapu.
Ka hoki iho ano aia ki te ao nei, taro kau ano ka hoki ano
aia ki nga rangi i runga. Ano ka pahure aia ki aua rangi
ka taka te ngakau o nga wairua tutu i whiua iho nei e Tane
ki nga Po, mo ta ratou tutu i nga rangi i runga, he mea
hoki na aua uri tutu kia rapua he utu mo ta ratou mate i
a Tane.

Ka tahi ano aua uri tutu nei ka mahi nukarau ki nga
ika, a tupu ana te raru me te pakanga a te ika ki aia ano
ki te ika, a he mano tini i mate o te ika i a ratou ano te
patu. Ka kite aua wairua kino nei i te mate o te ika,
katahi ra ano ka pa ka mahi raweke ratou ki nga manu,
ka tahi ra ano ka kori te manu ka tu ka pakanga, hinga iho
ano i a ratou he mano. A no te wa i mahia ai e Tane a Tiki-
ahua raua ko tana wahine, a no te wa ano hoki i puta nui,
ai nga uri o Tiki, a he tini te tangata ki te ao nei ; ka pa
ano te mahi hianga ano aua uri tutu nei ka pakani ki te ta-
ngata. Ko Tu-mata-uenga, raua ko Rongo-ma-rae-roa, nga
puapua o te ope taua a aua wairua. Ka tu ka pakanga, a
he mano te hinganga o te tangata i aua wairua. Na aua
mahi a aua wairua nei i puta mai ai te mate ki te ao nei,
na reira te manu i kai ai i te manu, me te ika i kai ai ano

i te ika, me te tangata i patu ai i te tangata.   Na aua
wairua kino nei aua he i tari mai ki tenei ao, he mea hoki
kia ngata ai ta ratou puku riri ki a Tane, na reira hoki
i patupatua ai aua mea i hanga nei e Tane, hei utu mo ta
ratou aruarumanga eia i nga rangi i nga Po.

UPOKO IV.

Manawa mai ai te putauga o te Ariki:
Manawa mai ai te putanga o te Tauira
Ka eke ki Rongo-rupe,
Ka eki ki Rangi-tahuahua.
Tenei te whatu kei au.

(II hiti tu-rua, ka whakaaranga te mouri.)

Kei te kaunga tapu.
Te Mouri (Mauri) tu
Te Whiwhi-a-nuku
Tu te Whiwhi-a-rangi.
Kei te whiwhia i waho,
Kei te rawea i waho.
Puritia (purutia) mai i waho,
Tawhia (kopikoa) mai i waho.
Tena te mouri (mauri) ka whakapiki,
Toua te mouri (mauri) ka whakakake:
Ko te mouri (mauri) o tenei Ariki,
Ko te mouri (mauri) o tenei Tauira.
Mou i (mauri) kei runga: te mouri (mauri) o Rangi.
Mouri (mauri) ka pu kei waho
Kei te whai ao, kei te ao marama.
He karakia mauri (ko te tahi wahi anake).

RAKI KA WEHEA I A PAPA.

(NGA-I-TAHU.)

Na konei i piri tonu ai a Raki ki runga ki a Papa, a na konei a Raki i ki atu ai ki a Tane ratou ko ona taina (teina), kia tikina mai aia kia patua, kia ora ai ka (nga) tangata.

Ka ki atu a Tane ki aia, " E koro me aha oti te patu i a koe."

Ka ki mai a Raki, kia Tane, " E taa, me waha (hikitia) ahau ki runga kia tu ke ahau, kia takoto ke ta koutou hakui (whaea) i au kia tipu (tupu) ai te whai ao ia koutou."

Ka tahi hoki a Tane ka ki atu, ki a Raki, " E koro, ma Rehua koe e waha."

Ka ki atu a Raki kia Tane ratou ko ona teina, "E ta
ma, kaua rawa ahau e waiho ma ta koutou tuakana e whaka-
waha ki runga, koi (kei) mata pouri ahau, e kari (ngari)
ma koutou ano au e whakawaha ki runga kia rewa ai ahau
ki runga kia tupu ai te whai ao i a koutou."

Ka tahi ano a Tane ka ki atu ki aia, "Ae e Koro e
tika ana tau tikanga kia patua koe e matou, kia tipu (tupu)
ai te ao hei ao."

Ka mea atu a Raki ki a Tane, "E tika ana e Tane, me
tiki mai ahau me patu hei tangata whakaako ma koutou ko
o taina ki te patu.   Ki te mea ka mate ahau, ka tahi te ao
ka whai ao, ka whai marama hoki te ao."

Nga (Ka) hari hoki te whakaaro o Tane ki te tikanga o
tona matua kia patua aia e ratou ; na reira a Tane i ki atu
ai ki te tahi aitanga a Raki, kia Te-Kore tua-tahi, kia Te-
Kore tua-rua, tua-toru a tae noa kia Te-Kore tua-kahuru
(ngahuru) kia Te-Kore-au-iho, kia Te-Kore-au-ake, kia
Ma-Kore-a-te-po, kia Ma-Kore-te-ao, kia Te-Kore-a-te-ao-tu-
roa, kia Makore-a-te-ao-marama, kia takahia a Papa, takahia
ki raro, kia tokona a Raki, tokona ki runga kia Tu-more-
more, kia Tu-haha, nga (ka) whakana nga kanohi o Raki
e tu nei, ko Te-Huinga, ko Te-Putahi, ko Taketake, ko
Rehua.

E hoa ma ko te timatanga tenei i hanga ai te Raki e
Tane.   Ko te kupu inoi hoki tenei a Tane ki te kaha o
Rehua hei whakawaha i to ratou matua ki runga.   Otira
na konei i huna ai etahi o nga Kore e Tane ki roto kia
Maunga-nui-a-te-whenua, oti rawa atu aua Kore ki reira,
a nga (ka) whakawaha a Raki e Tane ; a kihai hoki i
rewa ki runga.

Ka ki atu a Raki ki a Tane, "Ma korua toko-rua ko to
taina (teina) ahau e waha.

Ka tahi hoki a Paia ka inoi i tana inoi ka mea aia.

Tikawea a Raki
Whakawaha a Papa
Whakatikatika tuara nui a Paia
Mamao te kawa i Hua-rau.

Ka rewa hoki a Raki ki runga. Ka tahi a Raki ka poro-poroaki ki a Papa, ka mea atu a Raki ki a Papa, " E Papa e, hei konei ra koe, tenei taku aroha ki a koe, kei te Waru ka tangi au ki a koe." Koia hoki te hauku, he roimata na Raki, e tangi ana ki a Papa.

Ka mea hoki a Raki ki tona wahine ki a Papa, " E kui hei konei ra noho ai kei te makariri hoki ahau te hiahia iho ai ki a koe." Koia hoki te kopaka.

Nga (Ka) poroporoaki a Papa ki a Raki, ka mea ia ki a Raki, " E koro haere ra e Raki kei te raumati hoki ahau te mihi atu ai ki a koe." Koia te Tutu-roroa, ko to Papa aroha ki a Raki.

Ka mutu ta raua poroporoaki kia raua, ka rewa hoki a Raki ia Paia te waha, nga (ka) tu ia Tane tana toko ko "Toko-maunga" i a Tane. Ko "Rua-tipua" hoki te ingoa o te toko a Paia i tokoa ai te Raki ; na konei a Paia i inoi ai i tana inoi :—

> Ko toko na wai?
> Ko toko na Rua-tipua.
> Ko toko nawai?
> Ko toko na Rua-tahito.
> He turuturu, he pinaki,
> He papare, he ai tutonga.
> Tena toko, toko, toko,
> Ka eke.
> Ko toko o tenei Raki.

Ka mutu i a ; ka inoi hoki a Paia i te rua o ana inoi ka mea ia :—

> Toko te kapua nui,
> Te kapua roa,
> Te kapua matatoru,
> Te tau o Raki-riri:
> E hui te Raki-ora.
> E Roko (Rongo) ki waho.

Ka mutu ia : heoti ano ka rewa a Raki ki runga, ka tangi te umere a runga, ka penei te kupu :—

> E Tu mata toro,
> Whaka ekea te maunga.

Ka mutu ia. Na te tini o nga tangata o runga tenei kupu whakaoho ia Tane raua ko Paia ; otira i te oko tahi a Tane te whakaaro i taua waihaka-tanga (whai-hanga-tanga) i te Raki; nana ano i poupou ka (nga) taha o te Raki, i mau katoa anake i aia, nana hoki i purupuru nga wahi e hamama ana, i mau katoa ano i aia. No te otika (otinga) o Raki te haka (hanga) ka marama hoki te ao hei ao.

Na reira a Tane i whakaaro ai ka ore (hore) he whaka-tau i a Raki. Ka tahi ano a Tane ka haere ki te tiki i te Rahui-kura a Ao-kehu; riro ana mai i ai a, he kura; nga (ka) tae mai i aia te mau mai ka whakapiritia eia ki te Rangi, kahore hoki kia tau. Hei te po ka kore e tau, hei te ao ka tau, ko te mea anake tenei e tau ai taua Rahui-kura, he awatea. He po e kore hoki e tau, na reira i aurutia (horoia) ai e ia, ma rawa atu i aia te horoi taua Rahui-kura. Heoi nga (ka) tau noa iho a Raki kahore he mea hei whakatau. Otira na konei a Tane i whakaaro tikanga ai mana, kia ai he mea hei whakatau i tona matua. Ko te haerenga tenei o Tane ki nga Kore, i huna ra eia ki roto kia Maunga, ka puta ki waho ko Te Riaki, ko Hapai, ko Te Tihi, ko Te Amo, ko Katari (Ngatari), ko Te Mania, ko Te Paheke, ko Tu-horo, ko Tawharuwharu, ko Tapokopoko, ko Te Awa, ko Tipu-nui-a-uta ko Para-whenua-mea.

Ko Tahuhu tenei o Papa-tu-a-nuku; ko te ikanga a Rangi. (Nga-ti-rua-nui.)

Ko Tupua, tana ko Tawhiti, puta ia Tu tana ki waho ko Teku, te Wawau, te Para-ku-wai, ko te Para-koka, Te Porapora. Tangohia ake ana, hoake ana ki runga hei puko-nohi (pukanohi) mo te rangi. Ka tau rangi, te Ata-tuhi, Te-ata-rapa, Te-ata-uira, Te-po-nui, Te-po-roa, Te-uriuri, Te-po-tango-tango, Te-po-wawa, Te-po-te-kitea, Te-po-te-whaia, Te-po-i uri, Te-po-i keu, Te-po-i-mate, ki te po, i maranga te po, i whakana; whakana nga mata o te po. Karanga taua te po ki te ao marama, Ko te Kore, Te-kore-nui Te-kore-roa, Te-kore-kimi-kimi, Te-kore-kitea, Te-kore-te-whaia, Te-kore-te-whiwhia, ko Rawea, ko Ou(hou)-tupu, Ou-ora, ko te ora. Ta te Ora ko Te-rangi e tu nei, ka noho Te-rangi i te

Ata-tuhi ka puta ko Te-marama, ka noho ano a Rangi i a Werowero ka puta ko Te-Ra, tangohia ake kokiritia ana hei pukanohi mo te Rangi. Te Ata-tuhi, te Ata-rapa.

RANGI. (NGA-RAURU.)

Ko te rangi e teretere ana i runga i te whenua. Ka noho a Rangi i te Ata-tuhi, ka puta ko te Marama, ka noho a Rangi ia Werowero, ka puta ko te Ra: tangohia ake ana kokiritia ana ki runga hei pukanohi mo te Rangi, ka turangi te Ata-tuhi te Ata-rapa, te Ata-mahina, ka mahina te ata i Hikurangi.

Ko PAIA RAUA Ko RANGI. (NGA-TI-HAU.)

Te wahatanga a Paia i a Rangi, ka tangi a Rangi ka mea,
> Whakatikatika tuara nui a Paia,
> Mamae te kawa i Hua-rau.

Ko te karakia tenei o te wehe o Rangi raua ko Papa.
> Wehea ko Rangi ko Papa
> Kia wehea, Tama-ire-toro, Tama-ire-toro
> Taua ka wehea Tama-ire-toro Tama-ire-toro, ro, e,
> Wehea ko te maku ko Tama-ire-toro
> Kia wehea Tama-ire-toro e, i,
> Wehea ko Ari, ko Hua kia wehea
> Te maire toro
> Wehea ko Rehua, ko Tama-rau-tu
> Kia wehea Tama-ire-toro
> Wehea ko Uru ko Kakana (ngangana)
> Kia wehea Tama-ire-toro
> Wehea ko Te-aki ko Wha-tuia
> Kia wehea Tama-ire-toro
> Wehea ko Tu, ko Roko (Rongo)
> Kia wehea Tama-ire-toro.

RANGI. (NGA-TI-HAU.)

Ka noho a Rangi e tu nei, ka noho i Te-ata-tuhi, ka puta ki waho, ko Te-marama.

Ka noho te Rangi e tu nei, ka noho i a Te-wero-wero, ka puta ki waho, ko Te-Ra, ko Te-ata-tuhi, ko Te-ata-rapa, ko Te-ata-mahina, kua mahina te Ra ki runga ki Hikurangi, ki te maunga tapu i Hawa-i-ki.

15

Ko Rangi e tu nei, te tane o Papa-tu-a-nuku, a i te wa i wehea ai raua; ko Whai-tiri te atua kuia tua-tahi o nga po, nana i whakahua te karakia i wehea ai raua; na reira raua i wehea ai. Koia nei te karakia.

> Tutu te kiri, wehewehe (wewehi) te kiri,
> Tatara-moa te kiri, onga-onga te kiri.
> Kei mihi ki te ipu (ipo) kei tangi ki te tau.
> Tanga-roa whatia (wetea). Tanga-roa tara ;
> Tara ki (kia) mamao.
> Anga tonu koe ki tai, e, ki tai e,
> Whati, ko koe kei mihi,
> Ko koe kei aroha,
> Kei mihi ki te ipu (ipo) kei tangi ki te tau.

TE KORE RAUA KO RANGI.   (NGA-I-TAHU.)

Na Te-Kore a Te-Maku. Ka noho a Maku ia Maharanui-a-Tea, puta ake ko Raki. Ka noho a Raki ia Hotupapa puta ake ko Te-Hunga, ko Te-Putahi, ko Rehua. Ko Rehua i puta a nira mai, no tona rerenga ki runga i whaka tangata ai i aia. Ko ta Tane i porangi ai i muri iho ka whakarerea te wahine e Raki, ka haere ka noho kia Papa-tu-a-nuku i te wahine a Taka-roa, ka puta i a raua ko Tu-mata-waka, ko Rongo-marae-roa, ko Tane-nui-a-Raki, ko Paia-nui-a-Raki, a no te hokinga mai a Taka-roa ki tana wahine kua noho te wahine i a Raki, a ka kakari raua, a ka tu a Raki i te huata (tao) a Taka-roa, ka takoto a Raki a ka nui te mate, a ka haere mai nga tangata ka wahatia e ratou, ko nga tangata o runga e kukume atu ana i a Raki ki runga, a ko Paia ma, ko Tane ma e waha (pikau) ana i a Raki. A ko nga toko enei i tokona ai Raki kia tu ki runga. Ko Matu-pua, ko Rua-tahito, ko Pinaki, ko Kai-he, ko Nga-mau-ki-tua, ko Nga-mau-ki-waho, ko Nga-mau-ki-tahito-o-te-Rangi. Ka tu a Raki ka tumau, ka tino wehea a Raki raua ko Papa. I riro te pukakaho, me te Kura-tawiti (Kumara), me te Hara-keke, me te Harakeke-tunga-wiri, me te Aruhe i a Raki i te wa i wehea ai raua ko Papa-tu-a-nuku. Ka titiro a Tane e takoto kau ana a Raki, ka tikina eia he kura (hei tahu tahu wero (whero)) hei whakatau i te hakoro i a Raki, a ka titiro a

Tane kahore kia tau a Raki i tekura, ka tikina nga whetu, he mea tiki i waho i Te-paetaku-o-te-raki-o-Roko(Rongo) i te tupini o Wehi-nui-a-mamau, a koia nei te ingoa o nga tupini (he kakahu te tupini), ko Hi-ra-uta, ko Hi-ra-tai, ko Te-Pari-nuku, ko Te Pari-raki, ko nga here here enei o aua tupini. Na Tupuranga-o-te-po ko Tauarai-o-te-ao, (kotahi tenei tangata, e rua ona ingoa) koia te tatau arai o te ao o te po, nana te korero ki a Tane kia mau i nga whetu; a no te hokinga o Tane ki tana kainga ka tikina aua whetu: he ara ke te ara i tikina ai nga whetu, i te ara i haere ai a Tane—

O Manako-tea
● Manako-uri
~~~~~ ~~~~~~~~ Ko Te-ika-o-te-raki

Ao-tahi he whetu tapu, he ariki aia no nga whetu o te tau, a e kore aia e manako atu, ara e noho tahi i etahi whetu ke atu.

Na Puaka raua ko Taku-rua a Ao-tahi. Ka puta a Ao-tahi i te marangai, ka karakia te iwi, ka tangi ka aroha ka mihi, he whetu tapu a Ao-tahi. Ka rikiriko mai te mata o Puaka i te Hau-raro, he tohu tau pai, a ka riko riko mai i te Tonga he tau kino, he ua he hau, he ua apopo.

He tino whetu tohu a Puaka ana puta mai i te tahi (in July) a ki te mea ka ahua panapana nga hihi o Puaka ki te tonga, he tohu tau kino i tana tau, a ki te mea ka riko riko ana hihi ki te Hau-raro he tohu tau pai. Te take i kiia ai nga wa o te tau ki nga ingoa o nga whetu; no te mea na aua whetu te take pai, a te take kino o aua wa o te tau i kiia ai nga ingoa a aua wa o te tau ki nga ingoa o aua whetu :—

```
        *
      *   *
        *
      *
```
● Tama-rereti, he punga no te waka a Tama-rereti.

Tataia ana e Tane nga whetu o te awatea kihai i pai, no te po ka pai ka tau te hakoro a Raki i te pai o te whetu i te po.

Te To-mai-rangi, me te Huka-papa, me te Huka-rere, me te Ua, he aitanga na Raki i a Papa, koia te taru ka tupu ai i te raumati.

RAKI. (NGA-TI-HAU.)

Na Raki ano hoki a Ka-mau-ki-waho, nana a Te-pari-nui, nana a Te-pari-mate, nana a Te-moe-waho, nana a Te-anu-matao, nana ko Te-anu-whakarere, nana ko Te-anu-whakatoro, nana ko Te-anu-mate. Koia hoki e kukume tonu nei i nga tangata ki te mate. Na Te-anu-whakatoro, ano hoki ko Te-anu-wai, nana a Taka-roa (Tanga-roa), nana ko Te-pounemu(pounamu).

Na Raki hoki na Ha-kina ko Te-rupe-i-aia-ki-uta, na Te-Rupe, ko Te-Kau-nunui, nana ko Te-kau-roroa, nana ko Te-kau-wheki, nana ko Tu-pari, nana ko Taumata, nana ko Te-moa, ko Peke-i-tua, na Peke-i-tua, ko Peke-aro, nana ko Peke-hawani, nana ko Po-haha, nana ko Kai-tangata.

Na Raki hoki a Rehua, nana ko Tama-i-te-oko-tahi, ki muri mai ko Ao-nui, nana na Ao-nui ko Ao-roa, nana ko Ao-pouri, nana ko Ao-po-tako (tango), nana ko Ao-toto, nana ko Ao-whero, nana ko Tu-koro-kio, tana ko Mo-uriuri, tana ko Mo-rearea, tana ko Mo-haki-tua, tana ko Mo-haki-aro, tana ko Kupa, tana ko Wai-hemo, tana ko Ika-tau-i-raki, tana ko Maroro-ki-tu-a-raki, tana ko Te-nira, tana ko Te-kanapu, tana ko Turi-whaia, tana ko Whai-tiri.

Na Whai-tiri ka noho ia Kai-tangata ka puta ki waho ko Hema, ka noho (a Hema) ia Te-hu-aro-tu, ka puta ko Karihi te tama; ko Pupu-mai-nono te tamahine; ki muri iho ko Ta-whaki. A whakatupuria ana aia e nga matua, e nga tuakana, a tupu ana aia hei tangata. No reira i nui tonu ai tona tarengataka (tononga) kia Hine-nui-a-te-kawa, ki te wahine i tapuia (i puhia) ai e ona tuakana, ma ratou ke ia taua wahine; otira kihai hoki taua wahine i pai atu ki nga tane i whakatapuitia hei tane mona, a mate ke mai ki aia ki a Ta-whaki. Na reira, i kite atu ai

nga tuakana ki tana wahine e whai (aru) tonu ana i aia
ia Ta-whaki, a ka kupukuputia aia kia patua. Ka tahi
aia ka mahara ki te nui o te kaioraora (kii kohuru) a
nga tuakana mona. A whakaaro ana aia ki te tikanga iho
o te kupu a te taua a Whai-tiri i ki iho ai kia Kai-tangata
" Hei Konei ra nga (ka) tapa i te ingoa o ta taua tamaiti
ko Hema hei ingoa; mo taku hema hema-tanga iho ki a
koe : ma hau (mau) hoki e ata whakatipu (tupu), i aia
kia tupu hei tangata. E koro kia rongo mai koe ki taku
kupu iho ki a koe; e manakonako ake ta taua tamaiti ki
au; kaua rawa e tukua ake, koi (kei) kore e eke ake ki
te rangi tuatanga i runga nei, e ngari kia puta atu i ta
taua mokopuna ma hau e hua he ingoa mona ko Ta-whaki,
hei ingoa mo taku takawhakitanga iho nei ki a koe; ko
te tangata tera mana e piki ake te rangi tuatanga nei."
Heoi nga (ka) mutu ta Whai-tiri tana kupu poroporoaki ki
tana tane kia Kai-tangata, a tangohia atu ana aia e nga
kapua ki runga ki te rangi.

Ko te pohauhautanga tenei o te whakaaro o Hema,
kihai i whera (pera); ka mahara ki te kupu a tona hakui
a Whai-tiri i ki iho ai ki te tane, " Kia tipu rawa ia Ta-
whaki, mana e piki te rangi." Kihai hoki i rite i a Hema
taua kupu : a haere atu ana aia ki te whai i te hakui, a
tae atu ana ki runga, patua ana e Tini-o-waiwai, na reira i
nui puku (tino nui) ai te hiahia a Ta-whaki kia haere kia
rapua cia tona matua. Otira he wehi ano mona i nga
kaioraora (kupu kohuru) a nga tuakana mona kia kohurutia
aia.

Ko Ta-whaki. (Nga-ti-hau.)

I noho a Ta-whaki ki te ao nei, he tangata nei ano te
ahua, kino kino ake nei ano ana kakahu, a he wa ano aia i
haere ai ki runga ki te tahi maunga noho ai, ano ka tae aia
ki reira, ka mahue i aia ana kakahu maori o te ao nei, a
ka kakahu aia i aia ki te mra; he tangata i reira e piri
ana, a i kite atu aia i a Ta-whaki, a nana i korero ki te
iwi; koia a Ta-whaki i kiia ai he atua, a i karakia atu ai
te iwi ki aia.

E kiia ana, na Ta-whaki i ngaro ai te ao nei i te wai, he

mea nana i taka takahi ki ana waewae te papa o te rangi, a
pakaru ana tera, ka rere iho te wai, ka ngaro te ao nei i te
wai-puke.

Na nga taokete a Ta-whaki aia i patu, a e hara i aia te
he i patua ai aia e ratou. Ano ka mate aia, ka tae te Kaka,
me te Kaka-riki (te Po-whai-tere) ki ana toto, mirimiria ana
ki o ratou huru huru, koia te take e ura, ara e whero na
nga huru huru o aua manu. E hara i te tino mate rawa
atu te mate o Ta-whaki, a nana ake ano te mana i ora ake
ai ano aia.

Ko Whati-tiri te papa o Ta-whaki, a i mea taua papa
ona kia haere tana tama ki aia noho ai, he mea kua riro
parau te whaea o Ta-whaki i te iwi ke noa atu, na reira a
Ta-whaki i mea ai kia haere aia ki tana whaea, a kia riro
mai aia, ka haere ai a Ta-whaki ki tana papa noho ai. Te
iwi nana nei i whakarau tana whaea he iwi noho moutere,
a he wahi kino te whanga unga atu ki taua motu. E hara
hoki taua iwi i te tangata, he tupua, ara he atua penei me
te Patu-pae-arehe o te ao nei.

Te mahi a te whaea o Ta-whaki i noho ai i taua iwi, he
moe i te whakamahau o te whare, a he tiaki i te ra kia ao,
ka karanga atu ai ki te iwi i te whare e moe ana, ano ka
karanga atu taua wahine ki a ratou kua ao te ra, ka oho
ratou ka haere ki te ngahere. Tae atu a Ta-whaki ki taua
kainga i te ngaro taua iwi i te wao o Tane. Ka korero
raua ko Ta-whaki, a ka huna a Ta-whaki i aia i roto i te
patu o te whare, a puru purua ana e raua nga wahi piata o
te whare.

Ano ka hoki mai taua iwi i te ahiahi ka tupato etahi o
ratou, he mea hoki i haunga i te tira puta ki taua kainga,
ka ui aua tupua ra ki te wahine, a he mea kii parau atu
aia i mariri ai ta ratou pawera, ka moe te iwi ra a ao noa
te ra, ka karanga atu etahi o ratou ka mea "Kua ao te
ra?" Ka mea atu te wahine ra "Kahore ano" a ka
karanga atu aia "Kei runga ano nga whetu, ki ano i rere
noa." Ka moe ano te iwi ra, a ka oho ano ka ui ano ki
te wahine ra, ka kiia atu ano aua kupu ra ano. Ka pera
tonu te mahi ui a te iwi ra, me te utu nuka atu e te

wahine ra, ano ka moiri rawa te ra, a ka kori te iwi ra, ka
toia te papa o te whare, a na te tiaho o te ra i riko ai o
ratou kanohi, a i anini ai ano hoki o ratou upoko, ka oho
a Ta-whaki ka tomo ki te whare ka patupatua te iwi ra a
moti noa, kahore he morehu i puta.

Ka mau a Ta-whaki ki tana whaea ka haere ka ahu ki
tana matua tupuna ki a Rangi, tae atu aia ki te toi o te
tahi maunga, rokohanga atu ko tana tupuna wahine i reira,
e noho tatau ana i ana kumara ngahuru. He matapo taua
kuia nei. Ka tatau taua kuia ra i ana kumara, ka tahi,
ka rua, a ka tae ki te iwi o aua kumara, ka riro i a Ta-
whaki te ngahuru, ka tatau ano te kuia ra, ka tahi, ka rua,
ka tae ki te waru, ka riro te iwa i a Ta-whaki, a penei
tonu a pau noa i a Ta-whaki ana kumara te tango, ka rapu
rapu noa te kuia ra i ana kai, a ka pouri aia, ka tangi, ka
tahi ra ano ka whaaki a Ta-whaki i aia, a na te reo ona i
matauria ai aia e te Kere-po ra.

Ka tae a Ta-whaki ki te uku, ara ki te paru kotore,
ka pokepokea eia ki tana huhare, a ka pania ki nga
kanohi o te kuia ra, a ka titiro nga kanohi. Ka piki a
Ta-whaki ki runga ki te Ti (Mauku) i reira te punga-
werewere e mau ana, ko te tahi pito e mau iho ana i te
rangi. Ka piki a Ta-whaki i taua mea hei ara atu mona
ki te rangi, ki te kainga o tana papa, ka piki aia, a roa
rawa atu aia ki runga, ka karakia puku te Kere-po ra, ka
taka iho ano a Ta-whaki, ka kake ano aia, a ka taka iho
ano, no te toru o nga kakenga ona, ka tae atu aia ki te rangi.

He atua a Ta-whaki, a ko nga patunga tapu me nga
kai tuku atu ki aia, he mea wehe wehe kia ngahuru nga
putu, a ka tae te Tohunga, ka whakahua i te ingoa o Ta-
whaki, ka hapainga te tuatahi ka whakaaria ki a Ta-whaki,
a he mea pera aua putu katoa, ka tae ki te ngahuru ka
waiho tera i te taha maui o te tohunga, a ka peratia ano
te putu ra, ko te tauira ka waiho ano i te taha maui, a ka
hoki hokia ano aua putu ra ka peratia tonutia a pau noa.
E kore e kiia te kai tuku ki a Ta-whaki, ki te kupu nei
Tekau, engari Ngahuru. No te tatau kai a taua matapo ra
i takea ai taua tuku kai ki a Ta-whaki.

TA-WHAKI. (NGA-TI-HAU.)

Ko te korero a Ta-whaki ki ana tuakana i aia i te wai, i mua atu o ta ratou patunga i aia kia mate.

Ka mea a Ta-whaki,

> Pupu mahine i te ata.
> Homai ra taku heru,
> Taku karau
> Kia whano au ki te wai Rangi-tuhi;
> Te wai e, ha, i.

Ano ka mate a Ta-whaki ia ratou, ka mea atu te tuakina matamua kia Ta-whaki :

> E Ta-whaki kei whea koe ?

A ka O mai he Pukeko :

> " Ke."

Ka ui atu te tuakana tuarua :

> E Ta-whaki kei whea koe ?

A ka O mai he Moho :

> " Huu."

Ka ui atu te tuakana tuatoru :

> E Ta-whaki kei whea koe ?

A ka O mai a Ta-whaki :

> E tupu ki to uru,
> Ki to rae.
> Tena toto ka huki, ko toto
> Ko toto a Ta-whaki,
> O te Ra,
> O te Marama.
> Ko toto Rangi-mahuki,
> O Rangi e tu nei.

A ka ara a Ta-whaki i te wai ka kite aia i te toi a ka piki aia ki te rangi : ka tutaki ia Wai-tiri i te huarahi e noho matapo ana ka mea mai a Wai-tiri ki a Ta-whaki, " Whaia aku mata." Ka mea atu a Ta-whaki ka karakia i te wahine nei. Ano ka kite nga kanohi o te wahine ra, ka mea atu ano a Wai-tiri, " Kia ata piki kei mate koe, kei kamoa e nga were were o Hine-nui-te-po." Ka ki atu a Ta-whaki :

> Au wahine riu ngata,
> E hoki i nga hau o Ta-whaki.

He oti ano ka piki a Ta-whaki ka kake ki runga, a rokohanga atu ko Rehua ko Wa-koko-rau (Akoako-rau). Ka kite i a Maru, a no te kitenga i a Maru, katahi ka pa te wa (waha) o Ta-whaki ki te tui (tiu) :

Whakataka whakataka,
Mo te pua me te kahika,
Puhia moua, morea,
Kotahi taua roa, na Ta-whaki.

TA-WHAKI. (NGA-I-TAHU.)

Ko Hine-wai-tiri te whaea o Ta-whaki, ko Kai-tangata te hakoro, te tama a Hema. I haere a Ta-whaki ki te rangi, raua ko te matua, ko Hine-pupu-mai-naua, a Karihi a Ta-whaki. Ko Karihi i mea kia haere ki runga, a na te hau aia i aki iho ano, no te mea kihai aia i karakia i aia. Ka haere a Ta-whaki ra te ara o te pungawerewere, ka piki tonu ki runga, me te karakia haere a Ta-whaki, a ka tae aia ki ia rangi, ki ia rangi, a ka piki tou (tonu) atu ki nga rangi, a ka tae aia ki te rangi a Mai-waho, ka karakai i reira raua ko Te Mai-waho, a ka heke iho a Ta-whaki i te rangi ka ako i nga iwi ki nga karakia katoa, a ka oti tera te ako ki nga iwi, ka piki ano aia ki te rangi, ka noho tou (tonu) atu. I aia e noho ana i raro i te ao nei, nana i patu te iwi o Te-whanau-hapuku, he mea patu cia ki te ua nganga, ko aua nganga ua he mea mau mai cia i te rangi a Te-mai-waho, a ka whati taua whanau Hapuku ki te moana, ko etahi i whati ki ro (rote o te) ngahere, a ko era i whati ki te moana, i tupu Tohora, me te tini o te ika nui, a ka marara te iwi, a ka mate etahi o ratou.

Ka ako a Ta-whaki i nga karakia, ki ia tohunga, ki ia tohunga, aia karakia, aia karakia; ko te karakia Mere-uha i akona ano cia ki nga tohunga, me nga karakia whakataumaha kai, ki nga tohunga i akona ano cia kia ratou. Ko Karihi kihai i tae ki runga, na Ta-whaki te uira me te Whati-tiri, i mua atu o te wa i patua ai te iwi cia, i whiua atu cia he ua nganga ki ro (roto o te) ahi. I te wa i mua he tangata nei ano a Ta-whaki, e hara i te atua. Ko nga ika i whati mai i te patunga a Ta-whaki. Ko Kewa, ko

Ihu-puku, ko Paikea, ko Paraoa, ko Toriki, ko Popoia-
kore, ko Kekeno, ko Te-rehu, ko Te-whakahao, ko Te-
ra-poka, ko Te-kaki, ko Tawa-iti-roki, ko Te-upoko-hua,
no te moana era, a ko nga mea ki uta ki te whenua ko
Te-Mamaku, ko Te-Poka(Ponga), ko te Ka-tote : i whaka-
hetea ai te tupu o aua tini mea nei, mo ta ratou kohuru
i te matua hakoro a Ta-whaki.

Na Ta-whaki te Koura i te nohoanga kia Hine-tu-a-
tai, me te Rawaru, na Toria ka noho ia Tohe ko Te-
kohikohi, na te Ha te Tarakihi i te nohoanga ia Whakarua-
moko, me te Puwai-naka-rua me te Pawaio, Punohonoho,
Hunehune, Tataka, Purenu-ao-rua : na Paraki enei i te
nohoanga ia Hine-Hau, ia Te-akau te Karoro, ia Papa-
huri-tikea te Torea, ia Mui-nako te Kurupatu ia Tuku-
roa-hara ko te Kanakana ia Hine-hau, Te Kana-kana
(Nganangana) tuakana a Raki teina kia te.Tuere, Inaka-
mate-kuku-a-taea-hake, Te-Rere-waka, Wai-pute.

TA-WHAKI. (NGA-TI-HAU.)

No te Rangi tuarua i aruarumia ai, a i patua ai Kewa,
a Paraoa, a Kekeno, a Ihu-puku, a Toroki, a Paikea, a
Te-mamaku, a Popoia-kore, a Poka (Ponga) e Ta-whaki.

TUNA. (NGA-TI-HAU.)

Na Manga-wairoa ko Tuna, no runga a Tuna, i tukua
iho i runga i tutaki i a Ta-whaki raua ko Karihi i a raua
e piki ana ki nga rangi. Ka ki atu a Ta-whaki ki Tuna,
" Mo te aha koe i haere mai ai i runga." Ka mea a Tuna,
" He kaka maroke no runga, ka tukua ahau ki raro ki te
wai-koropupu i roto i Puta-waro-nuku." Ka karakia ratou
ko Tuna i reira ka mutu, ka heke iho a Tuna ka kake a
Ta-whaki ma.

PA-KURA (PUKEKO). (NGA-TI-HAU.)

Ko Maka-i-ere nana te Pa-kura, na Pani aia : na Ta-
whaki i kikini te ihu o Pakura (Pu-keko), i te tutakinga i
a Pa-kura i te wa i haere ai a Ta-whaki ki runga; na reira
i whero ai te ihu o Pa-kura.

TA-WHAKI. (NGA-I-TAHU.)

Ka tahi a Ta-whaki ka mahara i roto i tona ngakau,
kia whakaohoa cia, mehemea e kore e oho. A haere ana
aia ki te tiki i te tahi rakau, he rakau nui hoki taua
rakau, a amohia mai ana cia a tukua iho ana cia
ki te marae o to ratou kainga, a nga (ka) oho ka
(nga) tuakana i reira. He ohonga nui te ohonga o nga
tuakana ia ratou ano e noho ana i to ratou kainga i Pa-pe-
a-ea. A nga (ka) mahara a Ta-whaki ka rite te wa i
whakaritea iho ai e Wha-tiri a haere ana raua ko te
tuakana ko Karihi, ka tae atu raua ki te kianga i to raua
tuahine ia Pupu-mai-nono i Te-puke-ki-tauranga e noho
ana. Ka ki mai ta raua tuahine kia raua, " Ka riro korua
ki hea," ka ki atu raua ki aia, " E haere ake ana maua ki
kouei " a haere atu ana raua, a ka tae raua ki te taha o te
wai, a mea ana raua kia kau, a kau kuare ana raua i runga
i te moana a kihai raua i mama te haere i runga i te
moana, i pohutuhutu tonu raua i roto i te wai, a hoki ana
mai raua ki te kainga i to raua tuahine ; a ki atu ana te
tuahine ki a raua, " I whea ano korua e ngaro ana " ka
tahi a Ta-whaki ka ki atu ki te tuahine " I haere ra maua
ki te rangahau (rapu) mai i to maua hakoro " ka tahi te
tuahine ka ki atu kia raua, " Kati hei te ata tatou nga (ka)
haere atu ai ki te tuku atu ia korua." A oho ake ana i
te ata haere ana ratou ka tae atu ki te taha o te wai nga
(ka) ki atu a Pupu-mai-nono kia raua " I pehea te tu o nga
Rimu o te moana i rongohaka (rokohanga) mai ai e
korua " ka ki atu a Ta-whaki ki aia, " I penei tonu ano ra
te tu o ka (nga) Rimu i rongohaka (rokohanga) mai ai e
maua i nanahi." Ka tahi te kupu a ta raua tuahine ka ki
atu kia raua, " Koia ano korua i kore ai e tae, e ngari kia
rite te wa, hei reira korua puta ai." A haere atu ana ratou
toko-toru, ka tae atu ratou ki te taha taha o te wai, ka
tahi ano a Ta-whaki ka inoi i tana inoi. Ka ki atu a
Pupu-mai-nono kia raua " Haere ra kaua o korua waewae
e tu ki roto ki te maruatanga o te ngaru o te moana, e
kari (ngari) hei runga hei te tihi o te karu (ngaru) kia
whiti ai." A haere ana a Karihi raua ko Ta-whaka i runga

i te moana a nga (ka) karakia a Pupu-mai-nono, i tana karakia takapau, hei huanui mo ana tuakana, ka penei hoki aia i tana inoinga.

Tu ake taku tira i Raro-hara,
I taki pohutu i Raro-hara.

Ka haere a Ta-whaki raua ko Karihi i runga i te moana nga (ka) noho a Ta-whaki ia Hine-tua-tai ka puta ki waho ko Ika-nui. Ka haere tonu hoki raua i waho i te moana, ka noho a Ta-whaki i te tini noa atu hoki o ia wahine o ia wahine. He tokomaha hoki nga wahine a Ta-whaki i moe haere ai i waho o te moana, a u atu ana raua ki uta ki Te-pu-o-Toi, ko te whenua maroki ia, ko Te-pu-o-Toi. I reira ano a Te-ru-wahine-mata-maori, e noho ana. I rokohina atu e raua e kai tatau ana, me te kowhiuwhiu i tana kowhiuwhiu, e kai tatau ana; e mea ana, ka tahi, ka rua, ka toru, ka wha, ka rima, ka ono, ka whitu, ka waru, ka iwa, ka kahuru (ngahuru). Ka kite raua i tana tipua (tupua) e kai tatau ana e moe ana hoki nga kanohi o taua Tipua, a takotakohia (tangotangohia) ana etahi o ana kai e raua, a riro katoa i a raua te muinga o nga kai o te Ru-wahine-mata-mo-rari (maori). A ka pakia nga kanohi o taua tipua e Karihi ka penei te kupu a Karihi,—

Purangi a eho
Aku mata e Karihi.

A ka tahi ka titiro nga kanohi o Te-ru-wahine-mata-morari. Heoi nga (ka) noho ratou i reira moe ai, a kihai tana tipua i kite i te moe, no reira i whakapiritia ai o raua kanohi, ki te kanohi pupu, nga (ka) tahi hoki raua ka moe. Ka ao ake te ra nga (ka) ki atu a Ta-whaki ki aia, "Kei hea te huarahi ki runga ki te Rangi." Ka ki mai te tipua ra, "Ana, kei whea ranei, kei whea ranei, kei te ara pea ki te mimi, kei te ara ranei ki te wai, kei te ara ranei ki whea, kei te ara ranei ki whea."

Ka ki atu ano a Ta-whaki ki aia, "Me whakaatu mai ano koe i te tikanga o te huanui kia haere maua."

Ka ki mai te Tipua ra kia raua "Ka riro koia korua ki hea."

Ka ki atu raua ki aia, "I hara (haere) mai ra maua
ki te porangi (rapu) mai i to maua matua." A tukua
iho ana ko te ara tukutuku pungawcrewere, a whaka-
marotia ana e taua tipua taua ara tukutuku pungawere-
were. Ki atu ana raua, "Hei aha tena," ka ki mai aia
kia raua, "Aua, ko te huarahi tika tenei ma korua ki
runga ki te rangi." A ka tahi ano a Karihi ka haere nga
(ka) piki, a ka moa (piu) i te tangiwa (takiwa), ka pokia
iho a Karihi e nga hau o te Uru-rangi, a kihai hoki a
Karihi i eke ki runga. Na reira a Ta-whaki i ki atu ai
ki aia, ki tana tuakana. "Nou te he e ta, kihai koe i
whakaaro ki te tikanga o te kupu a Whai-tiri i ki iho ai,
mahaku e kake te rangi tuatanga i runga nei." A ka
haere a Ta-whaki ka piki i runga i taua ara tukutuku
pungawerewere. A haere ana aia me te inoi haere i tana
inoi, ka penei aia i tana whakahuatanga—

Ka piki Ta-whaki, i te rangi tuatahi
Kake ake Ta-whaki i te rangi tuarua
Haere ake Ta-whaki i te rangi tuakahuru (ngahuru)
Nga (ka) puta kai (kei) runga kei te Ha-roreroro
Ka puta kai (kei) runga kai Tangata-oko-tahi.

Ka mutu i aia tana inoi, ka tata aia ki waenganui o te
takiwa o te rangi, ka pokia iho aia e nga hau o te
Uru-rangi a ka titahatia eia te haere, me te piki tonu ia
ki runga, a ka pokia iho ano aia e nga hau o runga o te
Uru-rangi, a eke atu ana aia ki runga ki te rangi. A
hari ana tona ngakau, no te mea i manawarenga
(reka) ai tona ngakau, ka eke aia ki runga. A haere
atu ana aia ka tutaki i aia a Pa-kura, ka ki atu
aia kia Pa-kura, "E haere ana koe ki whea" ka ki
mai a Pa-kura "E haere atu ana ahau ki raro, na
ki te-Muri-wai, he ngaka (kaka) maroke no runga nei,"
a ki atu ana aia, "Haere ra." Ka haere a Ta-whaki,
a pono ana aia ki nga wahine e koukou (kaukau) ana i te
wai, i Wai-puna-ariki-a-te-pata, e koukou ana i tana
upoko, ko Maikuku-mangaka(makaka) tetahi wahine i
Wai-puna-tea, e koukou ana i tana upoko, a ka kite i aia
aua wahine, ka korero atu aia ki aua wahine, a ka korero

mai ana wahine ki aia. A ka kite aia i a Tuna, e takoto
ana i te taha taha o te hapua o Puna-kau-ariki, a ka oho
a roto i aia i te aroha, a nga (ka) timata aia cia tana
karakia mo Tuna. He nui hoki ana karakia, ko
tana timatanga tenei, ko Te-chen, ko Totoe, ko Te-
Mata, ko Wahia-mai, ko Enga-po, ko Te-rangi-paia. He
oti ko Taku-whatinga-a-rongo tenei. Ki te mea ka riri
tetahi ki te tahi a ka houhia te rongo, ka whatia ano te
rongo, ki muri mai, ko E-nga-ranga-raka (he Karanga-
ranga). Ko Tauira-o-roko, ko Rangi-te-pikitia-te-hiku, ko
Te-Kawa, ko Marae-nui, ko Te-Ruruku, ko Toi, ko Te-
Apiti, ko Te-apara-rangi-hira. Heoi nga karakia a Ta-
whaki ki a Tuna, a haere atu ana aia ki runga. Ka
tutaki i aia a Paki-hinga-nui, raua ko Paki-hinga-roa a
piki ana aia i te pikitanga ki Ti-pangia nga (ka) tutaki i
aia a Korero-ure, raua ko Korero-tara, a korero atu ana
aia kia raua, ko aua wahine, kihai hoki i hamumu atu te
waha ki aia, ka haere whakatata atu aia ki te taha o te
Pa, ka tutaki tonu i aia a Pu-a-te-aro-mea, ka korero atu
a Ta-whaki ki aia, ka ki atu aia, " E hoa he aha era mea
e tu mai ra," ka ki atu a Pu ki aia, " Kia mohio koe e ta,
ko nga whare enei o Te-e-ngahui(kahui)-whatu, ko Rangi-
ka-tata te ingoa o tetahi whare, ko Te-angaaka(angaanga)-
tapu-o-tane te ingoa o tetahi whare, kei reira hoki e iri
ana nga iwi o Hema, kei roto kei Te-angaaka(angaanga)-
tapu-o-tane e iri ana. Heoi ka oho a roto ia Ta-whaki i
te aroha ki nga iwi o tona hakoro. Ka mea atu aia ki a
Pu-a-te-aro-mea, " E ta kei hea e iri ana aua iwi." Ka
ki mai aia kia Ta-whaki, " Kai (kei) runga i te tuarongo
e iri ana." Heoti ka haere tika tonu atu a Ta-whaki
ki taua whare, ka tata atu aia ki te kutu (ngutu)
o te takitaki, ka timataia cia tana karakia. Ko
Waka-taha, te tua-tahi. Ko E-ngahau (Ngahau) te tua-rua,
ko Ma-nawa-tane, te tua-toru, ko Te-iri-pungapunga te
tua-wha, ko Hua-koko, te tua-rimu, ko Te-Rou, te tua-ono,
ko Kumea-mai, te tua-whitu. Heoi ka haere aia ki te
whare i te E-ngahui(Kahui)-whatu, ka kite aia i te nuinga
o ratou e noho ana i roto i nga takitaki, kiki tonu i te

tangata, me roto hoki o te whare, ki tonu ano hoki i te
tangata. Na reira aia i karakia ai i ana karakia ia Tu-te-
raki-haruru, ia Teatea-a-nuku, ia Tipuna-ngai(kai)-matua,
ia Ka-ihi, ia Tuhi, ia Te-Kohara-i-waho, ia Te-whatu-i-ki-
mai, ia Te-whatu-i-korero-mai, ia Te-Raki-i-paku, ia Te-
Raki-pake, ia Te-Raki-i-papa, ia Te-Whatu-keke, ia Tipua-
te-ki, ia Tipua-te-rea, ia Tipua-whakarongo-te-po. Ko te
nuinga tenei o Te-E-ngahui(kahui)-whatu, nana i tutehu
nga tangata katoa e noho ana i Papa-eae, i Te-putete-
nui-no-raki, i Te-E-ngaka(raka)-tu-a-maro, i te Puke-ki-
tauranga. Ko nga ingoa enei o ka (nga) whenua i haere
i runga i te kupu o Ta-whaki, ara na Ta-whaki i inoi atu
ki te E-ngahui(kahui)-whatu kia whakamatea aua iwi, mo
ta ratou kaiora-ora (korero kohuru) ki aia. Heoi ka kite
a Ta-whaki i runga i te rangi, kua horo katoa nga tangata
o aua whenua, a ka tahi aia ka manawarenga (reka ka
hari) mai hei utu mo ta ratou mahi tutu ki aia. Na konei
aia i haere ai ki te pokapoka i nga rangi kotahi te kau ma
wha; otira i haere ano aia ki te whai tikanga ki runga
kia akona mai e Tama-i-waho he karakia ki aia. Ko te
whakaaro tenei a Ta-whaki i haere ai ki te pokapoka i
aua rangi, no reira hoki aia i rongo ai ki te nuinga o ka
(nga) karakia a Tama-i-waho; a i kite ai ano hoki a
Ta-whaki i taua tangata ia Tama-i-waho e tarewa noa ana
i roto i te rangi. Ka maioha mai a Tama kia Ta-whaki,
ka maioha atu hoki a Ta-whaki ki aia. Ka tiori (ui)
atu a Ta-whaki ki aia ka mea. "E hoa tena koa
te tikanga o nga karakia i a koe nei; kua rongo
nei matou, he nui nga mea kei a koe." Ka ki mai
a Tama ki aia, "E tika ana kei au nga mea katoa." Na
reira a Ta-whaki i karanga ake ai. "E ta e kore koe e
pai ki te whakaako mai i aua karakia ki au." Ka ki mai
a Tama, "E pai ana ano ahau ki te whakaako i a koe." A
timataia ana e Tama te ako. A Koia nei te ingoa o aua
mea i akona eia ki a Ta-whaki. Ko Whe-kite, ko Ka-tu,
ko Whakairia, ko Tao-kaimai, ko Tao-iti-a-pae-kohu, ko
Werohia, ko Te-huri, ko Nga-puke, ko Kapo-taka(tanga),
ko Ho-pukapuka, ko Te-matau, ko Hi-nuku, ko Te-ika-

taki-ora, ko Whaka-kau, ko Karua (Ngarua), ko Kahi, ko
Te-ara-mata-toro, ko Taku-ara-i-waerea. Ko Tu-tapa-
ninihi, ko Te-hiku, ko Te-ra-to-wanawana, ko Te-taupa, ko
Nga-tohi, ko Te-hiwa, ko Nga-wetewete, ko Te-whakahopu,
ko Te-mata, ko Waruwaru-tu, ko Tu-ake, ko Nga-whaka-i,
ko Te-ahi-para-rakau, ko Nga-mauri, ko Te-ika-mai-o-
tahua, ko Te-umu-o-tumaroa, ko Te-horoi, ko Tai-hua-
rewarewa. Heoi nga karakia a Tama-i-waho i ako mai
ai kia Ta-whaki. Ka mea atu a Ta-whaki, " E ta heoti
nga karakia?" Nga (ka) karanga iho a Tama ki aia, " Ka
mutu ia kotahi tenei" nga (ka) karanga ake a Ta-whaki.
" Homai ki au e hoa." A karakia iho ana a Tama ki
aia ko Te-pohe-i-mau, ko Mahu, ko Taia, ko Ra-kopa, ko
Ta-putu, ko Ko-kopu-nui, ko Tai-kotia, ko Tu-te-rangi-
paoa, ko Ka-paki-tua. Heoi ano nga karakia a Tama i ako
mai ai ki a Ta-whaki. A hoki ana mai a Ta-whaki ki te
rangi i a Rehua nei noho ai.

Ka tahi ka whakaritea he hoa wahine mo Ta-whaki, a
nga (ka) noho a Hapai-nui-a-maunga ia Ta-whaki, a hapu
ana te tamaiti i roto i te puku o Hapai ia Ta-whaki. No
muri iho ka mahi he raua, a ka kite nga mano tini o te
rangi e mahi he ana raua, a potaea iho ana he mounu
(maunu) ki runga ki te matau a panga iho ana, a tau iho
ana ki o raua aroaro, a ka kite te wahine i nga matau
ka miharo; ki atu a Ta-whaki ki te wahine, " Homai kia
kite hoki ahau." A hoatu ana e te wahine ki aia, a whaoa
ana eia ki roto ki tana waha. Ka kite nga mano tini o
te rangi, ka pahiwitia (hiwia) te aho, ka tu te matau ki
roto ki te waha o Ta-whaki, a ka mate aia i te Hore-hore-
tuakau. Heoi nga (ka) tupu i tona tamaiti ia Wahie-roa,
ka noho hoki aia ia Matoka-rau-tawhiri, ka puta ki waho
ko Rata. Heoi ka heke iho a Rata ki tenei ao. Otira i
roto ano a Rata i te kopu o tana whaea ia Matonga-rau-
tawhiri, kua mate noa ake a Wahie-roa, ia Matuku.

UPOKO V.

E tu ra e wharo o,
Ka mahue koe.
Whaihanga ra e te Tuturi e,
Tarei (tarai) ra, e te Popoke ;
Ka tau te tini o te Haku-turi, i tana tau e
Ko te Wara-ki-tauranga ra.
Rere mai te maramara o,
Kei hopiri, kei whetau
Torotika, e tu te maota (otaota).
Tahuna mai ra ki te ahi a Tane, ra,
Ko tunutunu whenua, ko anaana whenua, e.
Tahi tama mate, ki te umu o Te-Whao (unato).
Werohia te tao o Tanga-roa, o,
Tahe ana ana toto,
He umu tao a wahi, e ;
He umu tao takaripa,
Ki te tua, haere ana.
Ka riri hoki au e,
Ki a Tane-mahuta i te wao (ngahere)
Koi te kotikoti au e,
Nga uaua o Papa-tu-a-nuku,
"Nga taero a Kupo," e.
Nga rori o te whare o Uenuku,
Kia mate ki te whanako (tahae) e.

Ko te tangi a Te-ua-mai-rangi, mo tona whare
(ko tetahi wahi anake).

WAHIE-ROA.

(Nga-i-tahu.)

Ka noho a Matoka-rau-tawhiri ia Wahie-roa, ka hapu te wahine a Matoka-rau-tawhiri, ka haere a Wahie-roa ki te mea manu mo te hapu, ka rokohina atu te wahi Koko a Matuku, ka mauria mai nga manu ma te hapu ; auina ake ka haere ano a Wahie-roa ki te wahi manu a Matuku, ka hopukina e Matuku a Wahie-roa ka patua ka mate a Wahie-roa. Ka noho te wahine ka puta a Rata] ki waho ka whakatupuria, ka noho a ka pakeke; ka ui

16

a Rata ki tana whaea, " Kei whea ra toku nei matua
taane " ka ki atu te hakui " Kua mate," ka ui atu a Rata
"Nawai," ka ki atu te hakui, "Na Matuku, i haere ki
te mea kai maku, ka hapu koe ka hiakai au, ka haere aia
ki te wahi a Matuku, ka mate aia," ka ui atu a Rata, " Kei-
whea tona kainga." Ka ki atu te hakui, " Me titiro e koe
ki te putanga mai o te ra kei waho ke kei te moana e kore
koe e tae." Na ka noho te hakui ka haere ki te whai wa-
hie a ka porangi (rapu) ka kite aia i te rakau pai he totara,
a ka mauria mai te pua o te rakau a ka ahi ahi ka korero
atu aia ki a Rata ki tana tama, ka mea atu, " Ka kite au i
te rakau he rakau pai he totara, apopo koe ka haere ki te toro
(rapu) i taku rakau," ka hoatu te pua kia kite a Rata ; ka
haere a Rata ka porangi (rapurapu) ka hoki mai ka ki atu
aia ki te whaea " Kaore au kia kite," ka ki atu te hakui
(whaea), " E kore e ngaro i a koe kei te rakau taratara,
tera koia tena," ka haere ano a Rata ka porangi, kahore
hoki kia kitea ; ka ki atu ano te hakui. " E kore
e ngaro i a koe kei te rakau taratara ano." Ka
haere, ka hoki mai ka kitea e Rata taua rakau. Ka ui
atu a Rata ki te hakui, " Me aha," ka kia atu e te hakui
ki nga toki, ka ki atu a Rata " He puruhia (puhuki) enei
toki kahore he niho," ka ki atu te hakui, " Nau mai haere
kawea whakairia ki runga ki te tuaiwi o tou tupuna ia
Hine-tu-a-oaka (Hine-tu-a-hoanga)," na ka ki atu te waha
o te hoanga " Kia koi, kia koi, kia koi," kua koi nga toki.
Ka tae mai ki te whare ka houia a ka ahi ahi te ra ka moe
ka ao ake i te ata ka haere a Rata ka tuaina taua rakau, ka
hinga ki raro ka topea (tapahia) te ngauru (kauru) o runga,
a ka hoki mai a Rata ki ro o te whare, ka noho ka ao ake
ka hoki ano aia ki taua rakau rokohina rawatia atu kua
arahia (ara) ki runga. Ka tuaina ano ka hinga ki raro,
ka topea te tauru (kauru) ka hoki mai aia ki te whare, ka
ki atu aia ki te whaea, " Whanatu rawa (tae rawa atu) ahau
kua tu ki runga te rakau " ka ki atu te whaea " I ahatia e
koe," ka ki atu a Rata " I tuaina makuaretia e au," ka ki
atu te hakui " Me tua wareware ou tupuna ? " ka ki atu a
Rata " Ae i tuaina tonutia e au," ka ki atu te hakui, " Nau

mai liacre e hoki," ka tae atu a Rata ki taua rakau ano, ka
tuaina ka hinga ki raro, ka kotia te tauru (kauru), ka peke
mai tera ki tahaki, ka tu atu aia ka whakarongo tera e
karangatia ana mai.

Ko Rata, ko Rata a Wahie-roa,
Tuatuaina makuarctia e koe
Te wao tapu o Tane.
Kihu maota o Tane;
Ka rere te maramara ra ki te puhaka (putake),
Ka rere te maramara ra ki te kauru,
Koia e piri,
Koia e tata,
Koia tautorotia.
E tupa waia.

Kua tu ano te rakau ki runga, ka whanatu ka tu ki
runga, ka hopukina e Rata ka mahue, ka memeke (mene) nga
tangata ki tahaki ka ki atu a Rata " Koia nei ano e mea i
taku rakau nei, koia nei ano e rawehanga i taku rakau nei"
ka ki mai "Haere koe, waiho tau rakau ki konei takoto ai,
ma matou e whai hanga atu" ka tae a Rata ki te kainga
ka ki mai te hakui "I te aha tou rakau," ka ki atu a
Rata, "Whanatu (tae atu) rawa ahau kua tu ki runga, a ka
tuaina ano e au ka hinga ki raro, ka topea (tapahia) te
tauru (kauru) ke peke au ki tahaki tu atu ai, ka whaka-
rongo atu ahau e karangatia ana mai, ka whakahuatia ko
toku ingoa ko Rata ko Rata a Wahie-roa." Na ka moe a
Rata, ka ara ake i te ata kua tae mai te waka ki te tara o
te whare takoto ai ; a ka puta a Rata ki waho, tenei e
takoto nei te waka i te tara o toua whare, kua oti i aua
tupuna nei te mahi te waka. Ka ao ake, i te ata he rangi
ke : ka kawea te waka ki te moana tiatia ai : ka mauria
mai nga ika o runga, ka tae mai ka·kawea nga rimu ki.
Mua kia karakia. Ko aua rimu ra' i kawea ki Mua
taitai ai. Ka tunua te ika ka kainga, ka takoto tetahi, ka
aoina ake te ata ka taona te tahi ika, te rua o aua ika ra.
Ka kainga te ika, ko te tapora, whakairia hei raupaka
(raupanga). Na auina ake ka toia te waka ko Niwa-ru te
ingoa o taua waka. Ka haere te taua ka tae ki te kainga
o Kiore-roa raua ko Kiore-poto, ka karakia tetahi, e poto

te karakia o te tahi; e roa te karakia o te tahi. Ko kiore-poto i puta.

> Kiore; Kiore, mataki te whakarua.
> Waiho Kiore kia tau ana i tona wharo.
> Te wharo o Tu-nui.
> Te wharo o Taka-roa.
> Whiti mau maua,
> Ko tarai awatea.
> Hui e, Tai o, Rona, Hana.
> Haere mai toki, hauma.

Ko Kiore-roa i mate. Ka mauria mai a Kiore-roa te tangata i mate, ka tae mai ki te kainga i te hakui, ka horo ano kia ea te mate.

Ka huaina (hiahiatia) e Rata ka haere ka hoe i te moana, a ka tae ki te kainga i te Raihi, ko Tama-uri-uri te ingoa o te tangata e noho ana i Pu-oro-nuku, i Pu-oro-rangi (he ingoa whenua enei) ka ui atu, "Kei whea tou tangata" ka ki mai "Kei ko ano, ko au ano tenei e waiho nei hei tiaki i nga maara," ka ki atu "E kore ranei e tae mai," ka ki mai taua paihi (mokai, pononga) "E kore e tae mai: i ki iho ki au, hei te whitu, he te waru, ka haere mai ai kia tamahungia a maua koti puwha," ka ki atu "E kore koe e karanga," ka karanga a Tama-uri-uri: "E Matuku e, nau mai ra, kia tamahungia a taua koti puwha nei," ka karanga mai a Matuku, "Kei te whakahe koe i nga po a Matuku, hei te whitu, hei te waru, ka haere atu ahau ki te tamahu i a taua koti puwha," ka karanga ano a Tama-uri-uri, "Matuku e, nau mai ra whaia a taua koti puwha," ka karanga mai a Matuku "Kei te whakaporo (whakapoto) koe i te manawa a Matuku, akuanei, nawea (wera) ano koia a Matuku." Kua takoto te mahanga a Rata ki runga ki te rua o Matuku; ko Puta-aro-aro-nuku te ingoa o te ana o Matuku. I raro ano a Matuku, ka karakia a Rata, ka whakahua i tana karakia, koia nei.

> Taku mahanga nei,
> Ko here ki runga:
> Ka here ki te tangata.
> Taki taki taua,
> Ko Here-nuku-ai e (Whare-nuku-ai).
> Ko Here-aki-ai e,
> Ko Whiwhia, Ko Rawea, Ko Maua.

Na ka puta akc a Matuku : i raro ano a Matuku, ko tc
huru huru kua puta akc, ka puta ki runga ka noho tc
mahanga ki tc kaki, ka kumca, ka panga c Rata ki tc toki,
ka matc a Matuku.   Na ka ca tc matc ; ka tahi ano ka
ritc.

RATA RAUA KO MATUKU.   (NGA-I-TAHU.)

No tc mca ka tupu a Rata hci tangata ka kitc atu aia i
tana matua wahinc, ka ui atu aia ki tana whaca, " E kui
kci hca ra toku nci hakoro nana nci awau " (ahau) ka
ki atu tona hakui ki aia " Aua noa iho, kci tc tara
whakauta ranci o ta taua wharc, kci tc tara whakawaho
ranci, kci whca ranci o tc tuarongo."

Nga (ka) tahi a Rata ka ki atu ki tona matua wahinc
" E whakapokaikaha ana oti koc i au ki tc aha?   Kihai
koc i rongo, c ui ana awau (ahau) ki a koc mc (mchcmca)
mca nawai koc i moc."

Ka ki atu tona hakui ki aia " E tama kia rongo mai
koc, kua ki noa atu ahau ki a koc i mua ; kua rongo ano
koc ki taku kupu, i ki atu ai ki a koc, kua matc noa atu
tou hakoro (matua tanc) i a Matuku tc patu."

A ki atu ana a Rata ki tona hakui " Kci tc hca wahi o
te whenua tc tangata nana nci taku matua i patu."

A ka ki atu tc hakui ki aia " E·tama kia mohio koc
ki tc whenua c noho ana tc tangata nana i patu tou
hakoro."

Ka tahi ano a Rata ka ki atu ki tc hakui " E korc ranci
a wau c tac ki rcira ? "

Ka ki atu tc hakui ki aia " E kore rawa a koc c tac ki
rcira, no tc mca kci tc putanga mai o tc ra tc kainga o
Matuku."   Ka ki atu tc hakui ki aia, " Hc hiahia koia
tou ki rcira ? "

Ka mca atu tc tama " Ac, c mca ana ahau kia haerc
ahau ki rcira."

Ka ki mai tc hakui " E korc rawa koc c tac, no tc mca
hc moana tonu tc ara ki rcira."

A ka ki atu a Rata ki aia, " Kati : kci whca (hca) koia
te huanui (huarahi) ki rcira ? "

64

Ka ki atu te hakui ki aia " E tama kia rongo mai koe
ki au, e nui tou hiahia ki reira, mahau (mau) e tarai i te
waka hei ara mou ki reira." A haere ana a Rata, ma
nga raorao o Hekea, a haere whakatata atu ana aia ki te
taha o te whenua o Raki-tahua ka kite aia i nga tangata o
taua kainga o Raki-tahua, ka tu aia i waenganui o nga
mano, nga (ka) karanga aia " E hoa ma kei hea a Kahue
(Ngahue) ;" ka ki mai nga mano ki aia " Kei te Papa-tu-
ano-Hawaiki a Kahue e noho ana." Ka karanga atu aia
ki te muinga o taua iwi "I hara (haere) mai ra awau
(ahau) ki aia." A haere atu ana a Rata i nga pakihi ata
ahua o Wai-kapua, a tae atu ana aia ki te Papa-tua-no-
Hawa-iki, ka kite aia ia Kahue, ka ki atu a Rata kia
Kahue " E hoa e kore koe e pai mai ki au, no te mea
i haere mai au ki te tiki toki mai i a koe." A ka rongo
a Kahue ka ki atu aia " E pai ana e ta, ma haku
e whakapa tetahi toki mohou (mau)." A wawahia ana e
Kahue nga toki, ko Te-papa-ariari te ingoa o te toki a Kahue
i riro mai i a Rata. Ko Tauira-a-pa te ingoa o te toki i a
Kupe, ko Nga-paki-tua te ingoa o te toki a Kahue. Heoi
ano ka hari te whakaaro o Rata, no te mea nga (ka)
whiwhi aia ki te toki. A riro ana mai i aia. Ka ki mai
a Kahue ki a Rata " E hoa e riro i a koe, mahau e whaka-
ata ki runga ki a Hine-tu-a-hoanga." A ka rongo a Rata
a nga (ka) mahara tonu aia ki te tikanga mai o Kahue ki
aia. Ka tae mai aia ki runga ki a Hine-tu-a-hoanga ;
otira kua tae noa ake ki mua ki te aroaro o te atua o
Ta-hina-po, no reira i whakapiritia ai ki a Tu-a-hoanga.
No reira hoki a Kanga(Ekenga)-ti-maku, a Er gaka(Ekenga)-
ti-rangi, a U-oroia-te-ati-tipua, a U-oroia-te-ati-tahito (ta-
whito) a ka oti te whakapai taua toki ka homai te kaha
ka huaina hoki te e-ngakau (kakau) ko Mapu-nai-ere. A
ka haere a Rata ki ro (roto ki te) ngaherehere ki te titiro
rakau ; a ka kitea eia te rakau e pai ana ; no reira hoki
i tuaina makuaretia ai e Rata te wao tapu a Tane. Tua
wha ki runga, tua wha hoki ki raro, no te tuarima ki raro ;
ka whaka momongatia e Rata, a ka kite aia i te Tini-o-te-
rangi e honohono ana i nga maramara ki te tinana o te

rakau. Heoi ka rongo a Rata i te kupu whakahauhau a Tini-o-te-Para-rakau e penei ana te kupu.

Wakarearea, ko Rata, ko Rata, a Wahie-roa
I tuatuaia makuaretia e koo
Te wao tapu o Tane
Ka rere te maramara
Ka rere ki te putake
Koia i piri ai
Koia i tata ai
E tupa whaia.

Ka tahi hoki a Rata ka whakakite i aia kia kitea e ratou, tona mata. Heoi ka kite te tini o Para-rakau i aia ka whakakuaretia e te atua te whakaaro o Rata. Ka korero mai te atua ki aia ka mea mai ki aia "E hoa, e kore koe e rongo mai, me haere koe ki te kainga, waiho to waka i kona." A haere atu ana a Rata ki te kainga noho ai, kotahi te po, oho rawa ake i te ata kua tae mai tana waka ki te kainga takoto ai, a ka kite a Rata raua ko tona matua wahine ka manawarenga (reka) o raua ngakau ki te tikaka (tikanga) a te atua i whakarite ai kia Rata, na reira i whakahuatia ai te ingoa o taua waka ko Niwa-ru. Ko te maharatanga hoki tenei o Rata ki te kaki (ngaki) i te mate o tona hakoro o Wahie-roa. A haere atu ana te taua ki te putanga mai o te Ra, ka tae atu te taua ki te ngaika (kainga) ia Tama-uri-uri, ko Puaro-nuku te ingoa o te ana o Tama. Ka rongo a Rata ki te korero a taua tangata e mea mai ana ki aia. "'Tera ano a Matuku kei te ora." A haere hari ana te whakaaro o te whakaariki (taua) mo Matuku ka tae atu te whakaariki (taua) ki te tauranga ki Kai-whaia, ko te tauranga hoki ia, e tu tata atu ana ki te taha o te maunga o Whiti-haua, I reira te kainga o Matuku. Ko te ana i runga i te maunga, a i roto ano aia a Matuku i taua ano i Puaro-rangi, na reira i haere tupato atu ai te taua ki te ihi o te ana. I roto ke a Matuku i te ana e noho ana, e hanga ana i ka (nga) mea o roto. Ka tae atu te whakaariki ki te ana ka ngaraka (karanga) iho a Rata kia Matuku, a kihai a Matuku i oho ki tana kupu patai a ka hoki ano te tua-rua o nga kupu patai a Rata, a

ka tahi ano a Matuku nga (ka) karanga ake ki te taua
"Nga (ka) he i nga po a Matuku." E mea ana te kupu
patai a Matuku "Hei te whitu hei te waru hei te kahuru
(ngahuru) hei reira ka tata mahu ai ia taua nei ko Titi-
puha."

Ka patai atu ano a Rata kia Matuku "E ta e Matuku
piki mai ki runga nei, tenei nga taonga mau" no reira aia
i karanga ake ai. "Ka tahi ano au ka he, ina hoki ra te
kupu patai kua taka ke, waiho ki ko te kupu wakamutunga:
kua he ke hoki." Heoi ano ka haere tonu ake a Matuku,
a whakatakotoria ana e Rata te mahanga ki runga ki te
ihi o te ana; ko Pu-aro-rangi te ingoa o te ana, ko Rua-
wharo te ingoa o te mahanga i mate ai a Matuku; i te
kaki te maunga o te mahanga. Heoti ka mate a Mutuku
i taua wa. Na reira hoki a Rata i whakaaro ai, e pai ana
te mounu ki te taonga hei patipati atu i te tangata, kia kore
ai e mahara te ngakau o te tangata; kia penei tonu ai te
whakaaro me te ika o te moana.

RATA RAUA KO MATUKU. (NGA-TI-MAHUTA.)

Na Rata te waka i whaihanga, he mea hoki i patua tana
papa e tetahi iwi ke noa atu, i te wa o Rata e iti ana. A
ka ahua tupu ake oia, ka nui, ka ui ki tana whaea,
"Keihea toku matua" ka kiia atu e te whaea, "Kua
mate i te iwi tawhiti, i tua i te moana," ka ui aia i te ara,
ka whakaaturia e te whaea. A ka mea atu te whaea, me
mahi he waka e Rata. Ko te ingoa o te whaea, ko Hine-
tu-a-haka. He kahika te rakau o tana waka; a ka hinga
te rakau i a Rata, ka whakaturia ano te rakau e nga atua;
he mea hoki, kihai a Rata i karakia i taua rakau; koia i
tu ai ano te rakau i aua atua. E toru tunga o te rakau i
aua atua. Ka nohoia e Rata, a ka kitea aua atua, ka korero
ratou ko Rata, ka mea ratou, "Haere koe ki te kainga."
I te ata o te aonga ake o te ra, kua tae te waka ki te
kainga o Rata. Ka mene he tangata mo taua waka, ka hoe
aia ki te kainga i mate ai tana papa, a ka tangi mai nga
wheua o tana matua ki aia, ka penei te tangi o aua wheua,

to, to, to. He ropa (pononga) te mea i rokohanga e Rata ki taua kainga. Ka ui aia ki taua ropa, "Kei hea nga tangata o te kainga nei." Ka mea mai te ropa, "Kei raro kei te ana," a ka takoto i a Rata tana mahanga ki te waha o taua ana, hei rore i a Matuku, a ka mau a Matuku, ka patua hei utu mo te matua a Rata.

Na Rata i whakamohio te oro pounamu ki te kowhatu i huaina ko Hine-tu-wa-hoaka (Hine-i-tu-ohoanga) he mea oro ki tana tuara.

RATA RAUA KO MATUKU. (NGA-RAURU.)

Ka hanga te waka nui e Rata, ko Pu-nui te ingoa o taua waka; he waka kia tae ai aia me tana taua ki Tu-makia, ki Nui-o-whiti. He whenua ana wahi nei i te moana nui. Na nga iwi e noho ana i aua kainga te papa o Rata i patu kia mate, a he takitaki ta Rata i te mate o tana matua.

He mea hanga taua waka nei a Pu-nui i te tua whenua, a ka turia e Rata te ohu hei too i taua waka, a kihai noake i taea e ratou te too. Ka tahi a Rata ka whakahua i tana karakia ki a O-matangi; a haere ana aia ki Te-puru-o-te-utu-tu-matua, unuhia ana eia taua puru kia komama te puta o taua puru a ka puta te waipuke; manu haere ana te waka a Rata a tae atu ana ki te akau o te whenua a Rata i noho ai. A ka eke a Rata me te ope taua; a ka tae a Rata ma ki Tu-maki-nui-o-wara, tae atu ka ka te ahi a ratou i reira, ka kitea atu te paoa o taua ahi e Matuku, a haere ana a Matuku ki te toro i taua ahi. Ka noho te mahanga a Rata, ka mau a Matuku, a patua ana aia e Rata.

Ko nga kai ma te ope a Rata i mauria e ratou; he mea kai e etahi ano o te ope a Rata, na reira i noho whakatiki ai te nuinga o te ope a Rata.

Ka tauria te pa o te tangata whenua e te ope a Rata, a mate ana aua iwi. Kotahi o aua iwi i whakaorangia e Rata, ko Te-mate-oro-kahi te ingoa, he mea whakarau ora aia. A tahuna ana te pa o Matuku me ana iwi, e te ope a Rata, a hoki ana a Rata me tona taua ki to ratou whenua tupu.

Rata. (Nga-kauru.)

No te wa i kohuratia ai a Wahie-roa i mate ai ano hoki a Hawea ; a no taua wa ano i mea ai ano hoki a Rata kia hanga cia te waka nei a Pu-nui, otira i whakahawea te iwi, a i mea ratou, kahore kau he tikanga e hangi ai he waka, a kahore he ritenga e takitakina ai te mate o Wahie-roa. A hanga ana te waka nei a Pu-nui e Rata, ano ka oti ka huihuia te iwi hei to i taua waka ki te moana, a to noa te iwi, kihai noake i taea taua waka te to, ka tahi ra ano ratou ka karakia ki a Rangi kia unuhia te puru i te matapuna o te wai, a ka puta te wai, ka mana hoki ta ratou tono, a ka puke te wai, ka kawea taua waka ki te moana ki te Awa-roa ki Pikopiko-whititia.

Rata raua ko Matuku. (Nga-ti-hau.)

Na Rata i hanga te waka nei a Pu-niu, ano ka oti taua waka ka toia e te iwi, a kihai i taea i te onou o te iwi, he mea i mahia ai taua waka a Pu-niu e Rata, he mea kia hoe aia ki Tu-makia ki Nui owhiti, kia rapua he utu mo tana matua i patua kia mate. Ko te ingoa o tana matua ko O-matangi (aumatangi) kihai te waka nei i taea, a haere ana a Rata ki Te-puru-o-te-utu-tu-matua a unuhia ana cia a manu ona a Pu-niu, a rere ana aia i runga i tana waka ki Tu-maki-nui-o-wara a tahuna ana te ahi cia i reira, ano ka kite a Mau-matuku i te paoa o taua ahi ka u mai hoki aia ki reira, ka mau a Mau-matuku i reira a ka mate a Matuku. He mea kai e etahi o te taua nga kai, a ka mate kai etahi o te taua a ko te Matu-oro-kahi anake i ora ake, a tahuna ana te pa a haere ana te taua.

Matuku raua ko Whiti. (Nga-ti-mahuta.)

He tangata kohuru a Matuku raua ko Whiti, he nui noa atu a raua tangata i kohuru ai, a ka tae ki te ra i kohurutia ai a Wahie-roa e Matuku, ko te wahine a Wahie-roa he mea mau e Matuku hei wahine mana. A ka turia te ope e nga whanaunga a Wahie-roa, ka haere ratou ki te ngahere, ka hahau i te rakau hei waka, ka kitea te rakau, ka ka te ahi, ka hinga te rakau, otira ko te Tini-o-te-hake-

turi he atua, haere mai ana, ano he manu iti nei te ahua, a
i te po ka whakaturia ano taua rakau e aua manu atua. Ka
ka ano te ahi a taua iwi huanga a Wahie-roa ki taua rakau,
a ka hinga ano te rakau, a ka tu ano taua rakau i taua
Tini-a-hake-turi, a e toru hinganga o te rakau ra, a e toru
tunga ano ki runga, a ka ahua riri nga tangata, a ka hinga
ano taua rakau, ka whakamoke ratou i te taha o taua rakau,
a ka puta te Tini-a-hake-turi, a turia ana ki te hamama e
te iwi tangata ra a haere aua Te-tiue-o-hake-turi, a i wehi
ano hoki etahi o aua rakau ra i te tioro o te mangai o te
iwi tangata ra, a tuohu ana te mata mata o aua rakau, ara
ko te toi i piko iho, a tuohu tonu aua rakau tae noa mai
ki enei ra. Ko te Ponga, ko te Kareao aua rakau i piko nei.

Ka oti te waka ra te hahau, ka tuia nga rauawa, ka
mahia ki te wai, a he api api no te huru ara he ururua
kihai i taea te waka ra te too, na reira taua tau nei i
whakahuatia ai hei to kia taea ai taua waka :—

E, e uea a turi hunga
E, e uea a Tara-moa
Ka puta ki waho
Ko Matuku, ko Whiti.

na te tau nei ka pararetia e te kai to o te waka, ka tuhera
te ara i te ururua ka taea te waka, ka eke nga toa ka hoe
ka whakawhiti atu ki te whare o Matuku, tae atu ratou
kahora aia i reira, kua riro ke atu ; otira ko te wahine e
rapua nei e ratou ko te wahine a Wahie-roa i reira, ka ui
atu aua toa ki aia, "Me pehea e mau ai a Matuku ia
matou," ka mea atu taua wahine ra kia ratou "Me mahi he
mahanga ki mua o te tatau o te whare, a me huna ratou
ia ratou i roto i nga patu o te whare," ka mea atu ano taua
wahine kia ratou "Kei mau a Matuku ia koutou ki tana
kaki, otira me mau te mahanga ki te hope, i te mea hoki
he kaha tana kaki e kore e mau, ko te hope te wahi kaha
kore."

Ka rongo ratou ia Matuku e haere mai ana, no te mea
e ngaueuwe ana te whenua i te kaha o tana hikoi, i te tai-
maha o ana waewae ; he kiko kiko tangata tana wahanga e
pikau ana i tana tuara, i whiua cia ki te whenua takoto ai

i tana taenga mai ki te whatitoka o te whare, ka karanga
atu taua wahine ki aia; otira i ahua tupato a Matuku ka
mea aia,—

> Piro piro,
> Haunga haunga
> Taku kai he tangata.

Ka mea atu taua wahine,—

> Kahore, kahore
> E pai ana
> Kahore he he.

A ka tuohu aia ka tomo atu ki te whare, ano ka taa
tana upoko me tana tuara ki roto ki te mahanga (rore) ka
huia taua mahanga (rore) e nga toa ra, a ka mau a Ma-
tuku, ka tapahia e ratou tetahi o aua ringa, ka mea atu aia
kia ratou "E kore ahau e mate ia koutou," a ka penei tonu
tana kupu i te wa i tapahia ai e ratou ana ringa me ana
waewae; ano ka motu tana kaki ara ka tapahia tana upoko,
ka mate aia a Matuku.   A no te matenga ona ka rere
ke tana ahua hei manu Matuku, koia i kiia ai taua manu
he Matuku.

Ka mate nei a Matuku ka ui aua toa nei ki te wahine ra
"Me pehea e mau ai ano hoki a Whiti," ka akona eia te
wahi i noho ai a Whiti kia ratou, me te rua; he ana i noho
ai a Whiti, ka mea atu taua wahine "Me mahi he mahanga
ki runga ki te ngutu o te rua, a me parare a ratou mangai
kia paroro ai te turi turi penei ka puta ake a Whiti i tana
rua, a ka huakina ratou eia," he mea hoki ko tana mahi
tera ki nga tangata katoa e tae atu ana ki te taha o tana
rua.   Ka mahia te mahanga e ratou, a ka puta ake a
Whiti, puta kau ano ka takiritia te mahanga e ratou a ka
mau a Whiti a patua ana e ratou.

UPOKO VI.

Kaore te mamae, ngau te po.
Ngau te ao, ngau te mata
Ki taku kiri.
Kia ruku mai koo
I te wai pouri;
Ki whano mauru ai,
Te aroha i au:
Ki taku taonga ra,
Mo taku hei piwhara
I makere ki te wai, e.
Haere o te tau e, o nui,
O wehiwehi, waiho i te ao nei.
E waiho ana koe,
Hei hangahangarau maku, o;
Hei putiki ihu waka
Mo nga iwi i te muri, o.
Mo whakairi koe,
Hei heke wharo nui,
Hei kapo au ahi.
Ko to tupuna ko Tatau, e.
Ka mate i reira
Te tini o Mae-wa-hua, e.
Tona tukunga iho,
Ko te wharo Pona-turi.
Ka ea ko te mate
I a Hema, na-i-i.

He pouaru nana tenei tangi; no namata.

WHAI-TIRI RAUA KO RUPE.

Te putake o Whai-tiri. (Nga-rauru.)

Te hengi iti, te hengi nui.
Ko te matangi iti, aurutia,
Taka tu o te rangi.
Eke rawa ake ki runga,
Ka whati whati nga paihau o Rupe.
E tawiri ana, e muru ana,
I te ngana o te tahuhu.
E whakaturuki kau ana i ona parirau.
Turuki mai te turuki;

Kakapa mai te kakapa.
Hohoka mai te hohoka.
Ka oko mai
To manu nui a Rua.
Ka panga, ka okai (hokai)
I ana tua okai (tu a hokai)
Te hengi iti,
To ki wa nuku,
To ki wa rangi.
Ko te matou kiri,
Nana i rapaki
Te potaka.
Na utu potaka,
Rau-potaka, Ra-tai.
Tu tina, ko Taki.
Tu-ko taki
Tu-Taki, ko Te-mane
Ta Te Mane,
Ko Tai-ratu ;
Ta Tai-ratu,
Ko Tai-aro-pai ;
Ta Tai-rapa-pai,
Ko Pu-whe-tongi-tongi ;
Ta Pu-whe-tongi-tongi,
Ko Te-ninihi ;
Ko Te-Parata,
Ko Pare-kuku,   •
Ko Pare-wawau.
Na Te-Nge i raro nei, na
Hei whare mo nga atua.
Whakahokia e tai, o ana atua,
Kei ora tai o nga tangata.
He tai pupu,
Kei Te Piere ;
Kei Te-Matata,
Ko Muri-muri-awha.
Huri-huri-keukeu,
Taka-taka-inohi,
Whaka rongo te tupu,
Whaka rongo te tawiti,
Tupua-nuku,
Ta Tuhi, ko Te Rapa.
Ta Te-Rapa, ko Te-uira,
Ko te Awha, ko Wara-wara-te-rangi.
Ku noho i a Roro-te-rangi.
Takiritia ki waho, ko Whai-tiri (Ka-moe)
Ia Hiakai-tangata,
Ka puta ki waho,
Ko Punga, Punga-nui,

Punga-roa, Tautau,
Tautau-iri, Tautau ma mate
Ko Tupua raua ko Tawiti.

Ko Tane raua ko Rehua. (Nga-i-tahu.)

Ka piki a Rupe, ka hau, ka porangi ki a Rehua ka tae
tera ki te tahi kainga nei, a ka karanga atu tera " Kahore
he tangata i runga nei " ka ki mai nga tangata o te kainga
" He tangata ano kei runga nei " ka ki atu a Rupe. " E
kore ranei au e tae " ka kiia mai. " E kore koe e tae, ko
nga rangi i tuituia e Tane." Ka wahi ake a Rupe noho
ana i runga i tera rangi, a haere pera tonu atu aia a tae
tonu atu ki te rangi tua ngahuru.

Na ka tae ki te kainga o Rehua, ka haere mai a Rehua
kia tangi ki a Rupe ; tangi ana raua, a tangi makuare ana
a Rehua, ko Rupe i tangi, me te whakahua i te karakia,
na te tangi a Rupe i matau ai a Rehua ko Rupe e tangi nei
ki aia.

Ano ka mutu te tangi a raua ki a raua ka kiia atu e Re-
hua ki tana iwi " Tahuna he ahi " ka ka te ahi ka maua
mai nga ipu ka takoto ki te aro aro o Rehua, ka kite a
Rupe i aua ipu e tu kai kore ana, ka mahara aia kei hea
ra he kai mo roto i enei ipu, a ka kite atu a Rupe, e wete-
kia ana e Rehua te makawe o tona mahunga, he mea hoki
e here tikitiki ana te upoko o Rehua ; a ka ruia e Rehua
tana upoko, ara ka ruru i ana makawe a ka rere mai i
reira nga pokai Koko, e kai ana i nga kutu o te upoko o
Rehua, ka hopu hopukia aua manu e te iwi o Rehua ka
patupatua, a ka whaona ki nga ipu, a ka ki aua ipu, a ka
mauria aua ipu ki te ahi ka kohuatia aua manu i roto i aua
ipu ; ka maonga (maoa) ka mauria mai ki te aro aro o
Rupe, a ka tu ki tona taha ; ka kiia atu e Rehua kia Rupe
kia kai aia i aua manu ; ka kiia atu e Rupe " E kore au e
kai, titiro rawa atu au e wetea ana mai e koe aua manu i
roto i tou upoko ; nawai hoki te kai, i kai ai i nga kutu o
tou upoko." Na reira a Rupe i mataku ai, he mea ko Re-
hua te tangata o mua o rana, ko Rehua te Ariki o rana ;
a kahore a Rupe i kai i aua manu, tu tonu aua ipu i tana
taha.

Ka tahi a Rupe ka ui atu ki a Rehua ka mea atu, " E Rehua, kaore ranei koe i rongo wawara o raro nei na." Ka mea atu a Rehua, " Ae i rongo au i te wawara; aua kei raro kei Motu-tapu."

Ka tahi ano a Rupe ka whaka Kukupa i aia a ka rere aia ki raro ki Motu-tapu : Ka rere nei aia a tau noa atu i te matapihi o te whare o Tini-rau, a ka kitea aia e nga tangata o reira ka pa ta ratou karanga, " A he manu, he manu." Ka mea etahi, " Werohia, werohia," ka taea nga here ka werohia ki a Rupe, whakataha ake eia titi ke te koinga o te here ki te rakau, a ka whati te tara o te here ; ka he tera, ka tae ano taua iwi ka mahi ka hanga i te tari (mahanga), ka hoatu ka potaeria ki taua upoko, ka whiu te kaki o Rupe a kihai aia i mau i te tari. Mei reira ka mea atu te tuahine o Rupe ki nga tangata. " A waiho koa kia titiro atu au." Ka titiro atu te wahine ra, ka mohio atu aia ko tona tunganc, a ka patai atu aia ki taua manu. " He aha te take i haere mai ai koe." Ka kotamu atu nga ngutu o te manu ra ki aia, ka mea atu te wahine ra ki a Tini-rau. " E hoa ko to taokete tenei." Ka mea atu a Tini-rau " Ko-wai " ka mea atu te wahine, " Ko Rupe." Ko te rangi hoki ia i whanau ai te tamaiti a taua wahine, a te tuahine o Rupe. Na ka tahi ka whakahuatia iho te tangi a Rupe ki tana tuahine, ka mea :—

Ko Hina, ko Hina te tuahine,
Ko Rupe te tungane ;
Mai nawhea mai,
Mei na raro mai,
Mei na runga mai ;
Whakapiki to ara
Tatau to aroha
Tatau ki Motu-tapu.

A ka tangi ake hoki te tuahine i tana tangi ka mea :—

Ko Rupe te tungane,
Ko Hina te tuahine ;
Mei na whea mai,
Mei na raro mai,
Mei na runga mai ;
Whakapiki to ara
Ki a Rehua.

Mutu kau ano te tangi a te tuahine, te hopukanga iho a
Rupe ki te tuahine me te tamaiti, haere ana ka riro, a ka
haere raua ka piki ki runga ki a Rehua, a i a raua e piki
ana, ka taka te whenua o te tamaiti ki te moana; ka
kainga e te Mango. A koia ano tena e whakahakari na i
roto i te Mango.

Ka tae raua ki te kainga o Rehua i runga, ki Pu-tahi-
nui-o-Rehua, rokohanga atu e raua e kino ana taua kainga
i te paru ; ka karanga atu a Rupe ki a Rehua, " E Rehua,
he kino kainga nou," a muri iho ka mea atu ano a Rupe
ki a Rehua. " He aha koa e koro, he ngarara, e patupatua
atu e koe e horo atu." Na ka puta te whakaaro i a Rupe
kia tahuri aia ki te whakapai i te kainga o te korohekc ;
a ka tahuri aia ki te tarai papa, hei koko i te tahae o te
kainga o Rehua, ka mahia a oti ake nga papa e rua, a ko
nga ingoa o aua papa, ko Tahi-tahia, ko Rake-rakea. A
ka tahia te kainga o Rehua e Rupe, a ka whakapaia ka
pai; a ka hanga hoki a Rupe i te Heketua hei whakareinga
mo nga tahae (paru) ; a ka whakaturia te pou purutanga
ringaringa, ko te ingoa o taua pou Ko-te-pou-o-whai-tiri ;
a ka oti katoa.

Na i te moana te tama a Rehua; a roa rawa, ka hoki
mai aia ; taro kau ano kua titiro aia, a ka mea, " E kua pai
te kaainga nei ; " a ka kite atu aia i te heketua kua pai, a
ka mea tana hiahia kia haere aia ki te whakamatau i taua
heke-tua, kia matau ai aia ki te pai o te nohoanga; a ka
haere aia ki te whakamatau i te wahi i mahia ra e Rupe,
ka-tae atu aia ki te taha o te paepae, a ka hiki atu te tahi
o ana waewae ki runga ki te paepae ra, a kua noho aia i
runga i te paepae, a ka toro atu tana ringa ki te pou
puritanga i huaina ra ko Te-pou-o-whati-tiri, ka u tana
ringa ki taua pou, a ka whaka maaro mai aia maaro kau
mai ano aia, hua noa aia kei te u te pou ra, te maranga-
tanga mai o te pou, ka taka aia, mate tonu atu. Ko te
ingoa ona ko Kai-tangata. Ko ona toto ena e tuhi i te
rangi na. Na konei i whakataukitia ai ana whero nga
kapua o te rangi, " Ka tuhi Kai-tangata." Na Rupe tenei
tinihangatanga i mate ai te tama a Rehua.

17

Na ko te ingoa tawhito o Rupe, ko Maui-mua, a no te whakamanunga i aia ko Rupe tana ingoa.

RUPE. (NGA-TI-HAU.)

Ko te korero tenei mo Rupe, me ona tuahine me Hina-te-iwa-iwa, me Hina-te-ota-ota, me Itiiti-marekareka, me Rau-kata-uri, me Rau kata-mea.

Ka tae mai a Rupe i te Rangi, ki te kimi i tona tuahine ia Hina-te-ota-ota, ka kitea cia i Motu tapu, ka tae mai a Rupe ki te matapihi o te whare, ka tangi iho ki te tuahine. Ko te tangi tenei.

Ko Hina ko Hina i ngaro ki Motu-tapu, hai.

Ka tangi ake te tuahine i roto i te whare :—

Ko Rupe, ko Rupe te tungane hai.

Ka mutu ta raua tangi, ka noho mo etahi rangi mo etahi marama ranei, a ka tae ki Mangere-mumu, ka tahi a Rupe ka hoki ki tona kainga ki te rangi. Ka tae ki Tawa-tupapa, ka rokohanga e Te-ngana-o-tahuhu ki runga ki Tawa-tupapa, ka whakaturuki a Rupe i aia :—

Turuki mai te turuki
Kakapa mai te kakapa
Hohoka mai te hohoka
Ka hoka te manu hou turuki
Ka hoka te manu i a Taane.

Whakaturuki kau ake ana a Rupe i aia e tukitukia ana e Te-ngana-o-tahuhu ka mate i te kai, ka tahuri ka kai i nga riha o te tupuna ka whangoa te waha o Rupe, koia e ngunguru nei te Kereru, ku ku. No te taenga ki te paki o Takapou-ta-wahi, ara o te toru; ka tahi ano ka piki ka tupu hoki nga huru huru, ka tae ki te toru ka aro aro mahana.

Na Rupe i ako te kakau mo te toki; i mea aia, me mahi ki te rakau kia rite ki te ahua o te waewae o te tangata, ko te tupehau te kakau, ko te rapa o te waewae, te wahi e mau ai te toki. A na Rupe i ako te mahi me te ahua o te toki. Nana ano hoki i ako te ahua o te mahi e mahi ai te toki.

WHAI-TIRI. (NGA-I-TAHU.)

Ta Whai-tiri mahi he kai tangata, ka tae iho te rongo o Whai-tiri ki raro nei ka pikitia e Awa-nui-a-Rangi, ki te rangi ia Whai-tiri tae atu a Awa e ngaro ana a Whai-tiri ki te patu tangata hai (hei) tahunga mo tona whare mo Raparapa-te-uira. Ka ui atu a Awa ki te kai tiaki o taua whare, "Kai (kei) whea a Whai-tiri?" ka kii mai taua kai tiaki, "Kai (kei) runga kai (kei) te patu tangata hai (hei) tahunga mo tana whare." "Kia aha, aia ka hoki mai ai?" "E koro e ngaro tona hokinga mai, ka papa mai ona raho, e hoki ana mai." Na ka whakarongo a Awa a roa noa atu e noho ana raua, katahi ano ka ki te waha o Makere-whatu, ana turi ana te taringa. Ka tahi a Awa ka ui atu ki te kai tiaki ra "Hei whea au noho ai kia ngaro ai ahau ia Whai-tiri koi (kei) mate ahau" ka whakaaturia mai e taua tangata "Hai (hei) te poti ki te mataaho." Ka noho a Awa a ka tae mai a Whai-tiri, ka patua eia te tangata, ka mate; ka tango aia i tetahi ko Te-ai-ahi(ahiahi)-o-tahu tenei tangata, noho tonu ia Awa-nui-a-Rangi. Ko Kirikiri tana tamaiti, ko Rotu-henga tana, ko Ngongo-tua tenei, ka noho ia Rangi-tei-kiwa, ko Tama-nui-te-ra, nana a Te-ao-whaka-maru, ko Ue-te-koroheke tenei, ko A-niwaniwa, tana ko Porou-rangi raua ko tona teina ko Tahu-potiki.

Ka hoki ano kia Whai-tiri. Ka hewaia a Whai-tiri i te kii a Awa "Waiho tena kia ora ana hei mutunga korero kia Kai-tangata." Ko te ara ia i heke iho ai (a Awa-nui-a-Rangi ara o Kai-tangata), a Whai-tiri, hua noa he tangata te kai, kaore he ingoa tonu ia no Kai-tangata. Moe tonu a Whai-tiri ia Kai-tangata, ka puta ta raua tamaiti ko Hema. Ka pakeke a Hema, ka kore tonu he tangata e kitea ana eia e kainga ana, katahi aia ka ui ki te ahua o Kai-tangata, ka kiia mai he ingoa tongu (tonu). Ka tahi ia ka kii i tona kii "Mahara noa ahau he tangata te kai, heke noa iho nei ahau." Na katahi a Whai-tiri ka tahuri ki te papaki i te kai kia oma atu ki tawhiti, koi (kei) mate i tona taane; ka haere noa kaore e mate; e aha koia te iwi "Whakapaparoa akai Wo hai-tiri." Taka noa ki te ra hai (hei) hokinga mona

ki tona kainga; ka tahi aia ka ki atu ki tona hoa puna rua
"Hai konei ra e hika hai konei i ta taua tamaiti i ta taua
taane, hei konei kai (kei) au te kai, e kore nei e mate i ta
taua taane, e kia ana au ko Whai-tiri whakapapa roa kai."
katahi tonu tona ingoa ka whaakina eia.   Na ka akona eia
ki tana hoa nga karakia hei whakahokimai i nga kai, i
whakapaparoatia ra eia kia kore e mate.   Na ka matau te
tahi ka ki atu ia, "Me u mai ta taua taane ki uta nei ka
korero atu ki aia ka hoki ia ki uta nei, kia rua ona rimu, ko
tetahi hei rimu pakapaka, ko te karakia tenei ; ka mutu
me maka ki runga ki to tatou whare, na ko tetahi o aua
rimu me whakapa ki te ahi, a ka karakia i tenei karakia
a ka mutu, me whakahaa ki te waha, ka maka atu ; ki te
matau i a koe enei korero, me nga karakia ka mate te kai
ma koutou, me ta taua tamaiti."   Na matau katoa i taua
wahine aua korero, aua karakia.   Ka tahi ka heke iho te
kohu ra, ka tu ki te whenua ka tangohia a Whai-tiri ki
runga.   Kua takoto noa ake te kupu a Whai-tiri ki tona
hoa; "Ki te whanau tamariki ta taua tamaiti me hua te
ingoa ko Ta-whaki to mua, ko Karihi to muri iho, ma raua
rawa te rangi i runga nei e piki ake."   Na ka tangohia atu
a Whai-tiri ki te rangi.   Ka u mai a Kai-tangata ki uta ka
tahi tona wahine ra ka ki atu ki tona taane, "E koro, e, he
atua ia te wahine e noho nei ia taua, kua riro ia ki te
rangi, na te purei kohu ia i tiki iho, no te taenga atu ki te
rangi ka tahi ano ia ka ki tona waha, e haruru nei i nga
tau katoa."   Ka akona nga karakia a Whai-tiri i akona
iho ra eia ki tona hoa.   Po rawa iho ka tukua iho te ika
papamaroke i te rangi, ka whata tera te kai a Whai-tiri i
tuku iho hei kai ma tona tamaiti, ana ririki ana tera te
rakau.   Ka haere a Kai-tangata ki te hii ika ka tahi ano ka
mate te kai ia Kai-tangata.   Na ka noho a pakeke noa a
Hema ka noho ia Ara-whita-i-te-rangi, ka whanau ko,
Ta-whaki to mua ko Karihi to muri.   Na ka pakeke raua
ka rongo hoki i te kupu i kiia iho ai ma aua tangata e piki
atu a muri i aia.   Na tae ana ko Ta-whaki, ko Karihi i
mate, he whakakake kia Ta-whaki i mate ai, ka tapukea
(tanumia) e Ta-whaki tona taina (teina) ka tangohia e

Ta-whaki nga karu o Karihi ka mauria eia, ka tae ki te kainga o Whai-tiri : pono atu e Ta-whaki e tatau ana a Whai-tiri i nga taro ma ona mokopuna, ma Maikuku-ma-kaka, ma Hapai-o-maui, ka ngahuru nga taro, ka hoki a Whai-tiri ki te tatau ka taea te iwa ka kapea eia te ngahuru, ka hoki ano ki muri, na ka waru ka tangohia e ia te iwa, ka hoki ano ki muri ka pau katoa mai ia Ta-whaki te kohi mai, toe atu e wha rawa ano nga toenga i toe iho, ka kii a Whai-tiri, " E he taukiri, e he noaiho taku manawa, nawai ra nga taro ma aku mokopuna, a ka pau tonu." Ka hoki ano ia ki nga taro e wha tatau ai, ka riro mai te wha, ka riro mai te toru, toe atu e rua i aia, na katahi ano te mohio ka tomo ki roto kia Whai-tiri, ka kii aia i tona kii, " E a pea koe e tangata e hangarau nei ki au, ko nga tangata i kiia iho nei e au ; " na ka tahi a Ta-whaki ka tango ki te tahi o nga pukanohi o Karihi ka makaia atu hai (hei) konohi (kanohi) mo Whai-tiri, me tona karanga atu,—

Apu rangi e aho to mata e Karihi.

Ka whakahokia mai e Whai-tiri,—

E, to mata e Ta-whaki.

Na ka tahi ka titiro nga konohi o Whai-tiri, ka tangi aia ki tona mokopuna. Ka mutu te tangi, ka tahi a Ta-whaki ka tahuri ki te taka i te kainga o tona tipuna, kia pai, na pai ana, ko te paru hoki i haere tonu a tomo tonu ki roto ki te whare, ka tahua (ata ahua) tana kainga, na ka tahi aia ka ui atu kia Whai-tiri " E pou, ko wai ma era e kaukau mai ra," ka kii mai a Whai-tiri, " Ko o tuahine, ko Maikuku-makaka raua ko Hapai-a-maui, tenei taku whakaaro mohou, e puta o tuahine, kauaka e hopukia wawetia e koe, koi (kei) mate koe i o tuahine, e ngari kia roa rawa raua e inaina ana, ka tahi ka hopu, ka hoki hoki nga ringa ki roto ki nga maikuku " na rite tonu ki nga tohu tohu a Whai-tiri, ka tahi ano a Ta-whaki ka rere atu ka mau kia Maikuku-makaka, " Taku wahine," " Taku taane," noho ana a Maikuku-makaka i a Ta-whaki, puta ana ki waho ta raua tamaiti ko Wahie-roa. Haere ana a Wahie-

roa ki te taua, kia Te-Pou-a-hao-kai mate ana ia raua ko
Matuku-tangotango, mate rawa ake a Wahie-roa ka
whanau a Rata kai waho, ka kii atu a Rata ki tona hakui
kia haere aia ki te ngaki i te mate o tona papa, ka
whakaaetia e tona koka (whaea) ka haere a Rata ka tae ki
te waonui-a-taane ka topea (tapahia) te rakau ka hinga ki
raro, ka hoki ia ki te kainga, hoki rawa atu, i runga ia e
tu ana, ka tuakina ano e Rata ka hinga ki raro, ka tiakina
e Rata i ko mai o te rakau, roa noa iho aia e noho ana, ka
whakarongo ia ki te tini o Te-haku-turi e haramai
(haeremai) ana, e whakaara ana i taua rakau. Ka karanga
atu a Rata " Waiho taku rakau i raro," ka timata te
karakia a te tini o Te-Roro; a tini o Te-haku-turi. Ko
ta ratou karakia tenei :—

> Ko Rata, ko Rata i tuatuatia ai
> E koe te waonui a Taane.
> Rere mai nga kongakonga o Taane ;
> Koi piri koi tau.
> Rere mai nga maramara o Taane ;
> Koia piri ko ihe tau.
> Rere mai nga rara o Taane ;
> Koia piri koia tau.
> Torotika ; e tu te maota :
> Whakaarahia e tu te maota.

Ka tu taua rakau kai (ki) runga. Ka tahi a Rata, ka
kii atu, " E hara koutou i te whanoke (whanako) ki te
whakaara i taku rakau." Ka tahi taua iwi ra ka kii mai,
" Nau ra i pokanoa ki te tuku i to tupuna ki raro, he kore
nou, kaore i matua mai ki te whaaki mai kia matou, ka
kokoti ai koe i te kakii o Taane-mahuta ki raro " ka mutu
ta ratou whakawa, ka patai atu a Rata, ki ona tupuna e
riri ra ratou. Na ka tahi ka whakaatutia (whakaaturia) mai
te tikanga, " Ki te tua koe i to rakau, ka hinga ki raro, kia
horo to umu i te pu Pare-tao ka uta ki te putake o taua
rakau, ka tahi ka riro i a koe to rakau," ka tahi ka tuaia e
Rata i runga i aua tohu tohu, ka taraia taua waka ko
A-niu-waru te ingoa, ka riro tonu te whakahaere.

Na ka tae ki waenga moana ka ui a Rata ki te ahua o te
riri a Te Pou-a-hao-kai raua ko Matuku-tangotango ; ka kiia

mai, " Hai te haerenga tonu atu i te moana nei ka karanga
mai a Te Pou-a-hao-kai, ' Upoko rikiriki, upoko rikiriki '
ko te haerenga tonutanga atu ki uta ka horomia katoatia
eia te taua, kaore he morehu e puta ana." Ka kii a
Rata, " Ka mate a Te Pou-a-hao-kai i au me Matuku-
tangotango." Na ka rere te waka ra, ka eke ki runga o te
ngaru, ka kii atu a Rata ki tona taua, " E karanga
a Te Pou-a-hao-kai 'Upoko rikiriki' maku e karanga, 'Tere
matanui, horahi ki taha tu o te rangi.' " Na ka mutu
tona tohu tohu ki tona waka, ka tahi ka hoe ka whakatata
ki uta, ka karanga a Te Pou-a-hao-kai, " Upoko rikiriki."
Ka karanga a Rata, "Tere mata nui, horahia ki tahatu o te
rangi." Na u noa atu, u noa atu puta noa ki tahi mooka
(pito) ki tahi mooka (pito) o te one, kaore i pau ia Te
Poua; hamama noa te waha (mangai) i kona, ka tahuri te
taua ki te toto i nga waka, ka waiho te taua kia toto ana,
ka haere aia ki te whariki i te whare, ki te taka kai hoki
ma te taua ra. Ka ako a Rata ki tona ope, " Ki te
karanga a Poua 'Upoko rikiriki,' na maku e karanga, ' Tere
mata nui, wahia i te patu.' " Ka mutu te tootoo, ka haere
te ope ra ki te kainga, te taenga atu ka karanga mai
a Poua i roto i te whare " Upoko rikiriki," ka karanga atu
a Rata " Tere mata nui wahia i te paatu." Ka wahia e te
ope ra i te patu, ka whakahemo ki roto, ka karanga a Poua,
" Enoho ki tara (taha) whariki " ka karanga a Rata, " Hei
tara (taha) whariki kore " ka noho te taua ki te tara wha-
riki kore, ka puta a Poua ki waho ki te taka kai ma te
ope ka mahora te kai a Poua, ka kai te ope ra ko te kai
whakaari kau, ka karanga atu a Rata kia Poua " Me tiki
atu he wai moku " ka haere te atua ra ki te wai. E haere
atu ana, e haere ana hoki te wai, nawai a ka ngenge te atua
ra. Na Rata hoki i karakia kia mimiti haere te wai, nawai
a karangatia atu ana e Rata kia hoki mai, ka hoki mai te
atua ra; ka kii mai te atua ra, " E whanatu atu ana au, e
haere ana hoki te wai, a mate noa iho au i te matao," ka kii
atu a Rata, " Kati kua makona au i te ua o te Rangi,"
kaore na Rata ano i mea kia ua. Ka kii atu e Rata,
" Haramai (haeremai) ki taha o te ahi, kia mahana koe,"

ka tau ki taha o te ahi, ka karanga a Rata ki tona ope
"Takaia (mahia) he kai ina ta koutou tipuna (tupuna)" ka
hapainga nga kohatu ki runga ahi; e wha aua kohatu,
ka tahi ka hapainga tetahi o nga kohatu ra e Rata, ka
karakiatia, ka tahi a Rata ka ki atu. "He kai mau"
ka hamama te waha o te atua ra ka makaia atu te ko-
hatu ki roto ki te waha o te atua ra, ka horomia, ka pau
tera, ka whakapakara mai te waha o te atua ra, ka ki atu
a Rata, tenei ano te tahi, ka kii mai te atua ra homai, ka
makaia atu ano te tahi ka horomia mai ano e te atua ra, no
te paunga, he pakaru anake te puku o te atua ra. Ka tahi
ka kitea te waka, te tangata mano atu. Ka mate a Pou-a-
hao-kai ia Rata. Akuanei ko tetahi o aua atua horo ta-
ngata, ka whakaorangia e Rata, ko Tama-uriuri tona ingoa.
Na ka uia e Rata kia Tama-uriuri, "Kai (kei) whea a
Matuku-tangotango" ka kii mai a Tama-uriuri "Kai raro e
kai ana i te tangata," ka kii atu e Rata, "Kai whea te ra e
puta mai ai aia ki runga nei," "Kai te eanga o te marama ka
puta ai ki runga nei whai pure ai, ara rumarumaki ai."
Ka tahi ka nukarautia e Tama-uriuri a Matuku-tango-
tango, ara ka karangatia e Tama-uriuri. "E Matuku e,
Matuku o; Tama piki ake, kai runga te marama, he toru
whiti tenei." Matuku: "E he ana pea ia nga po, Tama-
uriuri e." Tama: "Kaore kua rite nga po piki ake." Ka
tahi a Matuku ka piki ake ki runga nei, ka tahi ka whaka-
takototia nga taura ki tona putanga ake ki runga. Kua
oti nga taiepa te tohu tohu e Tama-uriuri, kia wha he
taiepa mo te paihau (parirau) waiapu, kia wha taiepa mo te
paihau tuhua, kia roa ai e tukitukia ana ona paihau, me te
patu ano te kai patu a ka mate ia, na te whakaputanga ake
o Matuku-tangotango e takoto ana nga matua a Rata, i
tahi taha, i tahi taha: ka kata a Matuku, ki te nui o nga
kai mana, kaore ia i mohio, ka (kua) mate a Te-Pou-a-hao-
kai, ka kata ia i te nui o ona kai; ka tahi a Tama-uriuri ka
kii iho kia Matuku-tangotango, "Koia nei koe i karangatia
atu ai, ina te whakanene ki to taua kainga e takoto nei,"
ka tahi a Matuku ka kata ki te nui ona kai. Na ka mau
a Tama-uriuri ki te rakau, ka haua hopohopotia eia ki

runga kia Rata, te roa hoki a Matuku-tangotango, e hara kua
puta ki waho o tona rua tona upoko, rewa rawa ona poko-
hiwi ki runga, ka tahi ka kumea e nga matua e takoto ra,
nga taura i whakatakotoria ra ki te waha o te rua, e hara
ka mau te kaki, ka patua e Rata ratou ko ona matua;
pakaru rawa ake tetahi taiepa, ka mate hoki tetahi paihau, ka
tahuri ki tahi paihau; pakaru rawa ake tetahi taiepa, ka
mate hoki te rua o nga pai hau, ka mate hoki te tinana. Ka
mate i konei nga atua kai tangata, ka ora hoki te tangata.
Na ko Tama-uriuri i mauria mai e Rata, me nga iwi o
Wahie-roa, ka hoki a Rata ki tona kainga. Na ka noho
a Rata i tona kainga ka moe ia Kani-o-wai: ka puta ki waho
ko Pou-matangatanga: ka noho ia Ranga-hua ka puta ki
waho ko Pai-mahutanga.

Te Ra, e hara mai ra,
Rere kura rere toro ha, i.
Te Marama, e rere mai ra,
Rere kura rere toro ha, i.
Ka whe kite,
Ka whe karo, te kahui tupua.
Nau mai ki waho,
Te retoreto,
To wai whero;
Tupu te ora
He ora; ora.
                 He whai kanohi me ka pohea.

TA-WHAKI.

(NGA-TI-HAU.)

NA nga rongo o Kai-tangata i haere mai ai a Whai-tiri
i te rangi, hua noa a Whai-tiri he rongo toa te rongo e kiia
ana mo Kai-tangata.   Ka tae mai a Whai-tiri ki ko mai
o te kainga o Kai-tangata ka patua eia tana mokai a
Nonokia, a ka tuakina te manawa hei whakaepa (whaka
here) kia Kai-tangata, a ka tae atu a Whai-tiri ki aia
ka hoatu te manawa o Nonokia ki aia, ka wehi a Kai-
tangata, ka mea atu a Whai-tiri, " Hua noa ahau i haere
mai ai he rongo toa o rongo, kahore he rongo karahia, ko
taku mokai ka mate kau," heoti ano ka moe a Whai-tiri
ia Kai-tangata ka whanau te matamua ko Puanga muri iho
ko Karihi; te potiki whakamutunga ko Hema, a ka paru a
raua tamariki ka whaka wetiweti (whaka piro) a Kai-tangata
ka mea aia, " Hi hi, te tiko o nga tamariki nei."   Ka mea
atu a Whai-tiri, " He ringa aha au ringa te ao ai i nga
ta (paru) o a taua tamariki."   Ka ki atu a Kai-tangata,
" Mawai e ao i te wetiweti," ka whakama a Whai-tiri i ko

nei, a ka kumea te aio, ara te rangi pai e Whai-tiri kia roa ;
a ka haere a Kai-tangata ki te moana; i muri ano ka
hanga a Whai-tiri i te pae-pae mo te tane ka karea (keria)
te pou tuatahi, ko Whakamaro-te-rangi te ingoa, ka
karia (keria) te pou tua rua ko Meremere te ingoa ; a
ka whakanohoia Tu-tangata-kino i te whakatokerau (he
kino) ki te huka (mutunga) : ara ki te mutunga o te paepae
hei miti i te namu o Hawaiki. Ka tukua Tu-tangata-kino
kia haere ki waho ki te moana ki Tara-rere (i haere ki waho
ki te moana) kia haere ki te whai i te rapa o te hoe a
Kai-tangata, a ka tahi a Whai-tiri ka whakahua i nga ingoa
o a raua tamariki, ka mea atu aia ki aua tamariki, "E tae
mai ta koutou papa me tohu tohu te paepae nei mona. Ko
to ingoa ko te punga o te waka o ta koutou papa. Ko
te ingoa tenei mo te matamua ko Punga, mo te tuarua ko
tou ingoa ko Karihi o te kupenga o ta koutou papa, ko
taku potiki whakamutunga me waiho he ingoa mona ko
taku whaka makanga i te kupu a ta koutou papa mo a
koutou tai (tiko)." Ka piki a Whai-tiri ki te rangi, ka poro-
poroki iho "Hei konei, e puta te uri a Punga, kaua e haere
ake e whai ake i au," Ka mea atu aia kia Karihi "E puta
au uri kaua e haere ake e whai i au, e puta ta taku whaka-
matanga whaia ake i muri i au." A ko nga kupu enei a
Whai-tiri i tona pikinga ki te rangi. Ka hoki mai a Kai-
tangata i te moana, ka tae mai ki ana tamariki ka ui aia
"Kei hea ta koutou whaene" ka mea atu ratou "Kua riro
ki te rangi ki tona kainga" ka ui atu aia, "I pehea mai
aia kia koutou," ka mea atu ratou, ara te ariki o aua ta-
mariki, "I mea iho a Whai-tiri, ko toku ingoa ko te punga
o to waka, ko te ingoa o tenei na, ko te karihi o to kupe-
nga, a ko te ingoa o ta maua tuahine, ko te whakamatanga
o to matou whaea mo to whakawetiweti i o matou paru."
A ka haere aua tamariki ka whakaatu i te paepae i hanga
nei e Whai-tiri, ki to ratou papa.

Puta aka ta Punga uri ko nga Ngarara, ko te Mango,
ko te Tuatini ; ko a Panga uri enei raua ko Karihi.

Puta ake ta Hema ko Ta-whaki, ka moe nga tuakana i
nga wahine ia Muri-whakaroto, raua ko Kohu-whango

(Puhango). Kahore nga wahine i tahuri atu ki nga uri a Punga he kikino, ka tahuri mai kia Ta-whaki, ka hae nga tuakana, ara nga tamariki a Punga raua ko Karihi ki a Ta-whaki, a ka mea nga tuakana kia haere ratou ki te heru i te wai kopua, i te wai whakaata i Rangi-tuhi; ka haere a Ta-whaki i taua haere; ka tae atu aia ki reira ka karakia a Ta-whaki i tenei karakia :—

Pupu mahina (mai Hine) i te ata;
Homai (ra) taku heru,
Taku karau,
Ka whano (atu) au ki te wai,
Ki te wai Rangi-tuhi ;
Rangi-tuhi, te wai e hai.

Ka kite atu nga tuakana, ara nga tamariki a Punga raua ko Karihi i a Ta-whaki e heru ana i te wai o Rangi-tuhi, ka tikina atu e ratou ka patua a Ta-whaki i roto i taua wai tapu ; ka mate a Ta-whaki. Ka hoki nga tuakana ki te kainga ; ka ui atu a Muri-whakaroto "Kei hea ta koutou teina," ka ki atu a Mango "Kei te wai ano, kei te heru," a ka roa e tatari ana a Muri-whakaroto ka karanga aia. "'Ta-whaki e," ka o mai he Pukeko "Ke," ka haere atu a Muri-whakaroto hua noa ko Ta-whaki ; ka karanga ano aia, ka o mai he Moho "Hu." Ka hoki mai te wahine ra ki te kainga, ka mea atu ki a Mango ma. "Kua mate ia koutou ta koutou teina," ka whakaae atu raton ka mea atu ki te wahine ra, "Kahore i o mai ki a koe?" ka mea atu te wahine ra, "He Pukeko he Moho nga mea i o mai ki au."

Kahore kua ngaro a Ta-whaki ki te whakatuputupu i aia, ki te karakia, a ki te huki (rere), ara ki te whakamutu i te rero (rere) o ana toto. A koia nei te karakia huki a Ta-whaki mo ana toto kia mutu te rere :—

Ko toto na wai?
Ko toto na te Whetu.
Ko toto na wai?
Ko toto na te Marama.
Ko toto na wai?
Ko toto, o te Ra.
Ko toto na wai?

Ko toto na Ta-whaki.
Ko toto na wai?
Ko toto o Rangi-mahuki.

Koia na te huki a Ta-whaki i ona toto, ara ko te whaka tupu tupunga i ona toto kia ora ai aia. Ka ora a Ta-whaki, ka haere a Ta-whaki, moe rawa atu ko waho i te moana; a tona aranga ake i raro i te reinga, ka puta te ngaru i paia ai Tawhiti, ko te ngaru tera hei matenga mo Ta-whaki: ka puta mai te tupuna ki aia; te Kaeaea ka whaka oho ia Ta-whaki ki tana tangi; he tangi "Ke, ke, ke," a ka oho ake a Ta-whaki i te moe ka mau aia ki te rakau, ka karanga a Ta-whaki, "Whakahihipa ake hihipa (tika ke atu) whakataha, maunu ki tu a kiri." Ka panga atu e Ta-whaki te rakau ki te ngaru i paia i Ta-whiti : heoti ano ka haere mai a Ta-whaki ki uta ki te tuawhenua rokohanga mai ko te papa keke, ko Karihi, a ka tangi raua ko Karihi.

Ko te putake tenei i patua ai a Ta-whaki e ona tuakana he hara wahine, ko Muri-whakaroto raua ko Puhaugo. I te timatanga o te hara, ua nga tuakana a Ta-whaki aua wahine, otira kahore aua wahine i pai ki nga tuakana, he kikino no era, a i whai mai aua wahine ki te pai o Ta-whaki. Ka puta atu nga tuakana ki aua wahine, ka kokopi nga whariki o aua wahine kia raua, ka puta ko Ta-whaki ka hora nga whariki a aua wahine ki aia, a ka whakauru ki roto ki O-hau-raro kia moe Ta-whaki ia raua, he purotu a Ta-whaki he mokopu taura rangi, he ariki a Ta-whaki. Tetahi mea a aua wahine i mate ai kia Ta-whaki, he pai no tona mahi whare, a no tona ahua pai ano hoki; tena ko nga tuakana, he repo (paru) te whare, he para rau rakau.

Ka haere a Ta-whaki raua ko Karihi ka tae ki te Toi-mau me te Toi-taepa, ka karanga atu a Ta-whaki ki a Karihi; "Ko koe e piki i mua;" ka mea atu a Karihi, "Ko koe hei mua," ka mea atu a Ta-whaki "Kahore ko koe hei mua;" ka whakaae a Karihi, a ka mau te ringa a Karihi ki te Toi-mau-epa ka piki a Karihi ka karakiatia ake e Ta-whaki ka mea.

E tu te rangi,
Motuhia.
E tu te rangi,
Pukai.
Pukai atu ana,
I raro i te whenua.

Ka pahuhu iho a Karihi ki te whenua, tae rawa iho ano
a Karihi ki te whenua, ka karanga aia ki a Ta-whaki,
"Nau au i karakia i pahuhu iho ai, penei kua eke au;"
ka ki atu a Ta-whaki, "Kahore au i karakia i a koe;"
ka mea atu a Ta-whaki, "Me noho hoki koe; tukua atu
hoki ko au kia piki," ka kapo te ringa o Ta-whaki ki te
Toi-mou(mau), ka karakia aia i aia, ka mea :—

Piki ake Ta-whaki i te rangi tua tahi,
E rongo (He rongo) te mahaki (tuetue).
Piki ake Ta-whaki i te rangi tua rua,
E rongo (He rongo) te mahaki (tuetue).
Piki ake Ta-whakii te rangi tua toru,
E rongo te mahaki.
Piki ake Ta-whaki i te rangi tua wha,
E rongo te mahaki.
Piki ake Ta-whaki i te rangi tua rima,
E rongo te mahaki.
Piki ake Ta-whaki i te rangi tua ono,
E rongo te mahaki.
Piki ake Ta-whaki i te rangi tua whitu,
E rongo te mahaki.
Piki ake Ta-whaki i te rangi tua waru,
E rongo te mahaki.
Piki ake Ta-whaki i te rangi tua iwa,
E rongo te mahaki.
Piki ake a Ta-whaki ki te rangi tua rea,
Pipiri moko, pipiri moko,
Rarau moko, rarau moko,
(Rarau ki) taha tu o te rangi.

Ka eke a Ta-whaki ki te rangi, ka tapahia iho eia te
ara i eke atu ai aia ki te rangi. Ka karanga ake a Karihi
ki aia "Ta-whaki e, tahuri iho hoki ki au" ka karanga iho a
Ta-whaki ka mea "Kahore, ko koutou hoki i kohuru ra i
au." Ka haere a Ta-whaki ka tae ki te kainga ki te kuia
kia Whai-tiri, rokohanga atu e noho matapo ana taua kuia,
a e tatau ana taua kuia i nga toto (he kete te toto), e penei
ana,—

Toto tahi, toto rua, toto toru, toto wha, toto rima,
Toto ono, toto whitu, toto waru, toto iwa, toto ngahuru.

Ka roua mai e Ta-whaki kotahi o aua toto : ka tatau ano a Whai-tiri i ana toto a tae noa ki te iwa kua riro te tekau, ka ui te kuia ra : " Ha, kei whea te tekau o aku toto," ka roua tetahi e Ta-whaki toe atu e waru, ka tatau ano a Whai-tiri ; ko taua mahi tonu a Ta-whaki he rou i aua toto a poto katoa mai ; ka tahi ano te kuia ra ka tino ui, " Kowai tenei e nukarau nei i aku toto," ka mea atu a Ta-whaki, " Ko au," ka mea te kuia ra " Ko koe ko wai," ka mea atu a Ta-whaki " Ko au ko Ta-whaki-nui-a-Hema," ka mea a Whai-tiri " Ta ta, ko taka mokopuna," ka mea atu a Ta-whaki " Nau hoki au i poroaki iho kia whai mai i muri i a koe," ka mea a Whai-tiri " Ae he peno." Ka mea ano te kuia ra " Titiro mai ki aku mata," ka ki atu a Ta-whaki, " He aha kei o mata," ka ki mai ano te kuia ra, " Mau e titiro te iwi e noho nei ahau ia ratou, i te wa e to ai te ra ka ki tonu te whare nei ia ratou, me noho koe ki roto ki nga whakapuru o te whare," ka ui atu a Ta-whaki, " Kei hea te ara tomokanga," ka mea atu te kuia ra " Kei te matapihi kei te whatitoka," ka rongo atu a Ta-whaki ka kohanga he tari (rore) ki te matapihi ki te whatitoka ; a ka to kau ano te Ra ka puta taua iwi ka mea atu a Ta-whaki ki te kuia ra " E rupeke ki roto ki te whare kia u te purupuru i runga, kia u te puru i raro, kia oho rawa ake te iwi nei kua tino awatea," ka rongo mai a Whai-tiri ka whakaae. Ka to te Ra ka puta taua iwi e haere mai ana te mano tini o nga manu ririki a ko Tonga-hiti te tahi ; ano ka ki te whare i te manu, ka kite te kuia ra, ka purua a runga me raro a ka moe, ka eke te whetu o te ata kahore ano i oho te moe o te iwi nei, a ka takiri te ata kahore ano kia oho, ka eke nga ihi o te Ra, kahore ano i oho, ka tu tonu te Ra, katahi ka karanga mai etahi o taua iwi, " He roa o te po nei," ka karanga atu a Whai-tiri kia ratou " E moe kahore ano i awatea," ka karanga mai a Tonga-hiti " A i mua ake nei i etahi po kua pahure ake nei, e hohoro ana te awatea, taka rawa ki te ponei ka roa, he tinihanga pea na Whai-tiri kia tatou ;" ka ki atu

a Whai-tiri "Kaore," katahi ka puta a Ta-whaki ki waho,
a ka unu unu i te puru o runga a ka tomo te maarama ki
te whare ka tahi ka patu patua eia taua iwi, ka mate
katoa; ko Tonga-hiti anake i rere, i hou na te pou tu-
ngaroa : heoti ano ka mate te iwi nei, a ka karakiatia e
Ta-whaki nga mata o Whai-tiri, ko te karakia tenei :—

Iri mata, iri mata ;
Wero mata, wero mata ;
E whai o mata ki te Ra,
E huru mai ra (E to atu ra)
E (He) pa ko rire rire,
Whitia te wai
Ki aku mata,
Mata whitia,
Mata riro ha i.
Hae tuhi ki te mata o Whai-tiri.
Rua ki te mata o Whai-tiri,
Titiro mai ra,
Ka ngangana mai ra,
Ki aku mata,
Ki te mata ora,
Ki te mata toto,
Ki te mata o Rehua.

Ka whakatauki ake a Whai-tiri :—

Ta ta, ka ora aku mata,
I taku mokopuna.

Ka kite atu a Ta-whaki i nga huru huru o te kuia ra ka
whawha atu te ringa o Tawhaki ki te kumekume, ka kara-
nga atu a Whai-tiri "Hoki atu tou ringa ringa kei hoki o
hau riri ki ahau, titiro ake, ina nga kuwha a to tuahine o
Maikuku-makaka te tu whangai iho nei na, ko wai hua ai, e
putu koe."
Ka tahi ka haere a Ta-whaki ka kite i Nga-toka-tami-
whare e tu ana, ka karanga atu a Ta-whaki ki a Whai-tiri
"He aha tenei," ka mea atu te kuia ra, "Kauaka e pa
to ringa, ko ou tupuna tena ko Nga-toka-tami-whare,"
ka tahi ka takahia e Ta-whaki, ka horo ki waho ki te
moana ; ka tangi haere ka karanga iho a Ta-whaki. "Tena
hoki koutou te tangi haere na ki waho ki te moana, hua
koutou i patu ai i au e kore koutou e tangi haere ;" he

mea hoki i aia ai e Ta-whaki, na ratou na Toka-tami-whare
aia a Ta-whaki i a, ki waho ki te moana; ka tupu (ea) te
mate o Ta-whaki i aia ano.

Ka piki a Ta-whaki ka kite ake i nga huha o Maikuku-
makaka e tu whangai iho ana i te hua nui; ka tata atu a
Ta-whaki ka whakaohoa eia ki tana rakau e mau haere ana
i tana ringa, he mea whakapa te rakau e Ta-whaki ki te
kuwha maui, ka tahi ka komi nga kuwha o Maikuku a ka
whakatauki atu a Ta-whaki. "Hau wahine e hoki i nga
hau o Ta-whaki." Heoi ano kua pa te ringa o Ta-whaki
kia Maikuku, ka moe raua. I te taenga atu o Ta-whaki
kua riro atu te tane tuatahi a Maikuku, a Uru-rangi, haere
rawa atu a Ta-whaki, kua riro aia ki te aewa (haere) i
waho, a ka tae te monomono (te aitua, te pawera), kia te
Uru-rangi ka hoki mai aia ki te kainga, a ka tae mai aia
ki te matapihi o te whare, titiro iho ai, e rua nga upoko, e
wha nga waewae, ko Ta-whaki raua ko Maikuku e moe
ana; whawhatia iho ana e Uru tangohia ake ka whakina
atu taua wahine e Te-uru-rangi, ka puta a Ta-whaki ka
haere ki a Maru ki nga tupuna, hei ngaki i tona mate,
ka tae a Ta-whaki ki ko mai o te kainga, ka tangi aia i te
tui, ara i te karakia hei tutu ope taua mana. Koia nei
nga kupu :—

Whakataka te rangi i runga nei,
Kia taka mai,
Taka tua mai,
Taka aro mai,
Ko te he.
Moti, mota,
Ka tinia au kia mate.
Te tupu te maro,
Me te angi angi mua :
Me te angi angi roto ;
Ko au, ko au,
E tangi wini wini ana au,
E tangi wawana ana au,
Ki taku mate ;
Ki te puke Hiku rangi,
Ki Hero-taunga.
I neke Tu,
I neke ki a Maru,
I neke Maru,

I neke ki a Rongo,
Ko koe e Rongo kei au.
Nohoia te hono aitu.
Taku tao nei,
Piopio rere ao:
Whano whanake.
Tu mata toki haumi e,
Hui e ; Taiki e.

Ka mohio mai nga tangata o te kainga ki te karakia a
Ta-whaki, he tui taua; a ka pa te karanga kia Ta-whaki:
na Maru te karanga i mua "Hei au hei te tangata i te
rakau." A ka karanga a Tu-te-ngana-hau "Hei au ;" ka
karanga a Rehua "Hei au hei te tangata i nga kai," ka
tika te haere a Ta-whaki ki a Maru, i te tangata i te
rakau, hei ngaki i tona mate, ka kite a Ta-whaki i te
whata ; he whata tapu na Maru e tu ana ; ko te hinu i
roto e tu ana, ka kainga e Ta-whaki, a ka karakia a Ta-
whaki i aia, ka mea :—

Nga whare o Tu i kainga tutia
I kainga reretia,
E Rongo te tuetue,
Nga whare o Maru i kainga tutia
I kainga reretia
E Rongo te tuetue ; ha i.
Iri mai i runga i te awhiowhio,
Me te apu marangai.
Tungia ka wera te atua Rae-roa,
Mate ki te po,
E tumu tumu paretao.
Ana ki, nana i tupu te uru o Hawa-iki.
Tahi kia miha (he kai tapu), rua
Kia miha, toru
Kia miha, wha
Kia miha, rima
Kia miha, ono
Kia miha, whitu
Kia miha, waru
Kia miha, iwa
Kia miha, takina tau kopu iti nei ;
Te hoatu mo Tuhua-tahi.
Te homai moku tou kopu iti nei ;
Te hoatu mo Tu-tangata-kino, to kopu-nui
O Tu-tangata-kino ; te homai moku
Ka tupu taku takapu nei.
Oroki, oroka, oro kai atua hai.

Ka whakarongo mai a Maru : a kai te topetope auru (mahunga) a Ta-whaki i aia; ka topetope (kokoti) hoki a Maru kia Ta-whaki, ko te karakia topetope auru tenei :—

Puna, puna riki (ariki) i runga nei
Te ihi o Ta-whaki
Te mana o Ta-whaki
Te huru o Ta-whaki
Te rae o Ta-whaki
Te tuke mata o Ta-whaki
Te pewa o Ta-whaki
Te kape o Ta-whaki
Te mata o Ta-whaki
Te ihu o Ta-whaki
Te taringa o Ta-whaki
Te paparinga o Ta-whaki
Te kauwae o Ta-whaki
Te kaki o Ta-whaki
Te porongaue o Ta-whaki
Te tumu o Ta-whaki
Te hei o Ta-whaki
Te teketeke o Ta-whaki
Te ringa ringa o Ta-whaki
Te uma o Ta-whaki
Homai ra kia hikaina hei kakano
Mo te umu.
Ko te umu nawai?
Ko te umu na Rohea-hua-te-rangi
To hua te rangi
To whai puna ariki i runga nei
Te koko o Ta-whaki
Te kaokao o Ta-whaki
Te whiti o Ta-whaki
Te papa o Ta-whaki
Te toine o Ta-whaki
Te tau o Ta-whaki
Te turi o Te-whaki
Te tata o Ta-whaki
Te waewae o Ta-whaki
Te rekereke o Ta-whaki
Te papa nui o Ta-whaki
Te matikuku o Ta-whaki
Te mutunga o Ta-whaki
Te otinga o Ta-whaki
Te rerenga o Ta-whaki.
Homai ra kia hikaina hei kakano
Mo te umu
Ko te umu na wai?

Ko te umu na Rohea-hua-te-rangi
To hua to rangi
To whai, tukua mai hoki koe hei tae potiki,
Tukua atu hoki au hei tae matamua
Puta ki te whai ao tatara
Ki te ao marama.
Ka maina, muna, muna.
Ka mama, horo, horo.
Ka mama, e te ata o te kai.

Ka mutu taua karakia, ka hapainga te taua. No te po i
nohoia ai, a i te ahiahi, ka takiri te ata, ka kawitia te
matarau, koia te kaui o te rangi, ka taia te taotahi o te
kai pupuri o te taotahi o te rangi hikohia te tangata nana
i pupuru te taotahi, ka hapainga ka tae ki te taha o te
Roto ka tukua ki raro kia kimihia he tuna hei o maki mo
te taua, kia tupu (ea) ai te mate o Ta-whaki : ka werohia te
tuna ka tu, ka werohia atu e Te-Rangi, hikohia te taotahi
ka tu, ka hapainga ki tahaki, ka tautohe a Maru mana te
upoko, ka tohe a Tu-te-ngana-hau mana te upoko, ka tohe
a Rehua mana te upoko, a ka riro i a Maru te upoko o te
tuna, a ka tangi a Tu-te-ngana-hau no te rironga o te
upoko i a Maru.

Ka wehe wehea i reira te taua, e rua nga ara, ka haere
te tahi ara ki te koti koti i nga turanga whatu i tu ki
Tutu-hira ; i tu ki Raro-henga ; i tu ki Kuparu, i tu
ki Wawau : i nekenekehia enei mo te Kahui-Tangaroa,
nekehia ana, mo te Kahui-Tane, mo te Kahui-Maru, ka
mutu mo tetahi ara : ka timata ko te ara i a Maru ia Te-
Macaea, i te Kahui-Maru, ka tae ki te taha o te moana,
rokohanga atu a Rongo-mai e takoto ana, e muia ana e te
rango (ngaro) ; hua noa a Maru he ika Paraoa pae ki uta,
ka karanga a Maru ki te taua " Tahuna he umu mo ta tatou
kai," ka rongo ake a Rongo-mai e kiia ana aia hei kai, ka
karakia aia i aia : ka haria he wahie e te taua, ka ka te
hangi, ka huri hurihia a Rongo-mai ki runga ki te umu ;
hopukia ake ai e Rongo-mai ko te Kahui-Maru, ko
Te-Macaea, taona iho ana eia ki ta ratou umu, ka rere
a Maru-atua ki roto ki te Toka-whaiti, mei kore kua pau
ano hoki a Maru-atua i a Rongomai.   Otira i pau katoa nga

papa i noho ai a Maru-atua. Heoti ano ka mutu mo te
mate a Ta-whaki : kotahi te ara i ora, kotahi te ara i mate.

RONGO-MAI. (NGA-TI-MAHUTA.)

I noho a Rongo-mai i te whenua nei, a he penei ano aia
me te tangata nei ano, a kihai aia i mohiotia he atua;
ano ka tae ki taua ra, ka takoto moe a Rongo-mai i te
whenua, ka kite ana hoa e takoto moe ana aia, ka kiia
kua mate a Rongo, a ka tahuna e ratou te hangi hei tao
i a Rongo-mai, ano ka ka te hangi ka huri hurihia a
Rongo ki taua hangi, ka tata aia ki nga kohatu wera o te
hangi, ka oho a Rongo-mai i tana moe ka patua etahi o
taua hunga; e whitu te kau i mate o ratou, a taona ana o
ratou tinana ki te hangi i tahuna ra e ratou hei tao i aia,
a kainga ana ratou eia. Ko Maru (he atua) ano tetahi o
taua hunga i mate nei i a Rongo-mai, a i kainga ano hoki
aia e Rongo ; otira ko tana wairua, ko te wairua o Maru
i rere ki runga ki nga rangi.

Ko te Ra ia Motoro. Te waka o Motoro, Ko Maru-ao-nui.
Tana wahine ko Hine-i-taraia, tona whakatauki. " Ko te
hurihanga ia Rau toka."

Ko Tatau-a-te-po te ingoa o te whare a Miru, na Ihenga
raua ko Rongo-mai i tahu ki te ahi.

RONGO-MAI. (NGA-TI-HAU.)

I to matou haerenga mai ki te whawhai kia Ngatiawa i
Otaki : ara i Rangi-uru, i te awatea ka tu tonu te Ra, ka
karakiatia a Rongo-mai e nga tohunga kia haere mai aia i
Taupo ; he mea hoki i Taupo a Rongo-mai e noho ana, kia
haere mai aia kia kite i te matenga, me te horonga o te Pa
o Ngati-rua-nui, o Taranaki, o Nga-tiawa ia matou. Ka
karakia nga tohunga, ka mutu, kahore i taro, ka puta a
Rongo-mai e haere mai ana, ara e rere mai ana; ko tona
ahua i rite ki te ahi, ara ki te mura o te ahi, ko mua ona
ko te upoko i nui, ko te hiku i iti, i penei me te Mata-
whaura, ka rere mai aia a ka tae ake i runga ake o te Pa i
Rangi-ura, ka kutu ara ka tupou te upoko ki roto ki te Pa,
a ka pa aia ki te marae o te Pa, ka aohia te one one o te

Pa i tana taunga ki roto ki te Pa ; ka rongo maua te taua i
te haruru, ano he whatitiri nui ; ka koa matou ka hari. E
rua nga ra i muri iho ka horo te Pa ia matou.

TA-WHAKI.   (NGA-RAURU.)

Ia Ta-whaki i te wai, i te wa ki ano aia i patua e ana
tuakana toko wha, ka ki tana waha ka karakia i tenei
waiata karakia :—

> Pupu mahina, homai ra taku karau,
> Kia whano au ki te wai,
> Rangituhi te wai e, ha i.

E Ta-whaki kei hea koe ?   Ka o mai he Pukeko. E Ta-
whaki kei hea koe ?   Ka o mai he Moho. E Ta-whaki kei
hea koe ?   Ka o mai a Ta-whaki,—

> I tupu ki te uru, ki te rae,
> Tena toto ka huki, ko toto o Ta-whaki, o te Ra,
> O te Marama : ko toto o Rangi-mahuki
> O Rangi e tu nei.

Ka ara a Ta-whaki i te wai, ka kite aia i te Toi-mo, ka
piki ki te rangi, ka tutaki ia Whai-tiri i te huarahi e noho
matapo ana, ka mea mai a Whai-tiri "Whaia aku mata"
ka mea atu a Ta-whaki :—

> Iri mata, wero mata, e whai i o mata
> Ki te Ra, e to atu ra, he pako riro riro,
> Iritia i te wai ki te mata,
> Mata mata iritia, mata rirohia.
> Tahi ki te mata o Whai-tiri.
> Titiro mai ra, ka kana kana mai ra
> Ki oku mata, ki te mata toto o Rehua.

Ka mea mai a Whai-tiri, "Kia ata piki kei mate koe,
kei kamoa e nga waewae (werewere) o Hine-nui-te-po."
Ka ki atu a Ta-whaki,—

> I tu wahine riu ngata,
> I hoki i nga hau o Ta-whaki.

Heoti ano ka piki ka kake ki runga, rokohanga atu ko
Rehua ko Wha-koko-rau ; ka kite i a Maru, no te kitenga
i a Maru, katahi ka pa te waha o Ta-whaki ki te tui :—

Whakataka, whakataka, me te pua,
Me te kakika (ngakinga) : puhia, moua, morea,
Kotahi taua roa na Ta-whaki.

TA-WHAKI. (NGA-TI-HAU.)

I te wa i haere ai a Ta-whaki ki te wai, ki te horoi i aia,
koia nei te karakia ana i karakia ai :—

Pupu mahina i te ata,
Homai ra taku heru, taku karau,
Kia whano au ki te wai,
Ki te wai
Rangi-tuhi ; te wai e hai.

Ka patua aia e ana tuakana, a ka karanga tawai atu te
ariki o ana tuakana, ka mea :—

E Ta-whaki kei hea koe?
Ka o mai te Pukeko, ka mea " Ko."
Ka karanga atu te muri mai,
- E Ta-whaki e, kei hea koe?
Ka karanga te Moho ka mea " Hu "
Ka karanga te tua toru o aua tuakana, ka mea
E Ta-whaki e, kei hea koe?
Ka oho atu a Ta-whaki ka mea
I tupu ki te uru,
Ki te rae,
Tena toto ka huki :
Ko toto, ko toto,
O Ta-whaki, o te Ra :
O te Marama.
Ko toto o Rangi-mahuki,
O Rangi e tu nei.

Ka ara ake a Ta-whaki i roto i te wai, ka titiro atu aia
ki te taepaepatanga o te rangi, ki te wahi o te rangi i
tapotu iho ki te whenua, ki te wahi hei ara atu mona e
kake atu ai ki te rangi ; ka kake atu aia a ka tutaki aia ki
a Whai-tiri, e noho ana i tana kainga ; e noho pohe ana
taua kuia ra. Ka mea atu tana ruruhi ki a Ta-whaki
" Titiro mai i ana koe ki aku mata." Ka kite a Ta-
whaki, a ka whakahua aia i tana karakia, ka mea :—

Iri mata, wero mata,
E whai o mata ki te Ra
E to atu ra.
He pa, ko rire rire,

Whitia i to wai,
Ki aku mata;
Mata whitia
Mata riro hia.
Tahi ki te mata,
O Whati-tiri.
Titiro mai ra,
Ka kana (ngangana) mai ra,
Ki oku mata,
Ki te mata toto
O Rehua.

Mutu kau ano te karakia a Ta-whaki, kua titiro nga
kanohi o Whai-tiri; a ka mea atu te kuia ra ki aia, " Kia
tupato to piki; kei kamoa (komea) koe e Hine-nui-te-po ki
roto ki tana puku." Ka karanga atu a Ta-whaki :—

Au wahine riu ngata (Tangata)
E hoki i nga hau o Ta-whaki.

Ka kake a Ta-whaki ki runga; a ka tae atu aia ki a
Rehua, ki a Wa-koko-rau; a ka kite atu ano hoki aia i a
Maru, a ka kite mai ratou i a Ta-whaki, ka karakia atu a
Ta-whaki i tana karakia tui ka mea :—

Puhia, moua, morea.
Kotahi taua roa
Na Ta-whaki.

TA-WHAKI.   (NGA-TI-HAU.)

Mei hoki a Ta-whaki ki te Tatau-o-te-po, i te wa i patua
ai aia e ana tuakana, a mei tae aia ki ana tupuna, ki a
Rua-kumea raua ko Rua-toia, e kore aia e hoki mai ki te
ao nei; kua oti atu aia ki a A-meto (Meto).

I kite a Rua-kumea i a Ta-whaki, a i karanga mai a
Rua-kumea ki aia i te Tatau-o-te-po ; kihai a Ta-whaki i o
atu, a hoki mai ana aia, ki enei o ana huanga i te ao nei.

A i a Ta-whaki i te ao o te po, i karanga a Hine-i-te-
muri-whaka-roto ki aia.   Otira kihai aia i oho atu ; i te
mea he mate nui tona to Ta-whaki, me aha u ana e o
atu ai i te mea kua tupapakutia ra hoki aia, a kua heke atu
ra hoki tana wairua i te ara e heke ai ki A-meto.

Ano ka hoki mai a Ta-whaki i te ao o te po, ka mea atu

aia ki ana matua, kia ngakia te utu mo tana mate; a he kore tetahi, he roa no ana matua ki te tutu ope mona; koia aia i haere ai i kake ai ki te rangi i runga, a tae atu aia takatakahia ana eia era o ana tupuna, a Toka-tami-whare ma; he mea ako ano aia e tana whaea kia kaua he aha atu ona ki aua tupuna, otira kihai nga kupu o tana whaea i mana i aia, a takahia ana aua tupuna eia; ano ka rongo tana whaea i taua mahi takatakahi ona i aua tupuna, ka pouri tana whaea, ka tangi, kei aitua tana tamaiti mo tana mahi he ki aua tupuna.

He take ano ia te take a Ta-whaki i mahi pera ai aia ki aua tupuna, he hae he mahi kohuru na ana tuakana ki aia; koia i takatakahia ai aua tupuna ona eia : he mea hoki nana ki ana tuakana, he maia aia a Ta-whaki ki te mahi raweke ki nga nunui o te rangi, whai hoki e kore nga nunui o te ao nei e ora i aia te taka-takahi ano hoki.

Ka tangi tana whaea i te rangi; a na ana roimata i ngaro ai te ao nei, i ngaro ai ano hoki te tangata i te waipuke.

E mea ana nga tohunga o mua, ko Hema te matua tane o Ta-whaki, a he teina aia no Punga raua ko Karihi, a te take o aua tuakana i hae ai ki a Ta-whaki, he pai atu no nga wahine ki a Ta-whaki, he whakahawea no aua wahine ki a raua.

I mea hoki raua, kua pai atu a Hine-i-te-muri-whaka-roto ki a Ta-whaki; koia raua i mea ai kia mate a Ta-whaki i a raua.

He tangata maroro a Ta-whaki; e taea eia te rakau nui te amo, me nga tini mahi nui rawa atu.

Piki ake Ta-whaki
I te rangi tua tahi,
I te rangi tua rua,
He auru rangi:
Te rau o te Ta-whaki,
Ta-whaki nui a Hema.
E tangi ki roto Wharo-to-roka,
To-reka.

He karakia ki a Ta-whaki.

TA-WHAKI RAUA KO HAPAI.

(NGA-I-TAHU.)

HE tangata no konei a Ta-whaki, ka titiro ake a Hapai ki runga, ki te pai o Ta-whaki, ka haere iho i te po, rokohanga iho a Ta-whaki e moe ana, ka ata huaki a Hapai i te kakahu a Ta-whaki, ka tomo aia ki raro ki nga kakahu a Ta-whaki, ka moe raua, ka hori (hua) a Ta-whaki he wahine no tenei ao. Na ka moe raua, a kihai ano i awatea ka ngaro a Hapai, kua hoki aia ki runga ki te rangi. Oho rawa ake a Ta-whaki papaki rawa atu ko to raua moenga, kua ngaro te wahine ra, a penei tonu te tikanga a Hapai kia Ta-whaki i nga po katoa, a taea noatia te haputanga o Hapai ia Ta-whaki mo Pihanga, no te haputanga i a Pihanga, katahi a Hapai ka whakakite i aia kia Ta-whaki, a ka noho iho a Hapai ki te ao nei, a ka tahi a Ta-whaki ka mohio "Ara no te rangi te wahine e moe i au nei," a ka tahi ka ki mai te wahine nei kia Ta-whaki. "E whanau ta taua tamaiti he tane, maku e horoi, a e whanau he wahine, mau e horoi," a whanau rawa mai he kotiro, a ka horoia e Ta-whaki, a muri iho ka whakapiro aia a Ta-whaki. Na ka tangi a Hapai, a te whakatikanga o Hapai tu ana i runga i te teko teko o te whare, ka rere atu a Ta-whaki ki te hopu i

taua wahine, a kihai i mau i a Tawhaki. Na ka tahi a Ta-
whaki ka tino mohio no te rangi rawa ano te wahine nei,
ka kitea tana haerenga a ngaro noa. Ka tahi ka whakaaro
te tangata nei, a marama noa, a mate noa te marama e
ngaro ana, ka tahi a Ta-whaki ka karanga atu ki ana tau-
rekareka tokorua "Tatou ka haere ki te whakataki i taku
kotiro," a ka haere ratou ka tae ki te huarahi ka ki atu a
Ta-whaki ki aua mokai "E tae atu tatau (tatou) ki te Pa o
Tonga-meha, kaua e titiro atu kei mate korua," ka haere
ratou a ka tae ki te Pa o Tonga-meha, titiro atu ana te tahi
o aua pouanga, a tikarohia ana te kanohi o tera e Tonga-
meha : haere ake kotahi te pononga a Ta-whaki, ka haere
raua a ka tae ki te kainga o te kuia nei o Mata-kere-po,
rokohanga atu e tatau aua te kuia ra i ana taro, a e noho
matapo ana te kuia nei, a ko nga taro e tihi (pukai, haupu)
ana i tana aro aro, ka tatau te kuia ra i ana taro, ka tahi,
ka rua, ka toru, ka wha, ka rima, ka ono, ka whitu, ka
waru, ka iwa, na ka tangohia e Ta-whaki te tekau, a ka
tatau ano te kuia ra i ana toro, a ka tae ki te waru, ka riro
mai ano ia Ta-whaki te iwa, ka tatau ano te kuia ra a e
waru ano ana taro, e rua kua riro ia Ta-whaki, na ka hongi
te rua-hine ra, a ka whakatetere i tana poho (kopu) kia
horomia a Ta-whaki eia, na ko te honginga atu, na ka
hongi ki te tonga, ki te marangai, ki nga hau katoa ; hongi
rawa atu ki te hau auru kua piro mai, a ka tahi te ruruhi
ra ka karanga atu, "No te hau koe e pa mai nei ki taku
kiri," na ko te ngungurutanga atu e Ta-whaki, a ka karanga
atu te kuia ra, " E ko taku mokopuna, ko Ta-whaki," a ka
hoki haere te pupuhitanga o tana poho. Mehemea e hara
i te hau-auru, kua horomia a Ta-whaki eia, a e pau a Ta-
whaki, a ka patai te wahine ra ki a Ta-whaki : " E haere
ana koe ki hea," ka ki atu a Ta-whaki " E haere ara ahau
ki te whakatau (rapu) i taku kotiro," ka ui te kuia ra.
" Kei hea " ka mea atu a Ta-whaki " Kei te rangi," ka ui
te kuia ra " He aha te take i haere ai ki te rangi." Ka ki
atu a Tawhaki, "No reira ra te whaea, he tamahine ua
Whati-tiri-matakataka," ka mea atu te wahine-ra, " A tenei
to ara, waiho mo te ata ka piki ai koe," a ka karanga a Ta-

whaki ki tana ropa, " Tahuna he kai," ka tahuna ka maoa,
a ka tangohia mai e Ta-whaki te kai o te hangi ra, ka
tuhaina ki te huhare o tana waha (mangai) a ka pania ki te
kanohi o te kuia ra, a ka titiro aia, kua ora ana kanohi kua
kore he kerepo (pohe). Moe tonu iho a Ta-whaki i reira a
i te ata ka karanga atu ano aia ki tana pori (ropa, pononga)
" Tahuna he kai kia ora ai te haere," ka mutu te kai, ka tae
a Ta-whaki ki taua pononga, ka hoatu hei utu mo te rua-
hine ra, a ka karanga mai taua wahine " Tenei te ara kia
mau o ringa, e piki koe, a e tae koe ki waenga, kei titiro
iho ki raro nei, kei puawhe (rori, takamini) koe kei taka
koe, akua nei ka taka iho koe ka pai koe ki au," ko te
piki-tanga o Ta-whaki, ka karakiatia e te ruahine ra, koia
nei tana karakia :—

Piki ake Ta-whaki i te rangi tuatahi, tuarua,
I reira e Toro rire.
Hume te maro.
Te ara o Ta-whaki nei a Hema.
I piki a Ta-whaki,
I te rangi tuatahi, tuarua ;
Ko te ara o Ta-whaki,
Ko te ara o Hema.

Na ka eke a Ta-whaki ki runga, ka whaka kino kino i
aia a ka haere atu aia, a ka kitea mai e ana taokete, e nga
tangata e tarai waka ana, a ka pa te karanga o ratou
" Ta tatou koroheke ra," ka tae atu a Ta-whaki kia ratou ka
noho, a ka noho ki te taha o te hunga e tarai waka ra, a
ka ahi ahi ka karanga atu aua tangata ki a Ta-whaki, " E
koro haria (maua) nga toki nei," a hoatu ana nga toki a te
hunga ra ki a Ta-whaki, ka mea atu ki aia " Hoatu, maua
nga toki na ki te kainga," ka karanga atu te koroheke ra
ara a Ta-whaki, " Hoatu koutou i mua, e kore ahau e hohoro
te haere," a ka haere te hunga ra, a i muri ka whakapaipai
te koroheke nei a Ta-whaki i aia, a ka mau aia ki te toki
ka hahau i te waka ra, tahi mai ano i te iho a te noko
(kei) atu ana ; a tahi mai ano i te noko te ihu atu ana ;
a ka oti te tahi taha o te waka ra, me te tahi taha,
a ka whakatika a Ta-whaki ka mau ki nga toki ra, ka
haria eia, a haere ana aia ki te kainga, a ka kite atu a

Ta-whaki ia Hapai e noho mai aua raua ko tana kotiro, a haere tonu atu a Ta-whaki ki te nohoanga o Hapai, a ka haharia (aruarumia) mai e te katoa o te iwi me te ki atu te iwi ki a Ta-whaki "Kana koe e haere atu ki te wahi e noho ai a Hapai, he wahi tapu, ka tapu koe i te nohoanga o Hapai," hei aha ma te korohcke nei, haere tonu atu aia ka noho i te nohoanga o Hapai; a ka noho aia i reira a ao noa te ra. A i te ata ka karanga mai ano aua taokete ki aia, "E koro hapainga ano nga toki nei, maua ki te wake e taraia ra," ka maua aua toki a ka haere ano te hunga ra ki te tarai i taua waka, a ka tae atu ratou ka titiro aua taokete a Ta-whaki ki te waka ra, a ka karanga ratou, "He ahua ke tenei no te waka nei" a ka tarai ano aua tangata ra i te waka ra, nawai ra i tarai, ka noho a ahiahi noa, a ka karanga ano ratou ki a Ta-whaki "E koro haere mai ano ki te hapai atu i nga toki nei," ka ae atu te korohcke ra, a ka haere nga taokete; i muri ka whakapaipai ano a Ta-whaki i aia; te maunga atu ano ki te toki ka tarai ano aia i te waka ra, ka oti ka haere ano aia ka tae ki te kainga, a haere tonu atu aia ki te nohoanga o Hapai, a ka noho aia i reira a ao noa te ra. A ka hoki ano ki te tarai i ta ratou waka, ka karanga nga tangata "Ka ahi ahi," a ka taka te whakaaro o nga tangata ra kia nohoia mai i tahaki, kia kitea ai te tangata e tarai huna nei i ta ratou waka, a ka haere ratou ka tae ki tahaki, ka whaka pupuni (piri) mai i roto i te pureirei (take tarutaru), i muri ka tae ano Ta-whaki ki ona kakahu whakarerea ake, ka tino whakapaipai i aia, a ka tahi ka kitea mai e nga taokete, "E ko te korohcke nei ano ia e tarai nei i ta tatou waka" a ka karanga atu etahi o ratou ki etahi ano o ratou "E mea ma, haere mai ki te matakitaki, he ahua ke hoki tenei no te korohcke nei," a ka mea ratou "He atua," a ka haere ratou ki te kainga, ka ui ratou ki a Hapai, "He pehea te ahua o te tane" a ka korerotia e Hapai te ahua o tana tane, a ka karanga atu aua tangata kia Hapai "Ae ko te ahua tonu tena, ko tau e korero mai na." Ka ki atu a Hapai kia ratou, "Ae ko ta koutou taokete tena." A ka haere atu ano a Ta-whaki ki te kainga, otira kua whakakinokino ano aia i aia; a ka patai atu a Hapai ki aia, " Kowai koe?" a haere tonu atu a Ta-whaki; ka mea atu ano a Hapai ki aia, " Ko Ta-whaki koe?" ka u, u, atu te ngunguru a te korohcke ra ki aia, e ngunguru haere atu ana aia, a ka tae ki te taha o Hapai noho ai, ka kapohia eia e Ta-whaki te kotiro a Hapai kua riro i aia ia Ta-whaki, a ka wehi te iwi katoa ka whati ki te tahi kainga ke atu ia Ta-whaki; he mea hoki kua tino tapu te kainga o Hapai ia Ta-whaki, a ka tangi te ngongoro o te iwi ra ki te pai o Ta-whaki, ki te ahua ke hoki ona i etahi ra i etahi ra. A ka moe a Ta-whaki i tana wahine. A ka mea atu a Ta-whaki kia Hapai, " I haere mai au kia tohia ta taua kotiro," a ka whakaae atu a Hapai. A ka ao te ra; i te ata ka wahia te tungaroa o te whare hei huarahi putanga mo te tamaiti ki waho, a ka whakaputaina ki waho, ko te taki tenei i karakiatia i puta ai ki waho :—

Ka haere Hine.
Ka haere i te ara nui,
I te ara roa no Tini-rau.
Hoki atu, hoki mai.
Ko Hine ie, iere.
Tutuki ki Motu-tapu
Rarapa he uira

A ka kowhera te uira i roto i nga keke o Ta-whaki a ka tahi ka kawea te kotiro ra ki te wai, ka tohia, a ka tae ki te wai; ko te tohi tenei :—

Waerea iho i nga marae nunui,
I nga marae roroa,
I nga marae o Hine.
Tohia a Puanga ki tana wai
Motu-ikuwai, ko Puanga
Ki te ao.
He neke, he tu a neke ;
He pipine.
Tohia atu kia ngaru ;
Huri atu e.
Tohia atu kia ngaru,
Horo atu e.
Tohia atu ki a Tu.
Te aro ngaru muri.
Hei taka hei ki.
Te wai o Puanga

Mato iku rae.
Ko Puanga
Ki te ao,
He neke, he tu a neke
Ka pipine.

WAI-TIRI. (NGA-I-TAHU.)

I noho a Wai-tiri i runga i te rangi; ka tae mai te rongo o Kai-tangata he kai tangata, kahore he rongo noa. I noho a Kai-tangata i raro i te ao nei; na ka haere mai a Wai-tiri ka tae mai ki te kainga ia Kai-tangata, ka noho i kona, ka noho taua wahine ia Kai-tangata. Ka haere a Kai-tangata ki te moana, ka u mai ki uta kahore hoki he ika, kia mau i ana maka (matau) ta te mea he kuture (puhuki) ana maka, kahore he kaniwha hei whitiki i te kauae o te ika. Ka ki atu a Wai-tiri i taua maka kia homai kia kitea eia. Ka ki atu a Wai-tiri, "Ko tau maka tenei," ka ki mai a Kai-tangata "Ae," ka titiro a Wai-tiri kahore he kaniwha, na ka ki atu tera a Wai-tiri, na titiro mai ka whereina atu tona tara ka titiro atu a Kai-tangata ka mea atu aia ki te wahine. "E whakarihariha atu." Ka haere a Kai-tangata ka puta atu i te whare. Ka kitea e Wai-tiri nga maka, ka ki atu aia kia Kai-tangata, "Na nga maka" ka mauria mai e Kai-tangata ki aia ka korero atu a Wai-tiri "E haere koe ki te moana, e kai mai ki a koe he Hapuku." Na ka haere a Kai-tangata ki te moana, ka noho taua wahine a Wai-tiri ka taa i te korohe. Ka noho ka kai te ika kia Kai-tangata tae rawa mai te pakuru, tae rawa mai ki a Wai-tiri, ka ea he Hapuku na Kai-tangata i huti ki runga. Ka hoe mai te waka, ka u mai ki uta; ka whakaponohia ko te Hapuku te karakia, na Wai-tiri i whakapono. Ka aoina ake ka haere ki te moana ka kitea atu te waka e Wai-tiri, te waka a Tu-peke-ti, a Tu-peke-ta, e manu ana mai ka titiro atu taua wahine a Wai-tiri. Ka haere ka tae ki te wai, ka makere ki ro (roto) o te wai, ka ruku, ka karanga a Tu-peke-ti. "He tangata ranei he manu ranei," ka ruku, kotahi rawa te kitenga i raro o te waka, ka tu a Tu-peke-ti ki runga ka werohia, ka oake (hoake) te koripi ka haea

te puku ka mate, ka taka iho ki roto ki te korohe.   Ka oma
te tahi ki te ta, ka mea kia werohia a Wai-tiri, ka oake a
Wai-tiri i te koripi ka taka ki raro, ki roto ki te korohe.
Ka kau a Wai-tiri ki uta, ka waiho atu nga tangata i reira
i roto i te korohe, ka ki atu, a Wai-tiri ki te hunga wahine
" Kumea mai ki uta," ka kumea mai ki uta : ara mai he
waewae tangata.   He tupuna hoki aua tupapaku na Kai-
tangata.   Ka takoto ka kiia atu e Wai-tiri kia Kai-tangata
(i te wa i hoki mai ai a Kai-tangata i te moana), kia wha-
kaponohia, ka ki atu a Kai-tangata, " Kahore kia matau i
au," ka ki atu a Wai-tiri, " Whakaponohia te tangata a ta
taua tamaiti," i te mea kei te hapu a Wai-tiri.   Ka ki atu
a Kai-tangata " Kaore i te matau i au," a ka ki atu a
Wai-tiri.   " Aua ra mau e whakapono te tangata a ta taua
tamaiti, nau rongo (pu) hoki."   Na ka mea a Wai-tiri ka wha-
kapono a Wai-tiri, ka taputere te karakia ka oti te karakia,
ka kotikotia nga tangata ka kainga e taua wahine ; ko nga
iwi ka whakairia ki runga o te whare, ka maroke, ka
kaiangia (tahaetia) e Kai-tangata, ka taia hunangia e Kai-
tangata hei maka (matau) aua whenua.   Ka oti te kaniwha,
ka taka ake ka kawea ki te moana, ka kai te hapuku, ka
hutia ka eke ki runga ; a na te waka ano ka tomo i te ha-
puku, ka hoe mai ki uta, ka tae mai ka unahia nga hapuku,
ka taona ki te umu ka maoka (maoa), ka kai a Wai-tiri, ka
pakia nga kanohi o Wai-tiri ka parewha (pohe), ka noho
a Wai-tiri ka ahi ahi te ra, ka moea iho e Wai-tiri, ka kiia
mai e te wahine o raro o te Reinga, " Aua ra te mea ka
mate na koe, ko nga iwi o tou patunga kua oti te kawe e
tou tane ki te moana, no reira nga hapuku i kai na koe, ka
mate na koe."   `Ka noho a Wai-tiri, a ka nui noa atu nga
nohoanga a Wai-tiri ka puta ki waho ko Hema.

A noho ana a Hema, ka noho hoki a Kai-tangata ka
whiti te Ra, ka haere mai nga tangata kia kite ia Kai-
tangata, ka noho ratou i ro (roto) o te whare, ka awatea ka
puta atu ratou ki waho noho ai, a ka ui atu nga tangata kia
Kai-tangata " E aha ana te wahine e noho i a koe," ka ki
atu a Kai-tangata " Kei te wahine e noho i au nei."   Ka
mea atu aua tangata ae," ka ki atu a Kai-tangata.   " Ko

te kiri o tenei wahine, me te hau tonu, ko te kiri o tenei wahine, me te huka tonu," a ka rongo atu taua wahine i aua kupu a tana tane; a ka haere mai ki ro (roto) o te whare noho ai te tane, ka ki atu te wahine, " He aha a koutou korero," ka ki mai te tane " He aha koia hoki, he korero noa ano ia," ka ki atu te wahine. " He aha a koutou korero," ka ki atu a Kai-tangata " Ko Whai-tane e ui ana mai ki a koe, koia matou e korero mai nei." E huna ana a Kai-tangata. Na kua rangona atu aua kupu a ratou e Wai-tiri, a ka mate aia i te whakama, a ka korero a Wai-tiri ki a Hema " Kauanga koe e whanake (haere ake) kia konokono ariki, kia tupu ia au hua : mana e piki ake nga rangi ia Tama-i-waho " na ka kake a Wai-tiri, ka kapo a Kai-tangata ki te weruweru o Wai-tiri. Ka kake ake a Wai-tiri ki runga, ka tae ki te Pu-o-te-toe ki reira noho ai.

Ka noho a Hema ia Te-Kare-nuku, he teina no Puku, ka puta ki waho ko Pupu-mai-nono, he kotiro; ka puta ko Karihi, ka puta ko Ta-whaki. Ka noho a Hema a ka po maha atu, ka haere a Hema ka tae ki te kainga ia Paikea ma, a Kewa ma, a Ihupuku ma, ka tae atu a Hema ki reira ka patua a Hema ka mate, a ka noho a Ta-whaki raua ko Karihi, ka porangi ki to raua hakoro, ka haere raua ka kau i te moana e takoto nei, horo atu i te wai a hoki tou (tonu) mai raua ki uta kahore raua kia tae. Ka ui atu a Pupu-mai-nono kia raua " I whea korua," ka ki atu a Ta-whaki raua ko Karihi " I te kau maua kahore hoki maua kia whiti a hoki tou (tonu) mai nei," ka ki atu te tuahine "Mei ui mai korua ki au, maku e hoatu te tikanga kia korua," a ka hoatu e Pupu-mai-nono kia raua. Na whakarongo mai korua :—

Huru huru takiritia i Raro-hara, i te ki pohutu.
Orahina (horahina) atu te moana patoto e takoto nei.
Orahina atu te moana waiwai e takoto nei.
Hiki katahi, hiki ka rua, hiki ka toru, hiki ka wha, hiki ka rima,
Hiki ka ono, hiki ka whitu, hiki ka waru, hiki ka iwa, hiki ka nga-
huru.

Ka haere raua ka tae ki te kainga ia Wai-tiri e patihau kotete) ana; ka tae mai he tangata ka mate i aia hei kai

maua. Ka patihau taua wahine a Wai-tiri, ka rokohina atu
e Ta-whaki raua ko Karihi e patihau ana, ka kawe a Wai-
tiri ka tatau i ana kai, katahi aku kai, ka rua aku kai, ka
toru aku kai, ka wha aku kai, ka rima aku kai, ka ono aku
kai, ka whitu aku kai, ka waru aku kai, ka iwa aku kai,
ka ngahuru : na ka riro te ngahuru ia Ta-whaki ma, ko
Karihi te kapo.   Ka mahara te wahine ra, kei whea ra te
ngahuru o aku kai kua riro, " Ko wai ra e mea i aku kai
nei." Kua riro te iwa, " Ko wai ra e mea i aku kai nei."
Kua riro te waru, " He tangata ano te mea i aku kai nei,"
kua riro te whitu, " Ko wai ra e mea nei he tangata ano."
Ka penei hoki riro katoa.   Na ka pakia e Karihi nga
kanohi o Wai-tiri, a ka titiro ona kanohi, ka ki atu a
Wai-tiri,—

Purangia aeho taku mata e Karihi.

Ka pakia e Ta-whaki, ka ki atu a Wai-tiri,—

Purangia aeho toku mata o Ta-whaki.

Ka titiro ana kanohi, a ka ki a Wai-tiri " E ko aku
mokopuna, koia nei ano e mea nei i aku kai ko aku
mokopuna," ka noho raua i kona i te kainga o ta raua
taua (tupuna wahine) ka noho raua i kona, ka patihau
(kotamutamu) taua taua, ka mahara raua akuanei raua
mate ai i taua taua, kei te patihau tonu hoki taua taua.
Ka ahi ahi te ra, kahore hoki raua kia moe, kei te patihau
tonu taua taua ano kia mate raua.   Ka ao te ra ka haere
raua ki tatahi, ka rokohina atu te pupu e piri ana ki te
pohatu (kohatu) ka kohia te taka (nganga) o te pupu ka
whakapirihia ki o raua kanohi, ka titiro atu te tahi ka ki
atu te tahi, " Titiro mai ki aku kanohi," ka mea atu te
tahi " Ae kei te moe a roto ko waho kei te titiro."   Ka ki
atu tetahi " Titiro mai hoki ki oku," ka mea atu te tahi
" Ae kei te moe roto ko waho kei te titiro," a ka haere
raua ki te whare o Wai-tiri, ka noho raua i reira, ka
titiro raua ki te whare o Wai-tiri, e pu (haupu) ana te
iwi (wheua) o te tangata ; ka ki atu raua kia Wai-tiri
" Na wai i homai nga kai mahau (mau)."   Ka ki mai a
Wai-tiri, " Na aku mokopuna ano," ka ki atu raua

"Kei whea te ara, i homai ai he kai mahau (mau)," ka ki mai a Wai-tiri " Koia ano tena," ka ki atu raua " Kei whea te huanui (huarahi)" ka ki mai a Wai-tiri " Koia tena te huanui e takoto nei." Ka haere raua ka porangi (rapu) ki taua huanui, ka haere ka porangi he huanui mianga, he huanui haere ki te wai, he huanui haere ki te tikotiko, he huanui haere ki te wahie, he huanui haere ki te taumata karakia. Ka hoki mai raua ki te kainga ka noho ka ui atu ano raua kia Wai-tiri, ka ki mai taua taua, " Koia ano tena ko te huanui," ka haere raua ka porangi, kahore ano kia kitea ka hoki mai ano raua ki te kainga; ka ahiahi ano te ra moe noa; ka moe raua, ka mea taua taua kia patua raua; kei te hua (whakaaro) kei te moe, kahore kei te moe raua, ko a raua kanohi o roto kei te moe, ko o waho kei te titiro ano, a kei te hua taua taua kei te ara raua, kahore kei te moe. Ka ao ake i te ata ka ui atu raua "Kei whea te huanui" ka ki mai taua taua "Tahuri mai ki au, na te huanui ma korua kei au" ka ui atu raua "Kei a koe tonu," ka ki atu aia "Ae," ka ki atu ano raua " Koia tonu tena i a koe tonu na," ka ki mai taua taua ano, " Ae." Na ka korero taua taua kia raua, " Nau mai, haere korua, e tutaki ia korua e haere mai nei, ka whakarongo korua e korero haere mai ana ko a tatou wahine ena ko a Taka-roa, ko Pakihi-ka-nui, ko Pakihi-hewahewa, ko Korero-ure ko Korero-tara," ka mutu taua tatai wahine a Taka-roa, ka ki atu taua taua " Na ko ena he kai homai kai maku; na e haere mai i muri, na e wahangu mai na, na ko au tuahine ena, ko Pupu-mai-nono, ko Hapainui-a-maunga, ko Hine-nui-o-te-kawa." Na ka ki atu ano a Ta-whaki raua ko Karihi, " Kei whea ano te huanui," ka ki atu taua taua ano, " Kei au ano te huanui," na ka whai atu a Ta-whaki raua ko Karihi ki te kaki o Wai-tiri e mau ana i reira te taura, ka ta-kiritia, e mau ana ki te rangi he taura, na ka ki atu a Wai-tiri, " Na kia pepeke korua;" na ka ki atu a Ta-whaki kia Karihi " Ko koe te tuatahi," ka moa (moari) atu a Karihi ka moa atu ki mua, a kei te korero ano a Wai-tiri kia Ta-whaki, " Na kia pepeke korua kotahi mana korua

e patu, ko nga hau o te Uru-rangi, ko nga hau popoki o
runga mana korua e patu," a piki ware noa a Karihi,
kahore ana karakia; i a Ta-whaki nga karakia; a ka
karakia Ta-whaki :—

> Moko piki, moko piki, moko ko kake,
> Kai tahi i runga, he rangi, ko piki,
> Kai taka rawa i runga, he rangi i runga.
> Ko piki, he rangi, ko kake, he rangi.
> Kaho iti, ka piki Ta-whaki ki te rangi tua tahi :
> Ka piki Ta-whaki ki te rangi tua rua
> Ki te rangi tua toru, ki te rangi tua wha,
> Ki te rangi tua rima, ki te rangi tua ono
> Tua whitu, tua waru, tua iwa, tua ngahuru,
> Ka puta kei runga i te rangi harore, harore.
> Ka puta kei runga kei te huwika (huinga),
> Kei te puta ahi, kei a Rehua.

Ka piki raua ko moa (iri) raua, ka patua iho a Karihi
e nga hau o te Uru rangi; a kei te piki ano a Ta-whaki a
whawhai (hopu) rawa a Ta-whaki ia Karihi, kua makere
(taka) ki raro ki te kainga o Wai-tiri, ka piki ano a Ta-
whaki; tau (titiro) rawa iho ki te teina kia Karihi kua
mate i a Wai-tiri.   A ka piki ano a Ta-whaki, ka patua
iho e te hau o te Uru-rangi, piri rawa ki te moana, ka piki
ake ano a Ta-whaki ka eke ki runga, pono rawa atu a Ta-
whaki, e heke mai ana a Tuna, ka tutaki raua ka ui atu a
Ta-whaki ki a Tuna, "Tena koe te haere mai : he aha koe
i haere mai," ka ki mai a Tuna, "He tahua no runga he
maroke no runga he pakeke, kahore he wai," a ka heke
mai a Tuna.   Ko te kawa ko Marae-nui e mau ana i te
rae o Tuna, e koparetia ana.   Ka matamata (hongi) rongo
raua, ka tukua mai a Tuna.

    Na Te-uira a Tuna, na Te-kanapa, na Te-kohara, na Rau-
toro a Tuna.   No reira e takoto noa a Tuna i te hore hore
tua kau, kahore hoki he wai, ka whakamanawa a Tuna ki
raro, ka takoto ki raro ki Te Muri-wai-o-ata ki te wai i
takoto ai a Tuna.   Ka tukua mai a Tuna, ka haere a Ta-
whaki, ka whakarongo a Ta-whaki e korero haere ana mai
te whanau a Taka-roa.   Na ka tukua atu ka haere a Ta-
whaki, ka tukua era, ka tutaki a Ta-whaki ia Hapai-nui-a-

maunga, ka whaia atu e Ta-whaki ka moea puta tou (tonu) mai ki waho ko Ware-tua-te-ao, ka tukua ki tahaki tera wahine. Whaia atu e Ta-whaki ko Hine-nui-a-te-kawa, ka noho ia Ta-whaki ka haere ki te kainga; a e whanatu (e haere atu) ana a Ta-whaki ka tangi mai nga iwi o te hakoro (matua tane) ka oho mai kia Ta-whaki, ka karakia a Ta-whaki i tana karakia; he roa tana karakia; ka mutu, ka noho a Ta-whaki i te kainga o Paikea ma, ka mate te wahine a Hine-nui-a-te-kawa kia Ta-whaki ki te tangata atahua, ka whakarerea tana tane a Paikea; ka ahi ahi te ra ka whakatetea te tangata nana te wahine, ka whakatete a Ta-whaki ki aia ki te taha o te ahi, ka tare (tono) te wahine kia Ta-whaki ka aia atu a Paikea ka wera i te ahi, ka mea a Paikea ka wera au i te ahi; a ka ao ake i te ata ka noho i te wahine, a ka hapu te wahine ia Ta-whaki. Na ka ki atu a Ta-whaki ki nga tangata kia haere ratou ki te wahie, koia te kai whakatari (tono), ka haere a Ta-whaki i te kai wahie, ka tae ki te wahie ka whakawaha (kawe) te kai wahie, ka haere mai te kai wahie ka amohia mai e Ta-whaki tana, kotahi te wahie a Ta-whaki, ka tae mai te wahie, ka tukua ka whakamutu te tuku o nga wahie ka tukua e Ta-whaki tona wahie ka whakana nga kanohi a Paikea ma ka puta ki waho ka korero atou, ka mahara a Ta-whaki tenei te take e oho ai aku tuakana. Ka noho ano a Ta-whaki ka po te ra ka moe raua ko te wahine ka ki atu a Ta-whaki, e puta tou tamaiti he wahine, e puta he tane me waiho tou tamaiti ko taku wahie, ko Wahie-roa. Ka noho a Ta-whaki ka ao te ra, ka haere ka whai (rapu) i te rangi ia Tama-i-waho i runga, a ka whanatu (tawhiti) a Ta-whaki, e haere ana a Tama-i-waho e ripekatia honoa te rangi e Tama-i-waho, wahia ake hoki e Te-whaki te rangi, ripekatia honoa hoki ka whanaake tonu a Ta-whaki e ripekatia honoa hoki te rangi. Ka karanga iho a Tama-i-waho, "He aha tau e whai (aru) mai i au," ka karanga atu a Ta-whaki "Tukua mai ki au tetahi," ka karanga iho a Tama-i-waho "Kahore, kahore," ka karanga ake ano a Ta-whaki, "Tukua mai ki au tetahi hei utu mo taku matua," ka karanga iho a

Tama-i-waho, " I whai mai koe ki au te tangata kino,"
ka karanga ake a Ta-whaki, " He tangata atahua au, he
tangata kino koe," a ka kohara (oha) ki aia a Tama-i-waho
ka pono a Ta-whaki ka karangatia e Ta-whaki " He tangata
kino koe," ka horahia e Ta-whaki ka pono te ringa o·
Tama-i-waho. Karanga iho a Tama-i-waho " He tangata
atahua koe," ka karanga ake a Ta-whaki " Tukua mai te
tahi ki au," ka tukua iho e Tama-i-waho, ka karanga iho
a Tama-i-waho, " Ka mutu, ka mutu, kotahi hoki te takoto
atu nei," ka karanga hoki a Ta-whaki " Tukua mai," a ka
tukua mai e Tama-i-waho, ko Te-whatu, ko Te-ateatea-
nuku, ko Te-ateatea-rangi, ko Hurihanga-te-po, ko Te-
mata, ko Te-korue-hi-nuku, ko Te-mata-a-Ta-whaki, nana i
ouhou (aruaru), te aitanga a Puku ki te moana. Ka puta i
a Ihu-puku, ka puta a Papai-kore.

WHAI-TIRI RAUA KO TA-WHAKI.   (NGA-TI-HAU.)

Ka heke iho ki raro a Whai-tiri kia Kai-tangata, na ka
noho a Whai-tiri ia Kai-tangata; ka puta a raua tamariki
ko Punga, ko Karihi, ko Hema, ko Pua-rae-mata; na
kahore i tua atu i te whanautanga mai. Na ka whakawe
tiweti ki nga tutae. Ka hoe a Kai-tangata ki te moana, ka
harea (herea) nga papatawiri ngukutawirirangi. Ka noho
a Hema ki tana taane ka puta ki waho ko Ta-whaki, ka
noho i tana wahine ia Tonga-rau-tawhiri. Na ka hae nga
matua a Punga-rau raua ko Karihi ka patua ki te moana
waiwai ka mate i te moana; ka noho i U-te-ki ka puta ki
waho ko te Ha-puku; hopukia ake nga karu ki roto, ka
puta ki waho ko Tamure, ko nga toki ki roto. Hokia
mai ai ki uta, ko te Pingao, ko nga rakau katoa ano, ka
puta te Tamure.

MAI-WAHO (TAMA-I-WAHO).   (NGA-RAURU.)

Ko Te Mai-waho te tangata nui, me te tino mana whaka-
harahara, hei aia karakia atu ai nga karakia wai-tiri, me
nga karakia tu-hawaiki. Na Mai-waho i ako a Ta-whaki
ki nga karakia tini.

WHATI-TIRI RAUA KO TA-WHAKI. (NGA-I-TAHU.)

Ka tae mai te rongo ki raro nei ka haere a Awa-nui-a-rangi ki runga; rokohanga atu e ngaro ana a Whati-tiri ki te patu tangata mana hei tahunga (pure karakia) i tana whare ia Rapa-rapa-te-uira. Ka ui atu a Awa ki te kai tiaki o te whare "Kei hea a Whati-tiri" ka ki mai "Kei te patu tangata hei tahunga i tana whare," "A hea ka hoki mai" ka ki mai ano te kai tiaki ra, "Kei te ahi ahi; otira e kore e ngaro tona hokinga mai: ka papa mai ona raho." Ka roa e noho ana raua ko te kai tiaki ra, ka tahi ano ka papa nga mahi a Makere-whatu turi ana te taringa. Ka ki atu a Awa ki te kai tiaki "Hei hea au noho ai koi (kei) mate au i te patu a Whati-tiri" ka ki mai aia "Hei te koki o te mataaho koe noho ai," ka peke aia ki reira noho ai. Ka tae mai a Whati-tiri, ka patu i tetahi o ona tangata; ko tetahi ka waiho kia ora ana: ko te Ahiahi-o-tahu. I hewa ki te kupu a Awa-nui-a-rangi i karanga atu ai "Waiho tena hei mutunga korero man kia Kai-tangata." Ka mahara he tangata tonu te kai a tena tangata; ko te take tenei i heke iho ai a Whai-tiri ki raro nei, kia kite ia Kai-tangata. Moe tonu ia Kai-tangata a Whati-tiri. Moe tonu iho ia Awa-nui-a-rangi, a Te-ahi-ahi-o-tahu. Kai-tangata ia Whati-tiri: Awa-nui-a-rangi ia Te-ahi-ahi-o-tahu.

Heoi ka pouri tonu a Whati-tiri mo te kore kaore he tangata hei kai ma ana (mana), whanau noa te tamaiti a Whati-tiri ka tahi ka hunaia nga kai e Whai-tiri kia kore ai e kitea te kai. Roa rawa ka tahi ka ki atu ki te hoa wahine puna-rua, "Hei konei noho ai me ta taua taane me ta taua tamaiti, ka hoki au; hua noa au i heke iho ai, he pono te rongo o Kai-tangata e hoake nei 'He tangata tonu tana kai' kaore ia, he ingoa noa iho ia nona," ka ki atu hoki te hoa wahine: "E kaore; he ingoa noaiho tena nona, kaore aia e patu tangata ana hei kai," ka ki atu ano a Whati-tiri ki tana hoa wahine ra, "E kui kei au te take e ngaro nei te kai, e kore nei e mate mai he kai i ta tana taane; ko tenei me ako koe i nga karakia e hoki mai ai te kai ki te ao nei, e mate ai ano i te tangata te patu. Ko

taku ingoa ko Whati-tiri-whakapapa-roa-kai." Ka tahi
tetahi ka mohio, "Koia ano i mate ai te kai," ka ki atu a
Whati-tiri, "E tae mai e koe ta taua taane kia kotahi o ana
rimu hei rimu pakapaka, ko te karakia tenci; ka mutu e koe
ka maka ki runga i to tatou whare nei takoto ai, ko tetahi
o nga rimu me whakapa ki te ahi, ka karakia ai e koe i
tenci o aku karakia, ka mutu ka whakaha ai ki to waha
(mangai), ka maka atu ai ki te matau i a koe, ka mutu enci
karakia te korero atu ka hoki mai ano te kai ki tenci ao."
Heoi matau katoa i taua wahine ana karakia a Whati-tiri ra
me nga korero hoki.   Na ka heke te poke kohu o te rangi
ki te tiki iho ia Whai-tiri, ka tae mai, ka karanga iho a
Whai-tiri "Hei konei i ta taua tamaiti; e puta he tamaiti
mana, me tapa te ingoa ko Ta-whaki.   Ko to muri atu me
tapa e koe ko Karihi, ma raua e piki ake te rangi nei e
taea ai."   Na ka rewa atu te kohu ra, ka ngaro atu a
Whai-tiri.   Ka tae mai te taane i te moana ka kiia atu e
te wahine ra " E koro e, he atua ia te wahine e noho nei ia
tatou, kua tae mai te purei kohu ki te tiki mai, ko ona
karakia enci i ako iho ai, hei patu kai ma tatou ko tana
tamaiti."   Heoi ka akona i reira nga karakia a Whai-
tiri, ka tahi ano ka tukua iho e Whai-tiri te ika paparoa i
te rangi hei kai ma ratou ko tana tamaiti. Ka whata tera.

Muri iho ka haere a Kai-tangata ki te hi ika i te moana,
ka tahi ano ka mate te ika ia Kai-tangata.

Ka pakeke a Hema te tama a Whai-tiri, ka moe i tana
wahine ia Ara-whita-i-te-rangi, ka puta ko Ta-whaki
raua ko Karihi, ka rahi ana tamariki ka tahi ano ka haere
ki te whakarite i te kupu i kiia iho ra e Whai-tiri.   Ka
haere raua ko te teina.   Heoi kaore te teina i tae, he nui
no tana whaka-kake kia Ta-whaki ; ka mate, ka tanumia e
Ta-whaki te teina : ko nga karu i mauria e Ta-whaki.

Ka piki a Ta-whaki ka eke; rokohanga atu e tatau ana
a Whai-tiri i ana taro.   Ka ngahuru nga taro, ka hokia
ano e Whai-tiri, ka tae ki te iwa o nga taro ka kapea e Ta-
whaki te ngahuru; ka hokia ano e Whai-tiri ka tae ano ki
te iwa, ka kapea ano e Ta-whaki, pena tonu a tae noa ki te
ono, ka mea a Whai-tiri "Akuanei pea ko tangata i kiia

iho nei e au e hangarau nei ki au." Ka mau a Ta-whaki ki te karu o te taina (teina) ka whiua atu kia Whai-tiri me te whakatauaki atu :—

Purangi aho to mate o Karihi.

Ka whakahokia mai e Whai-tiri,—

Purangi aho to mate o Ta-whaki.

Ka titiro nga kanohi o Whai-tiri, ka tahi ka tangi; ka mutu te tangi ka takaia (ka tahitahia) e Ta-whaki nga paru o te kainga o Whai-tiri ka atahua, ka ki atu a Ta-whaki, "Ko wai era e pohutu mai ra i roto i te wai" ka ki atu a Whai-tiri "Ko o tuahine, ko Maikuku-makaka ko Hapai-a-maui." Ka ui a Ta-whaki "Hae whe (hei hea) au" ka ki mai a Whai-tiri "Hei raro iho o te mataaho na koe noho ai, ki te tae mai o tuahine koe (kei) hopukia wawetia e koe koi (kei) rapirapihia (rakuhia) koe e o tua-hine."

Ka puta mai nga wahine ra ka karanga e Nehe (kui) "Nawai to tatou kainga i taka ;" karanga atu a Whai-tiri "Haramai (haeremai) puku korua." Ka tau raua ki te ahi ka inaina raua ka toremi nga matikuku o ona tua-hine ki-roto ; ka hopukia e ia ko Hapai-a-maui, ka tango-hia e Maikuku-makaka, ka kii "Kaore ki au te taane" Heoi ka moe a Maikuku-makaka ia Ta-whaki. Ka kii atu a Whai-tiri "Kaua to tuahine e kawea ki waho, ka pa ano kia kino rawa, ka kawe ai ki waho" kaore a Ta-whaki i whakarongo, tae ana ki waho raua mahi ai, ka taia (para-ngia) e te moe ka tikina iho e te kapua rangi, na Tama-i-waho i tono iho kia tikina iho a Maikuku, kapo rawa ake a Ta-whaki, ka motu kei te whanga e poroporoaki iho ana, ka karanga a Ta-whaki kia Whai-tiri "E nehe, e taku wahine," ka ki atu a Whai-tiri "I kiia atu ra hoki, waiho i ro whare (roto i te whare) to tuahine mahi ai, ko tena e kore e taea."

Ka eke a Ta-whaki ki tana manu, he aute, he mea hanga nana, ka whakahoroa e Whai-tiri ka takitaki (whakahua) a Whai-tiri i tona whakapiki :—

Piki piki Ta-whaki;
Kake kake Ta-whaki,
Ki te tahuna tapu,
Nohoanga o Aitu.
Kia rere mai he tini,
Kia rere he Rangi,
Mata ki te uru.
Whatitiri takataka.
Whangaia te Marama.
Papa mai kawa.
Ka awa te angeange.
Pu te inumia,
I runga i nga tahu nui,
I nga tahu roa.
Rimu Tanga-roa.
Ko te manu nui a Tane.
Ko manu tawhio rangi.
Kopukopu rangi.
E taua te rangi.
E ki te kohukohu,
E taua te rangi,
Ki te hapainga e.

Heoi ka tae hoki a Ta-whaki ki te rangi ia Tama-i-waho, ka kii atu a Tama-i-waho, ki te karere " Haere tikina a Te-Haku-wai hei pupuri i taku mokopuna." Te putanga mai o Te-Haku-wai i tona whare, i reira ano, ka karanga mai,—

Haku-wai, Haku-wai; hu.

Ka whati (te) tahi kira (parirau) o Ta-whaki, ka ko (rere) taua manu ka turukitia e Whai-tiri, ka piki ano taua manu ka karanga ano a Haku-wai,—

Haku-wai, Haku-wai; hu.

Ka tino mate a Ta-whaki, ka taka iho ki to raua kainga ko Whai-tiri, ka purea (karakiatia) e Whai-tiri, ka ora ano a Ta-whaki. Ka tikina e Whai-tiri a Maikuku-makaka ka tae mai kia Ta-whaki tona wahine, ka moea eia ka puta ko Wahie-roa. Ka hoki mai a Ta-whaki ki tenei ao, me tona wahine, ka riro mai hoki a Tama-i-waho ia Ta-whaki. Ka noho tonu iho a Tama-i-waho, hei atua mo tenei ao, mo roto i nga whawhai.

Waiata tatai mo Tane. (Nga-rauru.)

Ka noho a Tane, ka noho ia Hine-ti-tama
Ka titamatia te po, ka titamatia te ao,
Ka uia i reira, kowai te matua nana nei au ?
I uia ki te poupou o te whare, kahore te ki te waha.
I uia ra ki te paatu o te whare, kahore te ki te waha.
E mate ra i te whakama ; ka nunumi ka tawha
Ki te tara o Pou-tu-te-raki nei.
E haere ana koo a Tane ki whea?
E whai atu ana i ta taua tuahine.
E hoki koe e Tane ki te ao, hei whakatupu i a taua hua nei ;
Tukua au ki te po, hei kukume atu i a taua hua nei ;
Tangohia mai na e koe ko nga tupini (kakahu) o Wehi-nui-a-
    mamau
Ko Hira-uta, ko Hira-tai, ko Pari-nuku, ko Te-Pari-raki.
Tangohia mai na e koe, ko te tatai whetu
Puaka nei, Takurua nei, Poutu nei, Meremere nei,
Mata-riki nei, Ao-tahi-ma-rehua nei,
Hei ariki mo te tau.
Whakane-ki-pungarehu nei, ko Whaka-motu-motu nei ko Wero-
    te-ninihi nei
Ko Wero-te-kokoto nei, ko Wero-te-ao-marie nei
Ko Te-ahuru nei, ko Wewera nei e.
Te-Mahana nei e. I tataia atu ki te Raki
Kia tau ai. Ko Manako-uri nei
Ko Manako-tea nei, ko Whiti-kaupeka,
Ko te Ika o te Raki. E Tama.

Na Runga i karanga mai kia Tane, "Tena e Tane ahua
te one ki waho, e mapunapuna ana."

Ka haere a Tane ki te ahu, ka karakia, ka ahua cia te
upoko me nga ringaringa me nga waewae, a ka ahua
wahine, kahore he oranga o taua one one. Ko Hine-hau-
one te ingoa, a piri noa ki te whenua ; ka moea e Tane, ka
puta a tangata mai a Hine-ata-uira, a ka whangainga e
nga tangata hei wahine ma Tane. A ka noho a Hine-ata-
uira ia Tane ka haere a Tane, a ka pahure aia, ka ui te
wahine ka mea ki nga tangata "Kei hea toku matua," ka
mea atu nga tangata, "Ara ko tou matua ano tena e noho
na i a koe." Ka mate aia i te whakama, ka haere ki te
whakamomori i aia kia mate. Ka mate, ka haere aia ki
raro ki te Reinga ; ka ra te Tupu-ranga-o-te-po te huanui.
I tona haerenga i taua ara, ka huaina tona ingoa ko Hine-

titama; a ka tukua aia ki te po, ka tumau ki te po. A
ka huaina ano he ingoa mona ko Hine-nui-te-po. A ka
whai atu a Tane i tana wahine, a ka tae a Tane ki te
tatau o te whare o te po; kua kapi mai taua tatau; a i
tua a Tane e tu ana i te tahi wahi ano o te Reinga: na
Hine-nui-te-po i tutaki te tatau, a ka tangi mai tana
wahine ki aia ka mea—

> Ko Tane ranei koe, he matua nohoku,
> Te apo kei Hawaiki, te kura mahukihuki.
> Taku harakiraki nei, i waiho e koe au
> I te Rangi-pohutu, ka whakanunumi
> Au ka tangi. Ko te tatau o te whare
> Ko Pou-tere-raki, e.

Ka mutu te waiata; ka ki mai a Hine-nui-te-po ki a
Tane, " Haere koe ki te ao hei whakatupu i a taua tama-
riki; tukua au ki te po hei kukume mai i a taua tama-
riki."

Ka riro te wahine ki te mate: a ko Tane i noho tonu i
te ao, ara i te wahi mate kore i to te Po-mate; a na
Tupuranga-te-po a Tane i arahi kia kite i tana wahine,
a ka whakatuwheratia te tatau o te Po, e Tupu-ranga-te-po
kia whai atu a Tane i tana wahine; ano ka kite a Tane i
roto i te po, ka wehi aia a kihai i maia ki te whai i tana
wahine, a ka hoki mai a Tane.

UPOKO IX.

Tera te uira kokirikiri ana,
Ko Rehua kei runga, ko nga wahi tapu.
E moe nei ra taua, i te potutanga nui o Pipiri.
Kapua hokaia na runga i Otu.
Ko koe ko au, kei raro i,
Toia iho ai te kiri, i whakataua ki te renga horu, i.
Awe o te Toroa, e piki ai koe, nga maunga hauhunga, o
I runga o Tongariro. Hoki mai i kona,
Ka tokia te kiri, nga rehu tuku mai,
　　*　　*　　*　　*　　*
*　　*　　*　　*　　*
O Rua-pu-ta-hanga,
Hoki atu i kona ka tu nga tai,
O Rakei-mata-taniwha-rau.
I ; to tau e, i-i-i.

　　　　　　He tangi na Rangi-amohia, mo tana tane, mo
　　　　　　Rehu-rehu.

TANE.
(Nga-i-tahu.)

Ka noho a Rangi i tana wahine ia Papa-tu-a-nuku, ka
whanau ki waho ana tamariki : ko Tane tetahi o a raua
tamariki. Ka kaumatua a Tane ka auaha te ure o tane, na
koia te waimatatiki, tuwhera noa. A auaha ana te ure, tu-
whera noa te wai hapua (kopua) oti noa tera, oti noa o uta ko
Maunga-nui, ka puta mai ko Pipi, ko Tota, ko Ma-puna ko
Awhi-uta ; kahore hoki kia na te puku o tane ; hoatu noa
ki te rakau, ki te pito o te rakau, kahore hoki kia na
te puku. Na ka hoki mai ano a Tane ki te hakui,
ka hiahia atu tana ngakau ki te hakui, kia ai ; na
kiia mai e tana matua ; " Te nahaku (naku) hoki koe."
Na ka haere a Tane ki waho kia Mau-tarere, kia Puna-
weko, a i reira te huruhuru, i reira te kiko, i reira te
anahaua, te puapua, te kanitore. Na ka mauria mai e

Tane he ai i tera; ka hia ai ki nga huruhuru, kahore hoki
kia na tona puku, ka hoki mai a Tane ki tana hakui, ka hia
ai.   Na ka kiia atu e tona hakui kia hoki atu; ka kiia atu
e te hakui, "Kia ahatia e koe," ka kiia atu e Tane, "Kia
aitia te tara e au."   Ka kiia atu e te hakui "Tikina ahua i te
one one ka hoatu ai nga huruhuru."   Ko Hine-hau-one te
ingoa o taua wahine o te oneone, ka hoatu nga huruhuru,
ka whakatau ki runga ki taua oneone, ka aitia e Tane; ka
tahi ano ka tika.   Na ka hoki mai a Tane ki te hakui, ka ki
atu a Tane ki aia "Ka tahi ano ka tika te ai," ka ki atu te
whaea "Ara nahaku (naku) hoki koe" Ka puta te tamaiti
a Tane raua ko Hine-ha-one, ko Hine-ata-uira, he tama-
hine, a ko te tahi ingoa ano o taua kotiro, ko Hine-ti-
tama.   Noho tonu a Tane i tana tamahine ano ana hei
wahine ake mana.   Na ka puta ki waho nga tamariki ko
Kukumea, ko Tau-whakairo, ko Te-hau-otioti, ko Kumea-
te-po.

Na ka haere a Tane ka hau (rapu), ka porangi (haere)
kia Rehua ki te tuakana, ka tae aia a Tane ki tetahi
kainga ka ki atu aia, "Ka hore he tangata i runga nei,"
ka ki mai nga tangata o te kainga "He tangata ano i
runga nei."   "E kore ranei au e tae," "E kore kae e tae,
ko te rangi tenei i roherohea e Tane;" ka wahia ake e
Tane, noho ana aia i runga i tera rangi.   Na ka kiia atu e
Tane.   "He tangata ano kei runga nei?"   "He tangata
ano."   "E kore ranei au e tae?"   "E kore koe e tae, ko
nga Rangi i tuituia e Tane," ka penei tonu a tae noa a
Tane ki te ngahuru o nga rangi.

Na ka tae a Tane ki te kainga a Rehua, ka haere mai a
Rehua, tana tuakana ka tangi, ka tangi makuare a Rehua,
na Tane te tangi karakia.   Koia nei te tangi a Tane:—

Tipia, tahia, rakia, rakea,
Tupea te rangi kia rahirahi.
Toto mai i waho te wariki (whariki) o te rangi.
Auaha tou ingoa; ko Te-Rangi-pua-iho.
Te turuturu o te rangi,
Kia mau ai ko Tane anake;
Nana i tokotoko te rangi tou.

No te mutunga o te tangi, ka kiia atu e Rehua, " Tahuna
he ahi." Ka ka te ahi, ka homai nga ipu ka takoto ki te
aroaro o Rehua. Na ka mahara a Tane keiwhea ranei nga
kai mo enei ipu, ka kiia atu e Rehua " Homai," ka tirohia
atu e Tane e wewete ana a Rehua i roto i tana upoko e
here ana te upoko o Rehua, ka ruia ki nga ipu, a he Koko
(Tui) e kai nei i nga kutu o te upoko o Rehua ; ka kii nga
ipu i nga Koko, ka mauria ki te ahi, ka kohua, ka maonga
(maoa) ka mauria mai ki te aro aro o Tane, ka tu ki tana
taha ka kiia atu e Rehua kia kai a Tane, ka kiia atu e
Tane, " E kore au e kai; titiro rawa atu au e wetea mai ana
e koe i roto i tou upoko ; nawai hoki te kai i kai ai i nga
kutu o tou upoko," na reira i mataku ai a Tane kahore
i kai, tu tonu aua ipu Koko kahore hoki kia kainga.

Te kianga atu a Tane kia Rehua "E kore ranei e haere i
au (aua ipu koko nei)." Kiia mai e Rehua " E haere i a
koe ; ki te mea ka hua te rakau ka rere atu te manu ka tau
ki reira kai ai." Ka kiia atu e Tane " Me aha ?" Ka
kiia atu e Rehua " Ki te mea ka tangi te hau ka maroke
te kaki o te manu, ka tae ki te wai, me taa ki te kaha."

Ka tae a Tane ki te kainga o Nuku-roa, ko Tama-tea-kai-
whakapua, ko nga wahine anake i rokohina atu, ko nga tane
kua riro ki te whai Kiore, tokorua nga wahine, ka noho
te wahine kotahi ia Tane, kotahi te wahine i whaka-
pekapeka, na ka mea kai mana e aua wahine, he Kiore te
kai, kahore a Tane i kai, ka kiia atu e ia, " Ko te kai tenei
a o korua tane," ka kii mai aua wahine " Ae," ka kiia atu
e Tane " Me waiho ena kai ma a korua ariki." Ma o raua
ariki ma Tapu-ao, raua ko Hine-ki-taha-rangi. Ka kiia
atu e Tane kia haere raua ki a raua Tane, a ka riro aua
wahine rokohanga atu e raua e noho ana a raua tane, ka
mea atu aua wahine, " Kua noho maua i te tane ko taku hoa
i whakapekapeka, ko au i anga atu." Ka kiia mai e nga
tane, " He aha koe i whakapekapeka ai te tahuri atu ai," a
ka kiia mai e aua tokorua ki a raua wahine " Haere ano
ki ta korua tane, apopo maua whanatu (haere atu) ai," Na
i te ata ka haere mai nga tane, ka tae mai ki te kainga ia
Tane, ka homai te mataahi (kai popoa) kia Tane, kahore

aia i hiahia atu ki taua mataahi, he mea Kiore e kai ana i
o raua tutae, e ketu ana i o raua tutae, kahore i kainga e
Tane, i mataku i reira na te tangata o mua, kahore kia
kainga, tu tonu.   Na ka kiia atu e Tane.   " A ta korua kai
tenei, ma ta korua upoko ariki."

TANE.   (KAHU-NGUNU.)

Ka hoki mai a Tane ka tae mai ki te kainga i te hakui,
ka ui a Tane " Kei whea toku nei wahine," ka kiia atu e te
hakui, " Kahore ia he wahine mau ; kua riro ia, kua heke,
kiia iho koe kia noho i runga nei, kia whakatupu ' i a taua
hua,' tukua au ki te po hei kukume i a taua hua ki te
reinga," ko Tahu-kumea, ko Tahu-whakairo, ko Tahu-
oti-atu, ko Tahu-kumea-te-po, ko Tahu-kumea-te-ao.

Na ka haere a Tane ka whai i tana wahine mana, ka tae
ki te whare ka ui a Tane ki te koukou o te whare, kahore
kia kii mai te waha, ka ui ki te maihi o te whare, kahore
kia kii mai te waha, ka mate a Tane i te whakama, ka
nunumi ka tawhe (ka haere ki tua) ki te tara o te whare ;
ko Pou-tu-te-rangi te ingoa o te whare, na ka ui mai te
tangata o te whare, " E haere ana koe e Tane ko hea," ka
kiia atu e Tane " E whai atu ana ahau i to taua tuahine,"
ka kiia mai e nga tangata o te whare.   " E hoki e Tane
ki te ao hei whakatupu mai i a taua hua, tukua au ki te
Po hei kukume i a taua hua nei."

No reira te timatanga o te ao, me te timatanga o te po,
ara i timatatia ai te ao, i timatatia ai te Po.

Ka haere ano a Tane ka whai ano, a ka tae aia ki
te kainga o Tu-kai-nana-pia, ka tangohia mai ki aia o nga
tupuni (kakahu) O wehi-nui-a-momoa, tangohia ana mai ko
Hirauta, ko Porera-nuku, ko Te-kahui-whetu, ko Poaka, ko
Takurua, ko Whakarepu-karehu, ko Ruaki-motu-motu, ko
Tahu-weru-weru, ko Whero (Wero), ko Whero-i-te-ninihi,
ko Whero-i-te-kokoto, ko Whero-i-te-ao-maori, ka tae ki
te raumati taua Kahui-whetu.

Ka hoki mai a Tane, ka tae mai ki te kainga rokohanga
mai e takoto mate ana a Rangi kua tu ia Tangaroa mo
Papa-tu-a-nuku.   Haere mai a Taka-roa, kua noho a Rangi

i a Papa a ka haere mai kia ngangare (whawhai) raua,
kotahi te huata (tao) a tetahi. Kotahi te huata a tetahi
ka whanatu (haere) ka werohia e Rangi a Takaroa, ka ngaro
(ka hemo i te patu) a Tangaroa ka whiti (puta) te tao i
te papa o te iramutu, taua rua nga papa ai tonu (puta
rawa).

Ka noho a Rangi i a Papa ka puta ko Tane-kupapa-eo,
ko Tane-mimi-whare, ko Tane-naka-tou, ko Tane-wharoro,
ko Tane-hupeke, ko Tane-tuturi, ko Tane-te-wai-ora, ko
Tane-i-te-mata-tu, ko Tane-tu-taka-takoto-tou. Ka puta
mai ki waho ko Tane-nui-a-rangi, ko Paia : ko te tutanga
tenei i whakatika ki runga. He tangi tenei na Papa :—

> Ko Rangi, ko tane naku e takoto nei.
> Tama ire toro, tama ire toro, taua ka wehea.
> Tama ire toro, tama ire toro, taua ka wehea.
> Ko Ari, ko Hua, e takoto nei.
> Tama ire toro, tama ire toro, taua ka wehea.
> Tama ire toro, tama ire toro, taua ka wehea.
> O taua takanga e takoto nei.
> Tama ire toro, tama ire toro, taua ka wehea.

Ka tare (tono) a Paia kia wahatia (pikaua) a Rangi ki
runga, ka ki atu a Tane. "E kore e tae kahore he
tangata," ka kiia atu ano a Paia kia wahatia ka kiia atu a
Tane wahatia, kahore kia taea, takoto tou (tonu). Ka
karangatia e Tane " Ko wai kei runga nei " ka kiia iho e
tera rangi " E Tupa whaia," ka karanga ano a Tane ki
raro " Ko wai kei raro nei," ka karanga ake " E Tupa
whaia," ka karangatia e Tane " E Tu matatoro whakaekea
te maunga : E Tu mata toro whakaekea te maunga kia
iheuheu (heuheu) e Tane."

Na ka hoki iho nga kai waha (kai pikau, kai mau) ka
titiro ake a Tane ki te matua, a kahore he whakatau (he
ahua pai) ka haere a Tane ki a O-kehu, ko te Kura-ki-awa-
rua, na i reira nga kura, ka mauria mai e Tane, ka tu mai,
ka kawea ka tataitia (ka rangaa), ka hoki iho a Tane ka
titiro ake pouri kerekere, ka haere a Tane ka urukia (ka
kohikohia ano) ka mauria mai ka whakahokia kia O-kehu
ano, ka tikina nga whetu ka kawea ka taitaitia, ka wha-
kamarokia te Ika-o-te-rangi, ka pakaina (pangaa) ko Pana-

20

ko-te-ao, ko nga Patari, ka pakaina ko Autahi ko te Whetu-
o-te-tau, ka noho tera ka titiro ake ki te matua ka tahi
ano te matua ka tau (ka ahua pai).

Na ka mahara a Tane kahore he whakatau mo tenei
matua ona mo Papa, na ka whakaarahia e Tane i ana hua
hei whakatau i tenei o ana matua mo Papa, ko nga rakau
ka parea (hurihia) nga upoko ki runga ko nga waewae ka
parea ki raro, ka peke mai tera ka titiro, kahore hoki kia
tau (pai), ka tikina atu ka turakina ki raro, ko nga wae-
wae i parea (hurihia) ki runga, ka peke mai tera ka titiro
atu, ka tahi ano ka tau.

Ka tonoa e Rangi a Te-Aki, a Watia (Whatiia) ki waho
ki te whakarongo; rokohina atu nga hua o te papa, te Inaho
te Manu, whakawarea tonu, kai ai, ka tonoa ko Uru raua ko
Kakana (Ngangana) ki runga, rokohina atu nga hua o te pua
rakau, kai tonu atu kahore hoki kia hoki mai, tumo (tumau)
tonu atu.

TE MOANA.   (NGA-I-TAHU.)

Ka tahi ano nga (ka) tupu te wai.   Ko Te Au-wiwhi-
(whiwhi) ko Te Au-wawae, ko Te Au-puha, ko Te Au-
mahora, ko Te Au-titi, ko Te Au-kokomo, ko Te-au-huri,
ko Te Au-take, ko Te Au-ka-kawha(ngawha) ka mate, ka
tika ano te au, ko Te Au-komiro, ko Te Au-puha, ko ka
(nga) Pokiki, Titi-te-au, Tata-te-au, Maro-te-au, Whaka-
hotu-te-au, ki Hawaiki, ko To, ko Tapa, ko nga Rimu, ko
Te-takapau, ko Hine-i-ahua, ko Hine-i-te-rakatai(rangatai),
ko Te-kare-nuku, ko Te-kare-raki, ko Hotu-a-tea, ko Te-
wiwini, ko Te-wana, ko Te-Pa, ko Te-kare-tuatahi, ko Te-
kare-tuarua, ko Te-kare-tuatoru, ko Te-kare-tuawha, ko
Te-kare-tuarima, ko Te-kare-tuaono, ko Te-kare-tuawhitu,
ko Te-kare-tuawaru, ko Te-kare-tuaiwa, ko Te-kare-tua-
kahuru(ngahuru) ko Tarawa-tuatahi, ko Tarawa-tuarua, ko
Tarawa-tuatoru, ko Tarawa-tuawha, ko Tarawa-tuarima, ko
Tarawa-tuaono, ko Tarawa-tuawhitu, ko Tarawa-tuawaru,
ko Tarawa-tuaiwa, ko Tarawa-tuakahuru(ngahuru), ko Te-
Hiwi, ko Te-Amo, ko Te-Riaki, ko Te-Hapai, ko Te-Tike-
tike, ko Te-Rairahi(Rahirahi), ko Te-Kapuka, ko Te-wha-

tika(whatinga), ko Te-Horoka(Horonga), ko Te-whakahuka, ko Whati-tata, ko Puke-maho-ata, ko Te-Rimu, ko Mai-ra-uta, ko Te-Takapau, ko Te-whatu-moana, ko Te-Tira, ko Moana-nui.

Tane, ko Ao-nui te huanga mai, me te putake o nga Pai-ao.

Na Tane te moana i horahora, a nana ano hoki i hora-hora te rangi.

Tane-nui-o-Raki, no te hapu matua aia, a he teina no Rehua, ko Raki te matua tane. Ko Watu(Whatu)-papa te hakui.

Ka ki atu a Tane ki nga wahine o Nuku-roa, raua ko Tama-tea; " Kotia mai etahi harareka (harakeke) " a ka taia aua harareka e Tane ki te kaha, ka oti nga kaha ka tangi te hau, ka tau te manu ki te wai, a ka whakaturia aua kaha e Tane, ki te wai, ka ta te manu, to kaha tou (tonu) ki uta ki tahaki, a ahiahi rawa te ra ka pu (purauga) nga manu, ka haere mai a Tane ki te kainga ki nga wahine, ka ki atu a Tane ki aua wahine, " Haere tikina nga manu," ka tae nga wahine ki nga manu kotahi te kawenga, kotahi te kawenga, ka mahiti (poto) ki te whata, ka meatia he (hei) kai ma ratou.

Na Tane i purupuru nga waha o nga hau ki ona matihao, a na Te-Mai-haro i whai atu ki tenei hau, ki tera hau, a takiritia ana eia nga puru a Tane kia tangi ai nga hau. Ka tangi nga rakau i te hau, he mea e none (tupotupou) ana.

I te wa i tu ai te Raki ki te wahi ona e tu nei ia Tane ma te hapai, e wha nga toko i tu ai ia ratou te toko i te Raki ki runga ; ano ka marewa a Raki ki runga ka mea a Tane ma " Kati pea," ka mea a Raki " Kahore, me toko ano ahau ki runga ake kia tangihia ai ahau e te hau."

Te toko ki waho ko Toko-rua-tupua : ko Toko-kapuka ki uta; ko Toko-maunga ko Toko-tupua. Ano ka marewa a Raki ki runga ka poroporoaki a Papa ki a Raki ka mea " E Raki e, haere ra koe, a muri ake nei ka waiho te oha ki a koe." Ka karauga iho a Raki " E Papa hei konei ra, maku hoki e oha iho ki a koe." Ano ka tino marewa a Raki ki runga, i te wa e hapainga ana e Tane ma, ka

karanga a Tane i a ratou e hapai ana i a Raki " E tu pa."
A i mahi tahi ano nga atua o runga i a Tane ma, ki te
hapai i a Raki ki runga.

Na Tane i kii nga hau kia kaua e pupuhi, a e rua hau
i waiho e ia. Ka mea atu a Mai-haro mo aua hau i purua
nei e Tane, " Nawai te ki, me takiri nga puru kia tangi ai
te hau, kia ora ai tatou."

He matika (matau) he matika paua, he aho, he rakau patu
ana mea mo tana hoa riri, mo Tanga-roa.

He tuke takiri manu, he here wero mana, he ti, ara he
mahanga.

Te take i kore ai e whiti te Marama i etahi wa o nga ra,
he mate kei aia, a e ngau tonu ana taua mate i aia i nga
wa katoa, a ka ngau taua mate i te Marama ka memeha
haere te Marama a pau noa aia, ara ka heke te tupu a kuia
(whewhenge) noa iho, a ka tae ki nga ra e ngehe (ngoi-
kore) ai te marama i taua mate, ka haere aia, ka kau-
kau i te wai ora a Tane, a ka ngehe (hua) ano tana
tupu a ka ora ano aia ka nui, ka pera ano tana nui me
nga ra ona i oroko tupu mai ai, a ka pa ano te ngau
o taua mate, ka pera ano tana ruhi, koia te Marama e
nui nei, a e ngaro nei. He mea hoki i haere pai ai te
Marama me te Ra, e penei ana te mata o te kiko rangi te
papa tonu te mania tonu, me te moana hau kore; a koia te
pai me te tika o te haere o te Ra me te Marama i o raua
ara e haere ai.

Te Wai-ora Tane. (Nga-i-tahu.)

Ko te mate i te Marama, i tika ki te Wai-ora-tane, te
Roto-nui-a-aewa te Wai-wakatai(whakatao) te Marama i
runga nei.

Te Wai-ora-a-Tane. (Nga-ti-hau.)

Ka mate te tangata, e kore e hoki mai, ta te mea i komia
(motea) e nga were were a Hine-nui-te-po. Ko te mate
i te marama, i tika ki te Wai-ora-a-Tane te Roto-nui-a-
aewa, te wai whakatae te Marama i runga ra.

Na te ika whenua a Tane. Na te aitanga tuatahi ko
Tiki-tohua, nana nga Manu.

Na te aitanga tuarua, ko Tiki-kapa-kapa : nana nga ika me te Koko (Tui) me te Maka (Manga).

Ko Uru-tahi ko Kakana(Ngangana)-tahi, he karere enei, tukua atu ai; ko Kakana-tahi ki uta, he mahanga enei tokorua; ko Kakana, koia te Maka (Manga) ko Uru-tahi te Koko. I tukua enei hei toro kai, ka kite i te kai, kai tonu atu.

Na te aitanga tuatoru ko Tiki-au-aha, nana nga tangata.

Na te aitanga tuarima (tuawha) ko Io-wahine.

Na tetahi aitanga ko Tiki-whaka-caca nana te kumara, nana a Hurunga, ka noho i a Pani koia te kumara.

TANE. (NGA-TI-RUA-NUI.)

Ka noho a Tane ia Mumu-whango
  Ka puta ki waho ko
    Te Totara.

Ka noho a Tane ia Pu-whaka-hara
  Ka puta ki waho ko
    Kahika-tea ko te
    Ake-rau-tangi.

Ka noho a Tane ia Te-ata-tangi-rea
  Ka puta ki waho ko
    Maire-rau-nui.

Ka noho a Tane ia Para-uri
  Ka puta ki waho ko
    Te Tui.

Ka noho a Tane i a Papa
  Ka puta ki waho ko
    Te Kiwi (te manu huna a Tane).

Ka noho a Tane ia Haere-awa-awa
  Ka puta ki waho ko
    Te Weka.

Ka noho a Tane ia Tu-wae-rore
  Ka puta ki waho ko
    Te Kahika-tea, ko te
    Rimu, ko te
    Tane-kaha.

Ko te ara tau whaiti o Tane, he waka. Ko nga tama wakatamatama a Tane, motu te ngauahau, ko te Kiri, ko Te

Kahikatoa : hei whare mo Kahu-kura, i maru ai a Kahu-
kura, ko te Ake-rautangi me te Kahika-toa.

Na Tane i toko te rangi, he kupu whaka-tauki enei kupu
no mua.   A i te timatanga o te mahi o Tane, ko nga upoko
o nga rakau i waiho hei putake, a ko nga putake e tupu
nei nga rakau, i taua wa, ko nga kauru ia, ko te upoko i
waiho hei waewae, ko nga waewae i waiho hei upoko.

UPOKO X.

Me ko hea te whare
1 whaka hakune (hapu) ai;
Ko Koro-riwha-te-po,
Ko Koro-riwha-te-ao,
Ko te whare o Rangi.
I takina mai ai,
To kahui whetu.
E ngangahu iho nei:
Hei whakamaramua,
Te riu o te waka.
He waiata no mua.

TANE.

(Nga-i-tahu.)

Na Tane hoki, na (raua ko) Maunga, ko Te-Piere, ko Te-Mata-ta, ko Totoe, ko Te-Kawha(Ngawha).

Ka noho hoki a Tane i a Tohika (Tohinga) ka puta ki waho, ko Hine-i-te-kukura-a-tane, ko Te-Haka-matua, ko Te-wai-puna-hau, ko Tahora-a-Tea, ko Tahora-a-Moa, ko Papani-tahora, ko Te-Pakihi, ko Te-Parae, ko Hine-i-mata-tiki.

Ka noho (a Tane) ia Hine-hau-one, (ka puta ki waho) ko Hine-i-te-ata-ariari.

Ka noho (a Tane ia) Tu-kori-ahuru, heoi, kihai i pai ana mea i haka ai (hanga) cia, kia kitea he mea pai hei whaka-tau i tona matua.

Nakonei hoki a Tane i noho ai i Te-puta-rakau, ka puta ki waho (ko) Hine-ti-tama, ko Hine-ata-uira, ka noho tonu hoki (a Hine-ata-uira) i aia ia Tane, ka puta ki waho ko Tahu-kumia, ko Tahu-whaka-ero, ko Tahu-tuturi, ko Tahu-pepeke, ko Tahu-pukai.

Otira kahore ano aia i kite noa i te tahi mea pai hei
whakatau i a Raki, na konei a Tane i haere ai ki ruka
(runga) ki te whakatangi (whakataki) haere i te tuakana i
a Rehua, ki te kimi (rapu) hoki i te tahi mea pai hei whaka-
tau i a Raki, a haere atu ana aia i taua wa, ka tae atu aia
ki runga ki te Raki, ka haere tonu atu aia ki runga ki
Whiti-nuku, ki Whiti-raki, ka piki aia i te Ure-nui-o-raki
ki Taketake-nui-o-raki ki Pou-tu-te-raki, ki te kainga o
Rehua, i mau i aia ki reira; ka korero mai a Rehua ki aia
ka mea mai, kia noho atu aia a Tane ki reira.

Ka ki atu a Tane kia Rehua, "Ko koe ano hei runga nei
noho ai, e hoki ana au ki to taua matua." Ka homai e
Rehua he kai mana ma Tane, i ruka (runga) i tona upoko;
a kahore a Tane i kai (i aua kai) no te mea i ruka (runga)
ke i tona upoko; ko te mataku tenei o Tane (mo aua
kai) he tapu hoki no te upoko o Rehua; a tapu katoa aua
kai.   Koia ra te take i kore ai a Tane e kai i aua kai, he
wehi ki te tapu o tana tuakana kei kai aia i aua kai a
matapouri ai; a kihai hoki aia i kai i aua kai, nga (ka)
moteatea ia ki te tunui o te manu, ka mea atu a Tane, kia
maua mai cia he manu; ka ki mai a Rehua ki aia "Kaua e
maua e koe, kaore he kai o raro, engari hei ka (nga) rakau
tau e mau ki raro whakato ai." A ka whakaae aia kia maua
mai ka (nga) rakau.   A maua mai ana cia ka (nga) ra-
kau katoa.   Ko te Tira hoki tenei a Tane i te Mawake-roa.
Haere ana mai a Tane ki raro nei, tae ana mai kaore kua
pataitia e Hine-ata-uira nga tangata, i penei tana kupu
patai, "E mea ma, kei hea ra toku nei matua nana nei
ahau?"

Ka ki atu nga tangata ki aia, "Koia ano tena e noho i
a koe na" ka tahi te wahine ra nga (ka) mate i te whakama.
He oti ano te take i huna ai a Hine-ata-uira ia ratou ko
ona tamariki; haere atu ana ki raro.   Ka tae atu a Tane
ki te kainga, kua riro tana wahine, kua oma; na konei te
ata tahuri iho a Tane ko nga rakau whakato ai; kahore
hoki aia i whakato; i waiho marie cia aua rakau, ka haere
tonu aia nga (ka) whai ia Hine-ata-uira.

Ka tae atu te wahine ki te Po, ia Hine-a-te-ao, ka ki

mai aia kia Hine-ata-uira "Hoki atu i runga na ko au
tenei ko Hine-a-te-ao, ko tauarai tenei o te ao," kihai hoki
a Hine-ata-uira i rongo, i uaua tonu atu aia kia haere ; a
tukua atu ana aia e Hine-a-te-ao. Ka haere taua wahine,
ka tae atu hoki a Tane kia Hine-a-te-ao, ka ui mai aia kia
Tane "Nga (ka) riro hoki koe ki hea" ka ki atu a Tane
"I whai mai au i taku wahine."

Ka ki mai a Hine-a-te-ao ki aia "E kore ia e mau i a
koe, tena ka nunumi kino ake, e kore ia e mau i a
koe."

Ka mea atu a Tane "Ahakoa, tukua atu ahau."

Ka mea mai tauà tipua kia Tane; "Haere ake e whai
i tau wahine." Haere atu ana aia, ka tae atu ki te Po ia
Hine-a-te-po, ka ui mai aia kia Tane "Ka riro koe ki hea."
Ka kii atu a Tane kia Hine-a-te-po, "I whai mai au i
taku wahine."

Ka mea mai taua tipuna ki aia. "Kua korero ahau ki
aia, i penei taku kupu ki aia, ' me hoki koe i konei, no te
mea ko au tenei ko Hine-a-te-po, ko tau arai o te Po,' a
kihai hoki taua wahine i whakarongo mai ki au."

Ka mea atu a Tane kia Hine-a-te-po "Tukua atu ahau"
a tukua ana e taua tipuna. Tae rawa atu a Tane ki te po
ia Hine-ruaki-moa, kua tae noa atu te wahine ki roto ki
te whare ia Tu-kai-nanapia, heoi raku raku noa atu ana a
Tane i waho nei o te tatau o te whare, kihai hoki i tapoko
atu ki tua; he mea hoki i tino paia mai taua tatau;
korero mai ana a Hine-ata-uira i roto i te whare; korero
atu ana hoki a Tane i waho. Ka patai atu a Tane ki tana
wahine ka penei atu tana karanga kia Hine-ata-uira "E
kui haere mai hoake taua ki runga" ka ki mai a Hine-
ata-uira ki aia i roto i te whare nga (ka) karanga mai aia
"Hoki atu koe ki te ao hei whakatupu mai i etahi o a
taua hua; waiho hoki au i raro nei hei kukume mai i etahi
o a taua hua ki raro nei." A kihai hoki aia i rongo
mai kia Tane. Nga (ka) karanga a Hine-ata-uira kia
Tane, "Haere atu koe ki te ao, nga (ka), tumou (pumau)
ahau ki roto ki te whare o Tu-kai-nanapia, kia Pou-te-
rere-kii."

Ka tahi ano a Tane nga (ka) aroha ki tana wahine; he
aroha nui hoki tana aroha.   Nakonei a Tane i waiata ai i
tana waiata, he waiata aroha hoki na hana (nana) koia nei
nga kupu o tana waiata aroha :—

> He tamaiti ranei koe?
> He matua ranei au?
> I wehe ai a Rohi-te-kura.
> Mahukihuki taku arangirangi,
> I waiho e au koo
> I roto i te Rake-pohutu-kawa ;
> Ka nunumi au nga (ka) tangi ;
> Ko te tatau o te whare,
> Ko Pou-tere-rangi, e, i.

Na Hine-i-te-uira hoki tenei waiata aroha mo Tane,
he aroha nui hoki tona aroha.   I penei hoki tana
waiata :—

> Ko Tane ranei koe?
> He matua no hoku?
> Te apo-kai-Hawaiki,
> Te kura-mahukihuki,
> Te kura ki rangi,
> I waiho e koe au
> I roto Te-rake-pohutu-kawa
> Ka nunumi au ka tangi,
> Ko te tatau o te whare
> Ko Pou-tere-rangi, e, i.

HINE-ATA-UIRA.   (NGA-I-TAHU.)

Ka ui atu a Hine-ata-uira ki a Papa-tu-a-nuku.   "Kei-
whea toku nei tane?"   Ki mai a Papa, "E ko tou tane
koia; ko tou hakoro rapea."   Ka mate a Hine-ata-uira i
te whakama ka haere ki te po ngaro iho ai.   Ta Tane
waiata kia Hine-ata-uira :—

> He tamaiti ranei a koe
> I wehea ai, aro i tau (ro aro nga tau) ?
> Kura-ma hukihuki (he ingoa whare)
> Taku ara ki Raki nei.
> I waiho ai au koo
> I te Rangi Pohutukawa,
> Ka nunumi au ka tangi
> Ki te tatau o te whare
> Ko Pu-tere-rangi, e, i, e.

To Hine-ata-uira tangi mo Tane, koia nei taua tangi :—

Ko Tane ranei i koe?
He matua noku?
Te apo ki Hawaiki.
Te kura mahungihungi.
Taku ara ki Rangi nei,
I waiho ai au koe
I te Rangi-pohutu kawa.
Ka nunumi au ka tangi,
Ko te tatau o te wharo
Ko Pu-tere-rangi, e, i, e.

Ka hoki mai a Tane i taua Po ia Hine-ruaki-moa, ka tae mai aia ki te Po ia Hine-a-te-ao nei, ka moe aia i reira a ka po ka kite a Tane i te aitanga a Ira, a Tokomeha (Tongameha) a Te-pae-tai-o-te-rangi, na reira a Tane i manaru (koa) ai ki tana kahui whetu nga (ka) moateatea tonu a roto i aia ki te pai o nga whetu. Ka ki atu aia ki taua Tipua "I na nga mea pai e tu mai ra."

Ka ki mai a Hine-a-te-ao ki aia "Hei aha ma hau (mau)."

Ka mea atu a Tane "Hei whakatau i taku matua, tena aia kei te tu tahanga."

A ka ki mai a Hine-a-te-ao ki aia "He hiahia koia tou kia haere koe ki reira?"

Nga (ka) whakaae aia, ka mea "Ae e manawaru ana au ki te pai o aua taonga."

Ki atu ana taua Tipua ki aia "Kahore ra e ta he huanui tahi o konei, engari ano me haere koe ma runga i to ara tiatia, ko te huanui ano ia tera mou, me hoki atu koe ma reira ma to huarahi i haere ai koe ki te tuitui i te Raki, ki te puru puru i nga taha o te Raki, ko te tikanga ia o te huarahi e tika ai ki Te-Pae-tai-o-te-rangi; otira e Tane e mau ano i a koe nga whetu katoa; kotahi o nga whetu, e kore rawa ia e mau i a koe; no te mea kei runga tonu ia, i te Ihi o te Ana e noho ana." Ki atu ana a Tane "He mea ra ahau i haere ai, he pai rawa no era mea." Na reira a Hine-a-te-ao i ki atu ai "Haere ra, kei roto ano ranei kei nga whare e noho ana?"

Ka ki atu a Tane "Kowai te ingoa o nga whare?"

Ka mea atu taua Tipua " Ko Koro-riwha-te-po te ingoa
o tetahi whare.   Ko Koro-riwha-te-ao te ingoa o te tahi
whare.   Ko te ingoa o te Taumata i tangi ai aua whetu ko
Mahiku-rangi." Ka ki mai hoki aia kia Tane " E ta haere
ra, e mau i a koe nga whetu, kia rua ka (nga) whetu hei a
koe pupuri ai, hei tohu i te Makariri." A hoki ana mai a
Tane ki tona kainga ki Te-Rake-Pohutu-kawa, a ka po rua
ana po i moe ai aia i reira, ka tahi aia nga (ka) haere ki
waho ki te aitanga a Te-paetai-o-te-rangi, a Ira, a Toko-
meha, tae rawa atu a Tane, kua tae noa atu tona taina a
Wehi-nui-a-mamao ki reira, kua mau noa ake aua whetu ia
Wehi-nui-a-mamao, kua tupunitia (whakanohoia) rawatia
aua whetu eia ki ona whare, ki a Hira-uta, ki a Hira-
tai, ki a Te-pari-nuku, ki a Pari-rangi, a ka tae atu
a Tane ki reira, ka ki atu aia kia Wehi-nui-a-mamao
" E hoa i haere mai au ki nga mea i kitea mai nei
e au."   Ka ki mai tona taina ki aia " Kua mau i au "
Ka mea atu a Tane ki aia " I hara mai (haere mai)
ra ahau ki aua mea hei whakatau i to taua matua,
tena aia kei te tu tahanga " mea ana mai aia kia Tane
" Ae, e pai ana ahau, ma hau (mau) e mau atu aua
whetu." A mauria mai ana e Tane aua whetu, a tae ana
mai i aia te kawe mai; ka tahi nga (ka) whakataia eia ki
te Pae-taku-o-Roko, ka kite aia, e pai ana aua whetu, a ka
hari tona kangau (ngakau) ki te atahua o aua mea.   A
whiua ana eia ki te Rangi, ko Te-ika-matua-a-Takaroa, kua
whakatakotoria eia ki te rangi ; ki muri iho ko nga Pa-tari,
ko Manako-uri tetahi, ko Manako-tea tetahi.   No muri
iho ka tataitia nga whetu katoa ki te rangi, a pau katoa te
tini o nga whetu ki te rangi mau ai.   E rima nga whetu i
puritia eia, ko Puaka (Puanga) ko Takurua mo nga kai
enei whetu e rua.

Ko Wero-i-te-ninihi, ko Wero-i-te-kokoto, i waiho enei
whetu hei tohu mo te makariri.

Ko Wero-i-te-ao-marie, hei tohu mo te Raumati ; a ka
kite a Tane nga (ka) hari tona ngakau, no te mea kua pai
te rangi i hanga ai eia.

Ka tahi ano a Tane ka whakato i nga rakau i maua mai

eia i tona haerenga mataati ki runga ki te Rangi, whaka-
toria ana eia tana marama (maara) rakau, he maha nga
rakau o taua marama (maara) i whakatoria eia.   No te
rua o nga tau i nui haere ai te tupuranga o nga rakau
katoa.   No te toru o ka (nga) tau nga (ka) hua te Kahi-
ngatea (kahikatea) a tau iho ana ka (nga) manu o te rangi,
ki te tu nui o te kai, kai ai na reira a Tane i whakaaro ai
e tupu ano i aia te tangata ki te whaihanga.   A whaiha-
ngatia aia eia ki te whenua tana mea whakamatautau.   Ka
ahua eia ki Haiki, nga (ka) tu ka (nga) ringa ringa, te
upoko, ka (nga) waewae, ka (nga) kuha (huha) me te
tinana katoa o taua mea i whakaritea ki te ahua, kia rite
ki te hahua (ahua) o te tangata ; a popoitia ana eia ki te
oneone o Hawaiki.   A oti rawa i aia te hanga, ka wha-
katuria eia i reira te whakatau mo te wahine, no te mea ia
Rua-tai-epa te tara ; ia whatai te kiko ; ia Puna-weko te
huruhuru ; ia mahuta te ure ; ia Tarewa te tona.   A
whakapiritia ana eia ki tana mea i hanga ai eia ki te
whenua ; a rite rawa i aia.   Ka tahi aia ka inoi i tana
inoi.   Ka penei tana inoinga :—

Pi-haea, ko Haea, ko Re-naia ;
Hae hae Tu, hae hae Pae,
Hae hae ki runga,
Hae hae ki raro,
Hae hae ki roto.
Tuina te Rangi,
Ka koro ua, i a kore-ua :
Ia To-renga (To-reka) makiki,
To-reka makaka,
Kai nga nene, ka reka ;
Ko Tiki.

Ko te ingoa tenei o te tangata tuatahi i hanga ai e Tane
ki te whenua, ko Tiki-au-aha tona ingoa.   A ka tahi ano
te ao ka whakanohoia ki te tangata.   A ka manawareka
tonu a Tane ki tana tangata i hanga ai hei noho i te ao.

Kaore taku ranu,
E rau tahuritanga ki te whare.
I whakawarea au, e hika
Ki te tama i ara, na Te-pu-whaka-horo
Hua noa ki te hanga, e nunumi nei
Kei te aha, kaore kei te
Whakarato ki waenga te tahora.
Te ara o korua ngakau
Ki te mahi a Rua-te-pupuke
A Rua-te-hota-hota.

* * * * *

Tini whetu ki runga i te rangi
Ka whaka hinga noa koe
Ia Tane-mahuta
Ki nga uru kiokio
Ki nga paripari ki O-tu-whaia
Rere pu o korua manri
Te tika i te ara, tapoka noa i te whenua
Apiti rawa atu, ki te takotoranga o Haumia
Ki te aka o te whenua.
Totoro to ringa, hei waewae
Totoro to waewae hei ringa.
Ka takoto te ika whenua o te rangi
Ka tahi ka auraki mai
Ki te whanau, a te mangumangu kikino
I te aitanga a Punga i au, e.

He tangi no mua.

RANGI RAUA KO PAPA.

(Nga-ti-hau.)

I takoto a Rangi i runga i a Papa, a ko nga mea i te takiwa o raua, he Nga-toro, he Korito, he Tu-pakihi, a he wai whero. Kahore he tangata i te ao i taua takiwa, he pouri anake te rangi.

Tiki.

Ko Tiki te tangata tuatahi ki te ao nei, a ko te ingoa o tana wahine ko Ma-rikoriko, a koia te wahine tuatahi ki te ao nei, na Arohi-rohi i hanga a Ma-rikoriko, he mea mahi

eia i te pumahu o te Ra me te parikarangaranga. No te
whenua ano ia te take mai o Ma-rikoriko, a ko te tamahine
a Tiki raua ko Ma-rikoriko ko Hine-kau-ata-ata.

E takoto tuhono ana te whenua me te Rangi, a heoi ano
nga mea i waenganui o raua, ko te Ngatoro ko te Korito
me te Tutu, me te Kura: ara te wai pu wherowhero nei, a
kahore kau he tangata i te ao i ana wa. I mua i noho
pouri: kahore he rangi kahore he whenua, a no te whanau-
tanga o te tamaiti o Hine-kau-ata-ata, ko te Ao e rere ana
ko Ao-tu, ko Ao-rere, ko Ao-pouri, ko Ao-potango, ko Ao-
wekere (whekere), ko Tapa-tapa-i-awa, ko Whakamaru,
Te-ati-nguku, ko te putanga ki te uira, ko te wai au (ao),
ko te ao marama, ko Tane-toko-rangi, ko Rangi-nui e tu
nei. Ka tahi ka whai marama, na Tane-toko-rangi, ko
Ai-potiki raua ko Maui, ko Maui-i-mua, Maui-i-roto,
Maui-i-taha, ko Maui-i-tiki-tiki, ko Ata-te-rangi, ko Tahi,
ko Rauru.

Karakia o Tiki. (Nga-i-tahu.)

Na Tane ano te tapu, i kimihia eia ki te waho (wao,
ngahere) nui o Tane.

Kimikimi tai o te po,
Rakahau (rangahau) tai o te ao marama,
I kimi te po, i kune te po,
I tamore te po, i kai tau ai te po,
Ka tupu te po ; ko te pia, ko te ware,
Ko Toua, ko Te-whakaipuipu,
Ko Te-whakarahirahi, ko Tiwha i roto,
Ko te oninga ko te rekanga
Ko te rerenga, aha ki waho
Ko te hapu a Pu-nuku, a Pu rangi
A Putaki (Putangi) ko te rua a Te Rokiroki.

Tiki. (Nga-ti-hau.)

Ko te tangata tuatahi i whanau i te po, ko Renau-matua
te ingoa, I te wa i whanau ai, ara i hanga ai a Renau-matua,
kahore he wai i te ao nei: ko te tangata tuatahi ko te ao
marama, ara i whanau mai aia i a Ao-marama. Ka patua a
Miru-tau ka tukua ki te Reinga, ka tupu ko Pupuke raua

ko Mahara, ko Hiringa-nuku ko Hiringa-rangi, ko Hiringa-te, ko Hiringa-te-manu-mea, ko Te-whaka-ipuipu (ae ipipu) ko te Whaka-rahi-rahi, ko Tiwha-i-wahaa, ko Te Rerenga-apa-i-waho, ko te Whakatutu, ko te Ata-i-au, ko Rua-tipua, ko Rua-tahito, ko Rua-hehe, ko Rua-whakatino-rangi, ko Rua-i-te-ata, ko Rua-timo, ko Timo-timo-i-te-rangi, ko Rangi-nui-te-tu-nei, ko Rongo-ta-rangi-nui, ko Tane, ko Tu, ko Tanga-roa, ko Ru, ko Ku-oko, ko Tahu, ko Are, ko Motu-hari-ke, ko Tiki, ko Tane-ru-a-nuku, ko Rangi-whaka-ahua ; ko Rangi-pou-tu, Pou-tu-te-rangi, Rangi-aniwaniwa, Rangi-a-hehei, Rangi-marama, Aio-rangi, Te-waka-ariki, Tangata-katoa; ko Taura-kaha, Akiaki-te-rangi, Rakau-te-rangi, Kai-tangata, Karihi, Hema, Ta-whaki-piki-a-te-rangi, Wewenuku ; ko Uwewe-rangi, Tapu-whaka-ihi, Tapu-whaka-mana, Tu-tara, Ngai-ariki, Ngai-tauira, Toi-te-hua-tahi, Rua-rangi, Rauru, Ha-tonga, Rakau-maui, Puru-ora, Pou-matua, Rongo-te-aha, Ture, Turanga, Te-mate-eke-piri, Tuhu-kuao, Hai-matua, Mau-huki, Haere-au, Ihi, Te-mana-o-rongo, Uru, Rangi-whaka-rongoua, Tama-rapa, Tu-rau-kawa, Tu-mata-rau, Rangi-tu-ehu, Tu-mai-kuku, Kahu-kuru, Raki-whaka-ware, Whiti-au, Whare-matangi, Mania-o-rongo, ara ko Hare Rakena, i te ora aia i te tau 1872.

Tiki. (Nga-ti-awa.)

Ko te taru taru makaka, e tupu nei i roto i te repo, te tane nana i ai te uku paru kotore whero nei, e kitea nei i nga pari horo; kia puta ki waho, ko te tangata tuatahi. A i kitea taua tangata e te tahi o nga atua o mua; i mua atu o te wa i whiti ai te maramatanga ki te ao nei. A ko te mokopuna o taua tangata tuatahi, te tangata nana i wahi te whenua me te Rangi. A nana te marama i whiti ai; nana i wehe te ao me te Po.

Tiki. (Nga-ti-awa.)

Na Tiki i hanga te tangata, he mea konatu ana toto me te uku whero, a hanga ana eia ki te ahua ona ake; a hangia ana eia ki te ha o tana mangai; a tu aua he tangata ora.

Tiki. (Tu-whare-toa.)

He mea hanga a Tiki ki te paru kotore whero, me te korito o te raupo, a he mea hanga aia ki te ahua o te atua nana a Tiki i hanga.

Tiki. (Tu-whare-toa.)

Na Tiki-ahua te tangata tua tahi i hanga ki te ahua tangata. No te one one whero a Tiki-ahua. Nana i titoko te rangi me te whenua. Na reira i marama ai te ao e nohoia nei. I takoto te Rangi ki runga i te whenua, a na reira te po. Ano ka marewa a Rangi ki runga, ka tu ke i a Papa; ka puta te maramatanga.

Te Hanganga o te Wahine. (Nga-i-tahu.)

Muri iho ka whakaaro aia a Tane, kia whaihangatia hoki eia, kia hanga eia i te tahi wahine hei hoa ma Tiki-au-aha, a aitia ana eia e Tane ki Hawa-iki, ki tana ika whenua i pokepokea ai e ia ki nga one one o Hawa-iki. A aitia ana eia, ka penei tana kupu inoi, ta Tane:—

> Tenei ka tu te uha; he uha Pi-haea,
> Ko Haea, ko Re-naia; hae hae ki runga
> Hae hae ki raro, hae hae pae, hae hae tu,
> Hae hae ki roto taina te Rangi-ka.
>
> Ko Re-naia, ko Rena-i-a.
> Me paka (panga) ki whea, nei taku ure?
>   I aha, ki to upoko?
> No te huruhuru tena nohanga (nohoanga) wai-kopiha
>   E hara tena.
>
> Me panga kihea, nei taku ure?
>   I aha, ki to rae na?
> No te toto tena nohanga wai-kopiha
>   E hara tena.
>
> Me panga ki hea, nei taku ure?
>   I aha, ki to ihu na?
> No te hupe tena nohanga wai-kopiha
>   E hara tena.
>
> Me panga ki hea, nei taku ure?
>   I aha, ki to konohi (kanohi)?
> No te roimata tena nohanga wai-kopiha
>   E hara tena.

21

Me panga ki hea, nei taku ure?
    I aha ki o taringa
Mo te taturi tena nohanga wai-kopiha
    E hara tena.

Me panga ki hea, nei taku ure?
    I aha ki to waha na,
Mo te horomanga a kai tena nohanga wai-kopiha
    E hara tena.

Me panga ki hea, nei taku ure?
    I aha, ki to kaki
    E hara tena.
Mo te kenakena tena nohanga wai-kopiha
    E hara tena.

Me panga ki hea, nei taku ure?
    I aha, ki to keke,
Mo te kuri kuri tena nohanga wai-kopiha
    E hara, e hara tena wahi.

Me panga ki hea, nei taku ure?
    I aha ki to u na,
No te u tena nohanga wai-kopiha
    E hara tena.

Me panga ki whea, nei taku ure?
    I aha ki to poho na,
    E hara tena.
No te poho tena nohanga wai-kopiha
    E hara tena.

Me panga ki whea, nei taku ure?
    I aha ki to kaokao
    E hara tena wahi;
Mo te kaokao tena nohanga wai-kopiha
    E hara tena.

Me panga ki hea, nei taku ure?
    I aha, ki to tuara;
    E hara tena wahi,
Mo te tuara tena wahi nohanga wai-kopiha
    E hara tena wahi.

Me panga ki whea, nei taku ure?
    I aha ki to pito na,
    E hara tena,
Mo te pito tena nohanga wai-kopiha
    E hara tena.

Me panga ki whea, nei taku ure?
I aha, ki to hope na,
E hara tena wahi,
Mo te hope tena wahi nohanga wai-kopiha
E hara tena wahi.

Me panga ki whea, nei taku ure?
I aha, ki to papa na,
E hara tena wahi,
Mo nga papa tena wahi nohanga wai-kopiha
E hara tena wahi.

Me panga ki whea, nei taku ure?
I aha, ki to kumu na,
E hara tena wahi,
Mo te tutae tena wahi nohanga wai-kopiha
E hara tena wahi.

Me panga ki hea, nei taku ure?
I aha, ki to tinana
E hara tena
Mo te tinana tena nohaka (nohoanga) wai-kopiha
E hara tena wahi.

Me panga ki hea, nei taku ure?
I aha, ki to io na,
E hara tena
Mo te io tena nohanga wai-kopiha
E hara tena.

Me panga ki hea, nei taku ure?
I aha ki to ponana
E hara tena wahi,
No nga pona tena wahi nohanga wai-kopiha
E hara tena wahi.

Mo panga ki whea, nei taku ure?
I aha ki to waewae
E hara tena wahi
No ka (nga) waewae tera wahi nohanga wai-kopiha
E hara tena wahi.

Me panga ki hea, nei taku ure?
I aha ki to tara na,
E pai ana tena, to tara :
Mo te ure tena nohanga ;
Mo to renga (reka) makiki
Mo to renga (reka) makaka
Nga (ka) ai, ka nene, ka renga (reka), ka peko (ka mutu).

A ko Io-wahine, haere ana i waho he wahine. Na konei
hoki te whakaaro o Tane i mahara ai, e kaha pu ana tana

inoi. Ko te kaha ra tenei o tana inoi, ko te tangata
tuatahi i hanga ai eia ko Tiki-auaha; ki muri iho nei hoki
kua waihangatia ano eia he wahine; a oma ana i waho he
wahine ko Io-wahine hoki te ingoa o taua wahine. Ka tahi
hoki te whakaaro a Tane ka mea kia waiho a Io-wahine
hei hoa wahine mo Tiki-auaha; a tumau tonu iho ta raua
noho. Ka puta a raua tamariki ki waho, tokorua, ko Te-
a-io-te-ki, ko Te-a-io-te-rea, heoi ano nga tamariki a Tiki
raua ko Io-wahine, tokorua ano; otira kahore matou e
mohio ki ta Te-a-io-te-ki tana aitanga, engari ano a Te-a-io-
te-rea. Ko a raua tuahine tokowha i noho tonu hoki ia
raua tokorua; ko Wehewehea te ingoa o tetahi; ko Whaka-
tara te ingoa o tetahi. Tokorua enei ka (nga) wahine i
noho anake ia Te-a-io-te-rea; ka puta ki waho ko Te-a-io-
whaka-tangata; heoi ano te tamaiti o ka (nga) tahi tonu.
Na Te-a-io-whaka-tangata, ka noho i te tamahine a Te-a-io-te-
ki, ia Io-wheta-mai. He tini a raua tamariki, e rua te kau,
a raua tamariki, toko toru nga tuma. Heoi ano nana i
riri katoa te ao. Nakonei hoki a Tane i tumou tonu atu
ai ki runga ki te Rangi.

TETAHI KORERO MO TE HANGANGA O TE WAHINE.
(NGA-I-POROU.)

Ko Tane nui a Rangi, tana wahine he rakau; ai rawa
atu puta tonu mai he rakau, kaore i whai tangata. No
kona i rapua ai he whakaaro, a ka kitea eia; ka haere
aia ki te tiki paru paru, ka mauria eia ki te one i Tapa-
tai-roa, i Hawa-iki, ka whakahanumitia ki te onepu, ko
te paru paru ka hanga eia hei wahine mahana (mana);
ka hangaa eia ka oti, ka whakamoea eia ka moe,
ka uhia ki te kakahu, a ka puhia atu te mamaoa o te
waha o taua mea i hangaa nei, ka oti ka haere aia ki te
kainga ka noho, takitaro rawa, ka haere aia ki te mataki
atu, titiro rawa atu, e keukeu ana, e ore ore ana, e mataki-
taki ana, e titiro ana ki te tahi taha ki te tahi taha, a ka titiro
ki muri ki te tuara, titiro rawa atu, e noho atu ana a Tane i te
tuara, ka kata aia, ka rere atu te ringa o Tane, ka mauria
ki te kainga, ka whangainga ki te kai, ka kai aia, a ka moe

raua, ka mahi a Tane ki aia, ki tana mea i hauga nei eia,
ka makona tana ure, ka tu ki te kanohi o te wahine nei,
ko te karu : ki te ponga ihu, ko te kea : ki te waha, ko te
mare : ki te keke, ko te riko werawera : ka hangai ki te
tara, ko Hine-maua-hiri : ko te tamaiti tua tahi tenei a
Tane raua ko Hine-hau-one.

Tetahi Korero ano mo te Hanganga o te Wahine.

(Uri-wera.)

Ka mate a Tane-nui-a-Rangi i te wahine kore; ka haere
tera ki tai ki Hawa-iki; na ka rokohia tera, na (nga) wahine
e Tane ka ui atu tera ki nga wahine ra, " Kei hea te uha"
haere noa tera ki te rapu kaore i kitea tera; ka hoki-mai;
ka ui tera ki nga wahine ; ki tonu mai nga wahine, " Ara kei
waho." Ka haere ano tera, kaore tou i kitea eia, a ka ui
aia ki a Rua " E hine kei hea te uha," ka tohi tu tera ki te
awa o Hawa-iki, " Ina tou, a te uha, ko te wai e rere nei na,
i puta mai te tamaiti i puta tou mai i kona," ka haere tou
tera ka tae ki te taha o te awa, ka ahua tera tana wahine
paruparu, ka ahu tera ka karakia aia :—

> Ahu mai nga tamariki i Hawa-iki,
> Tioi na reka i.
> E Tiki matua.
> E Tiki i te porangi.
> Tioi na reka i.

Ka hanga tera ka oti nga ringaringa, ka oti te kanohi, ka
oti nga waewae, ka oti te mahi kino, katahi tera a Tane ka
ngungu ki te ure o tera, ka karakia ka mea :—

> Ngungu taku ure ki runga,
> Ngungu taku ure ki raro,
> Ngungu taku ure ki te puapua,
> Ngungu taku ure ki te werawera.
> Haere ngungu, haere a, Ha.

Ka mutu ka tu te ure o tera ki te mahuna (mahunga)
ko te hewa, ka tu ki te rae, ko te toto, ka tu ki te kanohi
ko te karu, ka tu ki te waha, ko te mare, ka tu ki te keke,
ko te riko werawera, ka tu ki te kuwha (huha) ko te kao-
kao, ka tahi ka tapoko te ure o tera ki te tara o tana wahine

oneone, ka karanga tera a Tane "E (He) aha te po nei," ka
karanga tera a Tama-i-aho (Tama-i-waho) "He turuea"
(he tama-tea) ka karanga hoki tera a Tane, "Ka turu hoki
te ure o Tane." Ka tahi tera ka taki taki i tana karakia,
koia nei nga kupu o te karakia :—

E (He) aha, i taia te huakina,
He atu to o a,
He ata marama.
No te ata tenei tauira ;
Kai te kuku nui tanga
Mai i Hawa-iki ;
Kai te whaka ringaringa
Mai i Hawa-iki.
Tuturi mai i roto,
Pepeke mai i roto,
Tiki matua.
Ka whai ringaringa mai i roto ;
Tiki matua, tuturi tanga,
Pepeketanga ; he o kai tangi
He wharoretanga.
Tiki ; ka riri Tiki,
Tiki, ka reka Tiki.
Tuturu te waikura nui no Rangi.
Uaki te whaitoka (whatitoka) nui no Papa.
Putauhinu ki waho ko Hine-mana-hiri.

RANGI RAUA KO KEWA. (NGATI-KAHU-NGUNU.)

Rangi-nui-a-tama-ku, ka moe i a Riwa, ka puta ko Rangi
e tu nei, ka moe i a Papa te tamahine a Matua-te-kore, ko
Roiho, Roaka, Hae-puru, Taane-tuturi, Taane-pepeke,
Taane-ue-tika, Taane-ue-ha, Taane-nui-a-rangi, Uru, Nga-
ngana, Taane-te-wai-ora, Paia, Mau-hi, Tai-epa, Moko-nui,
Tonga-tonga, Ika-nui, Ti-whaia, Ika-roa, Tiki, Raka-
maomao, Haku-manu, Tiki-nui, Puna-weko, Tiki-roa, Manu-
rewa, Tu-mata-uenga, Rongo-marae-roa, Tu-ramarama-a-
nuku, Tu-ramarama-a-rangi, Rua, Rehua, Rua-i-te-pukenga,
Rua-i-te-wananga, Taputu-rangi.

He whanau tahi enei. He taane anake tenei aitanga a
Taane raua ko Papa-matua-te-kore.

Na whanau ake te whanau a Taane raua ko Papa, takoto
tonu i roto i te pouritanga ; na ka rapu te whanau a Taane
i te ora mo ratou, ka kitea te marama tu a iti nei e tore ana

i kitea ki te angotanga (kokotanga) o te keke o Rangi,
koia tenei taua marama tu a iti, i kitea nei e te whanau a
Taane; ko Te-hina-tore (rikoriko). Heoi ka mea te
whanau a Taane kia wehea o ratou maatua, a Rangi, a
Papa; na ka whakaae etahi, ka whakakore etahi. Ko
etahi i mea me whai ratou i to ratou paapaa, ko etahi i mea
me noho ratou i to ratou whaea, i a Papa i te tamahine a
Matua-te-kore.

Ka oti nga mea a ratou mo runga, ka oti nga mea mo
raro na ka tahi ka tikina e Taane-tuturi ratou ko nga taina
(teina) nga toko hei toko ia Rangi ki runga; ko Toko-huru-
nuku; ko Toko-huru-rangi; ko Rakau-tuke: nga toko.

Ka tahi ka tikina nga toki hei koti koti i nga toko, ko
aua toki ko Awhio-rangi, ko te Pare-arai-marama, ko
Motu-whariki. Ko te kaha o te toki ko Kawe-kai-rangi.

Heoi ano ka whakatika a Taane ratou ko nga taina
(teina) ki te toko i a Rangi, kaore i korikori a Rangi, ka
tahi ka karanga a Taane-tuturi,—

Paia e, tokona ki runga.

Kaore a Paia i haere: ka karanga ano a Taane,—

Paia e, wahia, wahia ki runga

Ka tahi ano a Paia ka whakatika; no te mea ko Paia te
tangata tapu; i aia nga atua me nga karakia. Na ka takoto
te kawe a Paia, ko te kawe, ko Kawe-rangi, na ka tahi a
Paia ka karakia i tana karakia :—

Hapahapainga, he tonga nuku.
Whakarewarewaia, he tonga rangi.
Tau tika, tau tonu,
Ki te hapahapai rangi :
Ki a koe e Rangi.

Ka pare te tuara nui o Paia, ka iri a rangi ki runga i
te tuara o Paia, ka tahi ano ka aue a Rangi.

Ka riro i roto i te poho o Rangi etahi o tona whanau, a
Roiho, a Roaka, a Hae-puru, a Taputu-rangi, ko Koreke-
rangi, ko Haku-wai, ko Rehua, ko Peke-hawani, ko Tu-mai-
te-rangi. Ko te Whanau tenei a Rangi i riro i aia.

Heoi ka mawehe a Rangi raua ko Papa i konei.

Na ka kimi te whanau a Rangi i mahue iho nei ki a
Papa, i tetahi wahine ma ratou; na ka hangaia te uha ki
runga i te puke o to ratou matua o Papa, ki te one i Kura-
waka.

He mea hanga ki te oneone, he mea pokepoke ki te
paruparu, ka oti te hanga te tinana me nga waewae, ka
tahi ka hangaia te raho o te uha, ka oti.   Na Mau-hi, na
Tai-epa, na Moko-nui, na Ti-whaia ko nga kai hanga tenei
o te tangata; ka tonoa ki te atua te manawa, te ate, te
mahara, nga takihi (whatukuhu), he toto katoa enei; ka
oti enei te hanga, na ka tahi ka hangaia te kiko.   Na
Mau-hi te raho i hanga, na Taiepa i kukume nga raho, na
ka tahi ratou ka titiro atu ki te kiko, na ka tahi ka
karanga atu a Moko-nui kia Ti-whaia, kia tikarotia mai
te whatu o tona kanohi, hei whakatau mo roto o nga
raho ; ka homai e Ti-whaia te whatu o tona kanohi.

Ko te Timu-timu te kai tiaki o te puta ; kei roto atu
ko Mau-nene, kei roto atu ko Te-were-were, kei roto atu,
ko Te-Hana-hana, ko Te-taa-noa, ko Te-tao-wahie, ko Kai-
ure, ko Mo-kakati kei te mutunga e noho ana mai. Heoi
ano tenei.

Ko te pukapuka, no nga kapua tenei, ko te mea tena
hei whakainu i te tangata ki te wai. Heoi tenei.

Ko te toto me te hinu o te tangata, te manawa ora o te
tangata; e noho a koraha (marara) ana ratou ki nga wahi
katoa o te tangata.

Ko te manawa te kai wehewehe ia ratou ki nga wahi
katoa noho ai, ko te putake tena o te wairua; ki te hemo
te toto me te hinu, ka tutakina te manawa ; ka tahi ano
te wairua ka haere, koia te matenga o te tangata.

I tetahi ahua o te mate o te tangata, ko nga mate oho
rere o te tangata, ka hohoro te kati o nga tatau o te ma-
nawa, na ka haere te wairua. Heoi tenei.

Ko nga taringa me nga kanohi, te putake o nga uaua
o te tangata me te upoko : ki te moe nga kanohi o
te tangata e kore nga taringa e rongo ; ki te rongo nga
taringa i te reo ka ara nga kanohi ; ko nga taringa te kai
tiaki o te tinana, ara te kai whakarongo o nga mea katoa

e pa ana ki te tinana, me nga mea e tangi ana i tawhiti o te tinana.

Ko te arero te kai whakarongo i te reka, i te kawa o te kai; koia te kai whaka ora o te waha koi (kei) wera. Heoi tenei.

Na ka tahi a Taane ka hirihiri (karakia) i tona ure, ka mutu te hirihiri ka tahi te ure o Taane ka ahu ki roto ki a Hine-pupuke-maunga, ko te Taniwha. Ka tu ki roto kia Hine-rau-kiokio ko te Horu. Ka tu ki roto ki te Tu-pari-maunga ko te Putoto, ko Para-whenua-mea.

Heoi ano ka tahi nga tuakana ka titiro iho ia Rangi e noho ana, a Roaka a Roiho a Hae-puru, ki te mahi a Taane. Na ka karanga iho " Taane e, kei te he koe, kei raro te waha o te puta." Na ka tahi ano ka ta te ure a Taane ki roto ki te puta a Hine-hau-one. Heoi ano kaati i konei tenei, ka hoki ano ki te whanau matamua a Taane timata mai ai te whakapapa kia marama ai nga tangata katoa ki o ratou putake mai.

Taane ka moe i a Tu-pari-maunga, ka puta ko Pu-toto, raua ko Para-whenua-mea. He whanau-tahi.

Na Pu-toto, ko Raka-hore, ko Whatu, ko Tanga-roa, ko Te Pou-namu, raua ko Timu. He mahanga a Pou-namu raua ko Timu. He whanau tahi.

Na Timu, ko Tanga-roa, ko Hine, ka moe i a Tu-huru-huru, ka puta ko Tahu-wairangi (ara ko) Tura, ko Tau-tunu-kereru, ko Tu-tawhio-rangi, ko Ngana-ngana-te-hau, ko Ipu-ipu-te-rangi, Whare-pa-tari, Kari-mori (moi), ko Takoto.

Kaore taku raru, ki te taua a Tohe-rau
Ka riro atu na, i a Para-whenua-mea
No runga i te hiwi, ki Puke-rau.
E ringa e ; e hara i au te parau;
No noho ra te parau,
He whakataki taku ki te ao,
He korero atu, kia rongo mai koe
Koua (kua) rangona hoki
Ko taumata whakahehe korero,
Ko Reo tahi, ko Hura-rau.
Ka noho Raro-timu,
Ka noho i a Raro-toka,
Ka puta ki waho ra.
Ko Puku-puku-te-rangi,
Nana nei te aruhe,
I runga i te tuara nui
O Rangi e awhi ana:
No te tokonga o Tane
Ka horo kei raro,
Ki te taha taha o,
Raro-whena nei tu ai.
No (Na) Nuku noa i kohi mai,
Na Atoru i pokapoka ;
Tautititia hei kaupeka mo Haumia ;
Ka puta te Pitau ki te ao,
Ko Hine-kotau-ariki.

Na Nuku-pewapewa tenei waiata, no te rironga
o tana Hinaki tuna i te waipuke.

NGA ARIKI O NEHE.

(NGA-I-TAHU.)

TIKI-AU-HA.—Ko te tangata tuatahi i ahua e Tane ki Hawa-iki.

IO-WAHINE.—Ko te wahine tuatahi i ahua e Tane ki Hawa-iki, hei hoa wahine mo Tiki-au-ha.

A-IO-TE-KI.—Ko te tama tuatahi a Tiki-au-ha.

A-IO-TE-REA.—Ko to muri iho ia A-io-te-ki.

A-IO-WHAKA-TANGATA.—Ko te tama tua tahi a A-io-te-rea.

RAKI-ROA.—Ko te tangata tino matau ki nga mea o te Raki.

TIPU-NUI-A-UTA.—Ko te tangata i mana tana inoi ki te mana o Tane, a tukua ana e te Raki te ua, ki katoa te whenua i te wai; pau katoa ona iwi; no reira ka whaka orakia (whakaorangia) a Tipu-nui-a-uta ratou ko ona tamariki, ko Para-whenua-mea, ko Tiu, ko Reta. Otira i whai mai te mana o te Atua ia Tiu, a haere ana a Tipu-nui-a-uta ratou ko ana tamariki i runga i te waka pokiki rakau, a haere ana i runga i te mata o nga wai; ano he whenua maroke; a e waru nga marama i arahina oratia ai ratou e te atua i taua wa.

TAKA-RA(RO).—Ko te tino tangata mohio ki te rawe hanga. Ko te tama a Para-whenua-mea.

TU-TAWAKE.—Ko ta te atua i ahua ai, kia whanau mai i roto i te puku o Hou-mea; no reira, ka tata te wa e puta ai aia ki waho; tukua mai ana eia ona karere ki waho, a ka tohea e ana tuakana kia patua; a kihai i maia ratou ki aua karere; no reira a Tu-tawake ka timata te tohi (whakahua) i tana karakia; ka mutu i aia tana tohi, ka puta mai aia ki waho. Ko tona heni (hani) anake ki tona ringa ringa mau ai, a ka kite te iwi o Tai-rea i aia e tu ana i waho e haere ana me tana maipi, ka muiharo (miharo) taua iwi kia Tu-tawake, ka korero ki aua iwi nunui o te ao, kia whakarongo ki tana kupu; a kihai i whakarongo. No reira ka whakamatea katoatia eia te mano o Tai-rea. Ko te horoka (horonga) tena o te tini o aua mano ki ro (roto ki te) kaherehere (ngahere). Ko te puta (parekura) tenei a Tu-tawake i Tai-paripari.

RUA-TAI-AO.—Ko te tangata i tino mohio ki nga tahu mo te ora; no te mea nana i whakapuaki te kupu ora kia Rua-tai-po ki te nuinga hoki o tona iwi. I karanga atu a Rua-tai-ao ki aua iwi tutu, "Whakarongo mai, kei au te hono (mana) mo te ao, me te hono ata noho, kei au te hono mo te karakia tika, kei au te hono ata kai, kei au te hono mo te tangata kia kaua e tirotiro ke, kei au te hono mo te kaa o te ahi, kia tika tonu te kaa o nga ahi katoa, kei au

te hono kia kaua te tangata e kai haere, kei au nga hono katoa
i riro mai ki te ao." Nana hoki i whakatakoto te tikanga
mo te ora, nana hoki i whakatakoto ki te aro aro o Rua-tai-
po aua tikaka (tikanga) katoa, a kahore hoki taua tangata
whaka-pehapeha, mahi tutu, mahi he, kia rongo ki te kupu
a Rua-tai-ao, i whakapuaki atu ai ki aia; a uaua tonu taua
tangata ki te kino. No reira i unuhia ai e Rua-tai-ao toua
ringa maui ki runga kia Rua-tai-po, me tona iwi katoa; a e
whitu mano i mate.

MAROHI.—Ko te tangata nana i hapai te tikaka (tikanga)
o Rua-tai-ao.

WHENA.—Ko te tangata nana i korero mataati ki te iwi o
Ha-rutu; a kihai hoki a Ha-rutu me tona iwi katoa i wha-
karongo ki te tikaka (tikanga) o Whena i korero atu i kia
ratou; a kihai hoki a Ha-rutu i rongo mai ki te reo o
Whena, na reira hoki a Whena i karanga atu ai ki taua
iwi naua, ki te kino, "Meake nga (ka) tata taku whakaware
(whakararu)." Ka tahi a Whena ka unu i te hono o te
mate, ki runga ki taua iwi uaua, ka tahi ka tukua e
Whena te whakaaro ma te Atua taua iwi e patupatu
haere; a mate katoa aua iwi whakateka.

KA-TAHUA (NGA-TAHUA).—Ko te tangata i rite tonu tana
korero ki ta ona matua.

TU-RAKI (RANGI).—Ko te tangata nahana (naua) i pu-
puri te hono tahu tika a Tane.

WI.—Ko te tino tangata kaha ki te korero i nga tahu me
ka (nga) karakia katoa a Tane. No reira te mana i ara-
hina oratia ai a Tipu-nui-a-uta, ratou ko ona tamariki e te
atua, i runga i te mata o nga wai, i haere ai ratou i runga i
te waka pokiki rakau. Ka korero atu a Wi, kia Wa raua
ko Miru me to raua iwi katoa, no reira a Wi i karanga atu
ai kia Wa raua ko Miru, "E hoa ma whakarongo mai ki te
korero e ora ai tatou, ki ata noho, kia kaua e kino, kia kaua
e tutu, kia kaua e kai kino, kia kaua e karakia parau; e
ngari kia pono te karakia." A ka naua ano aua iwi me
Wa raua ko Miru ki a Wi, a ka ki atu ano a Wi kia
Wa raua ko Miru, "E ta ma whakarongo mai korua,
ki taku kupu e whakapuaki atu nei kia koutou; me

whakapono te kai; me whakapono hoki te wairua kia
tika ai te haere ki te Reika (Reinga) ; me whakapono
hoki korua ki taku kupu korero, no te mea, ko te hono
tenei o te ao." A kihai hoki aua tangata i whakarongo, a
e rua nga tau i uaua noa atu ai a Wi ki te korero ki aua iwi
whakateka, a ka tahi ano a Wi ka karanga atu kia raua " E
hoa ma kia whakarongo mai koutou, meake apopo ka huri-
hia te whenua e te atua." Ano nga (ka) rite ka (nga) ra
i whakaaro ai a Wi, ka inoi aia ki te atua, a hurihia ana
nga pa o Wa o raua ko Miru, he tini he mano i ngaro i
taua matenga.

Hua.—Ko te tangata nana i whakarite te mahi kino
Tu, raua ko Roko (Rongo).

A-io-riri.—Ko te tino tangata nui nana i hapai te hono
a Rua-tai-ao.

Puta.—Ko ta te Atua tangata i karaka (karanga) ai
mana e whakapuaki nui atu ki te nuinga o ka (nga) iwi
katoa o te ao, kia whakapono ki tana korero ; no muri iho
ka hanga eia tona whare purakau hei ako kia rakatira (ra-
ngatira) ai ratou amua atu, ka karaka (karanga) atu aua iwi
tutu ki a Puta, " E ta ; ma o tahu a koe nga (ka) ora ai, ma
te mana ranei o tou whare purakau ranei a koe e wha-
kaora?" Ka ki atu a Puta kia ratou " E hoa ma tenei ano
taku kupu ki te ao katoa, me whakarongo koutou ki nga
mahi a Raki, i waiho kia Tane, koia ahau ka whakapuaki
atu nei kia koutou ; meake apopo nga (ka) puta te whakapae,
a ka (nga) mano o runga o te Raki." Ka ki atu aua iwi
whakapehapeha ki a Puta " E hoa e parau ana tau korero,"
ka tahi nga (ka) pouri te whakaaro o Puta kia Mata-eho, ki
te tino tangata whakateka o te ao ; i mea te whakaaro o
Mata-eho ko ia hei upoko mo te ao katoa, no reira a Puta
i ki atu ai ki a Mata-eho, " E ta he tangata kino koe, e pehi
ana koe i nga tingaka (tikanga) a Tane ; kua rongo ano
koutou ki taku kupu i karaka (karanga) ai ki ia Pa, ki ia
Pa, ki ia Pa ; a ki te tini noa atu o nga Pa katoa; meake
apopo puta mai te whakapae a Rangi ki te ao." No muri
iho i taua korerotanga, ka mate tana tamaiti, te tamaiti a
Puta, tana tamaiti tuatahi ; te ariki o tana whanau ; no reira

ka kotia c Puta tc kounui (koromatua) o te waewae o tana
tamaiti, a ka taona ki te umu, a no te maoatanga o taua umu
ka takohia (tangohia) te mana o taua kounui ka tuhaina te
mana ki runga ki ka (nga) whare katoa. Heoi ka haere a
Puta i te ata, ko te tahaa anake ki tona ringaringa mou (mau)
ai, he taha hui mouri taua tahaa ; ka tae atu a Puta ki te taha
o te wai, ka whakatuwheratia te tahaa ; heoi ka purua c
Puta te tahaa, ka kite aia i te kapua c tu ana mai i te
rangi, ano he ahi c ka ana i te whenua, heoi nga (ka)
karaka (karanga) a Puta ki te Rangi kia hurihia te whenua.
Ka tahi ano a Puta ka panga i tana maipi ki te whenua,
heoi ka huri katoa te whenua ki raro, a ka mate katoa te
ao i taua wa, ko Puta anake i whakaorangia me ana iwi
katoa. Na konei i waiho tonu ai hei korero, ko te hurihanga
tenei a Puta ia Mata-eho, me te ao katoa, me te whenua
katoa.

Te-Morina.—Ko te tangata matau ki te karakia wha-
kapono kai.

Raka-were-were.—Ko te tino tangata pai i mau tonu
te ahua o tona tupu, a kihai i kite i te kaumatua, a wha-
katamariki tonu te ahua o taua tangata a mate noa aia.

Tu-te-raki-paoa(noa).—Ko te tangata i rite ki te ahua
o te atua.

Hui-aua.—Ko te tangata nana i karakia ki te uma o Raki.

Rua-tipua.—Ko te tangata i kuare, i whakaaro ki tana
moe, i kuare aia ki tana moe, a whakaaro ai aia.

Te-whai-po.—Ko te tangata i tuatia (tohia, iriiria) ki te
wai c ona tipuna (tupuna) a kaua (ngaua) ana taua tangata
c te taiko (tuwhenua), kahore hoki i kitea he kiri tangata,
pau katoa aia i te taiko.

Kaeho.—Ko te tangata i tino matau nui ki nga ti-
ngaka (tikanga) katoa o te Rangi.

Karu-ai-papa.—Ko te tangata nana i whakapuaki te ka-
rakia mo ka (nga) atua katoa.

Tu-ake.—Ko te tino tangata nui i matau ki nga mea o
Tane, me te tini noa atu o ka (nga) mea i mohio ai a Tu-ake.

Tuki-tuki-papa.—Ko te tangata i karakia ki te hope o
te Raki.

TAKETAKE.—Ko te tangata i matau ki te hanga whare whakapaipai mona, no reira i timata ai aia te karakia mo te whare.

ROKO-NUI.—Ko te tangata i whakananakia i aia, otira na te taua aia i a, ki rokaherehere (ngaherehere).

TU-RAKI.—Ko te tangata i rite ki a Tu raua ko Roko te kaha, ki te kakari (kekeri, whawhai) he nui te maroro.

TU-TE-HOU-NUKU.—Ko te tangata nana i whakanui nga karakia a Tu raua ko Roko.

PU-MATE-A-IO.—Ko te tangata nana i kukume mai te mana o Tane.

TU-HOTO-ARIKI.—Ko te tino tangata whakamanamana (whakapehapeha) o te ao ki aia.

WAIHO-NUKU.—Ko te tangata matau nui ki te korero i nga tahu (karakia).

RUPE-TU.—Ko te tangata i ata whakaaro ki te hono (mana) a Rua-tai-ao.

RAKI-NUIA. — Ko te tangata i tino whakamanamana (whakatupehu) ki aia ano.

TAHAU-RI.—Ko te tangata i kaha rawa te whakapuaki i nga korero tahu.

TAU-TINI.—Ko te tangata pai ki te whakaaro ki nga korero, ki nga karakia katoa, koia hoki te tino tangata mahara i te wa i tae mai ai te mahara kia whakamatea te ao.

TARI.—Ko te tangata i whakaaro ki nga mea o te atua, i waiho iho ai ki aia te mana o nga mea katoa : nana hoki i whakarite te mana ki te rakau (hei matau, matika) hei kai ma te ika.

RA-KURU.—Ko te tangata nana i tamata te kaia (tahae) i te pa matau, matika) a Tari, ko te rakau hoki tera i whakaritea e Tari ki te mana o te atua, a nga (ka) kite a Ra-kuru i taua pa e kaika (kainga) ana e te ika, a kaiatia ana e Ra-kuru taua pa, no reira nga (ka) mamae te ngakau o Tari ki taua pa, no te mea ia i mamae pu ai, ko te mana o te atua i runga i taua pa, no reira nga (ka) whakame-nemenea (huihuia) e Tari ka (nga) tino kaumatua o te iwi o Re-ihi kia whakina mai e te iwi o Re-ihi taua pa, a kihai ratou i ahei te whaki atu i taua pa ki aia, no reira

a Tari nga (ka) ki atu ki te atua, kia whakina mai; a ka
kite te nuinga o te iwi e kohara (uira) ana te pa i roto i
te repe (whatu) o te raho o Ra-kuru, heoi nga (ka) karanga
atu a Tari ki taua whakaminenga, " E hoa ma kua kite katoa
ano tatou i te kohara e kohara mai nei, he tohu no taku pa
kei a Ra-kuru ia," heoi ano nga (ka) pouri te whakaaro o
Ra-kuru, a haere ana a Ra-kuru ki te whakamomori, no
reira a Tari i ki atu ai ki taua tuahine kia Hine-i-taitai,
"Haere ra e mate koutou, mahau (mau) e ui atu ki tona (tou)
tane, me hemea kaore i aia to tupuna, na ki te mea e wha-
kina mai e to tane to tupuna, ko te huanui mai tena mou."
Heoi ano nga (ka) haere a Ra-kuru ki te whakamomori, a
ka whano ka mate, ka ki atu aia ki tana tane, " E hoa
kaore i a koe te pa a to taokete," ka ki mai a Ra-kuru ki
aia, " Tenei ano kei au," ka tahi ano taua wahine ka ki
atu ki aia, " Homai ki au," a ka homai e Ra-kuru ki aia
taua pa, a komotia ana eia taua pa ki roto ki tona waha
(mangai) a ka haere aia i runga i te moana, e rua nga ra i
hara mai (haere mai) ai a Hine-i-taitai i runga i te moana
o Wai-rapua, a ka kite a Kumi-kumi-maroro i taua wahine,
a ka mau i aia hei wahine ma hana (mana); a ka noho
raua tokorua, ko raua anake ki to raua kaika (kainga)
kahore o raua ngakahu (kakahu), kahore he kai, kahore
e (he) whare, kahore e (he) wai, otira he mea inoi na
taua wahine raua ko taua tangata ki te atua, kia homai
he weweru (kakahu) he kai, e (he) wai: a tukua ana
mai e te atua, he weruweru (kakahu), he kai, he
wai, a whaihakatia (whaihangatia) ana hoki he whare e
te atua mo raua, no reira nga (ka) mau tonu te mana
o te atua ki runga kia raua. A ka hapu te wahine
a Kumi-kumi-maroro, a nga (ka) puta ki waho a Tau-tini,
ko te tino tangata mohio ki ka (nga) mea o te atua; koia
hoki te tangata i wania (tonoa) e Titipa ki tona waka. No
muri iho, ka aroha a Tau-tini ki tona waka i riro ra ia Ti-
tipa te tango, a ka kiia mai e te atua kia Tau-tini kia haka
(hanga) tetahi waka papa, kia penei te nui me tetahi paka.
He mea tarohe a waho o taua paka ki te reperepe, a kihai
hoki te wai i puta ki roto ki taua waka papa rakau, a nga

(ka) haere a Tau-tini i roto i tona waka papa rakau, na te
atua hoki te tingaka (tikanga) kia Tautini, ko te atua hoki
te kai arahi i tona waka papa rakau : e rua nga marama i
haere ai taua waka papa rakau i waho i te moana a ka u
ana ko Rewa-nui, ko te kainga o Titipa, i pono tonu atu
ia ki tana waka e maanu ana i te moana, e hi ana i te ika,
a nga (ka) kite ka (nga) tangata i tona waka papa rakau
kia penei hoki te nui me te paka, he mea tarohe a waho ki
te reperepe, a nga (ka) kite ka (nga) tangata o te waka hi
ika, i taua mea e maanu haere ana i waho i te moana, a ka
kite ratou i taua papa paka, ka miharo katoa ratou, no te
mea e ahua pai ana taua paka, a hikitia ana e ratou ki
runga ki te waka, a morimori ana ratou ki te pai o taua
paka, nga (ka) u ki uta ka kite te iwi katoa nga (ka) mana-
waru (koa) ki te pai o taua paka, otira i mama noa ta
ratou maunga atu ki uta, no muri iti iho o ta ratou miha-
rotanga, ka tahi o ratou ringa ringa ka pa atu ki taua papa
paka ano me te whenua te taumaha (taimaha) a kihai hoki
i taea e ratou, a waiho tonu iho i te taha o te moana e
takoto ana. Nga (ka) ao te ra, ka kite te iwi katoa kua tu te
whare, kua tu hoki te whata, kua nui hoki ka (nga) weru-
weru, kua nui nga kai, na reira i miharo katoa ai ratou.
Ka po rua aia e noho ana i roto i tana whare koia anake,
ka puta mai ki aia nga wahine tokorua ko Ti-mua, raua ko
Ti-roto, ka kite aua wahine i te nui o te taonga, ka hia-
hia aua wahine kia Tau-tini hei tane ma raua tokorua.
E rua nga tau i noho ai aia i reira a ka riro i aia tana
pa nga (ka) tahi tona ngakau ka hari ki taua pa, no te mea
kua kitea eia tana mea i rapua haeretia ai eia i te roa o te
moana, i te tini hoki o nga whenua i whakamono haere ai
aia i waho i te moana, a nga (ka) kitea eia ka hari ; otira
he nui ona tau i noho ai aia ki taua whenua, ko ana kai
he mea inoi nana i te po me nga weruweru katoa, he mea
inoi na Tau-tini ki te mana o Tane. He oti nga (ka) rite
te wa i noho ai aia kia ratou ka hoki aia ki tona kaika
(kainga) tupu, ka hari ai.

REWAREWA.—Ko te tangata i tino nui tana whakapono
ki nga karakia katoa onamata.

22

TAKAROA.—Ko te tino tangata matau ki nga korero katoa me ka (nga) ritenga katoa o Tane.

ATAKORAU (TAKIRAU).—Ko te tangata i kaha ki te whakaako i nga tikanga katoa o Tane.

RAKI-NUI.—Ko te tangata i pono tana whakarongo ki nga kai karakia, i ka (nga) mahi o Tane.

PEKEITUA.—Ko te tino tangata nui i whakanuia e te atua tona kaha ki taua tangata, hei whakanui i ona tikanga katoa.

Te Wai Puke.   (Nga-i-tahu.)

No mua tenei korero tahu, ko te waipuke a Para-whenua-mea, ko te waipuke a Tupu-nui-a-uta.

Ko Para-whenua-mea, ko Tupu-nui-a-uta, ko Tiu, ko Te-reti. Ko Wai-puna-hau te ingoa wahine. Tera ano nga wahine ke i runga i taua mokihi rakau.

He kino, he kakari (whawhai) nga tangata o te ao maori nei no reira ka whakatangihia, ka inoitia nga ua o te rangi e Tupu-nui-a-uta kia kite nga tangata i te mana o Tane, kia whakaponohia ana tikanga ki te tini o nga tahu a Tane. Te tini o nga tahu o te ora, te tahu o te pai, te tahu o te kino, o te mate. He whakateka no nga tangata ki nga tikanga o Tane e whakapuakina ana e Para-whenua-mea raua ko Tupu-nui-a-uta.

Na Tiu te karakia i ora ai nga tangata i runga i te mokihi rakau. No konei te take o te karakia kia ua te rangi, ka ua. Ka po wha, ka po rima e ua ana te rangi, ka karakia ai ano kia mao te rangi, ka mao ano.

I mate katoa nga iwi nui o te ao i te waipuke, i whaka-ngaromia hoki ratou. Te mea i ora ai a Tupu-nui-a-uta ma me ana hoa haere, he mahara no ratou, kia pupuria nga rakau hei mokihi hei nohoanga ma ratou.

Na Para-whenua-mea raua ko Tupu-nui-a-uta, te karakia i tukua ai te ua o te rangi, i tupu ai te waipuke i mate ai nga iwi whakateka ki te kaha o Tane, kahore hoki aua iwi i whakapono ki nga korero o nga mahi a Tane e kiia ana i nga tahu, i nga karakia ano hoki o nga korero whakapapa o Rangi raua ko Papa i mahia nei e Tane. He nui te

kaha o aua iwi ki te kupu kupu kia Para raua ko Tupu, i
mea hoki aua iwi kino kia raua, he parau (teka) tahi na
raua, a raua korero e kauhau nei mo Rangi raua
ko Papa i mahia e Tane, no te mea i ki aua iwi
tutu, ko te ahua ano o Papa raua ko Rangi e tu
nei. Ko te ahua ano ia o te oroko hanganga o te
ao; a kahore kau he mahi a Tane. A i ki aua iwi, e
kore rawa ratou e whakapono ki nga kauhau a Para raua
ko Tupu e kauhau nei mo nga mahi a Tane.

Te tino take kino a aua iwi i riri rawa ai a Para raua
ko Tupu ki te ao maori, he kanga na aua iwi kia raua. I
penei hoki te kupu a aua iwi " Hei kai ma korua ena
korero tahu, ma korua e kai nga upoko o ena korero
tahu " ka pouri raua, a ka riri mo aua korero kai upoko.

Te take i pouri ai aua iwi nei kia Para raua ko Tupu, i
mea raua kia whai hangatia he whare pu rakau (whare
tapu, karakia) hei mahi i nga korero tahu a Tane, kia
whakaakona ratou ki nga tikanga o Tane, o nga tahu ki te
tini o nga karakia maori, no reira te whakapeka o nga
tangata me te kanga hoki mo nga kai upoko. No reira i
topitopitia (tapahia) ai nga rakau ki nga toki ure (toki
kohatu) he totara, he kahikatea nga rakau, me te tini o nga
rakau mama, tototia (toia) mai ki nga tauru (pukaki) o te
awa, ko Tohinga. He tini ke nga rakau i puputia a wha-
nui noa atu, i hereheretia (herehorea) ki nga aka, ki nga
taura, ki nga pirita, kia oti rawa te ruru te mokihi rakau
ka whakapiotia (he inoi te whakapio) te rangi. Ka karakia-
tia e raua, ka utuhia e raua he wai ki te paua, hei wai
karakia mo raua, kua tu nga pou o te rangi, a tukua iho
ana nga waipuke i te rangi, a ka waru nga rangi (ra) e ua
ana, ka nui te wai, ka piki a Para me ana hoa ki runga ki
te mokihi rakau i whaihangatia (hangaa) nei e ratou, i
whaihangatia ano hoki he whare e ratou ki runga ki taua
mokihi, he rakau anake te whare, a ko te kai ma ratou, he
roi, he kumara, me te kuri. No te iwa o nga ra kua
puke te wai ki nga kainga. No te ngahuru kua rewa
te mokihi ki runga. Ka heke te mokihi i te awa
i Tohinga. Kua nui te wai, kua ahua moana ia ka

timata te haere (tere) o te mokihi. Ka pau katoa
nga tangata i te mate, o nga iwi i whakateka nei ki
nga tahu o Tane, i taua waipuke. Ka heke te mokihi i
Tohinga, a ka ahu te tere haere, koia nei nga po, me nga
marama me nga tikanga o nga ra, me nga mahi i mahia i
te wa i tere haere ai te mokihi a u noa ki uta. Ka tere
atu i Tohinga ka tae ki Te-au-whiwhi, ki Te-au-matara, ki
Te-au-kuha, ki Te-au-puha, ki Te-au-mahora, ka riro ka
heke, ka maro te au, ka tae ki Te-au-titi, ko Te-au-kokomo,
ko Te-au-huri, ko Te-au-take, ko Te-au-whawhao, ko Te-au-
kawha(ngawha), ko Te-au-mate, ko te matenga tenei, ka
maro te au, ka Titi-te-au, ka Tata-te-au, ka maro te
au, ka whakahotu te au, ka puta ki Hawaiki, ka puta
ki waho, ka tae ko To, ko Tapatapa, ko nga Rimu ko
Te-tukunga, No te taenga o ratou ki Tapatapa, i karakia ai
aua tangata i te mokihi, a i karangaranga ai i nga ingoa o
nga Atua, no te taenga ki Nga Rimu, i whakataumahatia
ai nga kai tukunga ki nga atua, ka tae ki te tukunga ka
mahi nui aua tangata i te mokihi, ka hikaia te ahi tapu
ka ka, ka tae a Para-whenua-mea ki te taru taru patiti, ka
torona atu taua patiti i tana ringa e mau ana ki runga ki
taua ahi tapu, ka takina mai ano ki tahaki a ka hoatu ano
aua patiti ki te ahi kia tika ai te tahu kai ma ratou i taua
ahi. Na aua tikanga nei hoki i mahia ai e te Maori nga
tikanga karakia me nga tapu o nga waka a te Maori.
Ka tae ano a Para ki ana taru taru patiti ra ano, ka takina
mai ki tahaki, ka wehewehea aua patiti, a ka takoto nga
pukai, he pukai ano ma nga atua ki Mua, he pukai ano ma
nga tama-tane, he pukai ano ma nga tama-wahine, he
pukai ano ma nga ru-wahine, he pukai ano ma te aruhe
tukunga o te tere, ara o ratou i tere haere mai nei a hei
tuapora, ara mo nga kai hauhake mataati o te maara, mo
te tama-tane tenei, a he tuapora ano mo te tama-wahine, a
ka oti aua aruhe (roi) nei te whakataumaha ki nga atua, ka
whakaahuatia ki nga mangai, ara ka hoatu ka whakapangia
kautia ki nga ngutu o ratou katoa, ki nga tane ki mua, ki
nga wahine ki muri iho, ki nga tamariki i muri rawa. A
ka tahi ano ratou ka kai i te kai tahu ki te ahi, a po rua

ratou i noho ai i au kai, kahore ratou i kai i te kai ke, ko
aua kai ra anake ta ratou i kai ai i muri iho o te karakia
taumaha ki nga atua, ka kite atu ratou i aua atua wahine
e tau maeroero haere ana i runga i te moana; ko Hine-
ahua, ko Hine-raka(ranga)-tai, ko Hine-apohia, ko Te
Kare-nuku, ko Te Kare-rangi, ka haere mai aua atua ki te
whakapokare i te moana kia mate ai te mokihi.   Tutu ana
te moana i aua atua, otira kihai noake te mokihi i mate, ka
tere haere te mokihi a ka tae ki Te-wiwini, ki Te-wehi, ki
Te-wana, ki Te-Pa, ki Te-kare-tuatahi, a tae noa ki Te-kare-
tuangahuru, a ka tae ki Te-tarawa, ka pau te ono o nga
marama i konei, o ratou i noho tere haere ai i taua mokihi.
Ka tere haere te mokihi nei a Te-Hiwi, a Te-whana, a Te-
Riaki a Te-Hapai, a Te Tiketike, a Te Rahirahi, no tenei
wa, i tu ai nga mahara a Tiu, kia u ratou ki uta a Te
Kaponga, a Te Whatinga, a Te Horonga, a Te-whakahuka, a
Te-whati-tata, a ko Pou-hoata, ko Tuturi, ko Te Ekenga,
ko Uta, ko Mae-rauta, ko Tira, ko Moana-uri.
      No te whitu o nga marama o ratou e teretere ana i
runga i ta ratou mokihi, ka timata te korero a Tiu ki ana
hoa, ka mea aia " E kore tatou e mate, tena ano e u ki uta."
No te whitu ano o nga marama ka whakanui ano a Tiu i
ana kupu, ka mea ano aia ki ana hoa " Kua rahi rahi te
moana, kua mea kia iti haere te waipuke " ka mea atu a
Para raua ko Tupu ki aia " Na te aha koe i matau ai."
      Ki mai a Tiu kia raua " Na taku tohu i taku pou i te
taha o te paparewa " I te taha hoki o te paparewa te
wananga o te tuahu i karakia tonu ai a Tiu, He mea hoki,
i matua titiro tonu a Tiu i ia marama i ia marama i nga
tohu o tana pou toko i te taha o taua papa-rewa, a na ana
tikanga aia i mohio ai ki aua tohu i taua pou toko, koia
aia i mea atu ai ki ana hoa " Kua mariri nga hau puke-
rikeri o era marama, kua ruhi haere nga hau nui o era
marama, a ko tenei kua hau marino nga hau o tenei
marama, a kua aio haere te moana."
      No te waru o nga marama i ahua rere ke ai te
tukokikoki o te mokihi he mea hoki, i tupatupou te
mokihi, a i tukokikoki, na reira a Tiu i mahara ai kua tata

ratou ki uta, ara kua papaku te wai o te moana. A ka
mea atu a Tiu ki ana hoa " Ko te marama tenei e u ai
tatou ki uta, i te mea hoki e iti haere ana te hohonu o nga
tohu o taku pou toko." Nga karakia i karakia ai ratou
ia ratou e teretere haere ana i runga i te mokihi i taua
waipuke, ko nga karakia ki a Tane.

Ka u ratou ki uta, I u hoki ratou ki Hawa-iki. A i
mea ratou kei te ora ano pea etahi o te iwi o te ao Maori,
a ko te ahua o te ao Maori ko tana ahua ano ia, i te wa o
te waipuke ki ano i pa ki te ao. Ano ka u ratou ki uta,
ka kite ratou, kahore kau he tangata kotahi i ora, a ko te
whenua kua rere ke, kua ngawha, kua huri, kua ngaro i te
raru i te kaha o te waipuke, a kua tino ahua ke te ao, a
ko ratou anake te morehu o te iwi o te ao katoa a kua
tino rere ke te ao Maori.

Kahore ratou i kai wawe i te wa i u ai ratou ki uta,
engari ko te mahi karakia te mea tuatahi i mahi
ai ratou. I karakia ratou kia Tane, kia Rangi, kia
Rehua, me nga atua katoa, ko nga Rimu pakoko nga
mea i mauria hei patunga tapu mo nga atua, ko te
karakia me te rimu tuatahi i hoatu e ratou mo Te-Po.
Te tua rua mo Te-ao, Te tua toru mo Te-kore, Te tua
wha mo Te-maku, Te tua rima mo Te-Rangi, Te tua-
ono mo Rehua; Te tua whitu mo Tane. He mea
karakia te karakia me te pupuri ratou i aua rimu, a ka
mutu nga kupu o nga karakia, ki ia atua ki ia atua, tana
rimu, tana rimu, a waiho ana aua rimu i te papa karakia,
ara i te tuahu, mo ia atua, mo ia atua. Ko aua papa
karakia, ara tuahu, ko te rakau noa, ko te take tarutaru
noa, ko te pu harakeke noa i tutaki (tupono) ai ratou i te
oroko unga atu ki uta, ko aua mea nga papa karakia ki
aua atua. A ko aua rimu pakoko he mea whawhati, he
wahi ano mo ia atua, mo ia atua, a ko te roa o aua wahi
rimu, kia rite te roa o te mea kotahi ki nga koromatua e
rua o te ringa ringa tangata.

A ki te mea ka tata atu te iwi ki aua papa karakia,
penei, ko te kai i kai ai ratou ka tetere i roto i o ratou
kopu a ka mate ratou, mo te he i tata atu ratou ki aua

papa karakia, a i takahi i te tapu o aua tuahu. Ma nga Tohunga ariki anake e haere aua wahi. A e kore hoki e tika kia haere tata atu te iwi ki aua papa karakia, kei hoki ano te iwi ki te kainga, a ka mahi kai te iwi, ma aua kai e mate ai te iwi, no te mea, ka riro i aua kai te he o te iwi, i takahi ai i aua wahi tapu, a ka hoki mai te tapu o aua wahi tapu i aua kai, hei patu i te iwi.

I muri tonu iho o te karakia, me nga mahi me nga tikanga o te pure Mae-ra-uta, ka hinga (hika) ai te ahi tapu, i te wahi tapu, a ka ka te ahi, ka taweratia nga rimu. Ka mau te Tohunga ariki i te pupu otaota patiti, ka whaona te tahi wahi o taua ahi tapu ki roto ki taua pupu patiti i te mea e mura ana taua ahi tapu, a ka ka, ka mura taua taru taru patiti, ka wahia mai e taua To-hunga ariki te tahi wahi o taua tarutaru e mura ana, ka hoatu ai taua tarutaru e mura ana ki ia wahi, ki ia wahi o nga rimu pakoko, i te wa ano e mata ana aua rimu. A ka takoto he taru taru e mura ana, i te taha o nga rimu katoa, ka tahi ka hapainga aua rimu, aia rimu, aia rimu, ki runga ki te taru taru e mura ana i te taha o ia rimu o ia rimu. Hei patunga tapu enei ki nga atua, mo ratou i ora nei i nga atua te mahi, i kore ai taua hunga e mate i te waipuke, a i u ora ai ano hoki ratou ki Hawaiki.

Ko taua karakia taumaha nei i mahia ai, he mea ma nga Ru-wahine, hei tapatapa ki ta te Po wahine, mo ta te-Ao wahine, mo ta Te-kore, mo ta Te-kore-te-whiwhia, ki nga wahine katoa o nga Kore, mo nga wahine katoa, tae rawa ki a Papa, a ka whakapakia ki aia. A ka haere te Tohunga ariki ki te taru taru e tupu ana, ka kumea e ia kia mahua ake te take o taua taru taru i te whenua, otira e kore e hutia rawatia eia taua taru taru kia mahea rawa mai i te whenua, a ka whaona eia nga rimu ki raro ki taua take taru taru, a ia rimu a ia rimu, ki ia putake taru taru, ki ia putake taru taru. Ka mutu tera karakia, a ko tona ingoa ko Moana-uri.

A ka timata ano he karakia, ko te Takapau tenei kara-kia.

Ka haere te Tohunga-Ariki ki te taha o te wai, o te

awa ranei o te moana ranei, a ka toua iho tana ringa
ringa ranei, ka toua ranei te rakau e mau haere atu ana i
tana ringa ki te wai, a ka tahuri mai, ka anga mai tana
aro-aro ki te iwi e noho atu ana i mua i aia, ka piu piua
eia te wai o tana ringa ranei o te rakau ranei ki te iwi
katoa, a e toru ana piu piutanga i te wai ki te iwi, a ka
haere mai aia ki te nohoanga o te iwi e noho atu ra, ka
hinga (hika) aia i te ahi, he ahi tapu taua ahi, mo te aruhe
tukunga i te tere. A ka hinga (hika) ano hoki te iwi i te
ahi, ka ka te ahi a te iwi, ka waia (nanao) atu ki te pito
aruhe, tunu ai ki taua ahi. Ka maoka (maoa) nga pito
aruhe e rua, ka mau te tahi tangata o te iwi i te pito
aruhe tuatahi i hoatu ai ki te ahi, a ka tu tahaki aia, e
wha hikoinga waewae i mua tonu o te Tohunga, a ka
karakia te tohunga i te karakia, a ka mea atu te tohunga
kia hapainga taua aruhe ki runga, a ka karakia ano te
Tohunga i tetahi karakia, ka mutu tera karakia, ka mea
atu te Tohunga kia tukua tana ringa me te aruhe ki raro,
ka hapainga ai tetahi o ana ringa me te tuarua o aua
aruhe ki runga, a ka karakia ano aia i te karakia.

Ka tahi te Tohunga ka whakatika, me te tu tonu mai
taua tangata, ka haere atu taua Tohunga ki tana tangata
ka mau ki te aruhe tuatahi ka hoatu eia ki te tahi kuia
tapu, ka mau taua kuia i taua aruhe ka kuhua ma raro i
tana huha, a ka kainga eia taua aruhe ; he mea ano ka
kainga eia ko te tahi wahi anake o taua aruhe, a ka hoatu
te tahi wahi o taua aruhe me te tahi take taru taru ki
te iwi katoa, kia kainga ai taua aruhe e ratou, a ko te
putake taru taru ka rukea (whiua) atu ki te wahi i kaa ai
nga ahi tapu, a ko te rua o aua aruhe ma tetahi poua
(ruruhi, ara kuia) e kai, a he pera ano nga mahi o tenei ki
te iwi me nga mahi i mahia ki te aruhe (roi) tuatahi, ka
noho ratou a ka pirau (ka weto) nga ahi tapu, a ka po te
ra tuatahi o ratou ki uta ka noho hari ratou, a ka whaka-
hinga (hika) he ahi, hei tahu kai ma ratou, ka kai ka hari,
ka moe.

I te ata ka oho te iwi, ka hingaia (hikaia) he ahi mo
Te-umu-hurihanga-takapau, ka hoatu he kai ki taua umu

tapu, ka maoka (maoa) ka kawea ki te aro aro o te To-
hunga, a ma nga tangata me nga wahine tapu e kai aua
kai.   Ko te whakamutunga tenei o te waipuke.

No te mutunga o taua umu, ka tu a Kahu-kura, i te
rangi, a Rongo-nui-a-tau ano hoki, raua tokorua.

Ka tahuri a Tiu ki te karakia ki te whangai ia Kahu
raua ko Rongo.

Na Te-kani-uhi ara na nga wahine atua tokorima tonu i
timata te kawha (ngawha) ki te ruaki i te wai nui ki te
moana, i nui ai te waipuke.   Kua mahi noa atu Te Kani-
uhi, kahore kia kitea nuitia e te tangata, a no te waipuke
rawa nei ka kitea, a no reira nga tai i mau tonu ai.

I raro i te pito o te Rangi aua atua e mahi ana, a e akina
mai ana te wai i reira, he hokinga no te wai ki taua wahi
ano, koia hoki te tai-timu.

No Mua tenei Korero tahu.   (Nga-i-tahu.)

Na Tipu-nui-a-uta i whakatipu te waia ("wai" pea)
nana (koia) hoki te tama o Para-whenua-mea, a koia te
tangata i inoia ai nga ua i puke ai te wai, ngaro rawa nga
pakihi me nga pukepuke, a tae rawa te wai ki te tihi o nga
maunga tiketike, ka mate nga tangata.

Ia Tu-nuku, te Ra, he mokaikai pea.

Ia Tu-rangi, te Marama.

Ia Kiwa, te moana.   I te otinga o te rangi ia Tane i kiia
me tu he moana, hei moana iti, a na te waipuke a Para-
whenua-mea i nui ai te moana.

Ko Tohinga, ko Te Awa, Ko Tupu-nui-a-uta, ko Para-
whenua-mea, ka tupu te wai, Te Au-whiwhia, Te Au-matara,
Te Au-kuha, Te Au-puha, Te Au-mahora, ka Uro, ka heke,
ka maro te au, ko te Au titi, ko te Au kokomo, ko te Au huri,
ko te Au taki, ko te Au waowao (whawhao) ko te Au huri,
ko te Au tangi, ko te Au kawha (ngawha), ko te Au mate, ko
te matenga tenei, ka maro te au, titi te au, tata te au, maro
te au, whakahotu te au, ka puta ki Hawa-iki ka puta ki
waho, ko To, ko Tapatapa, ko nga Rimu, ko te Tukunga, ko
Hine-ahua, ko Hine-te-raka(ranga)-tai, ko Hine-apohia, ko

Te-kare-nuku, ko te Kare-raki, ko Te-wiwini, ko Te wehi,
ko Te wana, ko Te Pa ko te Kore tuatahi, a tae noa ki te
tua iwa, ki te Kore tu a kahuru (ngahuru), ko te Tarewa
tuatahi, a tae noa ki te tua iwa, ki te Tarewa tua kahuru
(ngahuru), ko te Hiwi, ko te Whana, ko te Riaki ko te
Hapai ko te Tiketike, ko te Rahi rahi, ko te Kapunga, ko te
Watinga (whatinga), ko te Horinga, ko te Whakahuka, ko te
Watitata (Whatitata), ko te Pou-ata, ko Tuturi, ko te
Ekenga, ko Uta, ko Maeranta, ko Te-tira; kei moana uri
te heke mai ai te Uira-Takaroa, ko te Takapou kei Tu-ki-
runga, kei Tu-ki-waho, kei Tu-ki-takapau o Taka-roa-haere-
roa, Haku-tama-manawareka, ka tata ra i tu waho
Hawa-iki.

PUTA.   (NGA-I-TAHU.)

Na Puta te hurihanga i te whenua i Mataiho, i huri ai
te whenua, me nga rakau, me nga otaota, i mate ai te
tokomaha o nga tangata.

He hurihanga tuarua i a Wi raua ko A (Wa) i penei me
tera.

Na Hapopo i kuti te ra o te waka i mate ai te tokomaha.

Na Ui te ahi, a na Puta te hurihanga o te whenua i
ngaro i te mano o te kuri o te ao nei, me nga manu nei me
te Moa, me etahi atu manu.

Authority: GEORGE DIDSBURY, Government Printer, Wellington.—1887

	years.	
8	**TE MAHARA.** From 1000 to unlimited years.	(Thought.)
7	**TE HIHIRI.** From 1000 to unlimited years.	(Breathing pov godly p
6	**TE PUPUKE.** From 1000 to unlimited years.	(Enlarging.)
5	**TE KUKUNE.** From 1000 to unlimited years.	(Conception of
4	**WHAIA.** From 1000 to unlimited years.	(Following on.)
3	**TE RAPUNGA.** From 1000 to unlimited years.	(Asking, or See
2	**TE PO.** From first to 1000 and to unlimited years.	(Darkness.)
1	**TE KORE.** On from the first to the 1000 and to unlimited years.	(Nothing.)

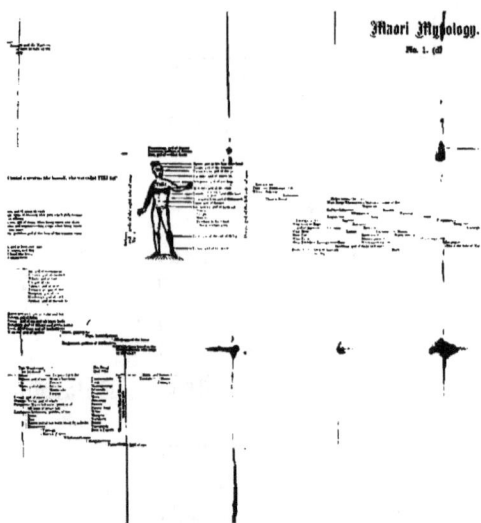

TU-MATA-UENGA.

RONGO-MA-TANE.

HAUMIA-TIKETIKE.

TAWHIRI-MATEA.

TANE-MAHUTA.

TANGAROA.

(Te Ao e teretere noa ana.)
(The World floating in space.)

www.ingramcontent.com/pod-product-compliance
Lightning Source LLC
Chambersburg PA
CBHW030911270326
41929CB00008B/650